U0933069

中华全国工商业联合会

年 鉴

2017

中华全国工商业联合会 编著

中华工商联合出版社

图书在版编目（CIP）数据

中华全国工商业联合会年鉴. 2017 / 中华全国工商业联合会编著 . -- 北京 ： 中华工商联合出版社，2018.10

ISBN 978-7-5158-2422-2

Ⅰ.①中… Ⅱ.①中… Ⅲ.①中华全国工商业联合会－2011－年鉴 Ⅳ.①D665.4-54

中国版本图书馆CIP数据核字（2018）第 228346 号

中华全国工商业联合会年鉴 2017

作　　者： 中华全国工商业联合会
出 品 人： 徐　潜
策划编辑： 李红霞
责任编辑： 马　燕
封面设计： 周　琼
责任审读： 郭敬梅
责任印制： 迈致红
出版发行： 中华工商联合出版社有限责任公司
印　　刷： 北京毅峰迅捷印刷有限公司
版　　次： 2018 年 12 月第 1 版
印　　次： 2018 年 12 月第 1 次印刷
开　　本： 710mm×1020mm　1/16
字　　数： 432 千字
印　　张： 19.75
书　　号： ISBN 978-7-5158-2422-2
定　　价： 98.00 元

服务热线： 010-58301130
销售热线： 010-58302813
地址邮编： 北京市西城区西环广场 A 座 19-20层，100044
http: //www. chgslcbs. cn
E-mail: cicap1202@sina.com（营销中心）
E-mail: gslzbs@sina.com（总编室）

《中华全国工商联业联合会年鉴2017》
编审委员会

目　录

第一部分　概况

第二部分　工作成果

第三部分　领导讲话、重要文章

第四部分 调研报告

第五部分 地方工商联工作

第一部分　概况

会员发展

截至2017年三季度末，全国工商联共有会员4 785 645个，比2016年年底增加70 661个。其中，企业会员2 698 633个，占56.4%；团体会员63 239个，占1.3%；个人会员2 023 773个，占42.3%（其中个体工商户1 626 148个，原工商业者28 742个）。在全体会员中，县及县以下工商联会员2 576 733个，占53.8%；所属商会会员4 745 937个，占99.2%。

从地域分布情况来看，会员数量位居前五位的是广东（354 855个）、江苏（315 865个）、辽宁（311 425个）、浙江（273 134个）和河南（270 503个）。企业会员数量位居前五位的是广东（302 213个）、江苏（261 322个）、辽宁（232 089个）、浙江（230 259个）和山东（154 191个）。与2016年年底相比，县及县以下工商联会员增幅位居前五位的是海南、福建、甘肃、内蒙古和云南，企业会员增幅位居前五位的是吉林、湖南、辽宁、广东和江苏，团体会员增幅位居前五位的是甘肃、海南、北京、江西和陕西。

从企业会员产业分布情况看，第一产业、第二产业、第三产业占企业会员总数的比例分别为7.2%、36.9%和55.9%，与2016年年底基本持平。具体到行业分布，企业会员分布最多的五个行业是制造业（占比29.1%），住宿和餐饮业（占比21.0%），信息传输、软件和信息技术服务业（占比7.9%），农、林、牧、渔业（占比7.2%），居民服务、修理和其他服务业（占比6.4%）。从业企业会员数量增幅最大的五个行业是电力、热力、燃气及水生产和供应业（增长15.2%），金融业（增长10.7%），批发和零售业（增长9.1%），科学研究和技术服务业（增长7.5%），交通运输、仓储和邮政业（增长7.1%）。

在商事制度改革、创业创新政策成效显现背景下，全国新设企业快速增长，截至2017年三季度末，全国共有企业3 047.1万个，比2016年年底增加451万个，增长17.4%。工商联企业会员增长速度虽低于全国新增企业速度，但高于会员整体增速2.1个百分点，企业会员占会员比例从2016年年底的55.2%上升至56.4%，上升1.2个百分点。下一步将对工商联会员制进行改革，进一步加强会员队伍建设。全国和省级工商联坚持重心下移、面向基层，只发展团体会员，将工作重点放在指导地方抓好商会建设及其会员发展工作上。各地要坚持问题导向、实践导向、结果导向，通过继续推进“五好”县级工商联建设和开展“四好”商会建设，不断扩大联系、引导、服务非公有制企业和非公有制经济人士的覆盖面，履行好工商联促进非公有制经济健康发展和非公有制经济人士健康成长的职责。

（徐　洁）

组织发展

截至2017年三季度末，全国共有县级以上工商联组织3 411个，比2016年年底增加4个。其中，地级工商联333个，占地级行政区划总数的99.7%；县级工商联组织2 842个，占县级行政区划总数的99.7%；未列入国家行政区划的市辖区、管理区、经济开发区等工商联组织33个；新疆生产建设兵团有师级工商联组织14个，县级市工商联组织9个，团场工商联组织147个。

2017年前三季度，全国新设立工商联组织10个，其中，广东、西藏分别新成立县级工商联组织2个和8个。河北、云南因行政区划调整分别减少1个和5个工商联组织。目前，已有28个省级行政区实现了县以上工商联组织全覆盖。全国共有海南的1个地级市，海南、西藏、新疆3个地区的8个县级行政区未成立工商联。

县级工商联是全国工商联的组织基础，各地按照全国工商联要求，发扬钉钉子精神，高标准、高质量抓好县级工商联建设，确保高质量高标准如期完成2017年年底30%以上县级工商联达到全国“五好”标准的阶段性目标。

截至2017年三季度末，各级工商联所属商会共有45 806个，比2016年年底增加1 431个，增长3.2%。其中，行业商会14 077个，增加519个，增长3.8%；乡镇商会17 111个，增加494个，增长3%；街道商会4 306个，增加117个，增长2.8%；异地商会6 799个，增加411个，增长6.4%；其他（含市场、园区、楼宇、村）商会3 513个，减少10个，降幅0.2%。各类型商会占比情况是，行业商会占商会总数的30.7%，乡镇商会占37.4%，街道商会占9.4%，异地商会占14.8%，市场商会等其他类型商会占7.7%。

从各地情况来看，大部分地区工商联所属商会数量都比2016年年底有所增加，其中，安徽、湖南、广东、云南等地工商联所属商会数量增加较多。这与各地工商联认真贯彻落实全国工商联“四好”商会视频会议精神，广泛开展“四好”商会建设工作，夯实工商联组织基础密不可分。

工商联所属商会中，已登记24 777个，登记率54.1%。其中，全国工商联31个直属商会已登记15个，登记率48.4%；各省级工商联所属商会中，登记率列前五位的是西藏、青海、浙江、宁夏、福建，均达到78%以上；登记率列末三位的是天津、辽宁、陕西，均低于30%。从各级工商联所属商会登记情况看，总体登记率还偏低，不平衡情况较为明显。

（徐　洁）

中国工商业联合会第十二次全国代表大会代表名单

（共947名）

北京团（30名）

团长：燕瑛（女）　副团长：郑默杰（女）

马小兰（女）　马丽萍（女、回族）　王　兵　王小义（女）　王子华　王素荣（女）
尹洪涛　左　晖　叶　青　刘振东　刘强东　齐向东　许泽玮　杨欣泽　张志铭
周旭东　郑默杰（女）　单晓梅（女）　林泽炎　赵克强　赵瑞海　郝国信　胡克勤
袁书林　顾小锋　高旭明　黄　建　靳　红　雷　军　燕　瑛（女）

天津团（26名）

团长：黎昌晋　副团长：刘道刚

丁　冰　马爱琴（女）　王钦敏　吕颖虹（女）　刘　锐　刘　毅　刘道刚
闫凯境（蒙古族）　李　响　李由林　杨　莹（女）　张荣华（女）　张彦森　张晓辰
张喜艳（女）　陈中红（女）　栾大伟　高秀芝（女）　高学刚　郭岚平　郭建君
崔洪金　彭文成　董霄龙　翟冠林　黎昌晋

河北团（34名）

团长：刘劲松　副团长：郭翠朵（女）

王　红　王玉锋　王贵东　王炳章　王晓玲（女）　申振富（满族）　白占欣
刘书英（女）　刘延云　刘劲松　刘俊良　孙士河（满族）　李　青（女）　李珍玉
李高斯　李银祥　吴相君　吴振山　宋建国　张　海　张艳林　房红记　赵　辉
赵祥启　胡　坤　贾　锋　郭伯英　郭翠朵（女）　曹淑霞（女）　董旭明　甄德恩
雷俊杰　樊友山　魏立华

山西团（31名）

团长：李武章　副团长：杨临生

万乐平　王尚康　王根旺　史元魁　任武贤　刘　岩　远勤山　杜红奎　李　鹤
李安平　李怀东　李宏伟　李武章　李宝山　李建明　杨临生　张子玉　张少鹏
张文泉　赵士权　昝宝石　姚锦龙　柴慧青　郭春平　郭润利　黄卫东　黄祥苗
梁俊明　程廷齐　蔚晓华　薛泽科

内蒙古团（25名）

团长：安润生　副团长：向东（蒙古族）

于文俊（蒙古族）　王　涛　王召明（蒙古族）　王岩山　王宝平　王海峰　尹成国

乔玉华（蒙古族） 向　东（蒙古族） 安恩达（蒙古族） 安润生 李启华 李海涛
杨小虎 杨文喜（蒙古族） 张　竞（女） 周　勇 赵子存 郝海标 俞海明（满族）
郭建军 渠伍团 赛　娜（女、蒙古族） 潘　刚 魏景兴

辽宁团（35名）

团长：赵延庆　副团长：蔡井伟

王　迪 王伟波 王庆祥（满族） 王恩栋 王恩强 丛培刚 包良清 吕辉宇
朱建民 朱喜成 刘　刚 刘　新 刘东生 刘至寻 刘远征 江　南 汤天鹏
李　妍（女） 李　昕（女） 李　辉（女） 李广华（女） 李治辉 李晓东
张国辉（满族） 赵延庆 赵德江 侯　巍（女、满族） 徐昌兴 徐楗元
高玉良 崔丽光（女） 曾庆东 蔡井伟 谭　鑫 翟天齐

吉林团（23名）

团长：李维斗　副团长：李庆臣

王　伟 王　岩 王福胜 尹彦利 权贞子（女、朝鲜族） 曲春雨 刘广东 李万升
李吉宝 李庆臣 李彦群 李维斗 杨茂义（蒙古族） 宋春来（女） 张超凡（女）
张照生 郑大为 修涞贵 祝庆俊 曹志强（满族） 黄　荣 鲁　贺 潘　巍（女）

黑龙江团（29名）

团长：张海华（女）　副团长：林宽海

王玉波（女） 王彦怀 白沐阳（满族） 冯少臣 刘艳芳（女） 孙力艳（女）
李振国 李福源 杨吉慧 吴庆和 佟振茂 冷友斌 张忠凯 张海华（女）
张新武 张鸿善 陆　标 陈永生 陈希滨 邵芳娟（女） 林宽海 袁晓丽（女）
栾　红（女） 郭东泽（回族） 陶　然 梅章记（满族） 焦　云 满伟男 戴　迪

上海团（33名）

团长：王志雄　副团长：赵福禧

王　兴 王　煜 王均金 王志雄 方奇钟 史和平 刘幸偕 池学聪 汤　亮
汤奇峰 李永杰 李春光 李健军 杨熔勇（女） 杨震华 沃伟东 张　亮
陆　风 陈　丽（女） 陈晓东 林卫慈 周桐宇（女） 郑春颖 赵福禧
侯　艳（女） 侯海良 倪　琴（女） 徐　雯（女） 谈剑峰 黄启新
曹文洁（女） 常兆华 章　毅

江苏团（41名）

团长：许仲梓　副团长：顾万峰

王燕清 毛卫华 吕拔生 刘春昱 刘海涛 江　楠 许卫东 许仲梓 孙达华
杜其洪 杨　柳 杨永岗 吴培服 沙　波（女） 沈　彬 张近东 陈素兴 陈晓龙
范更生 周禹冰（女） 周海江 郑红卫 郦海星 姜海峰 袁亚非 顾万峰 徐　健
徐新建 殷爱国 郭　琰 桑　遥（女） 黄裕辉 萧　伟 崔根良 梁　勤（女）

梁泽泉　董力源　蔡祝平　缪文彬　滕道春　潘　文

浙江团（37名）

团长：王建沂　副团长：徐　旭

王文胜　王建沂　王建明　王振滔　方新旗　卢建宇　叶伟达　冯仁强　庄伟意
庄振华　孙乐明　李书福　励行根　何小玲（女）　余　震　张天任　陈秀强
陈爱莲（女）　范　渊　林文宪　林建华　季顶天　金罕岗　宗馥莉（女）　项建忠
胡成中　南存辉　洪建平　徐　旭　徐自力　徐乐江　徐冠巨　黄正强　蒋晓萌
鲁伟鼎　虞海舟　熊续强

安徽团（29名）

团长：王翠凤（女）　副团长：缪学刚

马　虎　王　昶　王　磊　王小飞　王翠凤（女）　计家源　尹正龙　史道云　刘　屹
刘庆峰　江晓华（女）　许正华　余渐富　张卫国　金　颐（女）　施卫东　姚　勇
姚亚妹（女）　聂保国　钱　江　徐　强（土家族）　高广印　高云龙　高晓谋
谢　林　管国联　缪学刚　潘保春　薛　颖（女）

福建团（32名）

团长：王光远　副团长：李家荣

王光远　王炎平　朱庆添　刘登健　许清流　李家荣　杨　玲（女）　杨龙辉　吴有林
吴荣照　陈秀机（女）　陈灿章　陈春玖　陈秋景　陈祖元　陈雄伟　林　斌　周少雄
郑玉琳（女）　胡　钢　柯希平　洪　杰　洪春寿　黄丹青（女）　曹　晖　蒋志鹏
景　浓　傅天龙　傅芬芳（女）　雷成财（畲族）　雷和孙（畲族）

江西团（27名）

团长：雷元江　副团长：李青华（女）

王健利　叶华青　包建华　朱　军　庄席福　刘持彬　刘星平　李良彬　李青华（女）
李剑科　杨　剑　张华荣　陈　林　陈胜德　陈康平　陈堃源　林印孙　胡恩雪（女）
徐　申　郭孟谦　黄　琛（女）　彭保太　曾兴忠　温显来　雷元江　褚　浚　熊志刚

山东团（38名）

团长：王随莲（女）　副团长：李法信

丁　杰　马丽红（女、回族）　王　琳（女）　王力涛　王永胜　王随莲（女）
牛　腾　任正渠　刘启仁　刘锋杰　孙占甲　李　燕（女）　李法信　李晓亮　李景全
李湘平　杨明燕（女）　张兰兰（女）　张波涛　张宝健　张建宏　陈　文　武玉杰
林凡儒　宛　斌（回族）　孟　坤　赵光辉（回族）　赵金霞（女）　赵焕臣
郝俊美（女）　姜　滨　姜巧珍（女）　姜军武　姜佩霞（女）　黄淑玲（女）
商　强　焦文玉（女）　翟世兰

河南团（35名）

团长：梁　静（女）　副团长：李德才

王　剑　王　新　王杰士　孔火团（女）　甘海峰　石聚领　付庆林　朱云卿　朱献福
任红军　李　建　李万顺　李贤祥　李超峰　李德才　宋丰强　张敬国　陈　浩
陈振警　陈海刚　周　纲　郑文青（女）　郑红春　郑定辉　皇甫立志　姜　明
姚忠良　徐　晓（女）　徐胜杰　黄就成　梁　静（女）　谭　林　熊　伟
潘道荣（女）　薛景霞（女）

湖北团（34名）

团长：刘顺妮（女）　副团长：王兆民

王兆民　王学海　成传章　刘长来　刘顺妮（女）　刘庭林　李　健　李文喜　肖凯旋
吴才洲　吴少勋　吴先金　邱雪梅（女）　张友启　张发卫　张怀志（土家族）
陈　实（女）　陈义龙　陈世贵　陈纯星　陈忠实　陈建旺　陈晓林　罗中平（女）
图苏托合提·依明托合提（维吾尔族）　周清荣（女）　赵中友　赵国成　钱颖一
徐志新　黄　立　阎　志　蒙世远　解　砾

湖南团（34名）

团长：张　健　副团长：陈　潇

马　晓　王　填　毛　铁　尹夏生　左雪飞　石军生　伍　坚　刘　超（土家族）
刘思川　汤朝阳　李　涛　李　娟（女）　杨　猛　杨文莲（女）　邱则有　张　勇
张　健　张学武　陈　潇　罗秋云（女、侗族）　周群飞（女）　庞晋湘　胡　骥
钟　飞（女、土家族）　唐　英（女）　唐　岳　梁　伟（女）　梁稳根　谢经荣
彭继球　韩成轩　粟武洪　曾　芳　颜昭来

广东团（39名）

团长：苏志刚　副团长：郭汉毅

万国江　王文银　王传福　王锐祥　叶德林　宁远喜　刘若鹏　刘金成　许家印
苏志刚　李东生　李积回　杨　华　吴光胜　张　劲　张　鹏　张红伟　陈　建
陈建光　林小茁　林水栖　林毅夫　欧小鲁　赵心竹（女）　袁志敏　莫浩棠
郭汉毅　黄少江　黄志平　黄启均　黄茂强　董　凡　董延军　曾　瑞　曾少强
谢小夏（女）　詹建怀　蔡　立（女）　黎宇君

广西团（23名）

团长：磨长英（女）　副团长：熊春寒（回族）

王万传　韦耀华（壮族）　邓亚保　冯小华　苏景昌　杨　英（女）
吴爱红（女、仫佬族）　宋海农　陈向阳　周桂英（女、壮族）　庞晓民（壮族）
莫汉军（壮族）　莫宇宁（瑶族）　黄　东　黄聿新　黄定寿　黄嘉棣
曾祥日（瑶族）　谢志强　熊春寒（回族）　黎四龙　潘祖昌（壮族）　磨长英（女）

海南团（16名）

团长：景 柱 副团长：郭全茂

叶 茂 冯川建 许方瑜（女、黎族） 张 岭 张敬奎 陆 鹏 陈良刚 范 红 林秀才（因涉嫌骗取贷款罪已撤职） 林宏润 钟春燕（女） 徐 凤（女） 翁振文 郭全茂 景 柱 裴克山

重庆团（25名）

团长：涂建华 副团长：向远春

王 敏（女） 尹顺新 卢朝康（朝鲜族） 叶星阳 冉茂林（土家族） 白莲湘（女） 向远春 刘 俊 刘庆瑞（女） 刘思伦 严 琦（女） 杨 勇 肖建东 吴亚军（女） 余亚军 谷道胜 张 莉（女） 张兴海 陈为贤 徐登权 唐世田 涂建华 梁永琰（女） 蒋仁生 裴小红（女）

四川团（35名）

团长：陈 放 副团长：钟家霖

王 华 王 麒（女） 王仁果（因严重违纪已撤职） 王启刚 朱国华（女） 刘汉元 刘学全 江 云 孙志拥 李 涛 李 鹏 李 飚 李红燕（女） 李海惠（女） 杨启儒（侗族） 邱 伟 何建军 陈 放 陈 波 陈素清（女） 林孝波 罗 丹 周 兵（女） 周运兰（女） 钟家霖 蒋天华 覃 波 傅仕俊 曾国勇 谢泽波 雷文勇 廖 健 樊建川 黎邦华 颜泽文

贵州团（25名）

团长：李汉宇 副团长：肖向阳

王 伟 邓 帆（女） 邓正明 龙 琳（女、彝族） 全 坚（苗族） 李汉宇 李德祥 杨大愚 肖向阳 何文德 何方洋 何晓玲（女） 余治清 张 钊 张 琴（女） 张 雷 罗 鹏 周启华 周振宇 施 波（女） 骆 刚 袁明琴（女、彝族） 黄 秋（回族） 黄金桦 谢 涛

云南团（24名）

团长：喻顶成 副团长：马 春（回族）

丁明山 马 春（回族） 马永升（回族） 王继龙 尹世军 兰 靖 刘 军（傣族） 刘兴督 阮鸿献 李 莹（女） 李 彪 李卫东 李华兵 杨四龙（纳西族） 杨利荣 张 华 周 锋 赵金才（白族） 侯景严 施建锋（白族） 喻顶成 曾淑平（女） 蔡先平 熊相人

西藏团（15名）

团长：阿沛·晋源（藏族） 副团长：李瑞富

才旺晋美（藏族） 王 斌 韦亚平（女） 尼玛仓决（女、藏族） 刘佳明 次仁顿典（藏族） 李瑞富 张 平 阿沛·晋源（藏族） 陈建瑶 珠 扎（藏族）

晋　美（藏族）　格桑曲珍（女、藏族）　普布卓玛（女、藏族）　蔡万山

陕西团（26名）

团长：徐明非　副团长：沈　涛

王天春　王平丽（女）　王延岭　王欢畅　王润民　田　甜（女）　史贵禄　吉兴镇　成建礼　刘　枫　刘　勇　李　玲（女）　李黑记　杨海明　沈　涛　沈秀军　张敬东　陈高志　林后辉　金钦法　周秀成　贺增林　徐明非　曹文勇　蒋卫清　雷振龙

甘肃团（22名）

团长：郝　远　副团长：赵少智

马鹏举（回族）　王　刚　王　冲　王元龙（藏族）　王多成　方正伟　刘羽桐（女）　刘增昌　李　雄　李志海　张　敏（女）　张其雄　陈清流　武正伟　岳建武　周永宏　郑银才　赵少智　郝　远　夏　祥　傅开武　蔡　立

青海团（16名）

团长：匡　湧　副团长：吴　捷（女）

久美彭措（藏族）　王文剑　冯　斌　匡　湧　任黎明　杨　毅　吴　捷（女）　张吉青　张纪元　范建国　郑永建　钟阳君（女）　贾生彬（回族）　韩　东（回族）　韩兴龙（撒拉族）　魏红苗

宁夏团（16名）

团长：何晓勇　副团长：魏　莉（女、满族）

马红军（回族）　王　斌　尹树高　代新明　孙珩超　李　军　何学虎（回族）　何晓勇（回族）　陈　舒　郑国福　柯超前　党彦宝　高攀亮　彭　凡　魏　莉（女、满族）　魏彦辉

新疆团（18名）

团长：巨艾提·伊明（维吾尔族）　副团长：谢　煊

巨艾提·伊明（维吾尔族）　冯东明　匡荣华　米恩华（回族）　李利涛　佟　杰（女、蒙古族）　张　新　陈建平　帕尔哈提·卡德尔（维吾尔族）　依明江·热木都拉（维吾尔族）　赵　杨　荣　成　热迪力·阿布拉（维吾尔族）　栾立新　康和平　塔力哈提·塔里木（哈萨克族）　葛永品　谢　煊

新疆生产建设兵团（9名）

团长：史贯中（因严重违纪已撤职）　副团长：徐秀芝（女）

尹　强　史贯中（因严重违纪已撤职）　史思军　张林山　陈先敏　夏军民　顾军政　徐　鹏　徐秀芝（女）

香港团（22名）

团长：李家杰　副团长：林龙安

马春玲（女）　王永庆　卢锦钦　吕联勤　李思廉　李家杰　李维民　杨　毅（女）

杨华勇 杨凯山 邱达昌 陈健文 林龙安 庞维仁 唐伟年 黄少良 黄毅辉
董清世 蔡志婷（女） 熊汉生 潘苏通 魏兴斌

澳门团（11名）

团长：何猷龙 副团长：张宗真
马 君（女） 马志成 吕子安 许文曲 阮建昆 何猷龙 张宗真 陈季敏（女）
林素妹（女） 林家伟 黄嘉豪

全国工商联直属商会团（32名）

团长：李彦宏 副团长：汪力成
丁佐宏 马晓峰 王 平（女） 王有德 王均豪 王秀娥（女） 田全海 吕安民
刘 亭（女） 孙 震 严立淼 李山海 李占通 李怀珍 李建华 李彦宏 汪力成
张 力 张志祥 张杰庭 陈志列 陈海佳 郑跃文 赵笠钧 钟宝申 洪 崎
翁国熙 高德康 梁 女（女） 尉立东 蒋继明 焦建华

全国工商联第十二届执行委员会常务委员名单

（152名，按姓氏笔画为序排列）

丁佐宏 才旺晋美（藏族） 马 春（回族） 马志成 王 伟 王 填 王光远
王传福 王兆民 王志雄 王建沂 王随莲（女） 王翠凤（女）
巨艾提·伊明（维吾尔族） 左 晖 龙 琳（女，彝族） 史贯中（因严重违纪已撤职）
史贵禄 史思军 冯小华 匡 湧 朱建民 朱献福 向 东（蒙古族） 向远春
刘 亭（女） 刘汉元 刘延云 刘羽桐（女） 刘劲松 刘顺妮（女） 刘道刚
刘强东 闫凯境（蒙古族） 米恩华（回族） 江 云 江 南 汤 亮 安润生
许仲梓 许家印 阮建昆 阮鸿献 孙珩超 远勤山 苏志刚 李 飚 李占通 李汉宇
李庆臣 李志海 李怀珍 李武章 李青华（女） 李法信 李思廉 李彦群 李彦宏
李家荣 李维斗 李黑记 李瑞富 李德才 杨 毅（青海） 杨华勇 杨临生
杨海明 肖向阳 吴 捷（女） 吴少勋 吴亚军（女） 吴光胜 何晓勇（回族）
余渐富 冷友斌 汪力成 沃伟东 沈 涛 沈 彬 宋丰强 张 健 张 新
张发卫 张华荣 张兴海 张志祥 张宗真 张建宏 张荣华（女） 张彦森
张海华（女） 阿沛·晋源（藏族） 陈 潇 陈志列 陆 风 范 红 林龙安
林印孙 林宽海 周海江 周群飞（女） 庞维仁 郑默杰（女） 赵少智 赵延庆
赵福禧 赵德江 郝 远 胡 钢 胡成中 胡克勤 柯希平 钟家霖 俞海明（满族）
姜 明 姜 滨 洪 杰 洪 崎 袁亚非 袁志敏 顾万峰 徐 旭 徐秀芝（女）
徐明非 徐冠巨 郭汉毅 郭全茂 郭翠朵（女） 唐伟年 涂建华 黄少良 黄聿新
黄淑玲（女） 崔根良 阎 志 梁 静（女） 景 柱 喻顶成 鲁伟鼎 温显来
谢 煊 雷元江 蔡井伟 熊春寒（回族） 熊续强 缪学刚 潘 刚 燕 瑛（女）
磨长英（女） 戴 迪 魏 莉（女，满族） 魏立华

全国工商联第十二届执行委员会
主席、常务副主席、副主席名单

主席（1名）

高云龙

常务副主席（1名）

徐乐江

副主席（21名）

樊友山　谢经荣　黄　荣　王永庆　叶　青　李书福　李东生　李家杰　李湘平
邱达昌　何猷龙　张近东　陈　放　郑跃文　南存辉　钱颖一　黄　立　常兆华
梁稳根　雷　军　黎昌晋

中国民间商会会长、副会长名单

会长（1名）

高云龙

副会长（22名）

徐乐江　樊友山　谢经荣　黄　荣　王永庆　王　伟　史贵禄　朱建民　刘强东
汤　亮　苏志刚　李彦宏　李思廉　张兴海　张宗真　张建宏　冷友斌　沈　彬
林龙安　周海江　徐冠巨　魏立华

第二部分　工作成果

非公有制经济人士理想信念教育实践活动

【综　述】2017年，全国工商联认真学习贯彻习近平新时代中国特色社会主义思想和党的十九大精神，牢牢把握“两个健康”工作主题，以“守法诚信、坚定信心”为重点深入开展理想信念教育实践活动，不断增强广大非公有制经济人士对中国特色社会主义的信念、对党和政府的信任、对企业发展的信心和对社会的信誉。

一、加强组织领导

全国工商联党组高度重视非公有制经济人士理想信念教育。中央统战部副部长，全国工商联党组书记、全国工商联常务副主席徐乐江同志在十一届十次常委会议上讲话强调，在实践探索中总结提炼出的“摸底调查、正面引导、政企沟通、培训互动、协调推进、强化服务”等长效机制，富有非公有制经济领域统战工作的鲜明特色，也是理想信念教育实践活动做到“常”“长”的重要经验，各级工商联要以改革创新的精神，主动运用、不断丰富这6个长效机制，用长效机制固化活动成果。2~3月，全国工商联党组成员、副主席杨启儒同志分别出席在贵阳、宁波、济南召开的教育实践活动片会，听取活动情况汇报，点评各地富有成效的经验做法，对深入开展活动进行部署。

9月，中共中央、国务院印发《关于营造企业家健康成长环境弘扬优秀企业家精神更好发挥企业家作用的意见》。全国工商联党组迅速制订下发学习通知，部署宣传贯彻工作，帮助企业家学习领会党和国家营造依法保护企业家合法权益的法治环境、促进企业家公平竞争诚信经营的市场环境、尊重和激励企业家干事创业的社会氛围的各项决策部署，坚定发展信心。全国工商联在第一时间组织近30名知名民营企业家和年轻一代民营企业家召开座谈会，传达学习文件精神。

党的十九大胜利召开后，全国工商联迅速明确，学习宣传习近平新时代中国特色社会主义思想和党的十九大精神是当前和今后一个时期理想信念教育实践活动的最重要内容。及时制订印发《全国工商联关于认真学习宣传贯彻党的十九大精神的通知》，要求各地按照学懂、弄通、做实的目标，通过宣讲会、报告会、专题培训等形式，组织非公有制经济人士准确把握习近平新时代中国特色社会主义思想的精神实质、核心要义和党的十九大的各项决策部署，帮助广大非公有制经济人士知大势、明方向、强信心，进一步激发干事创业的热情。中国工商联第十二次全国代表大会召开后，全国工商联组织安排对党中央、国务院贺词的学习，以贺词中“坚持政治建会、团结立会、服务兴会、改革强会”的要求推动理想信念教育实践活动深入开展。编印《工商联信息——理想信念教育实践活动专刊》16期，以简报的形式交流各地开展活动的经验做法，加强对各地开展活动的指导和推动。

各地工商联普遍把理想信念教育实践活动作为重点工作来抓，制订年度活动实施方案。贵州、宁夏、西藏、青海、重庆活动领导小组由党委常委统战部长担任。贵州、青海建立党政领导干部联系非公有制企业制度，与非公有制经济人士结成对子。重庆通过召开片区推进会、片区交流会推动活动开展，并对活动明确了“五抓五有”要求。广西教育实践活动方案细分了活动进度，确定了部门分工，明确了完成时限。

二、加大培训力度

8月，中央统战部、全国工商联以学习贯彻习近平总书记关于“两个健康”重要论述为主题，在中央社会主义学院和西柏坡举办省级工商联主席党组书记培训班。时任中央政治局委员、中央统战部部长孙春兰同志接见全体参训学员并与学员座谈。她从党和国家工作全局的高度，对继承发扬工商联优良传统、准确把握工商联工作面临的新形势新要求、深化工商联改革和加强工商联自身建设等重大问题发表重要讲话，阐明了工商联改革的总体要求和关键环节，对开创工商联事业发展新局面具有重要的指导意义。中央统战部副部长，全国工商联党组书记、常务副主席徐乐江同志作主题报告，对深入学习领会习近平总书记重要讲话精神、继承发扬党的优良作风和工商联优良传统、明确工商联工作方向进行了详细讲解。9月，全国工商联在北京举办市地级工商联新任主席党组书记培训班。89名工商联主席、111名党组书记参加培训，徐乐江书记作主题报告，要求各地结合当地实际，在帮助企业家坚定发展信心、提高守法诚信自觉上下功夫，进一步深入推进非公有制经济人士理想信念教育实践活动。

各地工商联在教育培训中，突出新任执委常委等领导班子成员和年轻一代这两个重点。上海市工商联将教育培训与换届工作和基层组织建设相结合，安排新任执委常委、基层工商联新任主要班子成员培训班，把持续深入开展理想信念教育实践活动作为重点培训内容。宁夏组织实施“千企百家”培育工程，拟用3~5年时间培养1 000家优秀民营企业和100名爱国、敬业、创新、诚信、守法、贡献的优秀民营企业家。辽宁、吉林、黑龙江、内蒙古等地组织年轻一代民营企业家到井冈山、延安、西柏坡等地接受革命传统教育。西藏在活动中注重教育引导年轻一代民营企业家传承“老西藏精神”和“一不怕苦、二不怕死，顽强拼搏、甘当路石，军民一家、民族团结”的两路精神。河南推进《河南省工商联青年企业家千人培训计划》，设立年轻一代非公有制经济代表人士库，建立完善非公有制经济代表人士后备梯队。青岛市工商联按照活动要求，结合当地实际，积极实施“新生代民营企业家培养工程”，取得了很好的效果。

三、选树先进典型

为贯彻落实习近平总书记关于加强年轻一代非公有制经济人士教育培养的指示精神，中央统战部、全国工商联历时半年筛选考察了一批在坚定理想信念、坚持创业创新等方面成绩突出的年轻一代先进典型，于5月27日在人民大会堂举办“全国年轻一代民营企业家理想信念报告会”。时任中央政治局常委、全国政协主席俞正声同志出席会议并作重要讲话，要求广大非公有制经济人士要坚定理想信念，坚持爱国敬业，切实增强家国情怀；坚持守法经营，切实增强法治自觉；坚持创业创新，切实增强发展活力；坚持回报社会，切实增强责任担当。杭州宏胜饮料集团有限公司总裁宗馥莉、上海众人网络安全技术有限公司董事长谈剑峰、北京中航智科技有限公司董事长田刚印、安徽艾可蓝环保股份有限公司董事长刘屹、江苏沙钢集团党委书记、沙钢集团有限公司董事长沈彬、华讯方舟科技有限公司董事长吴光胜等在报告会上发言，展现了优秀年轻一代民营企业家的精神风貌，全国4万余人以电视电话会议的形式参加了报告会。

各地也积极发挥先进典型的示范带动作用，用可信、可比、可学的先进典型教育引导广大非公有制经济人士守法诚信、坚定信心。北京树立一批示范商会典型、商协会党组织典型、非公企业党组织典型、基层党组织书记典型。河北推出一批民营企业自主创新、转型升级的典型和“守法诚信、坚定信心”示范商会典型。山东开展民营企业“实力百强、创新百家、公益百星”评选表彰活动。山西开展“民营制造50强”“服务业50强”评选发布活动。湖北以第三届楚商大会为契机，研究楚商文化、宣传楚商人物、传播楚商精神。吉林谋划“叫响大吉商”系列宣传活动，开辟“天南地北访吉商”“诚信吉商好故事”等专题专栏，广泛宣传吉商精神。

四、协助开展非公党建

为深入贯彻落实《中国共产党统一战线工作条例（试行）》关于工商联参与非公党建工作的规定，切实加强和改进非公党建工作，全国工商联组成4个调研组，于9~10月赴河北、江西、广东、内蒙古、重庆、云南、新疆等7个省（区、市）和新疆生产建设兵团进行调研。通过座谈、实地走访等方式，对工商联协同参与非公有制企业和所属商会党建工作的经验做法以及工作中存在的困难和问题做了深入了解。

各地工商联注重引导商会、企业发挥党组织的政治核心和政治引领作用，以加强党的建设工作带动教育实践活动深入开展。河南制定以党建为引领的企业文化建设意见，开展民营企业文化建设和党建工作交流互访活动，推动两者有机融合。天津积极探索建立会员企业党建述职考评机制，以民营企业、商协会党组织负责人、党员出资人为重点，举办党建工作示范培训班。湖北筹建省联直属商会和会员企业党委，理顺商会、企业党组织隶属关系，开展非公党建党务培训，把党建工作纳入对省联所属商会考核内容，要求各商会将党建工作写入《章程》，落实到日常工作中。新疆把解决商会党组织组建率不高、党建工作不规范、党组织和党员作用发挥不明显等问题作为突破口，全面提升党建工作规范化水平，推动党建工作从“有形覆盖”向“有效覆盖”转变，为推动活动开展增加新动力。

五、加强守法诚信教育

教育引导广大非公有制经济人士守法诚信是理想信念教育的一项重要内容。全国工商联认真履行社会信用体系部际联席会议布置的各项任务，与国家发改委等部委联合签发多份对严重违法失信主体实施联合惩戒合作备忘录。加大宣传力度，在机关网站首页开设专栏，宣传社会信用体系建设政策法规，引导商会开展诚信自律，帮助被列入失信名单的会员开展信用修复。

各地继续开展“法律三进”“法治讲堂”等法律宣传教育活动，突出抓好长效机制的建立。北京继续开展守法诚信承诺示范单位授牌活动，进一步完善守法诚信公示机制，以市区两级工商联换届为契机，引进第三方征信机构进行评级评价，实现新当选的市区工商联副主席、副会长守法诚信承诺示范全覆盖。河北指定知名律师，为企业和商会量身打造守法诚信网络课程。湖北指导企业构建以诚实守信、依法经营、廉洁从业为主兼具行业、企业特点的廉洁文化。新疆参与社会信用体系建设，支持商会建立健全行业规范和行业自律制度，努力探索会员信用评价指标和办法，推进商会守法诚信制度建设。

（刘立明）

【召开理想信念教育实践活动调研片会】2017年2月中旬至3月上旬，全国工商联分别在贵阳、宁波、济南三市召开调研片会。全国工商联党组成员、副主席杨启儒分别出席三个会议，32个省级工商联相关工作负责同志、15家商会负责人参加片会。

调研片会重点研讨如何抓好活动的深化和覆盖。与会同志在会上交流了开展理想信念教育实践活动的创新做法，畅谈了工作打算，并对进一步深入开展理想信念教育实践活动提出意见建议。与会同志还分别到贵州省汽车流通协会、宁波市镇海区骆驼商会、山东省女企业家商会进行了现场观摩交流。

通过调研片会，与会同志交流了开展理想信念教育实践活动的经验做法，对当前活动存在问题症结进行了深入研讨，明确了“在深化上下功夫，在覆盖上发力”的努力方向，为进一步做好理想信念教育实践活动的深化和覆盖打下了基础。

（李雄飞）

【举办全国年轻一代民营企业家理想信念报告会】2017年5月27日，中央统战部、全国工商联联合在人民大会堂举办“全国年轻一代民营企业家理想信念报告会”。时任中共中央政治局常委、全国政协主席俞正声同志出席会议并讲话。时任全国政协副主席、全国工商联主席王钦敏同志出席会议。中央和北京市有关部门负责同志、民营企业家代表参会。约4万名非公有制经济人士和工商联干部在各地分会场以电视电话会议形式参加报告会。

俞正声同志在报告会上发表重要讲话。他强调，广大非公有制经济人士特别是年轻一代要坚定理想信念，坚持爱国敬业，切实增强家国情怀；坚持守法经营，切实增强法治自觉；坚持创业创新，切实增强发展活力；坚持回报社会，切实增强责任担当。各级党委和政府要把年轻一代民营企业家教育培养工作摆在重要位置，为他们干事创业搭建更大舞台，努力培养一支有信念、有梦想、有本领、有贡献的年轻一代民营企业家队伍。领导干部要按照“亲”“清”原则，坦荡真诚和民营企业家接触交往，帮助年轻一代化解发展中的困难、成长中的烦恼。

宏胜饮料集团有限公司总裁宗馥莉，上海众人网络安全技术有限公司董事长谈剑峰，北京中航智科技有限公司董事长田刚印，安徽艾可蓝环保股份有限公司董事长刘屹，江苏沙钢集团党委书记、沙钢集团有限公司董事长沈彬，华讯方舟科技有限公司董事长吴光胜等6位年轻一代民营企业家从不同角度作了生动的事迹报告。

6名年轻企业家代表是经各省级党委统战部、工商联党组层层选拔，中央统战部、全国工商联实地考察、全面衡量，最终从近百名人选中确定的。他们大多从事战略性新兴产业、先进制造业等实体产业，平时积极参加理想信念教育实践活动，继承发扬老一代企业家的创业精神和听党话、跟党走的光荣传统，坚定信心、勇于进取，在爱国敬业、守法经营、创业创新、回报社会等方面均有较为突出的表现。

报告会在年轻一代民营企业家中引起了强烈反响。他们表示，这次报告会的举办，充分体现了党和国家对年轻一代民营企业家成长的关心关注。作为年轻一代企业家，一定要牢记党中央的期盼和重托，以6位先进典型为榜样，坚守信仰信誉，坚定信念信心，传承光荣传统，坚持创业创新，积极投身全面建成小康社会的伟大事业中，自觉做有信仰、有担当、有作为、有奉献的新一代企业家。

（李雄飞）

【举办省级工商联主席、党组书记培训班】2017年8月15~19日，中央统战部、全国工商联在中央社会主义学院举办新一届省级工商联主席、党组书记培训班。全国工商联领导班子成员和来自全国31个省（区、市）和新疆生产建设兵团的工商联主席、党组书记，中央统战部和全国工商联机关部门负责同志等近80名学员参加了培训。时任中央政治局委员、中央统战部部长孙春兰与学员进行座谈交流并发表重要讲话。时任全国政协副主席、全国工商联主席王钦敏出席培训班并作总结讲话。中央统战部副部长，全国工商联党组书记、常务副主席徐乐江出席培训班并作主题报告。

培训班以深入学习贯彻习近平总书记系列重要讲话特别是“7·26”重要讲话精神为主题，以工商联换届为契机，研究分析当前工商联工作面临的新形势新任务，提升领导班子履职能力，谋划推进自身改革，推动工商联工作开创新局面。

这次培训班采取集中授课、分组讨论和现场教学相结合的方式进行。国家发改委、外交部、中国证监会、国家行政学院等单位有关领导和专家就国内宏观经济形势、全面深化改革、“一带一路”建设、国际形势和全国金融工作会议精神等作辅导报告。培训班还组织学员赴西柏坡开展现场教学，重温西柏坡精神。

参训学员表示，此次培训班的举办非常及时、收获颇丰，有利于学习理论、把握大局、继承传统，进一步开创工作新局面。

中央社会主义学院党组书记、第一副院长潘岳出席开班式并致辞，全国工商联副主席樊友山、谢经荣、黄荣、王永庆、杨启儒等出席培训班并主持相关活动。兼职副主席王志雄、苏志刚参加学习。

（李雄飞）

【举办市地级工商联新任主席党组书记培训班】2017年9月4~7日，全国工商联在中央统战部怀柔培训中心举办市地级工商联新任主席、党组书记培训班。来自全国31个省、市、自治区和新疆生产建设兵团的200名市地级工商联新任主席、党组书记参加培训。

此次培训是全国工商联第一次培训市地级工商联主要负责同志。培训的主要任务是学习贯彻习近平总书记“7·26”重要讲话精神和关于“两个健康”的重要论述，不断增强工商联领导干部对新形势新任务的理解把握能力，提升做好工商联工作的水平。此次培训班采取集中授课、分组讨论、经验交流等方式进行。中央统战部副部长，全国工商联党组书记、常务副主席徐乐江出席培训班开班式并做“学习贯彻习近平总书记‘两个健康’重要论述，不断开创工商联工作新局面”主题报告，全国工商联党组副书记、副主席樊友山围绕加强工商联商会建设作专题报告，外交部、国家发改委、国家统计局、全国工商联等有关领导和专家就宏观经济形势、全面深化改革、“一带一路”建设、国际形势和“亲”“清”新型政商关系等作了辅导报告。针对很多学员是新到工商联岗位工作的情况，宣教部与省级工商联沟通，邀请了4位多年担任市地工商联主席、党组书记的同志与大家交流工作经验。

参训学员普遍认为，此次培训内容丰富、课程设置合理，对提高思想认识、增强履职尽责能力帮助很大，对开展具体工作有很强的指导意义，有效增强了做好新时期工商联工作的信心和决心。

（李雄飞）

【召开知名民营企业家、年轻一代民营企业家学习中央25号文件精神座谈会】 2017年9月27~28日，全国工商联分别召开年轻一代民营企业家和知名民营企业家座谈会，学习传达《中共中央 国务院关于营造企业家健康成长环境弘扬优秀企业家精神更好发挥企业家作用的意见》精神，就深入贯彻落实文件精神听取意见建议。时任全国政协副主席、全国工商联主席王钦敏出席座谈会并讲话，中央统战部副部长，全国工商联党组书记、常务副主席徐乐江主持座谈会。

与会企业家围绕《意见》精神，就如何弘扬优秀企业家精神、更好发挥作用、推进企业创新发展等畅谈体会和感受，对贯彻落实《意见》提出建议。企业家们表示，《意见》的出台充分体现了党中央对企业家的高度重视和亲切关怀，感到安心、暖心，是吃了“定心丸”，更加坚定了听党话跟党走、守法诚信、创新发展、服务社会的决心。

王钦敏主席在讲话中指出，党的十八大以来，以习近平同志为核心的党中央高度重视企业家精神和非公有制经济发展，非常关心企业家队伍成长和作用发挥。习近平总书记对《意见》的出台亲自部署、强力推动，多次做出重要指示。当前，国内外经济形势错综复杂，动能转换、结构调整、转型升级、提质增效任务艰巨，中共中央、国务院围绕企业家问题，从营造环境、弘扬精神、发挥作用等方面研究出台文件，具有很强的针对性和现实意义。企业家特别是广大民营企业家，要充分把握发展大势，客观认识经济形势，看到肩上的担子，切实强化职责使命意识，继续做好改革开放的勇敢探路者和大胆实践者，努力为推动中国经济改革发展和社会进步贡献力量。王钦敏主席指出，要准确把握中央文件对企业家健康成长环境的新要求。文件着眼企业家队伍的呼声诉求，从依法保护企业家合法权益的法治环境、促进企业家公平竞争诚信经营的市场环境、尊重和激励企业家干事创业的社会氛围三个方面，明确提出了9条措施。既有前瞻性、方向性、指导性的原则规定，也提出了针对性、操作性、规范性较强的具体要求，在学习贯彻中一定要全面领会，准确把握。王钦敏强调，广大非公有制经济人士要爱国敬业、遵纪守法，锐意进取、创新发展，坚定信心、坚守实业，当好企业的领头羊、经济的带头人，做中国特色社会主义事业的优秀建设者。

徐乐江书记在讲话中强调，党中央国务院在全面建成小康社会的关键阶段、迎接党的十九大胜利召开的关键时刻，颁发实施《意见》，提出一系列重要理论观点、政策举措和制度安排，对于正确认识和弘扬企业家精神，深化供给侧结构性改革，有效激发市场活力，促进经济社会平稳健康发展具有十分重要的意义。广大民营企业家要认真学习领会《意见》精神，积极践行企业家精神，将党和政府的要求转化为创业创新、服务社会的自觉行动。徐乐江书记要求，各级工商联要把学习宣传和深入贯彻《意见》精神摆上重要议事日程，认真研究部署贯彻落实工作，紧密结合实际，对《意见》细化分解，明确责任，逐项落实；要组织力量深入调研，认真查找和梳理影响企业家健康成长和作用发挥的突出问题，有针对性地研究解决问题的新思路、新办法。要加大企业家的培训力度，加强对优秀企业家精神研究，加强对优秀企业家典型的表彰和宣传，教育引导更多民营企业家投身到弘扬企业家精神、发挥企业家作用的具体行动中来。

（常　青）

【开展社会信用体系建设】2017年，全国工商联在社会信用体系部际联席会议的统一部署下，认真履行职责，发挥职能优势，与相关部委会签联合激励和联合惩戒的文件，参与由国家部委牵头的社会信用体系督查。

一、深化以“守法诚信、坚定信心”为重点的理想信念教育实践活动

继续深化以“守法诚信、坚定信心”为重点的理想信念教育实践活动。在活动中，加强对非公有制企业和非公有制经济人士的守法诚信教育，加强对非公有制经济人士的教育培训和典型宣传，提高非公有制经济人士守法诚信意识。

二、履行社会信用体系建设部际联席会议成员单位职责

2017年，全国工商联按照职责分工，认真完成社会信用体系部际联席会议部署的各项任务，与国家发改委等部委联合签发《关于对严重违法失信超限超载运输车辆相关责任主体实施联合惩戒的合作备忘录》《关于对农资领域严重失信生产经营单位及其有关人员开展联合惩戒的合作备忘录》《关于对海关失信企业实施联合惩戒的合作备忘录》和《关于对出入境检验检疫企业实施守信联合激励和失信联合惩戒的合作备忘录》。2017年年底参加海关总署牵头的赴四川、甘肃社会信用体系建设情况督查，进一步了解各地信用体系建设情况。

三、开展“法律三进”，保护非公有制经济产权

全国工商联落实《关于开展“法律三进”活动的意见》，进一步健全非公有制经济领域普法宣传机制。开展法律进非公有制企业、进工商联所属商会、进工商联机关的“法律三进”活动。推动工商联及所属商会维权援助工作机构和人员队伍建设，广泛了解反映非公有制经济人士的意见诉求，加强同公安、检察院、法院、司法行政等部门的联系，畅通政企沟通联系渠道，建立健全对涉及产权纠纷的中小企业维权援助机制，有效发挥工商联在保护非公有制经济和民营企业产权、维护企业合法权益等方面的作用。

全国工商联会同国家发展改革委赴上海、江苏，调研督导《中共中央国务院关于完善产权保护制度依法保护产权的意见》的落地落实工作，推动各地进一步加强产权保护工作。

四、利用网站宣传信用建设政策和各地工商联及商会守法诚信典型案例

在全国工商联网站首页开辟“全国工商联社会信用体系建设”专栏，包括政策法规、全国工商联参与会签的文件、工作动态三个板块，登载有关社会信用体系建设方面的政策法规、中央统战部和全国工商联领导有关讲话批示、工商联工作及商会工作动态，收集反映各地工商联及商会守法诚信典型案例等情况。

（刘晶晶）

【征集启用新会徽】工商联原使用的会徽，是为纪念全国工商联成立50周年，于2003年第20次主席办公会议上确定的，启用十多年，对扩大工商联影响力发挥了积极作用。在筹备中国工商业联合会第十二次全国代表大会过程中，许多地方工商联反映现行会徽没有充分彰显工商联特色，建议修改。

为了更好地突出新形势下工商联的组织属性和工作主题，由全国工商联2017年第18次党组会议提议，全国工商联向各省级工商联、中国民营文化产业商会和北京文化产业商会征集了近百个新会徽设计方案。经过认真筛选，选出12个备选方案。经会领导同意，8月11～18日，在全国工商联内网由机关全体干部对工商联新会徽备选方案公开投票，根据投票结果筛选出5个入围方案，分别是全国工商联宣教部、黑龙江省工商联、陕西省工商联、北京市工商联、中国民营文化产业商会提供的方案。2017年第9次主席办公会议审议并原则同意中国民营文化产业商会方案，并报中央统战部审核通过。经中华全国工商业联合会第十一届执行委员会第六次会议决定，对工商联会徽进行修改，新会徽从通过之日起启用。

新会徽的寓意是：1.日出东方、海鸥飞翔，画出最大同心圆，象征工商联事业在党的领导下蓬勃发展。2.紧握的手形成艺术化的形象，象征“大团结大联合”的统战工作主题和“两个健康”的工商联工作主题、“两手抓”“两关注”的思想方法和工作方法，“亲清关系”“政企沟通”“国民共进”的服务平台；变形的“M”为英文“会员”的首位字母，形似桥梁，与下面“纽带”相呼应，意为工商联是党和政府联系非公有制经济人士的桥梁纽带。3.天空和海洋主色调为蓝色，象征走向世界，开放包容。4.“中国工商联”为各级工商联的统称，“CFIC”为其英文缩写，对内对外均一目了然。

（刘晶晶）

【设立“工商联‘两个健康’展示交流平台”】2017年10月9日，全国工商联在机关一楼大厅“两个健康”展示交流平台举办“砥砺奋进的五年·工商联工作成就展”。展览全面展示了党的十八大以来，在以习近平同志为核心的党中央坚强领导下，各级工商联牢固树立“四个意识”，始终围绕中心服务大局，不忘初心、砥砺奋进，团结引导广大非公有制经济人士听党话、跟党走、报党恩，为促进非公有制经济健康发展和非公有制经济人士健康成长做出的积极贡献，取得的显著成绩。时任全国政协副主席、全国工商联主席王钦敏，中央统战部副部长，全国工商联党组书记、常务副主席徐乐江，全国工商联党组副书记、副主席樊友山，副主席谢经荣、黄荣、林毅夫、杨启儒，秘书长赵德江等领导出席展览开幕式。

展览由三大板块组成，采用图片、文字、视频、实物等多种形式进行展示。第一板块为“高度重视　亲切关怀”，展示以习近平同志为核心的党中央高度重视、亲切关怀非公有制经济和工商联工作，提出的一系列新思想、新观点、新论断、新要求，为非公有制经济发展和工商联工作指明方向、提供根本遵循。第二板块为“砥砺前行　成果丰硕”，展示各级工商联开展理想信念教育实践活动、“万企帮万村”精准扶贫行动、服务国家发展战略、助推民营经济转型升级、参政议政、加强基层组织建设等各项亮点工作。第三板块为“中国力量　民企风采”，通过部分民营企业在现代信息产业、现代服务业、先进制造业、现代农业、现代生物制药、军民融合、绿色发展、“一带一路”等领域的创新成果，展示非公有制企业转型升级和创新发展的新面貌。华为、百度、阿里巴巴、吉利、京东、苏宁、汉能、小米、科大讯飞、正泰、OFO小黄车、中航智等企业参加展览。

展览相继接待了中国工商业联合会第十二次全国代表大会全体代表，北京市、区工商联干部及在京相关企业家代表，中华工商时报社、中国工商杂志社、中华工商联合出版社、人才交流服务中心、中国证券市场研究设计中心、北京工商宾馆等单位代表，全国工商联直属商会代表参观。展览受到参观人员的一致肯定，大家表示，通过参观展览，更加深刻地理解了以习近平同志为核心的党中央关于非公有制经济的新思想、新观点、新论断、新要求，进一步坚定了紧密地团结在以习近平同志为核心的党中央周围，不忘初心，砥砺前行，为实现党的十九大确定的目标努力奋斗的信心和决心。

（李雄飞）

理论研究和建言献策

【综　述】2017年，全国工商联深入学习贯彻习近平新时代中国特色社会主义思想和党的十九大精神，认真贯彻落实党中央历次重大会议精神，紧紧围绕两个健康主题，扎实开展调查研究和理论研究，积极履行政治协商、参政议政、民主监督职能，为促进经济社会发展建言献策。

一、积极做好参政议政工作

认真参加党中央组织召开的党外人士座谈会和全国政协各类协商活动，做好团体提案工作，推动本会参政议政工作水平不断提高。

一是认真参加高层协商会议。会领导应邀参加党中央召开的政府工作报告征求意见会议、上半年经济形势分析会议、十九大报告征求意见会议、中央经济工作会议文件征求意见会议、党的十九届二中全会文件征求意见会议等党外人士座谈会，就国家大政方针和事关非公有制经济发展的重大问题建言献策。

二是高质量完成团体提案工作。在向各省级工商联、副省级城市工商联和各直属商会征集提案的基础上，精心筛选，认真修改，组织专家评审，报主席办公会议审议，形成30件团体提案，提交全国政协十二届五次会议。其中两件提案被列为政协重点督办提案。在2017年9月召开的全国政协第十二届全国委员会优秀提案和先进承办单位表彰会上，我会6件提案被评为优秀提案。

三是积极参加全国政协会议和协商活动。推荐张近东、茅永红、潘刚、南存辉、磨长英5位工商联界别政协委员在全国政协大会和常委会议上发言。与全国政协经济委员会联合举办“构建亲清新型政商关系，促进民营经济健康发展”专题协商会，时任中央政治局常委、全国政协主席俞正声出席会议并讲话，时任工商联主席王钦敏作发言，本会推荐的8位企业家在会上作发言，发言得到俞正声主席回应；会前，配合全国政协经济委员会办公室，邀请专家和企业家赴福建、安徽、山东等地开展实地调研。

四是认真做好政协提案和人大建议承办工作。加强与全国政协和全国人大相关工作部门的沟通协调，积极做好与委员代表沟通协商，精心做好机关内部分工、协调、督办等工作，按时高质量完成15件政协提案和40件人大代表建议的承办工作。

二、深入开展调查研究和理论研究

紧紧围绕两个健康主题，就工商联事业发展中的重要理论问题和实践问题开展研究。

一是开展降低实体经济企业综合成本调研。为贯彻落实中央经济工作会议精神，深入推进供给侧结构性改革，引导实体经济企业降本增效、转型升级，上半年开展了降低实体经济企业综合成本专题调研。全国工商联组成7个调研组赴12个省份开展实地调研，各省区市普遍展开调研，全国工商联所属10个行业商会开展专项调研。全国工商联形成调研报告，报送中央统战部。

二是开展东北地区民营经济营商环境评估调研。8~9月，会同国家发改委东北振兴司、中国民营经济研究会、中国民生银行研究院，赴东北地区首批13个民营经济发展改革示范城市和沈阳、佳木斯两地开展了营商环境评估调研，形成调研报告，与国家发改委联合将调研情况上报国务院。

三是在2016年调研基础上撰写《构建新型政商关系调研报告》。在2016年第四季开展构建新型政商关系专题调研的基础上，2017年年初，撰写完成调研报告，报送中央统战部，并通过中央统战部呈报俞正声主席。时任中央政治局常委、全国政协主席俞正声和中央统战部领导对报告作出重要批示。

四是持续开展民营经济发展研究。与国家工商总局、商务部、中国人民银行、国家税务总局、中国证券市场研究设计中心和北京工商大学合作，对我国个体私营经济发展、民营进出口、融资、税收、上市公司的状况和民营企业运行状况及企业家预期进行了深入分析与研究，形成6份专题报告；委托省级工商联研究形成民营经济区域发展报告。编辑出版《中国民营经济发展报告No.14（2016—2017）》。

五是扎实开展优秀调研成果评选工作。组织开展全国工商联系统优秀调研成果评选活动，坚持公平、公正、公开原则，严把质量关，通过初步筛选、专家评审、会议审定和网上公示等环节，授予75篇参选成果“2017年全国工商联系统优秀调研成果奖”。其中，一等奖9篇，二等奖15篇，三等奖17篇，优秀提案奖30篇，优秀数据分析报告奖4篇。

六是创新开展调查点工作。将调查点工作作为开展调查研究的基础性工程，创新方法，调动地方工商联积极性，加强系统建设与形成工作合力并重，不断取得新成效。在抓系统建设上，对系统功能进行4次完善与升级，2017年年底入库企业量达22 641家。全年开展4次专项调查，做好问卷分析，服务会内重点工作。抓好培训交流，支持和组织地方工商联开展培训，累计培训地方调查点工作人员超过800人。加强管理考核，制定印发《全国工商联民营企业调查点管理办法（试行）》，首次在年底通报表扬工作成效突出的24个地区62家基层工商联。

（梁岩涓）

【撰写上报《构建新型政商关系调研报告》】中央统战部、全国工商联于2016年10~12月，赴天津、江苏、浙江、福建、河南、湖南、广东、陕西等省市开展了构建新型政商关系专题调研，在此基础上，2017年，调研组撰写了调研报告。调研认为，党的十八大以来，我国政商关系正在发生积极变化。调研发现，党委政府高度重视，积极推动构建新型政商关系，民营企业家积极响应，努力践行“亲”“清”要求。目前，受体制机制、发展程度、能力素质、思想观念等因素影响，构建新型政商关系仍存在一些需要高度重视的问题。一是不作为、不会为成为民营企业的“心结”；二是办事难、管得多依然突出；三是政企交往规定不细、渠道不畅；四是“吃拿卡要”问题依然存在；五是部分企业出资人仍信权、信钱，不信法。构建新型政商关系涉及政府与市场、权力与资本、党政干部与民营企业家的关系，受经济、政治、文化、社会等因素影响，是一项长期艰巨的任务，不可能一蹴而就。通过对党的十八大以前和当前政商关系存在的突出问题进行综合分析，发现目前政商关系总体上正朝着积极健康的方向发展，但基础仍不牢固，权力寻租的土壤没有彻底铲除，构建新型政商关系任重道远，必须综合施策。调研认为，保持高压反腐态势是构建新型政商关系的基本前提，正确处理市场和政府的关系是构建新型政商关系的重要基础，强化对权力的制约监督是构建新型政商关系的必然要求，加强法治建设是构建新型政商关系的根本保障，建立健全激励和容错机制是构建新型政商关系的重要举措，坚定理想信念是构建新型政商关系的思想根基。推动构建新型政商关系，对于促进非公有制经济健康发展和非公有制经济人士健康成长，净化政治生态、经济生态和社会生态，具有重大而深远的意义。要按照习近平总书记重要讲话精神要求，构建起交往规范、渠道畅通、服务主动、行为廉洁的政商关系。一是把“亲”“清”作为构建新型政商关系的标尺。二是继续坚持全面深化改革，真正发挥市场在资源配置中的决定性作用。三是进一步完善和落实法律法规，确保政商关系健康发展。四是建立制度化常态化政商沟通机制，促进政商双方“亲”“清”交往。五是继续深化理想信念教育，引导民营企业家守法诚信。调研报告报中央统战部，并通过中央统战部呈报俞正声主席。俞正声主席和中央统战部领导对报告作出了批示。

（陈建辉）

【联合承办“构建亲清新型政商关系，促进民营经济健康发展”专题协商会】2017年7月18日，全国政协在北京召开“构建亲清新型政商关系，促进民营经济健康发展”专题协商会，时任中央政治局常委、全国政协主席俞正声主持会议并讲话，时任全国工商联主席王钦敏出席会议并发言。会议由全国政协经济委员会和本会共同承办。

会上，31位政协委员和专家学者、企业家代表、地方代表作发言。委员们表示，习近平总书记用“亲”“清”二字概括了新型政商关系的内涵，意义十分重大。大家认为，政商关系和政企关系是相互联系的，政企关系顺了，政商关系容易处理好。当前构建亲清新型政商关系对民营经济健康发展具有特殊意义。委员们认为，“亲”“清”关系中，“清”是基础和前提，领导干部、公务员要坦荡真诚地同民营企业家接触交往，不收礼、不吃请，积极作为、靠前服务。在“清”的基础上做到“亲”，才能促进民营经济健康发展。委员们建议，地方党委政府要建立健全领导联系企业制度、政企沟通座谈会制度和发挥工商联作用的制度，真心实意支持民营经济发展；要解决好民营企业平等准入，加强产权保护，减少行政审批，减轻企业负担等问题；要继续反腐倡廉，营造良好的政治生态和舆论环境；民营企业要守法经营，民营企业家要加强自我学习、自我教育、自我提升，做合格的中国特色社会主义事业建设者。

国家发改委副主任张勇、工信部总工程师张峰分别介绍有关情况。最高人民检察院、国家税务总局、国家工商总局、银监会等部门负责同志与委员互动交流。

（徐海波）

【开展2017年全国工商联优秀调研成果评选】为进一步提高工商联系统调查研究能力和建言献策水平，推动调研工作，促进成果转化，不断提升工商联服务“两个健康”的科学化水平，根据《全国工商联优秀调研成果评选办法》，全国工商联于2017年组织开展了全国工商联系统优秀调研成果评选活动，共收到来自各省级工商联和全国工商联直属商会的调研报告和理论文章91篇、团体提案66篇、数据分析报告11篇。调研成果评选工作中，坚持公平、公正、公开原则，严把质量关，力求客观反映工商联系统的整体研究水平。通过初步筛选、专家评审、会议审定和网上公示等环节，决定对“广东民营企业代际传承的现状特点及对民营经济发展的影响”等75篇参选成果授予“2017年全国工商联系统优秀调研成果奖”。其中，一等奖9篇，二等奖15篇，三等奖17篇，优秀提案奖30篇，优秀数据分析报告奖4篇。

（秦宏伟）

【开展降低实体经济企业综合成本调研】为贯彻落实中央经济工作会议精神，深入推进供给侧结构性改革，引导实体经济企业降本增效、转型升级，2017年上半年工商联系统集中开展了降低实体经济企业综合成本专题调研。调研采取全面调研和重点调研相结合、定性调查和定量调查相结合、集中座谈和深度访谈相结合的方式，各省区市普遍展开调研，全国工商联所属10个行业商会开展专项调研。期间，全国工商联组成7个调研组，赴12个省（市）开展调研，共召开民营企业座谈会24场（参会企业218家），政府部门座谈会13场，实地走访企业105家，回收有效调查问卷3 866份。时任全国工商联主席王钦敏带队云南调研期间，中央统战部五局、国家发改委经济运行调节局、工信部运行监测协调局有关负责同志参与调研。调研报告总结分析了政策获得感还不是很强、税费负担减轻的感觉不明显、要素成本依然较高、隐性交易成本比较高、红顶中介隐性化、部分企业降本增效意识和能力不足等问题，从加快建立降低企业综合成本的长效机制并抓好落实、继续降低税费及垄断性行业收费、开展金融服务整治行动并深入落实普惠金融措施、进一步推动降低人工成本、引导企业挖潜增效和鼓励行业商会发挥作用等方面提出了意见建议，有关情况报送中央统战部。

（秦宏伟）

【开展东北地区民营经济营商环境评估调研】为贯彻落实习近平总书记关于改善东北地区投资营商环境的重要批示精神，推进东北地区民营经济发展改革工作，全国工商联研究室、国家发改委东北振兴司、中国民营经济研究会、民生银行研究院组成3个调研组于2017年8~9月，赴东北地区首批13个民营经济发展改革示范城市大连、鞍山、营口、辽阳、盘锦、长春、通化、白山、辽源、哈尔滨、牡丹江、七台河、通辽和沈阳、佳木斯两地开展了营商环境评估调研。期间，组织召开政府部门座谈会16场，民营企业家和商会代表座谈会13场，与近百位民营企业家、商会负责人访谈，实地走访30余家民营企业。同时通过全国工商联民营企业调查系统开展网络调查，回收问卷731份；委托13个试点城市发改委提供部分经济社会发展统计数据。形成调研总报告1篇，各城市分报告15篇，数据分析报告2篇，专题报告1篇。调研总报告系统分析梳理了试点城市民营经济发展总体情况和优化营商环境的主要举措，提出了优化东北营商环境过程中存在的主要问题和对策建议，以国家发改委和全国工商联的名义共同上报国务院，张高丽副总理等中央领导同志作了批示。

（王树金）

【扎实推进调查点工作】2017年，在会领导的坚强领导与大力支持下，民营企业调查点工作坚持建设与使用并重，多措并举、形成合力，不断创新工作方法、调动地方工作积极性，取得实质性新进步。一是抓好系统建设，夯实调查工作基础。针对用户使用过程中的反馈意见，对系统功能进行4次完善与升级；完成全国范围内企业用户信息与行政区划信息更新，完成在线用户答疑150个工作日以上，平时每周进行一次数据备份工作，清除黑客攻击10次以上，保证系统24×7小时的网络安全。坚持“有增有减”原则，把完善调查点代表性、提高活跃度摆在样本库建设首位。2017年的入库企业量为22 641家，除去“僵尸企业”清理的减量，实际新增4 839家，同比增长32%。二是抓好系统使用，服务会内重点工作。本会全年共围绕会内重点工作，利用系统开展4次专项调查。分别是年初的《2016年民营企业运行状况及2017年企业家预期调查工作》，配合上半年执委会议开展的《非公有制经济人士理想信念教育实践活动调查》，下半年的《2017年上半年民营企业运行状况调查》，并配合国家发改委开展的《东北地区民营经济营商环境问卷调查》。省级层面，先后有安徽、浙江、湖北、江苏、广西、山东、天津、广东、辽宁9个地区利用调查系统在本地区开展20次自主调查。三是抓好管理考核，发挥顶层设计的引导作用。制定并印发《全国工商联民营企业调查点管理办法（试行）》，从调查点如何建立、各级工商联的职责、成果运用、经费管理、考核通报等方面提出18条指导性意见，进一步建章立制，明确要求和标准。按照管理办法推动开展考核。在认真分析各地所提交总结报告和自评表、结合系统后台所统计数据的基础上，今年创造性地引入互评机制，组织有关省区市调查点工作负责同志，对排名靠前的江苏，工作进步显著的山东、安徽等三地工作进行实地检查考评，既确保了考评结果的公信度，也给不少工作相对滞后的地方以鞭策。在地方建议的基础上，要求各地在报送年度工作总结的同时，报送2～5家参与调查点工作特别积极、成效突出的基层工商联，最终确定24个地区62家优秀基层工商联。四是抓好培训交流，提升地方工商联工作能力。全年先后支持湖北、甘肃、宁夏、河北、江苏、海南、贵州、吉林、山东、辽宁、广西、青海12个地区组织了本地区培训。组织天津、河北、黑龙江、吉林、山东、江苏、浙江、广东、广西、四川、湖北、湖南、河南、陕西、云南、甘肃、宁夏、新疆18个地区的相关工作负责同志参加周边省份培训。先后通过这种方式，实现了全国近2/3地区的培训覆盖，累计培训地方调查点工作人员（含企业联络员）近800人。

（张天龙）

【编辑出版《中国民营经济发展报告》】《中国民营经济发展报告No.14（2016—2017）》以习近平新时代中国特色社会主义思想为指导，深入贯彻党的十九大精神，紧紧围绕促进非公有制经济健康发展和非公有制经济人士健康成长主题，力图真实、全面反映我国民营经济在新时代的发展现状和特点，对存在的问题进行深入分析并提出对策建议。全书分为三个部分。一是专题报告。6份专题报告分别由国家工商总局、商务部、中国人民银行、国家税务总局、中国证券市场研究设计中心和北京工商大学的专家学者执笔，对我国个体私营经济发展、民营进出口、融资、税收、上市公司的状况和民营企业运行状况及企业家预期进行了深入分析与研究。二是区域报告。包括7份区域报告和五份省区报告，分别由省级工商联组织力量对京津冀、东北及内蒙古、中部

6省、西南四省、西北地区、珠三角、长三角等区域和福建、内蒙古、广西、海南、西藏等省、自治区的民营经济发展状况撰写的综合报告。三是地方专题报告。收录东北地区13个民营经济发展改革示范城市营商环境评估报告。

（秦宏伟）

【开展2017年度团体提案工作】2017年是实施“十三五”规划的重要一年，是供给侧结构性改革的深化之年。全国工商联深入贯彻落实习近平总书记系列重要讲话精神，特别是2016年3月4日在全国政协十二届四次会议民建工商联界委员联组会上的重要讲话精神，党的十八大和十八届三中、四中、五中、六中全会精神，中央统战工作会议和中央经济工作会议精神，立足促进非公有制经济健康发展和非公有制经济人士健康成长，围绕中心服务大局，发挥参政议政职责，精心做好团体提案工作，为经济社会发展积极建言献策。

精心部署，认真筹划，提早向各省区市和新疆生产建设兵团工商联、各副省级城市工商联、机关各部门、各直属商会发放征集团体提案工作的通知，明确围绕中心选题、提高提案质量、规范报送程序、严格报送时限的工作要求，并提供了17个题目作为提案选题参考，共收到提案素材94件。经过严格把关，精心筛选修改，专题会议研究、主席办公会议审议，最终形成30件团体提案，提交全国政协十二届五次会议。

提案紧紧围绕当前民营经济发展和行业发展中的难点热点问题，以推进供给侧结构性改革、促进实体经济发展为目的积极建言献策。其中，为落实习近平总书记关于要高度重视军民融合发展战略的指示精神，在深入调研的基础上，提出“关于加强民参军企业知识产权保护的提案”，对军民融合发展中民参军企业的知识产权保护问题进行分析研究，提出了完善国防知识产权制度、加大知识产权在采购决策中的权重、加大对知识产权侵权行为的打击力度、在国防和军队建设领域推动建立符合市场规则的知识产权付费使用制度、建立知识产权诚信评价制度等建议。为了落实习近平总书记关于要重点解决好着力放开市场准入问题的重要指示，提出“关于进一步完善政策鼓励民间资本参与PPP的提案”，针对三年来民间资本参与PPP项目遇到的困难，提出要及时更新并规范PPP项目库建设，鼓励民营企业作为联合体进入PPP项目建设服务领域，进一步加大财政和金融支持力度等建议。在落实去产能和降成本方面，提出科学统筹钢铁行业去产能，进一步落实高新技术企业税收优惠、支持小额贷款公司健康发展、推进我国成品油消费税改革等提案；在引导民营企业“走出去”和参与“一带一路”建设方面，提出支持民营企业和商会组织参与“一带一路”建设、鼓励支持沿边省区开展“澜湄合作”等提案；在促进创新和知识产权保护方面，提出鼓励支持商会组织建立知识产权纠纷调解机制，支持民营企业创办科研机构等提案；在促进农业供给侧结构性改革方面，提出推动大数据物联网在农产品流通中应用的提案；在推动环保产业发展方面，提出加大分布式光伏政策支持力度，强化新能源产业政策支持导向，加快太阳能光热发电产业发展，推进实施环保领域PPP项目，适度提高垃圾焚烧折算电量等提案。此外，还围绕促进行业健康发展，分别就林业、物业服务、汽摩配、文化、特色小镇等领域健康发展提出建议。

（徐海波）

【组织参加全国政协各类协商会议】工商联是党和政府联系非公有制经济人士

的桥梁纽带，政府管理和服务非公有制经济的助手，中国人民政治协商会议的重要组成部分。全国工商联高度重视参政议政工作，积极组织推荐工商联界别委员在全国政协大会、常委会、专题协商会等会议上作发言，借助全国政协的平台和渠道，反映民营经济面临的困难和问题，传递民营企业的心声，推动优化民营经济营商环境。2017年共组织委员在全国政协有关会议上发言6次。

在全国政协十二届五次大会上，本会推荐张近东委员围绕“大力推动实体零售向智慧零售转型”作口头发言，潘刚委员围绕“振兴实体经济，筑牢发展根基”作书面发言。

全国政协“坚定文化自信，讲好中国故事”专题协商会5月23日在北京召开，时任中共中央政治局常委、全国政协主席俞正声主持会议并讲话。本会推荐潘刚委员围绕“中国企业要做好‘一带一路’上的商业使者”作书面发言。

政协第十二届全国委员会常务委员会第二十一次会议6月26日上午在北京开幕，议题是围绕“深化供给侧结构性改革，促进经济平稳健康发展”建言献策。中共中央政治局常委、国务院副总理张高丽出席会议并作报告。本会推荐南存辉委员围绕“深入推进降本提质增效，激发制造业发展活力”作书面发言。

政协第十二届全国委员会常务委员会第二十二次会议8月28日上午在北京开幕，议题是围绕“实施精准扶贫中存在的问题和建议”建言献策。中共中央政治局委员、国务院副总理汪洋出席会议并作报告。本会推荐磨长英委员围绕“形成合力，助推‘万企帮万村’”作书面发言。

政协第十二届全国委员会常务委员会第二十三次会议10月30日上午在北京开幕，议题是学习贯彻中共十九大精神。中共中央政治局常委、中央书记处书记王沪宁作专题报告。本会推荐茅永红委员围绕“在建设现代化经济体系中促进民营经济持续健康发展”作口头发言。

（王树金）

【办理全国政协提案和全国人大代表建议】会党组高度重视全国政协提案和全国人大代表建议办理工作。2017年，本会积极参加全国政协提案和全国人大代表建议交办协调会议，认真制订承办方案，明确工作要求、制订工作流程、加强督查办理，在机关各部门的共同努力下，确保了政协提案和人大代表建议100%按时办结。全年共承办全国政协提案15件，其中，主办5件，会办10件，另有8件《意见和建议》供参阅；承办人大代表建议40件，其中，单独办理5件，分别办理1件，会同办理（主办）14件，会同办理（协办）15件。

（徐海波）

服务非公有制经济和区域经济发展

【综　述】2017年是贯彻落实“十三五”规划的关键之年，也是深入推进供给侧结构性改革的攻坚之年。一年来，经济部认真学习贯彻党的十九大和中央经济工作会议精神，在会党组和分管副主席的领导下，围绕中心服务大局，坚持“两个健康”，不断创新服务理念、丰富服务手段、延伸服务内容，圆满完成了各项经济服务工作。

一、营造良好发展环境，增强民营企业发展信心

为进一步坚定企业发展信心、稳定发展预期，我们努力营造民营经济发展的良好环境。一是继续开展第三方评估。完成了国务院委托开展的“持续推进大众创业、万众创新政策措施落实情况”第三方评估。国务院有关部委对第三方评估报告中指出的问题一一进行认领，并开展了逐条逐项整改。二是积极参与政策顶层设计。承办“一带一路”建设安全保障协调小组办公室、中央军民融合发展委员会、中宣部、国家发展改革委等出台政策文件征求意见函30余件，提出具体意见建议50余条，大部分被采纳。与工信部等部委共同签发《关于发挥民间投资作用　推进实施制造强国战略的指导意见》，与科技部等部委联合印发《关于印发“十三五”国家技术创新工程规划的通知》。三是努力促进民间投资。起草了《全国工商联关于民营企业参与政府与社会资本合作（PPP）项目有关情况的汇报》，并与财政部、发改委等PPP主管部门就深入推动民营企业参与PPP项目方面加强合作达成共识，联合上报了工作举措，得到中央领导同志的肯定。四是努力畅通政企沟通渠道。围绕振兴实体经济、企业转型升级、去产能去库存、涉企收费等问题，与国家发改委共同召开民营企业家座谈会，10位企业家针对以上问题提出意见和建议；围绕进一步完善税收政策、落实税收协定、优化纳税服务，与国家税务总局签署部际合作机制并共同召开企业家座谈会，9位企业家先后发言；围绕“持续深化简政放权、放管结合、优化服务改革，加强政府职能转变”，与国务院研究室召开座谈会。为反映电商平台运营情况，促进电商行业健康发展，我们起草了《关于电商平台开展供应链金融业务助力中小企业发展有关情况的报告》等3份报告报送中央统战部、国家发展改革委等部委。此外，我们还通过国家部委合作机制平台等多种形式畅通政府和企业的沟通渠道，定期反映民营企业发展现状和意见诉求。

二、聚焦实体经济，推进供给侧结构性改革

实体经济是国民经济的根基。面对实体经济领域民营企业生产经营遇到的困难，我们坚持问题导向，主动服务、积极作为。一是开展降低实体经济企业综合成本调研。去年4~6月，全国工商联组成7个调研组，赴12个省（市）开展了降低实体经济企业综合成本专题调研。二是召开民营企业学习贯彻全国金融工作会议精神座谈会。8月23日下午，全国工商联在济南召开民营企业学习贯彻全国金融工作会议精神座谈会，15位来自民营金融机构、民营实体企业和地方工商联代表围绕学习贯彻全国金融工作会议精神分别作了发言。三是协调解决民营企业实际困难。2016年以来，针对民营企业生产经营中面临的实际困难，我们通过给有关部委发函、召开协调会、带企业上门拜访等方式，先后就民营企业遭遇的停贷断贷问题、企业遭恶意收购、成立总行级债务委员会等问题进行协调，积极推动问题解决。四是创新民营企业500强发布活动。2017年度的500强发布会首次移师京外与地方政府联合举办，并首次邀请全部民营500强企业参加，实际参会企业369家，参会人数800余人。此次发布会充分展示了广大民营企业在经济新常态下，立足实业、把握大势、加快新旧动能转换的新作为、新提升、新发展。

三、服务国家战略，助力区域经济发展

一年来，我们积极引导民营企业融入

国家发展战略，实现企业发展与国家发展的融合。一是引导民营企业有序参与“一带一路”建设。2016年，本会正式成为推进“一带一路”建设领导小组成员单位；筹备召开了民营企业参与“一带一路”建设工作视频会议；与国家发展改革委共同起草并下发了《民营企业境外投资经营行为规范》；与商务部、国家发展改革委组成联合调研组，就一些民营企业2015年以来的境外投资情况进行调研，形成专题报告报国务院；举办了民营企业“一带一路”建设台账培训班和“一带一路”沿线国家税收政策专题视频讲座。目前走出去经济服务工作已形成“有机制、有指导、有组织、有平台、有服务”的“五有”格局。二是引导民营企业积极融入区域发展。组织开展了民营企业助推宁夏创新发展大会，参与举办了第十届中国中部投资贸易博览会、第十一届中国（河南）国际投资贸易洽谈会、第十四届中国—东盟博览会、第十八届中国·青海绿色发展投资贸易洽谈会等经贸活动10余次，累计促成合作项目2733个，合同金额达30938亿元，有力地支持了区域经济发展。同时，为落实中央助推东北振兴要求，在主要会领导亲自带领下，首次采取小分队、多批次、精准招商的方式，深入东北三省进行营商环境调研，开展了项目投资和对接活动。

四、持续推动科技创新，服务企业提质增效

为贯彻落实国家创新驱动发展战略，引导民营企业提质增效升级，我们持续开展民营企业科技创新服务工作。一是认真做好创新驱动发展的科技综合服务工作。依托各地工商联和全国工商联直属商会，对民营企业的优秀科技项目成果和创新创业人才进行调研；积极推荐民营企业创新人才参加国家科技创新创业人才、全国创新争先奖、中国青年科技奖的评选；推荐民营企业优秀科技项目成果参加国家科学技术奖的评选；推荐民营企业科技专家加入国家科技奖励专家库。二是深入推动民营企业进行技术创新。去年有158个民营企业创新项目和105位创新人才充实到科技创新项目库和人才库；与中国科协、人力资源和社会保障部、全国总工会联合印发《关于印发〈“智慧蓝领”专项行动实施方案〉的通知》并开展活动，推动科技知识在城镇劳动者特别是产业工人中的传播与普及。三是加强示范引领。积极协调全国工商联网站和机关展览平台，以及《中华工商时报》等媒体，广泛开展民营企业优秀科技创新成果展示和民营企业创新发展典型事迹的宣传工作。

五、拓展工作新领域，服务军民融合深度发展

为鼓励和引导优势民营企业参与军民融合发展国家战略，我们按照中央的要求和部署，全面加强对工商联服务军民融合发展工作新格局的构建。一是加强领导，健全组织机构。2017年6月，全国工商联成立军民融合发展工作领导小组，同时设立全国工商联军民融合工作办公室，进一步加强对工商联系统服务民营企业参与军民融合发展工作的领导和服务。目前，全国工商联已被正式吸纳为中央军民融合发展委员会成员单位。二是加大工作协同，营造军民融合发展政策环境。先后组织参与了军民融合发展重难点问题座谈会、法律保障工作座谈会，以及学习贯彻十九大精神促进军民融合深度发展论坛等多场活动；在全国工商联科技装备业商会的协助下，开展了标准化军民深度融合调研；在军民融合发展高峰论坛上，组织企业、商会和省级工商联作主旨演讲，建言献策，反映民参军的意见和建议。三是搭建平台服务军民融合。第三届军民融合发展高技术装备成果展览暨论坛活动，来自8大技术领域的561家企业和单位，共展出核心关键技术和突破性成果936项，其中民营企业占677项，占比高达72.3%。第二届中国军民两用技术创新应用大赛，以新一代信息技术、新材料等七大领域为重点，征集了671家企业和创新团队的参赛项目816个，评选出的120个优秀项目中民营企业占47个，占比达39.2%。此外，我们向国家有关部门推荐了150多位民营企业军民融合发展领域的专家，并将227家民营企业的高新技术及产品编入第七册《军民两用高新技术民营企业及产品推荐》，向军委装备发展部、各军兵种装备部门推荐。

（闵俊华）

【召开2017年经济服务工作会议】2017年1月5日，全国工商联经济服务工作会议在北京举行。会议的主要任务是：深入学习贯彻党的十八大和十八届三中、四中、五中、六中全会，习近平总书记系列重要讲话和中央经济工作会议精神，围绕“两个健康”主题，总结交流近年来工商联经济服务工作，研讨部署2017年经济服务重点工作。全国工商联副主席黄荣出席会议并讲话。黄荣同志指出，工商联工作是党的统一战线和经济工作的重要内容，这一基本定位决定了经济服务工作必须围绕中心、服务大局；必须始终将“两个健康”作为经济服务工作的出发点和落脚点，引领经济服务工作；必须坚持把创新贯穿于经济服务工作始终；必须坚持把问题导向、实践导向、基层导向、结果导向，作为做好经济服务工作的基本遵循。他强调，要按照全国工商联十一届五次执委会议和工作要点要求，以振兴实体经济为重点，从以下六个方面，着力做好2017年的经济服务工作：一是着力学习贯彻中央重要决策部署；二是着力推动实体经济发展；三是着力促进民间投资；四是着力引导民营企业参与“一带一路”建设；五是着力推动军民融合深度发展；六是着力推动经济服务工作项目化、品牌化。与会同志围绕工商联经济服务工作的理念创新、思路创新、内容创新和举措创新等的经验做法，并结合黄荣同志讲话精神，进行了讨论和交流。全国工商联经济部部长谭林主持会议并对讨论情况进行小结。全国工商联经济部副部长罗力，来自全国各省、自治区、直辖市，新疆生产建设兵团和副省级城市工商联分管经济工作的负责同志，全国工商联有关直属商会秘书长，全国工商联经济部有关同志，共130余人参加了会议。

（孙　昱）

【与国家发展改革委共同召开民营企业座谈会】2017年1月10日下午，国家发展改革委与全国工商联在机关共同召开民营企业座谈会。本次座谈会旨在听取民营企业家对当前经济运行形势的看法，企业发展中面临的困难、问题以及应对举措。国家发展改革委综合司司长丛亮介绍了经济形势等有关情况。伊利实业集团等10家企业负责人先后发言，围绕振兴实体经济、企业转型升级、去产能去库存、涉企收费等方面提出了意见和建议。在听取企业家发言后，国家发展改革委主任徐绍史对有关问题作了积极回应，强调做好2017年经济工作，要认真贯彻落实好中央经济工作会议精神，准确把握中央对经济发展进入新常态的重大判断，全面理解以新发展理念为指导、以供给侧结构性改革为主线的政策体系；要持续推进供给侧结构性改革，振兴实体经济发展，共同努力发展好民营经济。

（葛　军）

【开展引导民营企业创新驱动发展科技综合服务】2017年2月7日，向各省、自治区、直辖市和新疆生产建设兵团工商联，有关直属商会印发《全国工商联办公厅关于开展2017年引导民营企业创新驱动发展科技综合服务的通知》，部署民营企业科技项目和人才调研、征集和服务工作，重点针对各地区、各行业核心技术具有自主知识产权、在市场上有竞争优势、有发展潜力的大型民营企业和专精特新中小微型民营企业。经各地工商联和商会推荐，2017年共征集科技项目183项，人才130位，民营企业项目库、人才库得到进一步扩充，为科技成果推荐工作打下坚实基础。

（吴盈禧）

【开展第七次民营企业军民两用高新技术及产品研发生产情况专项调查】2017年2月，为畅通民营企业高新技术产品进入武器装备建设领域，缓解军民双方供需信息不对称的现状，提高装备质量与采购效益，以及在改进准入管理、资质申报、加强互动上积极作为，全国工商联办公厅下发了《全国工商联办公厅关于组织开展第七次民营企业军民两用高新技术及产品研发生产情况专项调查的通知》（全联厅字〔2017〕3号），各省、自治区、直辖市和新疆生产建设兵团工商联，全国工商联科技装备业商会组织推荐所属区域民营企业或服务对象高新技术及产品研发生产情况。本次调查共收到各地报来企业300余家，产品千余项。经专家评审，通过企业285家。按照工作安排，通过评审的企业及其产品全部编入《军民两用高新技术民营企业及产品推荐》（第七册）。

（刘　铁）

【开展加强民营企业境外投资经营规范和风险防范专项调研】为做好推进民营企业有序参与“一带一路”建设工作视频会议筹备工作，以及加强民营企业境外投资经营规范和防范风险有关文件的起草工作，2017年2月13~28日，黄荣副主席、王永庆副主席分别带队赴北京、上海、浙江、江苏等地进行专项调研。调研组实地走访调研了18家民营企业，听取了有关方面对召开推进民营企业有序参与“一带一路”建设工作视频会议的意见。征求了工商联、商会、民营企业等对于《关于加强民营企业境外投资经营规范和防范风险的指导意见（提纲）》的修改意见。此外，调研组还书面征求了12家民营企业的意见。调研结束后，调研组起草了《民营企业反映当前“走出去”存在的问题及建议》。

（王　显）

【召开民营企业参与“一带一路”建设工作视频会议】2017年3月21日，全国工商联在机关召开民营企业参与“一带一路”建设工作视频会议。会议的主要任务是，深入贯彻落实推进“一带一路”建设工作座谈会精神，分析研判民营企业在走出去中的新情况，总结交流经验，对引导服务民营企业参与“一带一路”建设工作进行部署。时任全国政协副主席、全国工商联主席王钦敏出席会议并讲话，时任中央统战部副部长，全国工商联党组书记、常务副主席全哲洙主持会议并讲话，全国工商联副主席樊友山、黄荣、王永庆，秘书长赵德江出席会议。王钦敏指出，广大民营企业要自觉践行“一带一路”建设的新要求，将参与“一带一路”建设作为推进供给侧结构性改革、提高企业创新能力和核心竞争力的重要途径，要主动融入国际产能合作的战略布局，要树立守法诚信、规范经营的良好形象，要增强安全意识，防范和应对各类风险，还要注重软实力建设，讲好中国故事。各级工商联和商会组织要切实加强自身能力建设，从提升引导服务能力、搭建民营企业参与“一带一路”建设服务平台、提高民营企业参与“一带一路”建设的组织化程度、抓好典型引领和培训教育等方面入手，抓好对民营企业参与“一带一路”建设的服务引导工作。全哲洙在讲话中强调，要认真贯彻落实好会议精神。一是切实担当负责。引导服务民营企业参与“一带一路”建设是中央赋予工商联的一项新使命、新任务。各级工商联要统一思想，提高认识，切实担当负责，把这项工作纳入重要议事日程。二是做好精准服务。要引导民营企业围绕重点精准发力，把中央的决策部署学准吃透。要将规范境外投资经营和防范化解各类风险作为重点任务，引导服务民营企业海外投资突出实体经济，获取先进技术反哺国内产业，自觉接受真实合规性审核。要重点引导有条件、有实力的民营企业有序走出去。引导中小企业借助境外工业园区、行业龙头企业和商会等平台，实现抱团出海。三是形成工作合力。要加强与政府部门的配合，发挥商会组织作用，借助专业力量，采取多种形式整合资源形成工作合力。四是加强基础工作。各级工商联和商会组织要对民营企业参与“一带一路”建设情况进行全面摸底调研，做到底数清、情况清、问题清、需求清，建立健全工作台账，形成各地“走出去”企业和重点项目清单。会上，正泰集团股份有限公司董事长南存辉、正邦集团有限公司董事长林印孙、青建集团股份公司执行总裁辛兆和、北京顶针安全信息技术有限公司董事长刘鹏辉、中国民营经济国际合作商会会长郑跃文、江西省工商联主席雷元江，分别从加强风险防范、依靠信誉“走出去”、履行社会责任、发挥组织优势、发挥商会作用、提高安全风险意识等方面进行了大会交流。全国工商联机关各部门负责同志、有关直属商会代表、北京市工商联及民营企业代表、新闻媒体等在主会场参加会议。各省、自治区、直辖市和新疆生产建设兵团工商联负责同志，以及民营企业和商会代表在各地分会场参加会议。

（陆　军）

【举办第十一届中国（河南）国际投资贸易洽谈会】2017年3月29日上午，第十一届中国（河南）国际投资贸易洽谈会在郑州国际会展中心开幕。河南省委书记、省人大常委会主任谢伏瞻出席并宣布洽谈会开幕，河南省委副书记、省长陈润儿致辞，河南省委常委、常务副省长翁杰明主持开幕式。全国工商联副主席、上海市政协副主席王志雄代表本会参加洽谈会开幕式。在开幕式上举行了重大合作项目签约仪式。现场集中签约重大项目117个、总投资2 375亿元。据介绍，签约项目涵盖先进制造业、现代服务业、现代农业三大产业，新型轨道交通、智能终端、大数据、电子商务、智慧物流、文化旅游、健康养老等新兴产业成为投资合作热点。此外，王志雄副主席还出席了丁酉年黄帝故里拜祖大典。

（王　显）

【与国税总局签署部际合作机制并共同召开民营企业座谈会】2017年3月31日下午，国家税务总局、全国工商联在机关签署部际合作机制，并共同召开企业座谈会。双方通过建立高层会晤机制、不定期召开民营企业座谈会、开展重点课题调研、加强情况沟通、建立信息交流制度等增强工作联系，定期听取民营企业对税收工作的意见建议，共同助力民营企业健康发展。座谈会上，红豆集团周海江等9位全国知名民营企业负责人先后发言，围绕完善税收政策、落实税收协定、优化纳税服务等方面提出了意见和建议。王钦敏主席指出，全国工商联与税务总局正式建立部际合作机制，为双方进一步深化务实合作、共同服务民营经济发展奠定了良好的基础，有利于畅通税企沟通渠道，帮助税务部门宣传税收政策，为民营企业反映诉求提供平台；有利于改进税收征管工作，优化纳税服务，不断深化税收制度改革；有利于发挥工商联和商会的组织优势，引导教育非公有制经济企业依法纳税、诚信经营。王军局长表示，税务部门将一如既往地深化税收改革、优化纳税服务、落实各项税收优惠政策，助力民营企业转型升级。一是落实税收政策让民营企业降成本、减税负，二是优化纳税服务让民营企业办税更省心、更顺心，三是实施“银税互动”让小微企业能融资、快融资。

（段　伟）

【开展降低实体经济企业综合成本调研】为贯彻落实中央经济工作会议精神，深入推进供给侧结构性改革，引导实体经济企业降本增效，全国工商联组成7个调研组，于2017年4~6月赴12个省（市）开展了降低实体经济企业综合成本专题调研，形成调研报告，时任全国工商联主席王钦敏在全国政协会议上做专门报告。

（葛　军）

【与国税总局共同举办“一带一路”沿线国家税收政策专题视频讲座】2017年5月10日，全国工商联与国家税务总局共同举办“一带一路”沿线国家税收政策专题视频讲座。税务总局国际税务司司长廖体忠围绕“走出去”企业普遍关注的国外税收政策、双边税收协定及税收风险提示等问题进行了专题授课。廖体忠在讲座中详细介绍了税务部门服务“一带一路”建设的各项举措，剖析了“一带一路”沿线国家税收政策，使用大量生动翔实的案例重点对税收协定的概念、目的和适用范围等内容进行了详细解读，帮助企业有效防范税收风险，更好地参与“一带一路”建设。全国工商联经济部部长谭林在主持时说，2017年3月底，国家税务总局与全国工商联正式建立了部际合作机制，为双方进一步深化务实合作、共同服务民营经济发展奠定了良好的基础。此次讲座既是落实双方部际合作机制的重要内容，也是引导服务民营企业更好地参与“一带一路”建设的政策宣传和解读，对民营企业在参与“一带一路”建设中懂法、守法、用法，具有非常重要的现实针对性和指导意义。下一步，双方将进一步发挥各自优势，增强合作实效，共同为“走出去”企业提供更好的服务。参加讲座的商会和企业代表普遍认为此次讲座收获很大。讲座对税收协定的介绍深入浅出，加深了商会和企业对国内外税收制度的精准理解，对今后把握税收问题和开展工作大有裨益。此次讲座以视频会议的形式举行，全国工商联和各省级工商联有关负责同志、民营企业代表、商会代表共计800余人参加。

（王　昱）

【举办第十届中国中部投资贸易博览会】2017年5月17日，第十届中国中部投资贸易博览会在合肥滨湖国际会展中心开幕。中共中央政治局委员、国务院副总理汪洋出席开幕式，发表主旨演讲并宣布开幕。商务部副部长王受文代表钟山部长陪同出席并致欢迎辞。全国工商联是中国中部投资贸易博览会主办单位之一，黄荣副主席代表本会参加博览会开幕式。本届大会以“创新发展新理念　‘一带一路’新机遇”为主题，突出创新驱动发展、供给侧结构性改革、构建法治化营商环境、深入融合国家“一带一路”倡议、开展论坛研讨、展览展示、项目对接等专题活动。此外，黄荣副主席还出席了安徽省政府举办的百家知名民企项目合作（PPP）对接会暨泛长三角工商界人士座谈会并致辞。座谈会深化了安徽与全国知名民营企业交流合作，对促进泛长三角地区融合发展，打造内陆开放新高地具有重要意义。第十届中国中部投资贸易博览会和2017中国国际徽商大会取得丰硕成果，中部六省共签订外商直接投资项目123个，投资总额141.4亿美元，引进外资129亿美元。会议期间洽谈活跃，现场签约了一大批合作项目，取得了丰硕的经贸成果。中部六省共签订吸引内资项目909个，投资总额11 492亿元，引进资金11 254亿元。其中，安徽省653个，投资总额7 753亿元，引进资金7 685亿元；河南省90个，投资总额475亿元，引进资金457亿元；湖北省37个，投资总额719亿元，引进资金691亿元；湖南省103个，投资总额2 039亿元，引进资金1 914亿元；江西省10个，投资总额128亿元，引进资金128亿元；山西省16个，投资总额379亿元，引进资金378亿元。

（王　显）

【共同举办第十一届中国企业国际融资洽谈会——科技国际融资洽谈会】2017年6月5日，天津市人民政府、全国工商联、科技部、美国企业成长协会在天津共同举办第十一届中国企业国际融资洽谈会——科技国际融资洽谈会，全国工商联副主席黄荣同志参会并宣读时任全国政协副主席、全国工商联主席王钦敏的贺词。贺词指出，今年是实施“十三五”规划的重要一年，是供给侧结构性改革的深化之年，面对经济发展新常态，中央明确提出了创新、协调、绿色、开放、共享五大发展理念，强调以供给侧结构性改革为主线，引导我国经济朝着更高质量、更有效率、更加公平、更可持续方向发展。本届融洽会深入落实五大发展理念，以创新、开放、协同、融合为主题，强调突出金融创新，突出服务实体经济，必将为进一步推动金融体制创新，服务企业转型升级发挥重要作用，更好地助推京津冀协同发展战略的实施。全国工商联将一如既往地支持和推进融洽会的各项工作和特色活动，与各主办方一道，共同搭建国际双向直接投融资的平台。

（段　伟）

【举办第十八届中国·青海绿色发展投资贸易洽谈会】2017年6月20日，第十八届中国·青海绿色发展投资贸易洽谈会在青海省西宁市开幕。本会是青洽会主办单位之一，王永庆副主席出席开幕仪式并参加“青洽会”有关活动。本次青洽会以“开放合作　绿色发展”为主题，室内展区面积达到5万平方米，分别设置区域合作馆、地区产业馆、特色专题馆、企业交流馆和商品贸易馆，有52个特装展区和400个商品贸易展位，参展企业达3 905家，创历年新高。本届青洽会期间，3 000余家国内外企业洽谈对接，举办了36场投资推介洽谈活动，签署了353项合作项目，签约金额超过1 800亿元。这1 800亿元的签约项目覆盖新能源、新材料、装备制造、化工、农牧业及产业化等多个产业领域。这些项目将为青海省加快补短板、增后劲、促协调、上水平提供有力支撑。

（王　显）

【召开军民融合发展重难点问题民营企业专题座谈会】2017年7月5日，中央军民融合发展委员会办公室和全国工商联在机关联合召开军民融合发展重难点问题民营企业专题座谈会，中央军民融合发展委员会办公室战略规划局、秘书局和协调局有关负责同志参加了座谈会。来自北京、上海、江苏、浙江、江西、湖南、广东、陕西等地的17家优势“民参军”企业负责人，以及全国工商联军民融合发展研究专家组的同志，围绕学习领会习近平总书记在中央军民融合发展委员会第一次全体会议上的重要讲话心得，以及“民参军”过程中遇到的体制机制、税收优惠、军品定价、资金扶持、技术标准等问题的具体事例，向中央军民融合发展委员会办公室进行了反映，并提出了政策落实及改进的意见建议。

（刘　铁）

【举办第二十三届中国兰州投资贸易洽谈会】2017年7月6日，第二十三届中国兰州投资贸易洽谈会在甘肃国际会展中心开幕。本届兰洽会首次邀请尼泊尔、马来西亚两个国家担任主宾国，共有来自36个国家，上海合作组织、中国—东盟中心两个国际组织的27位外国部长级官员和驻华大使等出席本届兰洽会，参会外宾数量创历史新高，境外参会宾客数量较上届增长了30%以上。全国工商联经济部巡视员、副部长罗力参加洽谈会开幕式暨丝绸之路合作发展高端论坛。本届兰洽会突出“一带一路”主题，国际化水平取得了新突破，一大批符合条件的项目相继签约，一、二、三产业项目分别占比为12%、30%、58%，本届兰洽会取得了务实成果，达到了预期成效。本届兰洽会上，有24个“一带一路”沿线国家，中国17个省区市和新疆生产建设兵团及港澳台地区，省内14个市州分别组织企业参展，境内外参展企业达1 500多家、参展商3 000多名。兰洽会期间进馆观众累计达24万人次，展览商品展销总成交额11.48亿元，其中：订货8.82亿元，现货销售2.66亿元。

（王　昱）

【主办民营企业助推宁夏创新发展大会】2017年7月12日上午，由宁夏回族自治区人民政府和全国工商联共同举办的“民营企业助推宁夏创新发展大会”在银川举行。时任全国政协副主席、全国工商联主席王钦敏出席并致辞。宁夏回族自治区党委书记、人大常委会主任石泰峰，中央统战部副部长，全国工商联党组书记、常务副主席徐乐江出席会议。宁夏回族自治区党委副书记、主席咸辉出席会议并讲话。大会由宁夏回族自治区党委常委、常务副主席张超超主持。

王钦敏在致辞中指出，全国工商联和宁夏回族自治区政府共同举办“民营企业助推宁夏创新发展大会”，既是双方践行习近平总书记重要指示精神的具体举措，也是工商联特别是民营企业参与西部大开发，服务地方经济发展的具体行动。

王钦敏强调，在国家“一带一路”建设的带动下，近年来宁夏历史性地站在了开放的前沿，得到了丝绸之路经济带沿线国家的广泛认同。宁夏经济中民营经济所占比重已超50%，正在从传统中低端领域向中高端领域迈进，对经济发展做出了重要贡献。但也要看到，宁夏的民营经济发展较东部地区还有较大差距，相对规模小。全国工商联和宁夏回族自治区人民政府签署了推进宁夏“丝路经济园”建设合作协议，是全国工商联和宁夏回族自治区党委、政府发挥各自优势，引导民营企业参与自治区建设的有益尝试，有助于发挥民营企业的积极作用，有助于缩小东西部差距，有助于促进宁夏经济社会进步。

王钦敏表示，此次创新发展大会展示了民营企业参与宁夏建设的成果。他希望，各位民营企业家抓住“宁夏丝路经济园”建设的重要契机，开阔视野，加强技术创新、管理创新和商业模式创新，顺应供给侧结构性改革的要求，加快企业发展，并为宁夏建设做出贡献。

咸辉在讲话中表示宁夏坚决贯彻党中央、国务院关于非公有制经济的一系列决策部署，毫不动摇地鼓励、支持和引导非公有制经济发展。宁夏将纵深推进“放管服”改革，进一步放宽准入条件、帮助企业降低成本、构建“亲”“清”政商关系，为民营企业创业创富、大展宏图创造更加优良的环境。

全国工商联副主席樊友山和宁夏回族自治区人民政府副主席王和山代表双方签署了推进宁夏“丝路经济园”建设合作协议。特变电工股份有限公司党委书记、董事长张新和研祥高科技控股有限公司董事长陈志列代表企业家发言。会议期间，共签约合同项目566个，计划总投资5 188.29亿元。项目涵盖宁夏5市，涉及8大行业，其中，能源化工及冶金建材项目157个，计划投资2 242.39亿元；机械装备制造项目48个，计划投资717.76亿元；商贸及现代服务项目117个，计划投资642.07亿元；特色农产品及食品加工项目105个，计划投资424.94亿元。

参加全国工商联十一届十次常委会议的全国工商联副主席、中国民间商会副会长、常委，中央统战部、全国工商联有关部门负责人，宁夏回族自治区有关负责同志以及民营企业代表500余人出席大会。

（王　显）

【开展“持续推进大众创业、万众创新政策落实情况”第三方评估】受国务院办公厅委托，全国工商联组成8个评估组，于2017年6~7月赴8个省（市）开展了持续推进“大众创业万众创新”政策措施落实情况第三方评估，形成评估报告。9月13日，国务院召开常务会议，徐乐江书记就本次评估情况做了汇报，李克强总理听取了汇报并给予高度评价。会议指出，开展第三方评估对提高公共政策绩效具有把脉会诊和促进完善的积极作用，是督查工作的重要补充。会议要求，充分运用好评估成果，发展改革委要会同有关部门，认真梳理研究提出的问题和建议，加强“政策配套”“政策协调”，减少政策模糊地带，提高可操作性。

（陆　军）

【成立全国工商联军民融合发展工作领导小组并召开第一次全体会议】2017年8月9日，中央统战部副部长，全国工商联党组书记、常务副主席，全国工商联军民融合发展工作领导小组组长徐乐江主持召开全国工商联军民融合发展工作领导小组第一次会议，深入学习习近平总书记在中央军民融合发展委员会第一次全体会议上的重要讲话精神；研讨分析工商联推进军民融合发展工作面临的新形势和新任务，部署安排下一步重点工作。全国工商联党组副书记、副主席，全国工商联军民融合发展工作领导小组副组长樊友山，全国工商联副主席、全国工商联军民融合发展工作领导小组副组长黄荣，全国工商联军民融合发展工作领导小组成员郭孟谦、李春光、林泽炎、张新武、王尚康、谭林、白莲湘、陈志列等同志出席会议。全国工商联军民融合工作办公室有关人员、中华工商时报有关人员列席会议。与会同志集体学习了习近平总书记在中央军民融合发展委员会第一次全体会议上的讲话精神，对全国工商联下一阶段推进军民融合深度发展重点工作进行了研讨，听取了第三届军民融合发展高技术装备成果展览暨论坛筹备工作情况。领导小组成员围绕学习贯彻习近平总书记重要讲话精神和下一步重点工作作了发言。

会上，徐乐江书记作了重要讲话。他强调，党的十八大以来，习近平总书记着眼实现强军梦、中国梦，提出了军民融合的时代命题，并将之上升为国家战略。习近平总书记6月20日在中央军民融合发展委员会第一次会议上的讲话，对推动军民融合深度发展具有里程碑意义，我们要通过学习“6·20”重要讲话，把对军民融合的认识统一到习近平总书记讲话要求的高度上来。他指出，全国工商联成立军民融合发展工作领导小组，既是贯彻落实中央军民融合决策部署和习近平总书记重要讲话精神的重要举措，也是新形势下更好引导和服务民营企业参与军民深度融合发展的必然要求。他强调，全国工商联要深刻理解军民融合工作的重要意义、深刻内涵和重点难点，把思想和行动统一到党中央决策部署上来，站在全局的高度谋划工作，找准工商联军民融合发展工作的切入点，承担起工商联的使命担当。一是工商联要高度重视军民融合发展工作。军民融合上升为国家战略，并且由总书记亲自来抓，体现了党和国家对军民融合工作的高度重视。要持续深入学习习近平总书记重要讲话精神，将其列为“两学一做”的重要学习内容，要按照习近平总书记在讲话中提出的“统、融、新、深”要求，持续推进工商联军民融合工作，将其打造为工商联的一项服务品牌。对工商联来讲，“统”就是要加强民参军企业的团结、引导、教育、服务，要用好非公经济党建这一抓手；“融”就是要融到军队的发展需求上去；“新”就是工作方式、推进方式都要创新；“深”就是要深入下去，要建立大数据库，展览论坛要在深度和广度上下功夫，要探索工商联服务混合所有制企业的方式、方法，在军民融合这个载体上实现破冰。二是要整合资源，形成合力。推动军民融合工作这一任务已经明确，要发挥好工商联和商会这两个组织的作用，实现有效整合，形成合力，特别要在重点地区推动建设军民融合商会，依靠基层组织力量。三是要重视调研，掌握情况。本次调研一方面要全会动员，机关各部门都积极参与进去，另一方面也为下一步出台《工商联服务军民融合深度发展的指导意见》打好基础。调研工作要与商会一起组织，这也关系到商会如何打造。四是要聚焦重点领域工作，落实好分工。各部门要有一盘棋思想，按照分工，承担好自己的工作任务，相互配合，定期协调。全国工商联科技装备业商会要发挥商会机制灵活的优势，把服务做实，切实帮助企业解决实际困难。

会议确定下一阶段要从开展专题调研、推动政策落地落细落实、研究制定《工商联服务军民融合深度发展的指导意见》、联合举办第三届军民融合发展高技术装备成果展览暨论坛等活动、加强军民融合商会建设、加强军民融合典型宣传和重大项目民营企业党建工作、积极参与军民融合立法工作等六个方面做好工作。

（周广正）

【召开民营企业学习贯彻全国金融工作会议精神座谈会】2017年8月23日，为学习贯彻全国金融工作会议精神，全国工商联在济南召开了民营企业学习贯彻全国金融工作会议精神座谈会。时任全国政协副主席、全国工商联主席王钦敏出席会议并讲话，中央统战部副部长，全国工商联党组书记、常务副主席徐乐江主持会议并讲话。与会民营金融机构、民营企业和工商联代表围绕学习领会全国金融工作会议精神，结合服务实体经济、防控金融风险、深化金融改革三项任务展开了座谈。

此次活动邀请了人民日报、经济日报、新华社、中央电视台等主流媒体，人民网、中国网等网络媒体，人民政协报、中国统一战线杂志等系统内媒体，以及中华工商时报等进行了现场采访。

（周广正）

【召开2017中国民营企业500强发布会】8月24日，2017中国民营企业500强在济南发布。此项活动由全国工商联主办、山东省人民政府承办，工业和信息化部、国家工商总局、中国民生银行支持。时任全国政协副主席、全国工商联主席王钦敏，山东省委副书记、省长龚正，工业和信息化部原党组成员、中央纪委驻部纪检组原组长金书波分别致辞，中央统战部副部长，全国工商联党组书记、常务副主席徐乐江发布榜单，全国工商联副主席黄荣发布分析报告，国家工商总局副局长、党组成员王江平出席，全国工商联党组副书记、副主席樊友山主持。本次发布以“践行新发展理念　推进新旧动能转换”为主题，展示2016年我国民营经济取得的成就，宣传大型民营企业在国家经济发展中的积极作为，分享民营企业发展中的成功经验，大力弘扬企业家精神，引领广大民营企业践行新发展理念、实现健康发展。王钦敏在致辞中指出，民营企业500强的业绩折射出广大民营企业对“四个自信”的坚定，展现了创新、坚韧、担当的企业家精神，饱含着做强做大做优实体经济的辛勤汗水，印证了在党和政府全面深化改革、深入推进简政放权、不断释放改革红利的大环境下，民营经济进一步迸发活力、践行“两个健康”的成果丰硕。王钦敏说，中国民营企业500强发布是宣传、分享、展示民营经济发展成就的交流平台，是提振信心、引领民营企业创新发展的年度盛会。山东省已成为民营企业投资兴业的沃土，希望与会的民营500强企业，利用本次发布会之机，进一步认识山东、走进山东、投资兴业于山东。徐乐江发布了“2017中国民营企业500强”“中国民营企业制造业500强”“中国民营企业服务业100强”榜单。与会领导为入围企业代表颁发了证书。榜单显示，华为投资控股有限公司、苏宁控股集团、山东魏桥创业集团有限公司位列2017中国民营企业500强前三名；华为投资控股有限公司、山东魏桥创业集团有限公司、正威国际集团有限公司位列2017中国民营企业制造业500强前三名；苏宁控股集团、海航集团有限公司、中国华信能源有限公司位列中国民营企业服务业100强榜单前三名。分析报告显示，2016年，民营企业500强入围门槛大幅提升，超大型企业快速增长，质量效益稳步提高，社会贡献继续加大，产业结构持续优化，走出去步伐明显加快，出口总额显著增加，继续呈现出良好发展势头。全国工商联副主席、东岳集团董事长张建宏，正威国际集团有限公司董事局主席王文银，三胞集团有限公司董事长袁亚非，正邦集团董事长林印孙，常州天合光能有限公司董事长高纪凡围绕“践行新发展理念　推进新旧动能转换”发表主题演讲。全国工商联副主席史贵禄、潘刚，中国民间商会副会长刘志强，山东省委常委、省委统战部长邢善萍，山东省副省长、省工商联主席王随莲，山东省政协副主席陈光，中央统战部、工业和信息化部、国家工商总局、全国工商联有关部门负责人，民营企业500强代表，部分新闻媒体代表参加活动。

（沙　霖）

【共同举办第三届军民融合发展高技术装备成果展览暨论坛活动】2017年9月18日，第三届军民融合发展高技术装备成果展览暨论坛在北京京丰宾馆举办，这次活动由中央军民融合发展委员会办公室、中央军委装备发展部、教育部、工业和信息化部、国防科工局、中国科学院、全国工商联共同主办，是当前国内武器装备军民融合领域最具权威性、综合性、示范性的一项国家级展览和论坛活动。此次展览暨论坛活动以习近平总书记关于军民融合深度发展的一系列重要论述为主线，以“深入贯彻军民融合发展战略思想，加快推进国家和军队信息化建设”为主题，聚焦信息技术领域军民融合发展成果，重点展现信息技术领域由初步融合走向深度融合的阶段特征，展现信息技术领域军民融合发展制度的创新演进，展现信息技术领域固有的军民融合特点以及推进深度融合的着力点和创新点。整个展览论坛活动由室内展示、网上展示和专题论坛三部分组成。室内展区设置综合厅和展望厅2个综合类展区，以及自主可控、时空基准、先进感知、系统控制、网络通信与信息安全、信息服务、信息展现、人工智能8个主题展区。综合厅重点展示习近平总书记关于军民融合深度发展的战略思想，动态展示党的十八大以来信息技术领域军民融合发展的重大成果。8个主题展区共展出422项技术成果，其中来自民营企业293项、高等院校29项、科研院所28项、军工企业72项，围绕海洋、网络、太空等领域，集中展示具有自主知识产权的核心关键技术，以及产学研相结合的自主创新技术与突破性成果。展望厅围绕深入贯彻习近平总书记“统”“融”“新”“深”军民融合发展战略思想，重点展示抓住时代机遇、融合发展，加速国家和军队信息化建设的美好预期、坚强决心。网上展厅依托武器装备采购信息网建设，此次共展出产品与技术成果936项。观众可在线观展，也可通过采购网“军采通”与参展厂商在线沟通交流。专题论坛针对军民融合发展重难点问题，组织政策辅导、机制创新和信息技术3场专题辅导和研讨交流，诠释信息技术领域的军民融合在政策法规、市场准入、公平竞争、信息互通、过程监管等方面取得的成效，共有来自中央、国家和军委机关，军兵种机关，科研院所、高等院校、军工和民营企业的1 200余名代表和专家出席论坛。

（刘　铁）

【赴辽宁、吉林、黑龙江开展民营经济振兴东北调研】2017年7月中下旬至9月下旬，中央统战部副部长，全国工商联党组书记、常务副主席徐乐江就发挥民营经济在振兴东北中的作用，分别赴辽宁、吉林和黑龙江开展调研，期间一批民营企业表示要在相关省份进行投资。为把振兴东北战略、服务地方经济发展落在实处，切实促进项目落地，经济部对这些项目进展情况进行了持续跟踪督促。

（闵俊华）

【共同举办第二届中国军民两用技术创新应用大赛】2017年9月29日，第二届中国军民两用技术创新应用大赛颁奖仪式在成都举行，标志着为期5个月的第二届大赛活动圆满结束。工业和信息化部副部长罗文、军委装备发展部副部长王力、国防科工局总工程师龙红山、全国工商联副主席黄荣、四川省人民政府副省长彭宇行、财政部国防司副巡视员黄凤祥等有关单位领导出席颁奖仪式并参观优秀项目展览。本届大赛由工业和信息化部、财政部、国防科工局、军委装备发展部、军委训练管理部、全国工商联、四川省人民政府共同主办，以“军民融合·协同创新”为主题，旨在激发各类主体的创新热情，推动军民协同创新，加快技术成果转化应用。此次大赛围绕新一代信息技术、新材料、高档数控机床和机器人、航空航天、海洋工程及高技术船舶、新能源与节能环保、核技术应用七大领域共计征集816个参赛项目，涉及671家企业和创新团队。经过激烈角逐，晋级决赛的120个（其中技术创新类72个，产业化类48个）项目脱颖而出，“大功率全回转推进装置”等6个项目获得金奖。据统计，进入决赛的120个优秀项目中，民营企业47家，国企39家，事业单位18家，高校7家，团队5家，其他4家，民营企业占比达到39.2%。北京市工商联、上海市工商联获得本届大赛优秀组织奖。自“中国军民两用技术创新大赛”举办以来，已覆盖全国近千家军民领域优势单位，每年在近30个地市组织军民两用技术对接活动，年度参与企业达到了800家，年度达成技术转化意向近80项，已经成为军民两用技术交汇融合的重要平台。

（周广正）

【共同举办第五届全国民企贸易洽谈会】2017年11月8日，第五届全国民企贸易投资洽谈会在天津开幕，会议由全国工商联、天津市人民政府、中国中小企业协会、中国个体劳动者协会联合主办，时任全国政协副主席、全国工商联主席王钦敏出席并讲话。王钦敏在讲话中指出，全国民企贸易投资洽谈会自创办以来，参与规模、投资金额逐年增长，项目规格、产业含金量逐年提升，已经成为国内民间贸易投资盛会。天津大力支持民营经济发展，聚焦市场主体培育，优化发展软环境，提供高效政府服务，成为民营经济发展的一片沃土。党的十九大吹响了新时代的号角，民营经济发展迎来了新的重大历史机遇。广大民营企业家要深入学习贯彻党的十九大精神，发扬企业家精神，积极弘扬爱国敬业遵纪守法艰苦奋斗的精神、创新发展专注品质追求卓越的精神、履行责任敢于担当服务社会的精神，做有实力、有担当、不忘初心、实业报国的中国特色社会主义事业建设者。全国工商联将一如既往关注天津民营经济发展，希望各位企业家利用民洽会重要平台，凝聚智慧、收获成果，携手事业伙伴，迈向新未来。预祝第五届全国民企贸易投资洽谈会取得圆满成功。开幕式上举行了签约仪式。本届洽谈会共落实签约项目272个，投资额达1 997.1亿元。现场签约项目20个，涉及股权基金、智能制造、环保材料研发等多个领域。

（陆　军）

【共同举办2017年全国“质量月”活动】本次质量月活动的指导思想是全面贯彻党的十八大和十八届三中、四中、五中、六中全会精神，深入贯彻习近平总书记系列重要讲话精神和治国理政新理念新思想新战略，坚持以提高发展质量和效益为中心，坚持以推进供给侧结构性改革为主线，树立质量第一的强烈意识，大力实施质量强国战略。下最大气力抓全面提高质量，开展质量提升行动，夯实质量技术基础，推动全民质量共治，加强全面质量管理，实施全面质量监管。在全社会努力营造政府重视质量、企业追求质量、人人关注质量的浓厚氛围，培育众多“中国工匠”，打造更多享誉世界的“中国品牌”，推动中国经济发展进入质量时代。全国工商联以“完善标准体系　提升供给质量”为活动主题，并下发通知，组织各级工商联和直属商会开展“质量月”活动。在活动中注重发挥行业商会和龙头企业在质量建设中的引导和示范作用，注重将活动与推动实体企业转型升级、降本增效结合起来，与深化供给侧结构性改革，用标准引领企业技术进步和制造升级，提升供给质量结合起来。

（袁 媛）

【开展民营企业军民融合标准化工作情况调研】受中央军民融合发展委员会办公室委托，根据《推进标准化军民深度融合调研工作方案》安排，全国工商联于第四季度开展了民营企业军民融合标准化工作情况调研，以进一步摸清当前我国民营企业标准化军民融合工作现状、存在的矛盾问题和需求，为研究推进标准化军民深度融合发展目标、任务、实现路径和保障措施提供参考。此次调研涵盖北京、上海、江苏、山东、广东等16个省（市），132家民营企业；涉及制造、通信、电子信息、新能源等13个行业，涵盖装备硬件、维修维护、后勤保障、技术咨询等服务领域；军品运营规模分布在1 000万元以下至5亿元。《民营企业军民融合标准化工作情况调研报告》从企业的基本情况、存在的标准壁垒问题、关于推进军民融合标准化的建议三个方面进行了梳理与分析。调研报告经报请会领导同意，已呈送中央军民融合发展委员会办公室。

（袁 媛）

【推荐第三批“万人计划”科技创业领军人才、2017年民营企业科技创新人才、国家科学技术奖励专家】2017年，按照科技部关于第三批“万人计划”科技创业领军人才、科技创新创业人才、国家科学技术奖励专家推荐工作的部署和要求，本会在各省级工商联和有关直属商会推荐的基础上，认真筛选，并报主席办公会议审议通过，推荐北京荣创岩土工程股份有限公司张亮等8名民营企业家参评第三批“万人计划”科技创业领军人才；推荐长沙兴嘉生物工程股份有限公司黄逸强等10位民营企业负责人参加科技部创新人才推进计划中科技创新创业人才的评选；推荐北京元六鸿远电子科技股份有限公司陈仁政等72名民营企业技术专家入选国家科学技术奖励评审专家库。

（吴盈禧）

法律服务

【综 述】2017年，法律部紧紧围绕促进“两个健康”工作主题，落实党建主体责任，深入贯彻落实《关于加强工商联法律服务工作的意见》，持续深化以“守法诚信、坚定信心”为重点的理想信念教育实践活动，引导非公有制经济人士尊法学法守法用法、依法治企，大力开展法律维权工作，推动构建和谐劳动关系。主要包括以下五个方面内容：

一、继续深入开展立法协商，推动法律法规立改废释，助力建设中国特色社会主义法治体系

我们始终将参与立法工作、推动良法善治作为反映非公有制经济领域法律诉求，降低民营企业制度性交易成本，释放法治改革红利的重要举措。一年来，共办理反不正当竞争法、电子商务法、中小企业促进法、农民专业合作社法、社会团体登记管理条例、失业保险条例等全国人大常委会法工委、国务院法制办以及相关部委征求本会意见的法律法规文件20余部，许多回复意见被国家立法机关采纳，同时切实做好全国人大建议、全国政协提案的办理工作，为促进非公有制经济持续健康发展、营造法治化营商环境提供了有力法治保障。为积极回应当下非公有制经济人士强烈诉求，协调组织召开劳动合同法修改征求意见座谈会，结合调研掌握的情况提出了劳动合同法修改意见及相关对照表并函复人社部。

二、深入开展法治宣传教育，大力引导企业守法诚信经营，防范法律风险

习近平总书记2016年两会期间参加民建、工商联界委员联组讨论时指出：守法经营，这是任何企业都必须遵守的一个大原则。公有制企业也好，非公有制企业也好，各类企业都要把守法诚信作为安身立命之本，依法经营、依法治企、依法维权。结合新的形势和任务要求，我们以“法律三进”活动为载体多措并举开展法治宣传。

2017年4月，在中央社会主义学院举办非公有制企业法律风险防范培训班暨“法律进商会”启动仪式，进一步引导非公有制经济人士践行“亲”“清”新型政商关系、守法诚信经营、提高法律风险防范与化解能力。与最高人民法院信息中心探索利用司法大数据分析研判企业法律风险并形成分析报告，为企业提供了简便易行的预警提示。首次与全国普法办联合编印“七五”普法统编教材——《非公有制企业法律知识及风险以案释法读本》，并向省级工商联、本会直属会员企业、直属商会和机关干部发送1 000余册。积极开展全屏法治宣传，编辑整理《民营企业（企业家）刑事法律风险》《〈民法总则〉七大亮点》《新版〈中小企业促进法〉为中小企业发展保驾护航》《〈国防交通法〉推进军民深度融合发展》《2017年“12·4”国家宪法日主题》等10余项即时信息供机关干部学习。与中华工商时报合作开展“法律三进”特别报道，共刊登报道38篇，形成《民企法治宣传更要“解渴”和“落地”》的调研报告，《中国工商》杂志刊登相关报道24篇，形成了良好的宣传效应。大力指导地方工商联在“3·15”“4·26”“12·4”等重要时间节点开展专项普法宣传，指导全国工商联石材业商会等开展“法律进产业园区”系列活动，努力推动非公有制经济领域法治宣传横向延展、纵向贯穿。

三、着眼司法体制改革和商会建设，全面推进商会调解实践

企业在经营活动中，自愿将纠纷提交商会，商会以中立身份主持协调化解纠纷，在经济新常态、增速下行、转型升级的大背景下，是企业迫切需要的省时省力省心的纠纷解决方式，有利于企业专心经营，也有利于工商联协同社会治理、完善商会职能、推进中国特色商会组织建设、增强工商联凝聚力、影响力、执行力。2007年以来，我们持续推进商会调解工作，与最高人民法院、人社部、司法部、国务院法制办等合作，商会调解已经成为增强企业守法诚信意识、提高法律服务能力的有效抓手，商会调解规模、组织队伍、社会影响不断扩大。2017年，在各级共同努力下，商会调解组织数量、规模不断扩大，各方面工作迈上新的台阶。

一是牵头制定了《全国工商联、司法部关于推进商会人民调解工作的意见》，通过多次征求意见，与司法部共同形成送审稿，并经主席办公会审议修改后，已经进入会签程序。

二是起草全国“两会”团体提案《关于积极培育商会调解组织、完善矛盾纠纷多元化解机制的提案》，得到中央政法委、最高法、司法部等单位的重视支持。

三是编辑印制《商会调解实践与探索》，从地方工商联商会200个案例中遴选出50个实战案例，为推进商会调解理论与实践提供参考。

四是与最高法院司改办研究推进制定商会调解与诉讼调解衔接机制的意见，参加多元纠纷解决机制经验交流，为下一步推动诉调衔接工作打下良好基础。

四、以推动产权平等保护为目标，做好个案维权和法律援助，提高维权、援助效能

党的十八届三中全会提出，要坚持权利平等、机会平等、规则平等，废除对非公有制经济各种形式的不合理规定。十八届五中全会指出，要优化企业发展环境，激发企业家精神，依法保护企业家财产权和创新收益，推进产权保护法治化，依法保护各种所有制经济权益。党的十九大报告指出，经济体制改革必须以完善产权制度和要素市场化配置为重点，实现产权有效激励、要素自由流动、价格反应灵活、竞争公平有序、企业优胜劣汰。一年来，我们以深入贯彻落实中发〔2016〕28号和中发〔2017〕25号文件精神为主抓手，不断加大依法保护产权和个案维权力度。

受国家发改委委托，我们牵头赴浙江、上海就两地贯彻落实《中共中央　国务院关于完善产权保护制度依法保护产权的意见》的情况开展调研，形成的调研报告除报送发改委外，还以《工商联信息（专报）》的形式报送中办，供中央领导参阅。为支持鼓励基层工商联维权工作，我们积极支持西南片区6省工商联加强维权协作，指导和参加片区联席会议，并对西藏山南地区工商联产权保护工作情况进行调研。2017年全年共办理物美集团、四川宏达、山东汉安等企业反映的维权案件近20件，分别帮助企业向最高人民法院、最高人民检察院、公安部经侦局、工商总局、山西省委、河北省高院等转达企业相关维权诉求，协助纠纷调处，有力维护了民营企业合法权益、提振了企业发展信心。结合工作实际，我们还正在研究成立全国工商联法律援助中心的可行性。

五、发挥企业代表组织作用，推动非公有制企业劳动关系和谐稳定

第一，积极参与国家三方工作。积极筹备国家三方第二十二次会议、有关国家三方办会议和三方协调机制座谈会，研判形势，推进重点工作落实。做好构建和谐劳动关系综治考核工作，参与制定评分规则，对32个省市区进行具体评分。参与筹备全国劳动关系协调员培训班，围绕工商联劳动关系工作进行授课辅导，提高了三方人员协调劳动关系能力。会同国家三方人员参加海外培训，参加人社部集体协商立法论证和全国总工会集体协商质效评估体系评审会。

第二，持续开展劳动关系监测。劳动关系监测是工商联协调劳动关系工作的基础性工作，通过四年多的持续推进，监测工作取得的突出进展表现为：一是监测覆盖扩大。将监测省份由10个试点扩展到15个省份，样本量从2 000家扩展到3 000家，使监测区域分布、行业结构更趋合理；二是填报质量提高。利用工商联系统培训之机，邀请劳科所专家监测问卷及如何填报对联络员进行授课指导，有效提升了问卷填报回收质量和时效；三是监测成果共享。编印工商联信息，将监测报告发各监测省份共享，帮助4个省份出具分析报告；四是完成《中国民营企业劳动关系报告2017》出版前期准备工作，制订方案、签订合同，正在推进报告及案例收集工作。

第三，推进劳动争议预防调解。与人社部等联合印发《关于进一步加强劳动人事争议调解仲裁完善多元处理机制的意见》，参与制定劳动人事争议两规则以及裁审衔接意见；与人社部联合举办劳动争议预防调解能力建设培训班，增强了工商联、商会和企业参与调解劳动纠纷的能力，联合举办非公企业商协会劳动争议调解示范工作座谈会并调研，推动了示范工作深入开展。

（刘晓琳）

【联合印发《关于进一步加强劳动人事争议调解仲裁完善多元处理机制的意见》】2017年3月21日，为贯彻落实中办、国办《关于完善矛盾纠纷多元化解机制的意见》，进一步加强劳动人事争议调解仲裁、完善劳动人事关系矛盾纠纷多元处理机制，人社部会同中央综治办、最高人民法院、司法部、财政部、全国总工会、全国工商联、中国企联等部门制定印发了《关于进一步加强劳动人事争议调解仲裁完善多元处理机制的意见》（以下简称《意见》）。

《意见》明确提出，到2020年，劳动人事争议协商解决机制逐步完善，调解基础性作用充分发挥，仲裁制度优势显著增强，司法保障作用进一步加强，协商、调解、仲裁、诉讼相互协调、有序衔接的劳动人事争议多元处理格局更加健全，劳动人事争议处理工作服务社会能力明显提高。

非公有制经济是推进劳动争议预防调解的重要领域。《意见》指出，要积极推动企业劳动争议调解委员会建设，指导推动建立行业性、区域性调解组织。建立健全集体劳动争议应急调解机制，发生集体劳动争议时，人社部门要会同工会、企业代表组织及时介入，第一时间进行调解，调解不成的，及时引导当事人进入仲裁程序。要求企业劳动争议调解委员会配备一定数量的专兼职调解员，鼓励企业人力资源、法务、工会部门工作人员参与调解工作。要求工会、企业代表组织发挥代表作用，引导支持企业守法诚信经营、履行社会责任，建立健全内部劳动争议解决机制。

（张建龙）

【全国工商联举办非公有制企业法律风险防范培训班暨“法律三进”会议】2017年4月24日，全国工商联非公有制企业法律风险防范培训班暨“法律三进”会议开班式在北京举行。此次培训的主要任务是持续深化以“守法诚信、坚定信心”为重点的理想信念教育实践活动，推进“法律三进”深入开展，引导非公有制经济人士自觉践行“亲”“清”政商关系，提高防范与化解法律风险的能力和水平。全国工商联副主席谢经荣，中央社会主义学院党组副书记、副院长郑钢森，司法部法制宣传司副司长刘汉银出席开班式，全国工商联法律部部长白莲湘主持开班式。

谢经荣在开班讲话中强调，工商联及所属商会要持续深化理想信念教育实践活动，加强法治宣传教育，引导企业守法诚信，依法维护企业合法权益，帮助企业坚定信心；要广泛深入开展“法律三进”活动，提升工商联法律工作水平，引导企业家尊法学法守法用法，进一步发挥商会主阵地作用；要切实加强企业法律风险预警和防范，建立健全企业风险控制体系和预警防范机制。

刘汉银指出，全国工商联始终高度重视普法工作，工商联系统普法工作成效明显，希望今后认真落实好“七五”普法任务，扎实推进“法律三进”活动，切实落实“谁主管谁普法”普法责任制，努力推进工作创新。

此次培训设置了反商业欺诈与民营

企业信用建设、民营企业家刑事风险特点及防控、民法总则、国际投资风险防范预警、企业法律风险管理、构建和谐劳动关系等授课内容，并在最高人民法院信息中心进行现场教学。学员围绕加强商会法律服务、防范企业法律风险等内容进行交流，并由商会代表发起深入扎实推进“法律进商会”倡议。

来自全国各省区市工商联法律工作部门、所属商会及会员企业负责人，全国工商联直属商会和会员企业负责人等近200人参加培训。

（冯笑英）

【《非公有制企业经营管理法律知识及风险以案释法读本》编印发行】2017年6月，由全国普法办、全国工商联首次联合编写的《非公有制企业经营管理法律知识及风险以案释法读本》（以下简称《读本》）出版发行。《读本》指出，改革开放近40年来，非公有制企业已发展成为我国最大的企业群体，成为经济增长的主要力量、国家税收的重要来源、县域经济的重要支柱和解决就业的主要渠道，但同时也存在经营模式僵化、治理结构不健全、守法诚信意识不高等问题，影响了企业健康可持续发展。该书以案例的编排体例，把法律实践、理论探讨与规律总结有机结合，全面系统介绍了非公有制企业从设立到退出市场全程涉及的主要法律知识及风险，科学分析了企业社会责任的内涵和外延，深入阐述了在构建“亲”“清”新型政商关系中企业应当坚守的法律底线，充分发挥了“以案释法”的作用，对于进一步引导广大非公有制经济人士坚持洁身自好走正道、遵纪守法办企业、光明正大搞经营，不断增强对于中国特色社会主义的信念、对党和政府的信任、对企业发展的信心、对社会的信誉，做合格的中国特色社会主义事业建设者，为建设法治中国做出新的更大贡献具有重要意义。

（刘登森）

【开展产权保护意见落实情况督查调研】2017年6月，全国工商联法律部受国家发改委体改司委托牵头第九调研组赴浙江、上海两地就贯彻落实《中共中央国务院关于完善产权保护制度依法保护产权的意见》的情况开展调研。调研组分别组织召开两省相关部门和民营企业座谈会，实地走访企业，形成了调研报告。报告梳理总结了两地贯彻落实《意见》，开展产权保护的相关工作情况，对存在的问题及原因进行分析，并提出了加大落实和宣传力度、进一步加强统筹和督促、集中力量解决问题的意见建议。报告除报送发改委外，还以《工商联信息（专报）》的形式报送中办，供中央领导参阅。

（张永利）

【联合举办非公企业劳动争议预防调解能力建设培训班】2017年7月24日至28日，由全国工商联法律部、人社部调解仲裁管理司共同主办，浙江省工商联、宁波市工商联具体承办的非公有制企业劳动争议预防调解培训班在宁波开班。全国工商联副主席谢经荣出席开班式并讲话，浙江省委统战部副部长、省工商联党组书记徐旭，宁波市委常委、统战部部长梁群分别致辞，人社部调解仲裁管理司司长冯怡出席并授课，法律部部长白莲湘主持开班式。

此次培训的主要任务是深入推进以“守法诚信、坚定信心”为重点的非公有制经济人士理想信念教育实践活动，发挥商会主阵地作用，提升非公有制企业预防化解劳动争议的能力。培训期间，邀请专家进行了政策权威解读、网上调解专题辅导，结合“法律三进”活动实地观摩了宁海县工商联、镇海区骆驼镇商会调解工作开展情况，走访了宁波圣龙（集团）有限公司和宁波港东南物流集团，组织了商会调解经验交流。全国各省区市级工商联、全国工商联直属商会有关负责人和企业代表150余人参加了本期培训班。

谢经荣指出，近年来，各级工商联积极主动作为，商会组织网络不断扩大、队伍素质明显提高、规范建设逐步加强、调解模式不断创新，商会调解工作成效明显。他强调，当前商会调解已初具基础，中央有政策支持，企业有实际需求，工商联有组织优势，将迎来大有可为的发展机遇期。下一步，各级工商联要把握机遇、体现特色、突出重点、加强宣传、推进创新，将商会调解打造成服务“两个健康”的重要抓手和特色品牌。

（张建龙）

【编印《商会调解实践与探索》】为进一步总结和指导商会调解工作，全国工商联法律部在各地推荐众多商会调解案例基础上，精心挑选编辑了50个实战案例。从纠纷类型上看，有合同纠纷、侵权纠纷、知识产权、劳动争议，合同纠纷和劳动争议占据绝对多数；从介入时机来看，有直接商会的，法院诉前移送的，诉中的；从商会类型看，有工商联调解，行业商会调解，乡镇街道商会调解，异地商会调解。

50个案例语言平实，将类型多样、成因复杂的纠纷化解于情、理、法之中，不仅化解法律权益纠纷，还解决非法律权益，真正实现案结事了，贯彻着商会调解的独特魅力，凝结了调解人员的智慧辛劳，是商会从不同角度进行的实践探索，可为商会调解理论研究和调解实践提供参考。

（刘　静）

【参与立法修法工作】2017年，全国工商联法律部始终将参与立法工作、推动良法善治作为反映非公有制经济领域法律诉求，降低民营企业制度性交易成本，释放法治改革红利的重要举措，在反不正当竞争法、电子商务法、中小企业促进法、农民专业合作社法、社会团体登记管理条例、失业保险条例等20余部关乎非公有制经济健康发展的法律的立法进程中，征求了商会、企业以及地方工商联的意见建议，将发挥商协会作用、为新业态预留发展空间、争取小微企业更多法律保护等，反映给立法机关，一方面为促进非公有制经济持续健康发展、营造法治化营商环境提供有力法治保障，也实现了维权关口前移；另一方面切实做好全国人大建议、全国政协提案的办理工作。

（刘登森）

【牵头制定《全国工商联、司法部关于推进商会人民调解工作的意见》】为认真贯彻落实党的十九大精神，充分发挥工商联所属商会组织优势和人民调解基础性作用，预防化解非公有制经济领域矛盾纠纷，维护社会和谐稳定，全国工商联与司法部在联合调研、多方征求意见基础上，联合印发了《关于推进商会人民调解工作的意见》。《意见》坚持以习近平新时代中国特色社会主义思想为指导，全面贯彻落实人民调解法，加强商会人民调解组织和队伍建设，健全完善商会人民调解工作制度和工作机制，不断提高服务企业的能力和水平，为非公有制经济持续健康发展提供有力保障。

《意见》要求，设立商会人民调解委员会应当遵守人民调解法的各项规定，坚持以基层为主，从实际出发，分类有序推进。要建立健全人民调解员聘用、学习、培训、考评、奖惩等管理制度，加强对商会人民调解员的管理。要定期或不定期在会员企业进行矛盾纠纷排查，发现风险隐患及时化解。要灵活运用情、理、法相结合的方式，促成当事人达成调解协议，实现案结事了。要创新商会人民调解工作方式方法，加强商会人民调解工作信息化建设，广泛运用互联网、手机等现代信息化手段开展调解，提高工作实效。

《意见》强调，要加强商会人民调解工作组织领导，各级工商联要切实履行商会业务主管部门职责，加强对商会的指导、引导和服务，在商会人民调解组织的设立、调解员的选聘和培训、专家库的建立等方面给予支持和配合。要加强宣传表彰，大力宣传商会人民调解优势特点、经验成效和典型案例，宣传表彰商会人民调解工作中涌现出的先进典型，不断扩大商会人民调解工作群众认知度和社会影响力。

（李 强）

【开展民营企业劳动关系监测】关注和研判民营企业劳动关系问题，是贯彻落实《中共中央国务院关于构建和谐劳动关系的意见》（中发〔2015〕10号）的举措，是增强民营企业在协调劳动关系中的话语权，推动民营企业构建和谐劳动关系，促进“两个健康”的具体工作。全国工商联自2014年开展民营企业劳动关系状况监测工作。每年通过监测点问卷统计，分析数据，获取当年民营企业劳动关系状况基本信息，了解民营企业劳动关系状况，研判民营企业劳动关系形势，提升工商联协调劳动关系话语权，加强对民营企业的指导和服务，推动构建和谐劳动关系。工作中不断发现并总结监测中存在的问题，通过及时调整、完善监测方案，为未来全面实施民营企业劳动关系状况监测奠定了很好的基础。

（刘 静）

【指导全国工商联石材业商会开展“法律进产业园区”系列活动】2017年9月8日，由全国工商联石材业商会组织开展的“法律进产业园区”系列活动在天津市宝坻区九园石材工业园区启动。

全国工商联法律部部长白莲湘应邀参加启动仪式并致辞。国家环境保护部办公厅原主任阚宝光，全国工商联石材业商会秘书长李山丽，中国政法大学法商管理研究中心教授孙选中，盈科律师事务所全球市场部总监俞岚、律师赖非洪等法律专家向园区150余名石材企业董事长、总经理和管理人员、部分职工代表进行了面对面零距离法律普及服务。

白莲湘部长指出，全国工商联石材业商会通过开展法律进园区活动，大力引导企业守法诚信经营，前移了企业生产经营法律风险防范关口，打造了促进企业又好又快发展的法制防火墙。商会要切实落实《全国工商联、司法部、全国普法办关于开展“法律三进”活动的意见》，会长、秘书长要发挥引领作用，不断创新活动内容和载体，进一步加强行业诚信体系建设，发挥典型示范带动作用，引导企业完善内部治理结构，依法治企、诚信经营，促进石材行业健康可持续发展。

“法律服务进产业园区是全国工商联石材业商会落实依法治国方略，深入推进‘法律三进’活动在石材行业领域落地落细的一项重要举措，是提高广大石材业经营管理人员法律意识和法治素养，促进会员企业尊法、学法、知法、守法、用法，树立依法经营、诚信经营意识，依法维护在生产经营中应当享有的各种权益的迫切需要。”谈及活动开展初衷时李山丽表示，法律服务是一项常做常新、永不竣工的长期工程，商会组织法律专家团走进产业园区讲法、送法、普法，对满足当前石材行业会员企业对法律和律师服务日益增长的需求，具有重要的现实意义。

据李山丽介绍，全国工商联石材业商会将成立法律服务专业委员会，搭建法律服务平台，届时将线上线下同时服务于企业。有计划地把法律服务进园区活动推向全国各个市场，扩大活动的影响力，为园区及项目建设中的重大决策提供法律意见，协助处理企业重大法律事务，开展法治宣传，接受委托参与诉讼、调解和仲裁法律服务，使法律服务重点由传统纠纷争端解决向法律风险防范转换，为企业健康发展保驾护航。

阚宝光希望，各会员企业要提高思想认识，认真学习环境保护法及相关规定，主动转变发展理念，企业家们更要通过学法懂法，依法生产经营，用法律手段维护法律赋予经营者的权益，广泛开展环保法宣传培训，进一步提高法律知晓度，增强企业环境法治观念和守法意识，使环境保护成为企业的自觉行动。孙选中则以“法商思维变革石材业管理架构”为题目，讲述了企业在国内国际新环境中，如何把握经济新常态特征、应对企业规范化挑战以及利用法律和规则避免生产经营中的风险等。赖非洪通过石材行业的法律案例，与学员们分享了多年的诉讼实践成果。

（刘登森）

扶贫与社会服务

【综　述】2017年，扶贫与社会服务部在会党组和会领导的正确领导下，深入贯彻党的十九大精神以及中央统战工作会议、中央党的群团工作会议、中央扶贫开发工作会议精神，坚持“两个健康”工作主题，积极组织、引导民营企业投身“万企帮万村”精准扶贫行动，统筹推进深度贫困地区脱贫攻坚、东西部扶贫协作、定点扶贫、“光彩行”等工作，取得了显著的扶贫成效，传递了民营企业群体的正能量，增强了全国工商联扶贫工作的社会影响力。

一、推进“万企帮万村”精准扶贫行动提质增效

全国工商联、国务院扶贫办和中国光彩会联合发起的“万企帮万村”精准扶贫行动，两年多来动员了广大民营企业踊跃参与、真帮实扶，取得了显著的扶贫成效和巨大的政治、经济、社会效益。习近平总书记多次就民营企业开展的“万企帮万村”精准扶贫行动做出重要指示。2016年3月4日，习近平总书记在全国政协十二届四次会议民建、工商联界委员联组会上肯定“万企帮万村”精准扶贫行动很好，要抓好落实抓出成效；2017年6月23日，习近平总书记在太原主持召开深度贫困地区脱贫攻坚座谈会，明确要求“万企帮万村”行动向深度贫困地区倾斜。“万企帮万村”精准扶贫行动已成为国家十大扶贫行动的排头兵和社会扶贫的知名品牌，在脱贫攻坚中发挥了重要作用。一是开展督导调研。为掌握行动开展情况，总结经验、查找问题、发现典型、指导工作，我会领导王钦敏、全哲洙、徐乐江、樊友山、谢经荣分别率队赴贵州、甘肃、青海、四川等12个省份开展“万企帮万村”

精准扶贫行动专题调研；开展民营企业参与脱贫攻坚政策落实情况专题调研，形成的调研报告得到汪洋、孙春兰同志的批示肯定；与国务院扶贫办、中国农业发展银行组成联合调研组，对山东菏泽、河南濮阳探索实践的“扶贫车间”模式进行专题调研。二是强化金融支持。全国“万企帮万村”精准扶贫行动领导小组印发《关于推荐参与“万企帮万村”精准扶贫行动的民营企业纳入政策性金融支持的通知》，要求各省、区、市行动领导小组按照台账数据的一定比例按季度报送政策性金融支持民营企业推荐表，截至2017年12月底，农发行已支持参与行动的企业911家，贷款额度514亿元。三是充分挖掘典型。全年共在贵州、甘肃、江西、山东召开了4个片区座谈会，通过对话交流、实地观摩的方式，总结推广成功经验和创新模式；通过调研发现、各省推荐，挖掘出恒大集团、兴伟集团、泛海集团、万达集团、荣民集团、宝丰集团、京东集团、碧桂园、四川好医生药业集团等一批民营企业参与行动的先进典型。四是加大宣传力度。推动中央宣传部将行动纳入脱贫攻坚宣传的重点专题，人民日报、新华社、中央电视台等中央主流媒体纷纷通过新闻联播、焦点访谈、刊发稿件等形式对行动予以报道；扶贫日系列活动期间，评选表扬了恒大集团等116家在行动中表现突出的先进民营企业；形成《“万企帮万村”精准扶贫行动先进民营企业事迹材料汇编》印发各省、区、市行动领导小组。五是加强台账管理工作。为了进一步夯实数据，再次召开了“万企帮万村”精准扶贫行动台账管理工作电视电话会议，要求“走到、补全、纠错”，并派员赴各省开展培训，开发了“万企帮万村”精准扶贫行动台账管理手机APP，通过手机就能在线录入、补充和审核数据。

截至2017年年底，进入“万企帮万村”精准扶贫行动台账管理的民营企业有4.62万家，精准帮扶5.12万个村（其中建档立卡贫困村3.36万个），带动和惠及624.34万建档立卡贫困人口。

二、扎实做好定点扶贫工作

一是加强组织领导。2017年5月3~5日，时任全国政协副主席、全国工商联主席王钦敏赴贵州省毕节市大方县、织金县考察调研精准扶贫工作，促成19家民营企业与织金县签署了项目投资协议，合同及意向协议投资总额64.28亿元，全国工商联医药业商会等4家单位举牌向织金县捐赠了精准帮扶资金及公益帮扶物资。8月5~7日，中央统战部副部长，全国工商联党组书记、常务副主席徐乐江率中央统战部、全国工商联调研组赴毕节市开展精准扶贫专题调研。期间，代表全国工商联向织金县捐赠了200万元扶贫资金，并促成恒大集团、兴伟集团、正邦集团在织金县落地产业扶贫项目投资近33亿元，协调泛海集团“泛海助学行动”精准帮扶2017年织金县350名建档立卡贫困家庭在校大学生获得每人5 000元资助，共发放助学金175万元。二是指导开展“百企帮百村”行动，落实一批扶贫项目。本会把织金作为全国“万企帮万村”精准扶贫行动的试点，指导当地对接县内外178家民营企业结对帮扶169个建档立卡贫困村，其中通过全国工商联、贵州省工商联向外联引企业34家，借力“千凤还巢”工程吸引本地在外成功人士回乡创业并结对帮村21个，本县优强农民专业合作社与村结成帮扶50个。协调恒大集团将织金县纳入整体帮扶，规划捐资13.5亿元，通过产业、就业等综合扶贫措施对织金县开展整体帮扶。三是开展支部共建扶贫，培养致富带头人。本会组织机关部门党支部与织金县建档立卡贫困村党支部签订共建协议，定期派员到共建村调研，在促进贫困村党建工作基础上，协助开展扶贫项目谋划、联引外部帮扶力量。本会先后出资为织金县举办乡镇干部培训班、贫困村支书和“两委”负责人培训班、农民专业合作社理事长培训班、扶贫小微企业主培训班等，为织金县脱贫攻坚和经济发展打好人才储备基础。

三、圆满完成“光彩行”工作任务

引导光彩事业进一步聚焦精准扶贫、精准脱贫，组织动员民营企业积极为深度贫困地区脱贫贡献力量。2017年8月4日，在四川省凉山州举行“中国光彩事业凉山行”活动，以“凝聚民企力量、建设美丽凉山”为主题。期间举行了产业投资项目签约和公益捐赠仪式，共签订合同项目149个，合同金额2 037.77亿元，累计接收公益捐赠4 037.3万元。此外，还举办了全国工商联小微企业经营者（西藏、新疆）培训班和全国工商联小微企业经营者（凉山州）培训班，为壮大深度贫困地区帮扶主体，助推“万企帮万村”行动开展打牢基础。

四、不断深化与相关政府部门和单位的合作机制

与人力资源和社会保障部、教育部、全国总工会共同开展以“促进供需精准对接，助力创新驱动发展”为主题的2017年全国民营企业招聘周活动；与国家林业局、中国光彩会组成联合调研组，赴云南省怒江州开展了涉林民营企业参与精准扶贫工作专题调研；与国家林业局、中国光彩会联合举办第十三期全国民营企业家及管理干部林业培训班。

【举办全国工商联扶贫工作领导小组会】2017年1月10日下午，在全国工商联机关十层1005会议室召开机关扶贫工作领导小组会议。会议听取了“万企帮万村”精准扶贫行动台账建设工作情况、2016年本会定点帮扶织金县脱贫攻坚工作情况和宝龙集团捐赠第一批1 000万元精准扶贫帮扶资金13个产业项目落实、实施情况汇报。研究部署2017年定点扶贫工作重点。提出了2018年继续强化东西部扶贫协作工作、继续抓好“百企帮百村”精准扶贫行动、继续为参与精准扶贫的企业提供金融支持、继续为培养贫困村致富带头人提供支持帮助、注重典型引路，加强经验总结提炼扶贫工作思路。会议由谢经荣副主席主持，王钦敏主席、全哲洙书记、黄荣副主席及机关各部门主要负责人出席了会议。

（郭东风）

【开展“万企帮万村”精准扶贫行动系列调研】会领导王钦敏、全哲洙、徐乐江、樊友山、谢经荣分别率队赴贵州、甘肃、青海、四川等12个省份开展“万企帮万村”精准扶贫行动专题调研。通过调研宣讲“万企帮万村”行动的重要意义、基本要求、帮扶途径等，推动行动深入开展。注重挖掘先进典型、总结成功经验，同时也对台账管理、政策支持等工作进行检查、督促、指导，协调解决行动推进过程中遇到的障碍和问题。

2017年2月26日至3月10日，与国务院扶贫办、中国农业发展银行组成联合调研组赴河南、山东、甘肃、四川4省区市工商联同步开展调研，形成《关于支持民营企业参与脱贫攻坚政策落实情况的调研报告》，得到汪洋、孙春兰同志的批示肯定。

2017年2月26日至3月3日，与国务院扶贫办、中国农业发展银行组成联合调研组，对山东菏泽、河南濮阳探索实践的“扶贫车间”模式进行专题调研，形成《关于“扶贫车间”的专题调研报告》。依据调研成果，全国“万企帮万村”精准扶贫行动领导小组于11月在山东菏泽召开了全国“万企帮万村”扶贫车间座谈会。

（林原羽）

【开展“支持民营企业参与脱贫攻坚政策落实情况专题调研”】2017年2月26日至3月10日，全国工商联与国务院扶贫办、中国农业发展银行联合开展支持民营企业参与脱贫攻坚政策落实情况专题调研，并形成《关于支持民营企业参与脱贫攻坚政策落实情况的调研报告》。汪洋、孙春兰同志对报告做出批示。

调研组由会领导带队，分赴河南、山东、甘肃、陕西四省开展实地调研，走访了10个市县的26个建档立卡贫困村、9家民营企业，先后召开5场座谈会，与市县党委政府、有关部门、金融机构以及50余名民营企业负责人当面交流。同时，委托湖北、湖南、广西、重庆、四川5省区市工商联同步开展调研，并针对贵州省织金县101家参与“万企帮万村”精准扶贫行动的民营企业开展了问卷调查。

从基本情况看，政策顶层设计的“四梁八柱”已基本成形，地方也结合实际出台了一些支持民营企业参与脱贫攻坚的细化措施。但还存在政策制定的协同性、清晰度和精准度较差，政策落实存在“最后一公里”问题，缺乏针对政策落实的考核督查，金融扶贫依然是“锦上添花”、做不到“雪中送炭”等突出问题。调研组相应提出出台支持民营企业参与脱贫攻坚的专门文件、加大政策宣传、开展督查考核、创新金融支持等建议。

（崔　星）

【开展2017年全国民营企业招聘周活动】2017年4月20日至26日，人力资源和社会保障部、教育部、全国总工会、全国工商联组织开展了以“促进供需精准对接，助力创新驱动发展”为主题的2017年全国民营企业招聘周活动。

各地以2017届高校毕业生为重点服务对象，同时面向就业困难人员、农村进城务工人员、建档立卡贫困人员等各类求职者，积极开展供需对接活动，并将就业创业服务窗口前移至求职招聘第一线，向供需双方提供了一系列有针对性的政策咨询、职业指导、职业介绍、技能培训、创业服务、权益维护、后续跟踪等服务项目。据统计，共有11.5万家民营企业参加了招聘周活动，提供各类岗位信息276万条，其中适合高校毕业生就业岗位为116.8万个；共有约72.4万名求职者与用人单位达成了就业意向，其中高校毕业生26万人，农村进城务工劳动者29.5万人，就业困难人员7.5万人，建档立卡贫困人员3.2万人。活动期间，累计发放政策宣传品606.2万份，提供维权及法律援助约15.2万人次。同时，中国公共招聘网开辟招聘周活动专版，发布岗位信息4万余条，涉及招聘单位2.2万个，招聘人数26万余人；访问量近56万人次，访客人数约14万人。

（崔　星）

【推进定点扶贫工作】时任全国工商联主席王钦敏于5月3~5日率京津沪苏浙粤黔七省市民营企业家以及全国工商联医药业商会等9家全国工商联直属行业商会赴贵州省织金县开展助力脱贫攻坚活动。促成签约24个产业扶贫项目，金额64.32亿元，全国工商联医药业商会等4家单位举牌向织金县捐赠了精准帮扶资金及公益帮扶物资。

全国工商联机关党委、人事部7月份选派经济部干部章小东赴贵州省织金县马场镇马家屯村挂职村第一书记，任期2年。

全国工商联党组书记徐乐江于8月5日至7日率调研组赴毕节市开展精准扶贫专

题调研。走访慰问了贫困群众，代表全国工商联向织金县捐赠了200万元扶贫资金并促成恒大集团、兴伟集团、正邦集团在织金县落地产业扶贫项目投资近33亿元，协调泛海集团“泛海助学行动”精准帮扶2017年织金县350名建档立卡贫困家庭在校大学生获得每人5 000元资助，共发放助学金175万元。

2017年，谢经荣副主席三次率调研组赴织金县开展本会帮扶脱贫攻坚工作考察调研。

截至2017年12月31日，织金县已有209家企业结对帮扶199个村的6 674名建档立卡贫困户。此外，全国工商联还组织机关部门党支部与织金县建档立卡贫困村党支部签订共建协议，协助开展扶贫项目谋划、联引外部帮扶力量；出资举办农民专业合作社理事长培训班、小微企业主培训班等，为织金县脱贫攻坚和经济发展打好人才储备基础。

（郭东风）

【召开“万企帮万村”精准扶贫行动片区座谈会】2017年5月3~5日，全国“万企帮万村”精准扶贫行动片区座谈会在贵州省织金县召开。时任全国政协副主席、全国工商联主席王钦敏出席会议并讲话。会议传达了时任中共中央政治局委员、中央统战部部长孙春兰同志5月2日在全国工商联机关干部大会上有关“万企帮万村”精准扶贫行动的重要讲话精神。孙春兰同志高度评价“万企帮万村”精准扶贫行动。

王钦敏强调，2017年是扎实推进“万企帮万村”精准扶贫行动的提质增效年，要按照习近平总书记“要抓好落实、抓出成效”的重要指示和孙春兰同志“要抓基础建设、抓模式创新、抓政策支持、抓典型引路”的要求，坚持目标导向形成合力，坚持问题导向补齐短板，坚持结果导向抓出实效。要发挥民营企业自身特长，把产业扶贫作为主攻方向，在因企因地制宜选定帮扶项目、落实帮扶手段上下功夫，还要帮助培养当地产业脱贫带头人；要突出精准，将结对帮扶工作做细做实，聚焦重点，精准设计，对扶贫资源精细化配置，对贫困户精准化扶持，努力探索一条把水浇到“穷根”上的精准脱贫之路；要处理好“东部”与“西部”的关系、政府和社会的关系，推动金融机构创新金融服务扶贫产品，注重发挥商会密切联系企业的优势，激发贫困群众自我发展内生动力，形成脱贫攻坚合力。

全国工商联副主席、中国光彩会副会长谢经荣主持会议。贵州省委常委、统战部部长刘晓凯致辞，国务院扶贫办副主任洪天云、中国农业发展银行副行长殷久勇讲话。贵州省工商联、广西壮族自治区工商联、四川好医生药业集团、重庆五岗饲料有限公司、云南大本事农业科技公司、恒大集团分别作交流发言。全国工商联副主席王志雄、许健康，中国民间商会副会长刘志强，中国光彩会副会长林印孙，天津市政协副主席、市工商联主席黎昌晋，浙江省工商联主席、正泰集团董事长南存辉出席。中央统战部、全国工商联、国务院扶贫办、中国光彩会、中国农业发展银行和北京、天津、上海、江苏、浙江、广东、广西、重庆、四川、贵州、云南、西藏有关单位负责同志以及民营企业代表参加会议。会前，与会代表观摩了恒大援建的扶贫牛超市、幸福二村和配套产业、奢香古镇以及织金县八步街道阿作村鑫隆华农民专业合作社养殖基地、茶店乡群丰村竹荪种植基地。会议期间还举行了民营企业助推织金县脱贫攻坚项目签约仪式，19家民营企业与织金县签署了项目投资协议，合同及意向协议投资总额64.28亿元，全国工商联医药业商会等7家单位举牌向织金县捐赠了精准帮扶资金及公益帮扶物资。

2017年6月29日，全国“万企帮万村”精准扶贫行动片区座谈会在甘肃省和政县召开。中央统战部副部长、全国工商联党组书记徐乐江，国务院扶贫开发领导小组副组长、国务院扶贫办主任刘永富出席会议并讲话。甘肃省委副书记、省长唐仁健致辞。会议传达了中共中央总书记习近平在深度贫困地区脱贫攻坚座谈会上的重要讲话精神。习近平总书记就聚焦精准发力、攻克坚中之坚，做出一系列新部署、提出八条新要求，并明确要求东部经济发达县结对帮扶西部贫困县“携手奔小康行动”和民营企业“万企帮万村行动”，都要向深度贫困地区倾斜。

徐乐江强调，要深入贯彻落实习近平总书记在深度贫困地区脱贫攻坚座谈会上的重要讲话精神和孙春兰同志在全国工商联机关干部大会上有关“万企帮万村”精准扶贫行动的重要指示精神，推动“万企帮万村”精准扶贫行动提质增效。要以健全工作机制为重点，抓基础建设，各级行动领导小组要将合作落到实处，并加强台账的精准管理，提高台账数据的全面性、真实性、准确性；要以建立脱贫长效机制为重点，抓模式创新，紧紧围绕推进农业供给侧结构性改革的基本要求，以产业扶贫为主攻方向，尊重基层首创精神和企业家的创新精神，实现双赢双受益；要以破解融资难题为重点，抓政策支持，努力推动当地政府将各类涉农资金、专项扶贫资金、扶贫特惠贷交给信用好、符合条件的帮扶企业开展产业扶贫项目；要以强化分类指导为重点，抓好典型引路，讲好民营企业参与脱贫攻坚战的故事，传递民营企业的正能量，创新形式对先进典型进行表彰表扬；要以深度贫困地区为重点，着力“补短板”，进一步将帮扶重点向深度贫困地区、深度贫困群众倾斜。

全国工商联副主席、中国光彩会副会长谢经荣主持会议。中国农业发展银行副行长林立讲话。甘肃省工商联、陕西省工商联、青海省工商联、内蒙古翁牛特旗筑鑫商贸有限公司、新疆浙江商会、吉林省金塔实业（集团）股份有限公司、山东如意集团作交流发言。全国工商联医药业商会向和政县现场捐赠价值104万元的常用药品。国务院扶贫办副主任洪天云，甘肃省副省长、省政协副主席、省工商联主席郝远出席会议。中央统战部、全国工商联、国务院扶贫办、中国光彩会、中国农业发展银行和内蒙古、辽宁、吉林、黑龙江、陕西、甘肃、青海、宁夏、新疆、新疆生产建设兵团有关单位负责同志以及民营企业代表参加会议。会前，与会代表观摩了甘肃云发商贸有限责任公司、甘肃和政八八啤特果集团有限公司、和政县富农种苗专业合作社的“万企帮万村”精准扶贫项目。

2017年9月2日，全国“万企帮万村”精准扶贫行动片区座谈会在江西省赣州市召开。全国工商联副主席、中国光彩会副会长谢经荣，国务院扶贫办副主任陈志刚，中国农业发展银行副行长殷久勇出席会议并讲话。江西省委常委、统战部部长陈兴超同志致辞。会议学习传达了习近平总书记在深度贫困地区脱贫攻坚座谈会上的重要讲话精神，要求“万企帮万村”精准扶贫行动按照习近平总书记的重要指示精神，向深度贫困地区倾斜。

谢经荣指出，“万企帮万村”精准扶贫行动是在习近平总书记关心鼓励和明确要求下稳步开展的，得到了俞正声、孙春兰、汪洋等中央领导同志的多次批示指导和充分肯定，得到了各级党委政府的高度重视和大力支持，民营企业在参与覆盖面、帮扶成效、帮扶模式创新等方面都远超预期，实现了经济效益、政治效益、社会效益的共赢。他强调，要坚持不忘初心、为贫困群众谋利益，要着力促进贫困群众增收脱贫、充分尊重帮扶群众意愿和企业的首创精神，激活贫困群众自我发展的内生动力；要坚持理论创新、加大宣传力度，加强对民营企业探索创新帮扶模式的提炼总结，为丰富和发展中国特色扶贫开发理论、为世界反贫困事业贡献中国模式、中国方案做出贡献；要坚持求真务实努力营造扶贫光荣、脱贫光荣的浓厚氛围，开展评选表扬，做好支持服务，抓好台账管理，引导行动向深度贫困地区倾斜。

会议由国务院扶贫办社会扶贫司巡视员曲天军主持。赣州市工商联、安徽省工商联、福建省工商联、江西省正邦集团、湖北省阳光凯迪生态环境科技股份有限公司、山西乐村淘网络科技股份有限公司、湖南省华兴实业有限公司、河南亿星实业集团的代表作了交流发言。全国工商联、国务院扶贫办、中国光彩会、中国农业发展银行和河北、山西、安徽、福建、江西、山东、河南、湖北、湖南、海南省有关单位负责同志以及民营企业代表参加会议。会前，与会代表实地观摩了上犹县工业园灯饰产业高新科技园、犹江绿月食品有限公司、梅水乡园村扶贫车间、赣州源丰生态文化旅游发展有限公司的“万企帮万村”精准扶贫项目。

（林原羽）

【举办民族地区小微企业经营者培训班】2017年5月7~13日，在中央民族干部学院举办了“全国工商联第二期小微企业经营者（西藏、新疆）培训班”。来自西藏自治区、新疆维吾尔自治区和新疆生产建设兵团的100名小微企业经营者参加了培训。8月5~7日，在四川省凉山州西昌市举办了“全国工商联小微企业经营者（凉山州）培训班”，来自凉山州各区县和重庆市石柱县的100多名小微企业经营者参加了培训。两期培训班设置了民族政策和小微企业发展政策解读课程，邀请国内知名民营企业家现身说法与学员分享成功经验，讲解企业经营之道。听课的企业家普遍反映很受用、很解渴，不仅领会了国家政策，开拓了眼界，学到了知识，找到了榜样，更增强了理想信念，树立了办好企业的信心。两期培训班是贯彻落实习近平总书记在中央政治局第三十九次集体学习上重要指示精神的具体举措，助推了“万企帮万村”精准扶贫行动深入地开展，为加强民族团结、促进民族交流、巩固边疆稳定做出了积极贡献。

（马占利）

【共同召开“万企帮万村”精准扶贫行动领导小组会议】2017年6月28日，召开“万企帮万村”精准扶贫行动领导小组第六次会议。会议审议通过有关人事事项，审议并原则通过《“万企帮万村”精准扶贫行动专题宣传工作方案（草案）》《关于开展全国“万企帮万村”精准扶贫行动示范企业和优秀工作者表扬活动的方案（草案）》《关于“万企帮万村”精准扶贫行动落实情况的报告》。

（林原羽）

【举办乡镇干部培训班】2017年7月17日至21日，全国工商联第十五期贫困地区乡镇干部培训班在北京国际会议中心举办。来自贵州省毕节市、黔西南州、织金县，云南省德宏州，四川省凉山州、巴中市、仪陇县，甘肃省庆阳市，陕西省宁陕县，河南省光山县170名乡镇干部参加培训。本期培训班共开设《现阶段脱贫攻坚和社会扶贫》《基层政府如何保障依法治国“最后一公里”的畅通》《电子商务在提升和改造传统农产品流通中的作用》《生态文明建设与经济增长可持续发展》《农业创新、产业与财富》《柔性扶贫与农村发展》《“双创”与中小微企业发展》《如何提高领导干部演讲及讲话水平》8门课程，并利用半天时间组织学员结合《摆脱贫困》一书进行了导读学习。培训期间召开了4次“乡镇干部精准扶贫工作交流座谈会”，征求了基层干部对“万企帮万村”精准扶贫行动工作开展的意见和建议。

（郭东风）

【召开“万企帮万村”向西部深度贫困地区倾斜座谈会】2017年8月2日，全国工商联在四川省凉山彝族自治州召开“万企帮万村”向西部深度贫困地区倾斜座谈会。中央统战部副部长，全国工商联党组书记、常务副主席徐乐江出席并作重要讲话，全国工商联副主席谢经荣主持会议。青海省工商联、四川省浙江商会和恒大集团代表分别作了交流发言，各省区市和新疆生产建设兵团工商联党组书记出席会议，中央统战部五局、光彩事业指导中心、全国工商联扶贫与社会服务部等有关部门负责同志参加会议。会议提出了组织引导民营企业投身深度贫困地区脱贫攻坚的明确要求。

（马占利）

【共同举办“中国光彩事业凉山行”活动】2017年8月4日，由中国光彩事业促进会、四川省人民政府共同举办的“中国光彩事业凉山行”活动在四川省凉山州举行。本次活动以“凝聚民企力量、建设美丽凉山”为主题，主要目的是深入学习贯彻中央关于脱贫攻坚和统战工作有关精神，聚焦精准扶贫、精准脱贫，充分发挥光彩事业作用优势，组织动员民营企业积极为凉山发展贡献力量，同时开展理想信念教育活动。中央统战部副部长，全国工商联党组书记、常务副主席，中国光彩会会长徐乐江，四川省委副书记、省长尹力出席并讲话。凉山州委书记林书成致辞。新希望集团董事长刘永好、好医生集团董事长耿福能、均瑶集团董事长王均金代表投资项目企业和公益捐赠企业在会上做了发言。活动期间，组织民营企业家观看了革命传统教育片《历史的选择》，赴冕宁彝海结盟遗址、西昌卫星发射中心开展了理想信念教育活动，并举行了产业投资项目签约和公益捐赠仪式。活动共签订合同项目149个，合同金额2 037.77亿元，框架合同105个，协议金额3 115.41亿元。累计接收公益捐赠4 037.3万元，其中中国光彩会捐赠2 051.3万元公益资金，用于为凉山州昭觉、美姑两个县的20个乡镇49个村，3 000户11 821名贫困群众配备生活设施“六件套”，剩余资金与四川省委统战部支持资金一起用于在昭觉县打造一个彝族特色旅游示范村。四川省委常委、统战部部长李静主持会议，全国工商联副主席、中国光彩会副会长谢经荣，全国人大常委、中国光彩事业基金会理事长李路，全国人大代表、川商总会会长刘永好，全国政协常委、中国光彩事业基金会副理事长南存辉，全国人大代表、全国工商联副主席何俊明，中国光彩会副会长兼秘书长张天昱，中国光彩会副会长王建沂、王填、王均金、孙珩超、李占通、李黑记、吴少勋、余渐富、宋福如、张杰庭、张宗真、陈世强、林印孙、尚吉永、修涞贵、袁亚非，四川省政协副主席、工商联主席陈放，以及中央统战部、全国工商联、中国光彩会有关负责同志，四川省、凉山州有关部门负责同志，500多位民营企业家参加了活动。

（马占利）

【开展深度贫困地区民营企业参与精准扶贫工作专题调研】2017年9月12~15日，全国工商联与国家林业局、中国光彩会组成联合调研组，赴云南省怒江州开展了涉林民营企业参与精准扶贫工作专题调研。此次调研取得了一定成效：一是了解了怒江州贫困现状及面临的特殊困难；二是分析了怒江州脱贫发展的独特优势；三是引发了我们关于深度贫困地区脱贫攻坚的思考和建议：一是进一步深化与国家林业局的合作，激发涉林民营企业在深度贫困地区开展林业产业脱贫的更大成效；二是加强东西部扶贫协作，进一步推动“万企帮万村”精准扶贫行动向深度贫困地区倾斜支持；三是加强对深度贫困地区小微企业扶持及基层工商联组织建设；四是积极推进产业扶贫投资基金及金融机构到深度贫困地区金融支持力度；五是支持怒江等深度贫困地区贫困村集体经济发展，并与民营企业、专业合作社等深化协作，探索多元化资产收益扶贫。

（马占利）

【共同举办“万企帮万村”精准扶贫行动论坛】2017年10月10日，“万企帮万村”精准扶贫行动论坛在北京举行。论坛由2017年扶贫日论坛组委会主办，全国“万企帮万村”精准扶贫行动领导小组承办。时任全国政协副主席、全国工商联主席王钦敏，中央统战部副部长，全国工商联党组书记、常务副主席，中国光彩会会长徐乐江出席。全国工商联副主席、中国光彩会副会长谢经荣主持。国务院扶贫办副主任洪天云，中国农业发展银行副行长殷久勇，中央统战部五局局长、中国光彩会副会长兼秘书长张天昱出席论坛。论坛上，徐乐江传达了习近平、李克强等领导同志关于全国脱贫攻坚奖评选表彰活动的重要批示，传达了孙春兰同志关于统战系统落实两位领导批示精神的具体要求；宣读了全国“万企帮万村”精准扶贫行动领导小组关于表扬“万企帮万村”精准扶贫行动先进民营企业的通报，并向恒大集团等116家民营企业颁发了奖牌和证书。

王钦敏指出，“万企帮万村”行动开辟了企业扶贫的中国道路，已成为民营企业参与脱贫攻坚的主要形式和重要平台、社会扶贫的知名品牌。这主要得益于行动始终遵循习近平总书记“精准扶贫”基本方略，做到帮扶对象精准、组织动员精准、帮扶措施精准、台账管理精准；始终践行共同富裕的伟大理想，将为贫困群众谋利益作为根本出发点和落脚点；始终尊重企业家创新精神，为丰富中国特色扶贫开发理论做贡献；始终注重凝聚脱贫攻坚合力，坚持党委政府领导、建立四方合作机制、依靠基层组织力量。王钦敏强调，“万企帮万村”行动要以党的十九大精神为引领，紧紧围绕深入贯彻落实习近平总书记“要抓好落实、抓出成效”和“向深度贫困地区倾斜”的重要指示精神，以深度贫困地区和群众为重点，努力在提高帮扶实效、建立脱贫长效机制，支持县域经济发展方面下一番“绣花”功夫。要做好对参与行动企业的政策、金融、宣传表扬等支持服务，推动行动在新的历史阶段为全面建成小康社会、实现中华民族伟大复兴中国梦做出新的更大贡献。

论坛围绕“万企帮万村”精准扶贫行动展开研讨，恒大集团、正邦集团、宁夏宝丰集团有限公司、湖北名羊农业科技发展有限公司、好医生药业集团、重庆市石柱土家族自治县分别作交流发言。全国工商联副主席、荣民控股集团有限公司董事长史贵禄，中国光彩会副会长王均金、李占通、林印孙等出席论坛。受表扬民营企业代表，各省区市和新疆生产建设兵团“万企帮万村”精准扶贫行动领导小组办公室有关同志参加论坛。

（林原羽）

【召开“万企帮万村”扶贫车间座谈会】2017年11月3日，全国工商联、国务院扶贫办、中国光彩事业促进会、中国农业发展银行在山东菏泽召开全国“万企帮万村”扶贫车间座谈会。全国工商联副主席、中国光彩会副会长谢经荣，国务院扶贫办副主任洪天云，中国农业发展银行副行长殷久勇出席会议并讲话，山东省副省长、省工商联主席王随莲致辞。

谢经荣充分肯定了扶贫车间对贫困群众就地就近就业脱贫的重要作用，他强调要深入学习贯彻党的十九大精神，用习近平新时代中国特色社会主义思想武装头脑，指导工作实践。要加大组织推动创新，加大企业参与创新，加大融资支持创新，加大理论研究创新，着力实施乡村振兴战略，努力向深度贫困地区倾斜，推进“万企帮万村”行动实现创新发展，为打赢脱贫攻坚战做出新的更大贡献。

与会同志实地考察观摩了鄄城县、郓城县的6个扶贫车间，菏泽市、台前县、同心县、鄄城县工商联，台前县打渔陈镇奥玺诺服装厂，上犹县众鑫电子有限公司6个单位作了交流发言。15个省（区）工商联、扶贫办、光彩会、农发行分管同志及企业家代表近200人参加了会议。

（林原羽）

【举办“万企帮万村”精准扶贫行动台账管理工作电视电话会议】2017年12月1日，“万企帮万村”精准扶贫行动领导小组在北京召开“万企帮万村”精准扶贫行动台账管理工作电视电话会议。全国工商联副主席、中国光彩会副会长谢经荣，国务院扶贫办副主任洪天云出席会议并讲话。中央统战部光彩事业指导中心主任、中国光彩会副秘书长余敏安主持会议。

会议首先传达了中央统战部副部长，全国工商联党组书记、常务副主席，中国光彩会会长徐乐江，国务院扶贫办主任刘永富就进一步做好台账工作作出的重要批示。

谢经荣在讲话中指出，做好台账工作，是建设好和保护好“万企帮万村”品牌的关键，是全面反映民营企业在脱贫攻坚战中的贡献的关键。要做好三项工作，即走到、补全、纠错。“走到”就是要深入民营企业帮扶项目的现场，了解真实情况。“补全”就是要将所有民营企业的帮扶情况应录尽录地补充进来，还要按照台账管理的要求，如实记录下企业的帮扶投入、帮扶途径、帮扶对象和扶贫成效。“纠错”就是要通过走到看到，检查检验企业的帮扶承诺，帮了没录要补上，没有帮的要删除。洪天云在讲话中指出，“万企帮万村”已成为精准扶贫行动的排头兵，但在肯定成绩的同时，也要认识到“万企帮万村”台账还存在一些漏报和错报的情况。各级扶贫办要高度重视、主动对接，加强数据比对，开展数据分析，为扶贫开发科学决策提供数据支撑。

各省、自治区、直辖市、新疆生产建设兵团工商联、扶贫办有关负责同志及具体负责台账管理工作同志在分会场参加会议。

（崔　星）

【举办第十三期全国民营企业家及管理干部林业培训班】由全国工商联、国家林业局和中国光彩会联合举办的第十三期全国民营企业家及管理干部林业培训班于2017年12月7~9日在广东省佛山市举行。培训内容是重点介绍和解读光彩事业与

"万企帮万村"精准扶贫行动开展情况和林业相关法律法规、政策措施。来自全国25个省、自治区、直辖市从事国土绿化的民营企业家及工商联、林业部门和光彩会的管理干部约120人参加了本次培训。参训企业家一致反映，课程安排实用性强，培训内容符合企业需求，对企业发展具有现实指导作用和长远战略意义，丰富了知识、更新了观念、坚定了投身林业建设与国土绿化事业的信心。

（马占利）

国际及港澳台交流与合作

【综　述】2017年，联络部认真学习贯彻党的十九大精神和习近平新时代中国特色社会主义思想，结合工商联改革要求，紧扣国家"一带一路"建设，重点打造对外经贸合作平台和商会交流平台，明确工作定位、改革创新举措、精准服务民营企业，不断推动国际合作与交流工作取得新进展新成效。

一、聚焦"守法诚信经营、境外风险防范"，举办我驻外使领馆与民营企业面对面交流活动

全国工商联与外交部以"守法诚信经营、境外风险防范"为主题，分别在北京和青岛举办了两期我驻外使领馆与民营企业面对面交流活动，来自58个国家和地区的80余位我驻外使领馆外交官、商会及民营企业代表共300余人参会，现场交流热烈。时任全国工商联主席王钦敏和徐乐江书记专门出席了在北京的活动。针对民营企业存在的境外风险意识、责任意识不足及如何规避境外投资风险等问题，外交官们为参会企业进行了"现场会诊""解剖麻雀"，结合自身工作经验和企业提出问题在现场给予针对性解答，并表示要在把握好"亲""清"关系前提下，利用现有资源，为有实力、有信誉的中国民营企业"走出去"提供高质量服务。

二、发挥民间外交优势，与"一带一路"沿线国家驻华使领馆和境外商会务实开展经贸合作

一是带领民营企业、商会"走出去"。全国工商联先后带领民营企业、商会走进欧洲、东南亚、大洋洲和非洲的10多个国家进行广泛宣传，同时积极帮助境外工业园区开展境外招商和园区推介。在海外组织了10余场中资企业座谈会，与缅甸中华总商会、澳大利亚商会等5家海外工商社团签署了"一带一路"合作备忘录。

二是举办各类国际经贸交流活动。先后举办"第十四届中尼民间合作论坛""2017中国挪威商业峰会""中瑞创新论坛"等活动，中外工商界人士通过深入交流，增进了解，促进务实合作。

三是与驻华使领馆和国外商会加强信息交流，促进双方企业产业对接。与俄罗斯远东发展局、匈牙利驻华大使馆商务处、瑞士达沃斯会议中心、瑞典投资贸易署等驻华商务机构进行务实会谈，探讨基础设施、医疗健康、新能源等产业合作机会；组织直属商会、企业积极参加中法企业沙龙、波兰投资推介会、匈牙利经贸对接会等经贸活动；出席"德国工商大会北京20周年庆典”“龙门创将”全球创新创业大赛、英中贸易协会主席访华招待会、“德国在华企业商业信心调查”新闻发布会等活动。

三、加强与相关部委联系与合作，畅通政企沟通平台

1. 推动本会成为中非合作论坛后续委员会成员单位。与外交部非洲司密切配合，积极申请、推动本会成为中非合作论坛后续委员会成员单位，出席中非合作论坛高官会，为参与2018年中非合作论坛峰会及举办相关配套活动、深入对非工作打下坚实基础。

2. 积极为民营企业与拉美和加勒比国家开展务实合作搭建平台。出席中拉论坛后续行动委员会全体会，深入了解协调推进中拉论坛部长级会议后续工作，并向外交部拉美司提供了民营企业投资拉美的情况、面临的挑战及对引导民营企业投资拉美的几点考虑。

3. 推动外交部将工商联商会、民营企业纳入中央企业外事工作会议。通过与外交部外事管理司的工作沟通，外交部同意由本会定期组织民营企业参加中央企业外事工作会议，并逐步提高民营企业的参会比例，推动由“中央企业外事工作会议”向“中国企业外事工作会议”方向转变。

4. 参与GMS经济合作第六次领导人会议特设筹备工作组会议。充分利用国家次区域合作平台，出席大湄公河次区域（GMS）经济合作第六次领导人会议特设筹备工作组会议并发言，表达本会积极参与GMS长期愿景规划的意愿，并就如何共同推动GMS成员国商会、企业间开展全方位、宽领域、多层次合作提出具体工作建议。

5. 参与“一带一路”反腐败研讨会。协助中纪委与世界银行联合举办“一带一路”反腐败研讨会，组织亨通集团、华立集团、伊利集团、特变电工、天津聚龙集团等5家民营企业参会，向世界展示中国民营企业在建设廉洁“一带一路”的“中国方案”，提升中国民营企业国际形象。

6. 为工商联商会走出去提供服务。加强与中联部合作，推动中国民营经济国际合作商会、中非民间商会成为中促会团体会员，推动中非民间商会获得联合国特别咨商地位，帮助中国民营经济国际合作商会协调我驻伊朗使馆为商会走出去站台，提高商会国际知名度；积极对接我驻外使领馆和民营企业需求，协助我驻保加利亚大使馆联系保加利亚高层与马云会见事宜，协助我驻赤道几内亚、科特迪瓦等十几家使领馆联系商会及企业与相关国家政府部门开展行业对接等。

7. 参与世界华商大会。参加了由缅甸中华总商会在仰光主办的第十四届世界华商大会，发挥工商联组织体系完备优势，协助国务院侨办推荐地方工商联组团参会。会议期间与来自世界各地的代表进行了广泛交流，为民营企业与世界华商和工商界加强经济合作、促进相互了解提供广阔平台。

四、加强与港澳台工商界的交流合作，做好港澳台海外统战工作

一年来全国工商联充分发挥组织优势，突出港澳工作以青年为着力点，不断拓展爱国力量的团结面。

1. 开展民营企业赴港发展情况专项调研。联络部牵头全国工商联调研组在广东等四个省份开展调研，这也是中央国家部委就民营企业在港发展情况组织的第一次专题调研，通过调研掌握了民营企业赴港发展的第一手资料，并就鼓励民营企业在港做强做大，与香港企业共同参与“一带一路”建设和粤港澳大湾区建设，发挥内地优秀青年企业家引领作用等方面提出了建设性意见和建议。

2. 举办“第十三届海峡两岸和香港、澳门经贸合作研讨会”。研讨会期间，本会代表广泛接触了香港工商社团及工商界人士，就内地与香港工商界在“一带一路”大背景下，如何利用香港作为国际金融、航运、贸易中心的独特优势，抱团走出去参与“一带一路”建设，开拓国际市场等问题进行了深入交流和探讨。

3. 支持第六届世界旅游经济论坛。本次论坛以“区域合作互联互通，旅游经济共商共建”为主题，共有来自全球54个国家及中国内地的官员、国际知名企业领袖和专家学者1 500余人参会。本会组织的代表团中有6位青年企业家在多个场合踊跃发言，与澳门青年企业家和工商社团进行了热烈的交流，并找到了借助中葡论坛平台与葡语系国家加强合作的契合点。

4. 召开中国内地年轻一代青年企业家与香港理工大学交流会。本会与香港理工大学在机关联合举办了年轻一代青年企业家交流会，徐乐江书记与唐伟章校长分别代表两家单位签署了《合作备忘录》。为两地青年人和青年企业家共同参与国家建设，保持香港繁荣和抱团走出去参与“一带一路”建设创造了有利条件。

5. 做好台湾学生暑期实习工作安排。2017年按照国台办的统一部署，我们对30名台湾学生实习工作分三轮（提出岗位、自主选择、统一调配）进行了布置，最终落实11名台湾学生分别在全国工商联文化产业商会及北京、江苏、上海三个省市的6家企业实习工作。

6. 做好本会十二大期间港澳代表接待工作。根据大会安排，牵头负责贵宾楼住地港澳代表接待事宜，及时回应代表需求，圆满完成了会议期间33位港澳代表的食宿安排、车辆调度等各方面工作。

（石　宗）

【举办“2017中国挪威商业峰会”】2017年4月7日，由挪威驻华大使馆、全国工商联、挪威创新署、中国企业联合会共同举办的“2017中国挪威商业峰会”在北京召开，来自中国和挪威的900余位工商企业界人士围绕“创造可持续解决方案，构建更美好未来”主题进行了深入交流。挪威首相艾尔娜·索尔伯格与时任全国政协副主席、全国工商联主席王钦敏分别致辞。

艾尔娜·索尔伯格在峰会上表示：“中国是挪威在亚洲最大的贸易伙伴，我很高兴我们与中国的政治及外交关系正常化，这为挪威的商业及就业提供了巨大的机遇。我们期望与中国重启自由贸易谈判。”王钦敏在致辞时指出，经贸合作是双边关系的“压舱石”。中挪经济互补性强，有着深厚的互利合作基础，进一步加强双边合作，符合两国人民的根本利益。希望中挪双方围绕共同的目标同向而行，携手推进经济全球化与自由贸易，为世界经济稳定均衡和可持续发展发挥积极作用。

挪威创新署署长特拉塞特主持峰会全会，挪威贸工部部长马兰、挪威企业联合会首席执行官伦德、阿里巴巴集团执行主席马云、中国企业联合会理事长朱宏任等分别在全会上发言。会上中挪双方企业代表共签署13份海产进口、造船、教育、能源等领域的合作协议。与会的两国工商企业界代表团还围绕中挪石油天然气合作、绿色转型和绿色智慧城市、创业企业及创新、健康和福利技术、旅游、数字市场和分享经济进行了专题讨论。全国工商联环境服务业商会会长、博天环境集团董事长赵笠钧，全国工商联新能源商会执行会长、隆基绿能科技股份有限公司董事长钟宝申，三一集团董事、总裁段大为，三胞集团副总裁王彤炎等在平行论坛主题发言中介绍了各自企业发展优势，以及对中挪产业对接的思考和见解。

（王　彤）

【访问保加利亚、瑞士和孟加拉国】 应保加利亚商工会、瑞士联邦工商企业联合会、孟加拉国工商联合会的邀请，以时任中央统战部副部长，全国工商联党组书记、常务副主席全哲洙为团长的全国工商联代表团，于2017年4月19日至28日访问保加利亚、瑞士和孟加拉国三国。

访问期间，全哲洙分别会见了保加利亚农业食品部部长赫里斯托·波泽科夫、中国中东欧农业合作促进联合会主席瓦西·葛磊、保加利亚经济部副部长里波米尔·甘切夫、保加利亚商工会主席茨维坦·赛门诺夫、瑞士联邦经济、教育和研究部部长约翰·施奈德-阿曼、瑞士联邦工商企业联合会主席让-弗朗索瓦·里姆、瑞士联邦工商企业联合会总干事长汉斯-乌尔里奇·比格勒、孟加拉国工商联合会主席阿卜杜勒·艾哈迈德、孟加拉国经济区管理局主席帕潘·乔杜里等，就加强双边经贸合作，推动务实、互惠、共赢发展进行了深入交流与探讨。在访问期间，代表团还分别召开了中资企业座谈会，先后调研考察了华为保加利亚公司、保加利亚LB Bulgaricum乳制品公司、奥威科技保加利亚公交车项目、江苏金昇瑞士卓朗智能公司、宝世达瑞士金属公司、孟加拉利德成集团等企业及合作项目，并与中方员工和外方员工面对面交流。

访问期间，代表团还拜会了我驻保加利亚、瑞士、孟加拉国大使馆和驻瑞士苏黎世总领事馆。

（王　彤）

【举办我驻外使领馆与民营企业面对面交流活动】 2017年4月27日在青岛举办了第二期“我驻外使领馆与民营企业面对面”交流活动，我驻斯洛伐克、坦桑尼亚、日本等13个国家和地区的大使、参赞，以及全国工商联、山东省工商联、山东省外办、青岛市工商联等部门的领导和青岛市民营企业家共30余位代表参加。

“面对面”交流活动中，青建集团股份公司董事长王贤茂等10位企业家就企业海外发展的经验、体会和存在的困难、问题与我驻外使领馆外交官们进行了深入交流。本次活动还组织外交官对“走出去”典型企业青特集团、青建集团进行实地调研，使外交官更加直观深入地了解民营“走出去”企业的发展现状和存在的困难、问题，从而提供更有效的意见建议。

王永庆副主席在讲话中提出几点建议。一是要事先做足功课。我驻外使领馆外交官是外交工作方面的“智库”和“财富”，其特殊作用不可替代。企业家们要珍惜机会、有备而来，想尽办法用好“智库”，用尽“财富”。二是要坚持问题导向。企业要认真梳理归纳自身在境外投资经营中存在的问题、风险点和需要提供的帮助等，便于外交官们答疑解惑，帮助企业解决实际问题。三是要建立常态化联系机制。企业要把“面对面”交流活动平台常态化、深入化，畅通与外交官沟通交流渠道，尽享外交官信息资源，增强抵御风险的能力。四是坚持依法合规经营。“走出去”企业要主动到我驻外使领馆报到、登记，主动了解并遵守驻在国法律法规和对外投资管理的有关政策法规，坚持市场导向、契约精神，切实履行社会责任。王永庆副主席还要求各省市工商联高度重视“面对面”交流活动，把它当成重点工作着力打造，不断总结经验、提升活动质量，争取通过几年时间，把这项活动打造成工商联的品牌工作，打造成工商联和外交部合作的典范。

2017年8月25日，第三期“我驻外使领馆与民营企业面对面”交流活动在北京举办，我驻45个国家和地区的61位外交官，全国工商联领导，外交部国外局、统战部三局相关负责人，京津冀工商联相关人员，以及全国工商联直属31家商会、部分地方工商联商会及民营企业代表近300人参加。时任全国工商联主席王钦敏出席活动并致辞。徐乐江书记接见了外交官和部分企业代表。中国驻美国大使崔天凯参加活动并致辞。

王钦敏在致辞中指出，“面对面”活动为民营企业与我驻外使领馆创造了一个沟通交流平台。我驻外使领馆外交官常年工作在外交前沿，是外交工作的权威、政策把握的专家，对驻在国文化风俗非常了解，掌握着大量商务信息，在与相关部门沟通协调等方面有着得天独厚的优势。相信在广大民营企业家的努力下，在外交官们的保驾护航下，中国民营企业“走出去”将迎来更大发展前景、更好发展机遇。

徐乐江在接见我驻外使领馆外交官和部分发言企业代表时指出，“面对面”活动是很好地服务于民营企业“走出去”参与“一带一路”建设的平台，希望外交官在活动中全面介绍情况，为民营企业海外发展开方支招、出谋划策，各位民营企业家要充分利用本次活动，向各位外交官介绍情况，反映问题，充分吸收领会外交官提出的意见和建议，有所收获。

崔天凯在致辞时表示，党的十八大以来，我们提出了很多中国方案、中国主张，推动国际、区域双边经贸合作，外交上也取得了很大成绩，这些都为民营企业进一步发展壮大和“走出去”参与竞争、合作提供了良好的政策框架和条件。同时，企业在“走出去”过程中还面临着民族主义、保护主义、法律与商业竞争等方面的风险。我驻外使领馆将立足于民营企业“走出去”实际情况，进一步为民营企业提供政策咨询、风险提醒、信息沟通、维护权益等具体服务。

王永庆在总结中指出，此次交流活动中，企业家“情况表得清，问题讲得清，需求说得清”，各位外交官的解释回答针对性强，操作性高。通过“面对面”交流，企业获得“一手信息”，我外交官获得“一手情况”，双方建立了直接沟通渠道。接下来，要借助“面对面”活动，延伸工商联“一带一路”服务平台，提高企业“走出去”组织化程度，畅通政企沟通渠道。

（冯秀梅）

【访问尼泊尔、泰国并举办“第十四届中尼民间合作论坛”】 2017年5月20~28日，全国工商联副主席谢经荣率团访问泰国和尼泊尔。访问期间，谢经荣出席了第十四届中尼民间合作论坛，拜访了泰国投资促进委员会，泰国中华总商会、尼泊尔工业部，调研了泰国投资促进委员会“一站式”投资服务中心、泰中罗勇工业园以及盾安金属（泰国）公司、天合光能（泰国）公司、正大集团管理学院、喜马拉雅航空公司、昆明新知集团尼泊尔（加德满都）华文书局。召开了中资企业座谈会，详细了解了泰尼两国投资兴业环境及实践。中国驻尼泊尔大使于红、商务参赞彭伟、中国常驻联合国亚太经社理事会代表黎弘、中国驻泰国大使馆经济商务参赞处一秘张晓红等会见了代表团。

（柯佳希）

【赴香港特别行政区出席第十三届海峡两岸和香港、澳门经贸合作研讨会并访问】应香港中华厂商联合会邀请，时任全国政协副主席、全国工商联主席王钦敏率全国工商联代表团一行20人于2017年6月12日至15日赴香港出席第十三届海峡两岸和香港、澳门经贸合作研讨会并致辞，随后访问香港工商社团和香港理工大学。

本次研讨会主题为“创科创意·创新里程迎接区域合作新纪元”，围绕合作、创新、发展，两岸四地专家学者就如何抓住区域经济一体化机遇和应对区域经济合作面临的新挑战进行了深入研讨，达到了沟通信息、交流思想、扩大共识、密切合作的目的。香港中华厂商联合会会长李秀恒、台湾工商企业联合会监事会召集人杨武男、澳门中华商业总会会长马有礼也分别在研讨会开幕式上致辞。

在港期间，王钦敏分别拜访了香港青年工业家协会、香港各区工商联、香港中华总商会及其青委会和香港中国商会。举行座谈，听取情况汇报，并就内地与香港工商界在“一带一路”大背景下，如何利用香港作为国际金融、航运、贸易中心的独特优势，抱团走出去参与“一带一路”建设，开拓国际市场等问题进行了深入交流和探讨。

在香港理工大学，王钦敏参观了创新科技发展和知识转移项目和学生科技创新设计展览，与30余位学生及校友代表围绕“创新、创业、创未来”主题进行了交流。

（冯秀梅）

【举办“中瑞创新论坛”】2017年6月26日，瑞典驻华大使馆、瑞典投资贸易委员会、全国工商联在北京共同举办“中瑞创新论坛”，来自中国和瑞典的250位工商企业界人士围绕“合作致力可持续发展”主题进行了深入交流。

瑞典首相斯特凡·勒文、全国人大常委会副委员长向巴平措到会并致辞。国务院发展研究中心主任李伟、瑞典企业与创新大臣米卡尔·达姆伯格、瑞典环境大臣卡罗丽娜·斯库格、全国工商联副主席王永庆、瑞典投资贸易委员会首席执行官伊娃·伯格、沃尔沃汽车集团亚太区高级副总裁袁小林、瑞典ABB总经理约翰·索德斯特略姆等分别在论坛全会上发言。

会上，中瑞双方企业代表在智能出行、智慧城市、绿色能源以及医药卫生等领域签署了一系列合作协议。均瑶集团总裁王均豪、三胞集团总裁杨怀珍等15位中方企业代表在平行论坛圆桌会议中介绍了各自企业在议题领域的优势与做法，以及对中瑞两国企业合作的思考和未来愿景。

（王　彤）

【访问安哥拉、赞比亚】应埃塞俄比亚工业部和赞比亚工商联合会的邀请，以全国工商联副主席黄荣为团长的全国工商联代表团于2017年8月30日至9月7日访问埃塞俄比亚和赞比亚。访问期间，黄荣分别会见了埃塞俄比亚工业部国务部长费莱克、埃塞俄比亚行业协会主席莫斯萨、赞比亚贸工部常务秘书斯亚米和赞比亚工商联合会主席萨库兰达，并与赞比亚中央省部长姆尚嘎 、姆钦嘎省部长玛罗左、东方省副常秘姆瓦那瓦萨、东方省议员铛嘎、本地部部长姆瓦勒进行了非正式交流，就加强双边经贸合作、工业园建设和产能合作事宜进行了探讨。代表团还拜会了中国驻埃塞临时代办刘涛和驻赞比亚大使杨优明；调研了埃塞东方工业园、华坚轻工业城，赞比亚中国经济贸易合作区卢萨卡园区；走访了帝源陶瓷、力帆汽车、林德服装、华坚、吉海农、赞比西酒业、凯夫制药等园区企业；调研了中土埃塞有限公司及亚吉铁路项目、赞比亚华侨华人总会、中润投资有限公司和四达时代赞比亚顶星通讯有限公司;召开了两场中资企业座谈会，深入了解中资企业工业园在两国的建设运营情况，促进民心相通的经验做法，遇到的困难和问题，以及对民营企业参与“一带一路”建设的意见建议。

（马晓芳）

【举办第十四届中国—东盟博览会】 2017年9月12日至15日，第十四届中国—东盟博览会、中国—东盟商务与投资峰会在南宁举行，全国工商联副主席黄荣代表组委会成员单位全国工商联出席开幕大会。参加东博会期间，黄荣副主席出席了由广西壮族自治区政府、全国工商联、中华海外联谊会主办，自治区工商联、广西海外联谊会、自治区投资促进局协办的第二届中国—东盟商会领袖高峰论坛开幕式并致辞。黄荣副主席在致辞中指出，国家主席习近平在金砖国家工商论坛开幕式上强调，工商界是金砖国家经济发展的主力军，希望工商界发挥在信息、技术、资金等方面的优势，开展更多互利共赢、利国利民的务实合作项目，为促进经济社会发展、增进人民福祉做出更大贡献。中国-东盟商会领袖高峰论坛旨在促进中国与东盟各国商（协）会之间的交流与合作，是贯彻习主席讲话精神的具体表现，对探索建立中国-东盟商会领袖全面对话交流长效机制，凝聚中国—东盟及其他国家或地区商（协）会机构、商界领袖智慧与共识，共同推动“一带一路”沿线国家之间的交流合作，促进共同发展，具有重要意义。他提出三点建议：一要建立和完善沟通交流机制。二要积极搭建服务平台。三要努力加强项目合作。在桂期间，黄荣副主席与广西壮族自治区政府副主席张晓钦就成立中国—东盟企业家联合会并就有关事宜进行了对接沟通，还分别到南宁市、北海市开展调研活动，先后考察了南宁研祥装备科技公司、广西海王银河医药公司、新奥集团北部湾旅游股份公司，黄荣副主席对企业在广西投资取得的成绩给予了充分肯定，并鼓励他们不断创新，为服务国家“一带一路”和民营企业“走出去”发挥积极作用。在北海调研期间，黄荣副主席考察了合浦汉文化博物馆，通过馆藏文物，见证了合浦作为海上丝绸之路早期始发港的历史，也充分印证了汉代海上丝绸之路不仅是一条贸易之路，更是一条域外文化和科学技术的传播之路。全国工商联副主席、亿达集团有限公司董事局主席孙荫环，广西壮族自治区政协副主席、工商联主席磨长英，全国工商联联络部部长马君及经济部相关同志参加上述活动。

（王　昱）

【访问缅甸、马来西亚和澳大利亚】 应缅甸中华总商会、马来西亚中华总商会和澳大利亚贸易投资委员会的邀请，以时任全国政协副主席、全国工商联主席王钦敏为团长的全国工商联代表团，于2017年9月15日至24日访问缅甸、马来西亚和澳大利亚三国。访问期间，王钦敏出席了由缅甸中华总商会主办的第十四届世界华商大会开幕式并致辞，分别会见了缅甸第一副总统吴敏瑞、缅甸工商联主席吴佐敏温、缅甸中华总商会主席吴继垣、马来西亚贸易和工业部第二部长黄家泉、马来西亚中华总商会会长戴良业、澳大利亚首都领地政府专员史密斯、澳大利亚贸易投资委员会总监柯迈高、澳大利亚商会首席执行官史蒂芬·卡特莱特和会长特雷弗·卡恩尼等，就加强双边经贸合作，推动务实、互惠、共赢发展进行了深入交流与探讨。

访问期间，王钦敏主席代表全国工商联分别与缅甸中华总商会、马来西亚中华总商会和澳大利亚商会签署了“一带一路”合作备忘录，就在遵守两国现行法律法规的基础上，本着共商、共建、共享的原则，建立长期友好合作机制达成共识，共同承诺以此次签署“一带一路”合作备忘录为新的起点，发挥商会优势，深化务实合作，为两国企业界搭建交流合作平台，进一步提升两国企业合作层次、扩大合作领域，把两国的经贸合作提高到一个新水平，实现合作共赢。

代表团还分别在三个国家召开了中资企业座谈会，并先后调研考察了青建国际（缅甸）集团、苏雷香格里拉综合体项目、马来西亚关丹产业园、澳大利亚精英高等教育学院、澳大利亚科技园、天士力康平国际医疗集团（澳洲）、新南威尔士大学火炬创新园。访问期间，代表团还拜会了我驻缅甸、马来西亚、澳大利亚大使馆和我驻澳大利亚悉尼总领事馆，并得到他们的积极支持与帮助。

（柯佳希）

【赴澳门特别行政区出席第六届世界旅游经济论坛并访问】应第六届世界旅游经济论坛组委会邀请，全国工商联副主席樊友山于2017年10月16~18日赴澳门出席第六届世界旅游经济论坛并访问。本届论坛以“区域合作互联互通，旅游经济共商共建”为主题，由澳门特别行政区政府社会文化司主办，来自中东欧等国家和地区的1 500余人出席论坛。

樊友山在致辞中指出，世界旅游经济论坛自2012年首次举办至今，充分利用澳门独特优势，成功打造了一个高层次的旅游经济互动交流平台，已成为推动澳门旅游业开拓升级发展的载体，是促进全球旅游业可持续创新发展的亮丽品牌。澳门是“一带一路”的重要节点城市，拥有良好的区位优势、包容的多元文化、完善的配套设施，在推进“一带一路”建设的伟大征程中，旅游经济必将为澳门经济社会发展带来更多活力和更加丰富的内涵。世界旅游经济论坛作为一年一度的盛会，也必将成为澳门越来越响亮的名片。

在澳期间，樊友山副主席还听取了世界旅游经济论坛副主席兼秘书长何超琼，副主席王平、王敏刚的工作汇报和今后设想；专程拜访了刚刚当选新一届澳门立法会副主席的中国民间商会副会长崔世昌；拜访了澳门中联办、澳门中华总商会及其青年委员会、中国—葡语国家经贸合作论坛（澳门）常设秘书处和澳门贸易投资促进局，调研了澳门温州人商会。

（李圣汉）

【举办“中韩中小企业合作发展论坛”】2017年12月13日上午，由中华全国工商业联合会、韩国中小企业中央会共同主办，中国民营经济国际合作商会承办的“中韩中小企业合作发展论坛”在北京举行。全国工商联副主席、中国民营经济国际商会会长郑跃文，韩国中小企业中央会会长朴圣泽等出席活动并致辞，来自中韩两国的企业家和专家学者160余人出席活动。

郑跃文在致辞中表示，中韩两国是搬不走的邻居，自1992年建交以来，双边经贸合作快速发展，规模不断扩大，层次不断提升。希望通过本次论坛，双方企业家和有关专家学者在“一带一路”建设、产业领域互联互通、深层次产业链合作等方面，能够拓宽思路，发现机遇，挖掘亮点，找到新的增长点和合作空间，为推动中韩经贸合作发展，实现合作共赢做出努力。全国工商联和中国民营经济国际合作商会愿意以本次论坛为契机，与韩国中小企业中央会加强联系与沟通，积极为两国中小企业合作发展牵线搭桥，做好服务，发挥好商会组织服务企业的桥梁纽带作用。

来自商务部国际贸易经济合作研究院、中国民生银行金融研究院、中国人民大学经济学院和韩国中国经营研究所、韩国东亚和平研究院、韩国现代经济研究所、韩国世宗研究所中国研究中心等机构的专家学者围绕如何进一步加强两国中小企业的交流与合作，推动两国经贸合作发展为题展开讨论。全国工商联联络部副部长葛敏以及部分本会直属商会代表出席本次论坛。

（李圣汉）

组织建设

【综　述】2017年，组织建设工作积极围绕“两个健康”工作主题，抓基层、强基础，稳步推进商会建设，积极做好“五好”县级工商联建设工作，创新建设展示交流平台，各项工作进展顺利，成效明显。

一、抓改革，推动商会改革工作取得重要进展

一是积极推动出台工商联所属商会改革实施意见。研究起草了给时任全国政协主席俞正声同志的汇报材料，俞正声同志做出重要批示，推动了工商联所属商会不脱钩等关键问题的解决。此后，就工商联所属商会改革实施意见广泛征求脱钩联合工作组各成员单位意见，并在工商联系统广泛征求意见。根据各方意见建议，对改革实施意见进行了反复修改完善。在时任中央统战部部长孙春兰同志亲自协调下，明确改革实施意见不再报脱钩联合工作组审议，由中央统战部和全国工商联党组两家共同上报中办、国办审批。

二是16家未登记直属商会登记工作取得重要进展。做好向国办、民政部的汇报工作，积极推动16家未登记直属商会整体打包解决登记问题。按照民政部重新征求意见的要求，逐一赴相关部门沟通汇报，取得支持。组织16家未登记直属商会集中填报了登记材料，并集中力量对材料进行了审核把关。民政部部务会议审议同意16家直属商会整体打包上报国办审批。

三是认真开展“四好”商会建设。年初筹备召开了视频会议，对在各级工商联所属商会中广泛开展“四好”商会建设作出部署。制定并下发了《全国工商联关于开展“四好”商会建设工作的意见》，指导各省级工商联和直属商会制订了“四好”商会建设实施方案。在上海、宁夏两地开展所属商会清理整顿试点工作。目前试点地区商会清理整顿工作已完成并进行了总结，待工商联所属商会改革实施意见出台后在全国范围内开展清理整顿工作。

四是积极履行对直属商会的指导、引导、服务职责。全力推动19家直属商会换届工作，以换届为契机加强直属商会自身建设。按照“三强一好”标准和“凡进必评”原则，认真开展对直属商会会长、副会长、监事长和秘书长人选的考核工作，对情况较为复杂的直属商会加强换届工作指导，顺利完成了直属商会换届工作。2017年年初组织了2016年度直属商会考评工作，全国工商联城市基础设施商会等11家直属商会被评定为优秀等次。指导直属商会持续深化以“守法诚信、坚定信心”为重点的理想信念教育实践活动，组织直属商会学习贯彻《关于营造企业家健康成长环境　弘扬优秀企业家精神更好发挥企业家作用的意见》，组织直属商会积极参与贵州、甘肃、吉林等地的对口帮扶和经贸活动，充分发挥直属商会在精准扶贫中的作用。

二、抓基础，圆满完成“五好”县级工商联建设阶段性目标

一是加大力度推进“五好”县级工商联建设。2017年年初制订下发了《2017年全国“五好”县级工商联建设工作实施方案》。为在加强面上指导的基础上进一步突出工作重点，促进学习交流，先后在江苏省张家港市、贵州省龙里县和湖北省宜昌市夷陵区召开“五好”县级工商联建设现场座谈会并开展督查调研。为配合全国工商联十二大召开，提早部署“五好”县级工商联确认工作。经过自下而上逐级推荐，对照全国“五好”标准和各地制定的细化量化指标，在各省级工商联申报推荐、交叉审核和本会复核的基础上，确认北京市东城区工商联等1 119家县级工商联为2017年全国“五好”县级工商联，占总数的39%，超额完成预期目标。

二是继续巩固“一个设立、五个有”建设成果。对全国县级工商联“一个设立、五个有”工作进展情况进行调查摸底，下发了《全国工商联办公厅关于县级工商联未完成“一个设立、五个有”情况的通报》，指导各地工商联健全台账，找准问题的成因，与当地党委政府共同研究制订具有操作性、针对性的工作方案，积极推动问题解决。经过各方共同努力，全国93%以上的县级工商联实现了“一个设立、五个有”，具备了开展工作的基础条件。坚持问题导向，向西藏、青海、新疆3省区工商联下发《关于督促县级工商联尽快设立党组的函》，要求他们切实抓好县级工商联设立党组工作，青海县级工商联现已全部设立了党组，其他两省也取得了明显进展。

三、抓服务，不断创新工作载体和形式

一是建设“两个健康”展示交流平台。为创新与非公有制经济人士联系服务形式，构建“亲”“清”政商关系新载体和新途径，创新建设“两个健康”展示交流平台。平台以促进“两个健康”为主题，围绕中央重大决策部署、重大国家战略等确定每期展览专题，重点宣传优秀非公有制企业和非公有制经济人士风采，展示各级工商联和商会的工作成果。在相关部门共同努力下，成功举办了“中国制造生力军”“军民融合生力军”“砥砺奋进的五年——工商联工作成就展”三期展览，上百家各领域代表性民营企业参展，先后有全国政协领导，中央部委领导，装备发展部领导，工商联十二大代表，新加坡、瑞士商会代表团及我国香港代表团，我驻外使领馆外交官，地方统战部、工商联学员等多批次2 000余人观展，获得了热烈反响和一致好评。

二是探索开展企业家自组织联系服务工作。探索加强与知名度较高、影响力较大的企业家自组织的联系。赴中国企业家俱乐部、亚布力中国企业家论坛、正和岛开展调研，了解基本情况。参加亚布力中国企业家论坛夏季高峰会、天津论坛，正和岛新年论坛、致良知论坛等活动，邀请亚布力中国企业家论坛秘书处人员参加全国工商联直属会员培训，通过相互邀请参加活动增进了了解，加强了联系。

（宗　君）

【开展县级工商联“一个设立、五个有”进展情况调查摸底】2017年2月，按照《全国工商联2017年工作要点》安排，为全面掌握全国县级工商联未完成“一个设立、五个有”工作现状，有针对性地开展工作，全国工商联会员部下发通知，对全国县级工商联“一个设立、五个有”情况进行了全面调查摸底。从摸底情况看，截至2017年2月底，尚有河北、山西、内蒙古、辽宁、黑龙江、四川、云南、西藏、青海、新疆10个省（区），共计180个县级工商联未完成“一个设立、五个有”工作目标，占全国县级工商联总数2 831个的6.4%。根据调查摸底情况，会员部对全国县级工商联设立党组织、人员编制、经费预算、办公场所、办公设备、活动开展情况逐项进行分析，厘清未完成原因、查找困难和问题，提出解决办法和要求，形成了《全国工商联办公厅关于县级工商联未完成“一个设立、五个有”情况的通报》（全联厅发〔2017〕19号），按照主席办公会要求，于2017年5月下发各省级工商联，同时向县级工商联党组设立问题较为突出的青海省、西藏自治区和新疆维吾尔自治区的工商联下发《全国工商联办公厅关于督促县级工商联尽快设立党组的函》（全联厅函〔2017〕66号），督促他们提高政治站位，采取有力措施建立健全县级工商联党组。

（袁鹏飞）

【开展所属商会清理整顿试点工作】 党中央明确工商联所属商会不脱钩，但不脱钩也要改革，工商联所属商会要按照中央统战工作会议、中央党的群团工作会议精神、《中国共产党统一战线工作条例（试行）》和《关于改革社会组织管理制度，促进社会组织健康有序发展的意见》等要求，切实推进改革发展。为此，全国工商联正抓紧制定工商联所属商会改革办法。改革涉及很多方面，其中依法登记的前提是工商联所属商会必须符合条件、发挥作用。因此，为顺利推进改革，开展好“四好”商会建设工作，首先要摸清工商联所属商会情况，分类梳理后进行清理整顿。

全国工商联高度重视工商联所属商会清理整顿工作。2017年2月20日，时任全国工商联党组书记全哲洙同志在“四好”商会建设视频会议上的讲话中进行了专门布置，提出各地要在“四好”商会建设过程中，对本地工商联所属商会自下而上进行大摸底，对那些长期不按章程换届、领导班子薄弱、不开展活动、不发挥作用的进行清理整顿。

鉴于各地工商联所属商会情况复杂，对工商联所属商会的范围界定认识不统一，拟先行试点，发现问题，总结经验，再全面开展全国范围的清理整顿工作。经研究并报会领导同意，会员部派出两个调研组于2017年3月28日至31日分别赴重庆市、内蒙古自治区就工商联所属商会清理整顿有关问题进行专题调研，就工商联所属商会范围如何界定，清理整顿的标准，如何开展大摸底、清理整顿试点等进行了调研。

在研究总结重庆、内蒙古调研成果的基础上，我们起草了《工商联所属商会清理整顿试点工作方案》，明确了试点范围、工商联所属商会界定标准、实施步骤、工作要求等，经报会领导同意后，全国工商联于2017年6月26日以办公厅名义向上海市、宁夏回族自治区工商联发出《全国工商联办公厅关于开展工商联所属商会清理整顿试点工作的通知》。明确清理整顿试点工作自2017年6月下旬正式启动，试点工商联按照方案组织实施，7月下旬完成摸底工作，8月上旬确定清理对象开展清理工作，9月中旬完成整顿工作并进行总结，9月底前试点省级工商联汇总形成本省总结报告报全国工商联会员部。

上海市工商联、宁夏自治区工商联完成试点后，于9月底前向全国工商联报送了总结报告。全国工商联会员部在试点期间加强与地方沟通，就试点工作中遇到的新情况、新问题加大指导力度，并适时开展了调研检查。

（程小东）

【召开“五好”县级工商联建设现场座谈会并开展督查调研】为确保2017年年底全国“五好”县级工商联数量达到30%以上的目标任务顺利完成，全国工商联会员部于2017年7月下旬和8月下旬分别在江苏、湖北、贵州举办了现场座谈会，并于会前先后在江苏和贵州开展了“五好”县级工商联建设督查调研。

召开现场座谈会。为确保在工商联十二大召开之前完成“五好”县级工商联建设阶段性工作任务，会员部选择江苏、湖北和贵州3省工商联分别作为东中西部地区的优秀典型，组织河北、山西、内蒙古、辽宁、吉林、黑龙江、安徽、江西、广西、海南、四川、云南、陕西、甘肃14省（自治区）工商联会员部的同志和部分工作基础较好，但尚未达到全国“五好”标准的县级工商联主席和党组书记到江苏张家港市、湖北宜昌市夷陵区和贵州龙里县进行现场观摩学习交流，同张家港市、常州市武进区、宝应县、徐州市鼓楼区、宜昌市夷陵区、公安县、荆门市东宝区、宜都市、龙里县、金沙县、贵阳市乌当区、黎平县、盘州市等13家全国“五好”县级工商联进行了座谈交流。大家纷纷表示，这种学习观摩活动形式很好，选择的优秀典型可学可比可看，开拓了工作思路，学到了好的工作方法，对于“五好”创建工作更有信心了。

开展督查调研。为做好2017年全国“五好”县级工商联认定工作，全国工商联会员部分别和江苏省、贵州省工商联的有关同志对南京市秦淮区、无锡市梁溪区和贵州省遵义市湄潭县、黔东南州麻江县、安顺市平坝区5个县级工商联，进行了“五好”建设督查调研。严格对照“五好”标准，经最终审核评议，认为南京市秦淮区、无锡市梁溪区和贵州省遵义市湄潭县、安顺市平坝区工商联符合全国“五好”县级工商联的标准要求；黔东南州麻江县工商联建议不予推荐为全国“五好”。在督查调研期间，结合“四好”商会建设工作，调研组还对南京、无锡、张家港市工商联及其部分区县工商联商会建设工作进行调研，了解了基层商会建设工作中的问题不足和经验做法，使我们对基层商会建设和工作情况有了较为深入的了解。

（郭　蕾）

【部署开展“四好”商会建设活动】2017年2月20日，全国工商联在北京召开“四好”商会建设视频会议，对在各级工商联所属商会中广泛开展班子建设好、团结教育好、服务发展好、自律规范好的“四好”商会建设工作进行部署。时任全国政协副主席、全国工商联主席王钦敏出席会议并讲话，时任中央统战部副部长，全国工商联党组书记、常务副主席全哲洙作动员部署，全国工商联党组副书记、副主席樊友山主持会议，副主席谢经荣、杨启儒，秘书长赵德江出席会议。各省级工商联和部分市、县级工商联负责同志，工商联所属商会负责人等约1 500余人分别在主会场和各分会场参加会议。会前，印发了《全国工商联关于开展“四好”商会建设工作的意见》（全联发

〔2017〕4号）。

会议认为，开展“四好”商会建设工作是新时期深入贯彻落实习近平总书记系列重要讲话精神的重要举措，要从政治高度看待工商联所属商会改革问题，以促进“两个健康”、推动统战工作向商会组织有效覆盖为改革的总体目标，牢牢把握工商联所属商会改革发展的正确方向，把“两个健康”主题贯彻落实到商会建设的各个方面和各个环节，进一步强化工商联所属商会的基层组织地位和作用，夯实工商联事业发展的根基。

会议强调，开展“四好”商会建设工作主要是解决目前工商联所属商会发展还不平衡，与党中央的要求和非公有制经济人士的期望存在一些差距的系列问题，重点在四个方面着力：领导班子是商会建设的关键，要抓住会长和秘书长这两个“关键少数”，认真进行考核，对会长进行综合评价，加大培训力度，切实增强他们的事业心、责任感。团结教育是商会工作好不好的根本标准，要充分发挥商会的理想信念教育主阵地作用，引导非公有制经济人士不断增强“四信”，牢固树立“四个意识”，做爱国敬业、守法经营、创业创新、回报社会的典范。服务发展是商会凝聚会员、发挥作用的重要方面，工商联要发挥在政府管理和服务非公有制经济中的助手作用，为企业提供有效服务，畅通商会与有关方面的沟通渠道。行业自律是商会参与多元化社会治理的重要内容，运作规范是商会履职尽责的重要前提，工商联要指导商会完善法人治理体系，加强制度建设，推动制度落实。

会议要求，各级工商联要坚持改革创新，深入基层指导，发挥商会主体作用，充分调动商会的积极性、主动性、创造性，抓好统一部署与分类指导，典型引路与整体推进相结合，确保工作扎实开展、取得实效。

（崔玉南）

【推动直属商会换届工作】商会换届工作是加强商会建设的一件大事。严把制度程序、选人用人关，既是统战工作向商会组织有效覆盖的内在要求，也是商会依法民主办会、健康有序发展的重要保证。

2017年是全国工商联直属商会集中换届之年，19家直属商会按照届期规定需换届，中国工商联也在11月召开了十二大进行换届。按全国工商联换届工作有关要求，我们配合做好直属商会会长提名与全国工商联执委提名的衔接工作，指导应届商会及时换届或推选拟任会长人选。按照《中央统战工作条例》要求，全国工商联会员部严把直属商会换届程序关，指导成立换届工作领导小组，对商会酝酿提出的会长、副会长、监事长、秘书长人选进行考察，并提交全国工商联主席办公会议研究。对会员大会现场指导把关，要求商会换届后及时报送工作报告。对直属商会负责人人选，严格程序、综合考核、把好入口关。对会长人选，坚持“三强一好”标准和“凡进必评”原则，未经综合评价或综合评价结果不合格的，不能列入考察人选范围。明确会长连续任期不得超过两届，明确一人不得兼任两家直属商会会长。对副会长、监事长人选，由全国工商联会员部组织对人选进行实地考察或征求所在地工商联意见建议。对秘书长人选，全国工商联会员部通过赴商会或人选所在单位谈话了解、调阅档案等方式进行把关。此外，关于离退休领导干部兼职的问题，要求直属商会严格遵守相关文件精神。

在全国工商联和相关直属商会的共同努力下，各应换届直属商会较好完成了2017年度换届任务。

（程小东）

机关建设

【综　述】2017年，机关深入学习贯彻党的十九大精神和习近平新时代中国特色社会主义思想，坚持务求实效的工作作风，保持团结奋进的精神风貌，落实全面从严治党要求，深入开展“两学一做”学习教育，坚持愿景牵引、问题导向、底线思维，大力加强基层党组织建设、干部队伍建设和机关作风建设，为落实党的十九大精神和工商联十二大工作部署提供了有力的思想和组织保证。

一、学习传达贯彻十九大精神

党组高度重视，机关党委迅速组织学习，要求既要“高得上去”，准确把握党的十九大确立的重大思想、重大判断、重大战略和重大任务；又要“低得下来”，把自己摆进去，密切联系实际，学深悟透，在认识上不断深化、行动上不断落实。党的十九大召开前，组织学习习近平总书记“7·26”重要讲话精神。党的十九大期间，组织全体干部集中收看党的十九大开幕式、闭幕式和十九届中央政治局常委同中外记者见面会现场直播，第一时间在机关党委简报刊发党员干部观看党的十九大心得体会，组织各党支部开展学习贯彻党的十九大精神专题研讨。下发《关于深入学习贯彻党的十九大精神的通知》，为党员干部购买发放《习近平谈治国理政》（第二卷）、《中国共产党章程》《党的十九大报告辅导读本》《党的十九大报告学习辅导百问》等辅导材料，编发《十九大精神应知应会100题》并组织网上答题，做到党组织100%集中学习、党员干部100%全文通读，通过带着问题认真学、系统学、反复学，全面准确深刻领会党的十九大主题，做到学懂弄通做实党的十九大精神。举办局级以下干部和直属单位中层以上管理人员、直属商会党组织书记及秘书长专题培训班，请徐乐江书记为大家传达党的十九大精神。中国工商联十二大期间，举办“党的十九大精神和中发〔2017〕25号文件精神学习会”，中央宣讲团成员为十二大代表和机关干部、直属单位和直属商会党组织负责人宣讲党的十九大精神。组织干部参加中央统战部党的十九大精神学习交流和知识竞赛活动。通过“两个健康”工作平台建立党建工作专栏，组织“砥砺奋进的五年·工商联工作成就展”，把学习贯彻落实党的十九大精神不断引向深入。

二、坚持全面从严治党新要求，深入推进党风廉政建设

一是严肃换届纪律。开展严肃换届纪律学习教育活动，组织观看湖南衡阳破坏选举案、四川南充贿选案、辽宁拉票贿选案警示教育片，编写印发《全国工商联严肃换届纪律工作手册》，明确换届工作“十不准”，集中开展换届风险点排查，组织《准则》《条例》网上答题竞赛。换届筹备过程中，成立纪律监督组，对组织人事安排、保密纪律进行监督检查。大会期间成立会风会纪督查组，不间断对会风会纪进行巡查，同时成立大会临时党委，以各代表团为单位成立临时党支部，设立会风会纪监督员，充分发挥党组织和党员

示范带动作用，确保了大会风清气正、圆满顺利。二是强化监督执纪。利用电子屏滚动播放廉洁过节“八严禁”，营造廉洁过节浓厚氛围；节日期间，设立网上廉政举报信箱，接受群众监督举报；对传达室代收礼品问题和地下车库公车封存情况进行检查；加强对党员干部离京报备和请假等制度执行情况的监督检查。建立纪检工作微信群，组织纪检学习、传达上级通知、进行廉政提醒，实现警示教育全覆盖。认真落实领导干部报告个人有关事项制度，全年随机抽查处级干部14人次，对7人未如实填报个人事项、存在漏报和填写不规范的情形，进行了组织处理、诫勉谈话，责令个人写出情况说明。三是严查问题线索。全年共受理信访举报件和问题线索14件，向驻部纪检组移交问题线索5件。查处问题线索11件，诫勉谈话4人，组织处理1人，对3人进行批评教育、谈话提醒。

（王熙玲　李晓峰　徐莎莎）

【举办直属商会党支部书记培训班】 2017年4月28日，全国工商联举办直属商会党支部书记培训班。27家直属商会党支部书记、副书记、组织委员，未成立党组织的4家直属商会秘书长，机关党委专职党务干部，会员部有关同志共计60余人参加培训。

党组副书记、副主席、机关党委书记樊友山同志出席培训班开班式并作重要讲话。他在讲话中对加强工商联所属商会党建工作的重要意义进行了深入分析，并向参训人员传达中央关于加强社会组织党建的一系列新精神新要求，最后对直属商会党组织加强自身建设和推进“两学一做”学习教育常态化制度化提出了要求。培训中，中国民营经济国际合作商会党支部书记王燕国同志、全国工商联汽车摩托车配件用品业商会党支部书记李宝民同志在大会作交流发言，其他同志在分组交流中介绍了各自的做法。

通过培训，相互交流工作经验，直属商会党务工作者对习近平总书记关于加强社会组织党建工作的重要指示精神及中央关于加强社会组织党建工作的要求有了更加深入系统的认识，对加强各自党组织建设、做好商会党建工作有了更加深入的思考，抓党建工作水平整体提升。

（李晓峰）

【全国工商联召开直属商会党建工作观摩会】 2017年4月14日，全国工商联直属商会党建工作观摩会在中国民营经济国际合作商会召开。观摩会以中国民营经济国际合作商会党支部开展“两学一做”专题组织生活会和民主评议党员、民主评议党支部为主要内容。会议由党支部书记王燕国同志主持。全国工商联机关党委有关同志、直属商会党员代表参加会议。

会上，中国民营经济国际合作商会党支部通报了组织生活会准备情况。组织生活会遵循实事求是的原则和团结—批评—团结的方针，充分发扬民主。在党员批评与自我批评环节，每个党员按照党章标准，以“四讲四有”为标尺，对照“四个合格”的具体要求，对自己进行了总体评价，并查找自身存在的问题，列出清单。在党员互评环节，本着对党负责、对商会负责、对同志负责、对自己负责的态度，党员之间进行了深刻的相互批评。党支部结合党建工作实际制作《共产党员自评自测表》，表格分十大类别、九十个选项具体量化合格共产党员标准，党员在打分的同时对照标准查找不足。会议还公布了对党员、党支部的测评和对党员自我教育的测评结果。商会“两学一做”督导组组长胡渭对组织生活会和双评工作进行了点评。会议总体达到了红脸出汗、触动思想，查找问题、增进团结，明确方向、促进工作等预期效果。与会观摩的同志普遍反映，这次组织生活会整体给人一种清清爽爽、坦诚相见的感觉，这种风清气正的党内政治生态需要倍加珍惜和呵护。大家认为，直属商会党建工作观摩会是一个非常有益的尝试，可以促进直属商会党建工作互相交流学习，共同提高水平。

（王熙玲　李晓峰）

【举办局级及以下干部和直属单位中层以上管理人员、直属商会党组织书记及秘书长培训班】2017年10月27日至28日，全国工商联组织开展干部培训班，传达学习党的十九大精神，对工商联系统学习宣传和贯彻落实党的十九大精神作出部署。

27日下午，中国共产党十九大代表、十九届中央委员会委员、中央统战部副部长、全国工商联党组书记、常务副主席徐乐江传达了党的十八届七中全会、十九大和十九届一中全会等相关会议精神。时任全国政协副主席、全国工商联主席王钦敏，全国工商联名誉主席黄孟复、全国工商联原常务副主席张绪武、退出现职的两委人员，以及部分退休同志代表受邀出席。全国工商联副主席樊友山、谢经荣、黄荣、杨启儒、王永庆，秘书长赵德江出席。

徐乐江同志指出，党的十九大是在全面建成小康社会关键阶段、中国特色社会主义发展关键时期召开的一次十分重要的大会，事关党和国家事业的继往开来，事关中国特色社会主义的前途命运，事关最广大中国人民的根本利益，对决胜全面建成小康社会、夺取新时代中国特色社会主义伟大胜利作了全面部署。工商联要把贯彻落实党的十九大精神与继续深入落实中央统战工作会议、中央党的群团工作会议精神结合起来，以此次换届为契机，在政治引领上有新成效，在服务发展上有新作为，在自身建设上有新突破，不断增强工商联的凝聚力、影响力、执行力，真正把工商联建成“民营企业之家”，在新时代奋力开拓工商联事业新局面。

28日，国家发展改革委体改司朱建武同志结合党的十九大报告，讲解了《中共中央国务院关于营造企业家健康成长环境弘扬优秀企业家精神更好发挥企业家作用的意见》的起草背景和过程、主要内容及下一步举措。全国工商联研究室主任林泽炎同志以“学习党的十九大精神的初浅体会”为题作了专题报告。

参训学员围绕党的十九大报告精神和辅导报告进行了分组讨论。大家一致认为，报告引领航向、博大精深、凝心聚力，使人精神振奋，信心十足。大家表示，通过这次集中培训，对党的十九大圆满召开的重要意义有了更深入的认识，对习近平新时代中国特色社会主义思想有了更系统的了解，对党的历史使命、奋斗目标、治国方略、行动纲领有了更深的理解。全国工商联的干部，要进一步增强“四个意识”，继续带领非公有制经济人士听党话跟党走，紧密团结在以习近平同志为核心的党中央周围，切实把思想和行动统一到党的十九大精神上来。

机关局级及以下干部、直属单位中层以上管理人员以及直属商会党组织负责人和秘书长参加培训。

（张　强）

【开展党组领导“七一”慰问离退休老党员活动】为纪念中国共产党成立96周年，弘扬党的光荣传统和优良作风，充分体现党组织对离休干部、老党员、困难党员的关怀和爱护，2017年7月19日、7月25

日，中央统战部副部长、全国工商联党组书记、常务副主席徐乐江同志，党组副书记、副主席、机关党委书记樊友山同志分别带队走访慰问了离休干部薛若梅、李志平、周文仁、苏宜及60年党龄的退休干部赵茂秀，向他们致以节日的问候。

在离退休老干部、老党员家中，徐乐江书记和樊友山副书记与老同志们进行了亲切交谈，感谢他们为工商联的发展做出的贡献，向他们介绍了机关的工作情况。逐一了解了他们的家庭生活和身体健康状况，听取他们回顾以往的革命经历、战斗历程，表达了会领导和机关全体干部的关心和美好祝愿。

受党组领导委托，机关党委还走访了其他5名老干部、因病导致困难的党员。

（倪　红）

【举办直属单位人事干部培训班】 2017年8月初，组织开展直属单位人事工作培训班，人事处全体同志均作为授课讲师与直属单位的人事干部进行了交流，讲解有关政策，解答有关问题，直属单位10名人事干部参训。

（张　强）

【举办局处级以上干部参加中组部调训和业务培训】 完成2017年中央组织部调训班次的申报工作，为2名副部级干部、8名局级干部、1名处级干部参加中央组织部调训办理报名手续，为1名副部级、1名正局级干部办理报名后请假手续。2名局级干部参加中央和国家机关司局级干部专题研修班。

（张　强）

网上工商联建设

“网上工商联”工程是在“互联网+”发展大背景下，全国工商联为贯彻习近平总书记网络强国战略、党中央群团组织改革精神，做出的重大决策。“网上工商联”工程就是建立支撑工商联改革发展的信息化服务体系，全面提高工作效率和服务能力，实现对非公有制经济领域的广泛联系和有效覆盖。

一、开展“网上工商联”顶层设计

2017年1月，以樊友山副主席为组长、王永庆副主席为副组长的信息化工作领导小组拟定了推进“网上工商联”工程建设工作安排，组建了专家组。2月，召开了“网上工商联”工程建设启动工作动员会；集中调研了机关各部门、直属单位、6个直属商会，9个省级、10个市级、7个县级工商联，以及36个地方商会、47家企业，到“数字福建”、贵州大数据中心、国家信息中心等10家单位参观学习。3月，召开了信息化工作领导小组会议，审议调研报告和需求分析报告；经认真梳理需求、研讨分析，提出了顶层设计方案（草案）；组织专家进行内部评审，进行修改后形成了顶层设计方案（征求意见稿），于4月28日送会领导、机关各部门、有关直属单位和商会征求意见。5月，召开了专家评审会，由3位中国工程院院士领衔的专家评审组对方案进行了审议；再次修改方案，形成了顶层设计方案（送审稿）。7月10日，向参加常委会的省工商联主席、书记、各位常委介绍了“网上工商联”顶层设计，取得了很好的反响，建议抓紧建设实施。7月31日，第8次主席办公会议审议通过《“网上工商联”工程顶层设计方案》。8月，呈报全国政协、中央统战部审核，得到批准。

二、顶层设计确定的建设原则和目标

全面贯彻落实党的十九大和习近平总书记系列重要讲话精神，贯彻《国家信息化发展战略纲要》，以提高工商联的凝聚力、影响力、执行力为基本要求，把“网上工商联”工程打造成为服务非公有制经济领域的示范工程，成为支撑工商联改革发展的基础平台，服务“两个健康”的主要途径，教育引导非公有制经济人士的主阵地。

以“共商、共建、共享、共赢”为总原则，坚持“总体规划、分别建设，整体规划、分步实施，急用先行、整体推进，资源整合、开放共享”的建设原则。

到2020年基本建成由“统一的数据库体系、统一的目录体系、统一的平台体系、统一的应用体系、统一的标准和保障体系”五个统一的服务体系组成工商联信息化服务平台及配套基础设施，形成“生长式发展、服务化运营、集中化管控、个性化应用”四位一体的信息化推进格局，创新工商联业务管理和服务方式，全面提升工商联的教育引导、服务发展、运行监测预警、辅助决策、业务处理、基础信息技术支撑、其他综合服务七大能力，信息融合共享，运维、安全保障到位，管理科学、工作高效。

三、工程建设取得的进展

1. 加强组织领导、推进立项申报

为更好地保障工程建设的顺利实施，将原“全国工商联信息化工作领导小组”更名为“全国工商联网络安全和信息化领导小组”，并对领导小组成员、办公室成员进行了调整，增加了直属单位、直属商会的同志，充实了力量。

在顶层设计方案得到全国政协、中央统战部批准后，开始向国家发改委、科技部申报立项。

印发《全国工商联关于“网上工商联”工程建设的指导意见》（全联厅发〔2017〕59号），指导地方工商联开展信息化建设规划和立项申报工作。

2. 整体规划数据体系、建立基础库

编制了《“网上工商联”数据体系设计方案》《基础数据标准》《基础数据管理办法》《工商联信息资源目录》，建立起“一数一源”的基础数据管理原则，为后续开展“网上工商联”数据体系建设打下了基础。完成基础数据库物理模型设计，初步建立基础数据库，整合导入业务数据500多万条，初步建立数据展示平台。

3. 业务系统优化集成取得进展

建立了门户集成平台，支撑全网用户的集中管理和单点登录；建立了业务工作管理平台框架，支撑各业务系统有效整合、统一管理与维护；整合代表、组织、会员、执常委、商会管理系统，实现会员组织信息统一管理；研发了调查问卷系统，支撑对民营企业开展的调研；研发了信息直报系统，支撑各级组织间信息快速交互；研发了“万企帮万村”台账系统APP、智慧会务APP、联系APP、“民企云服”APP。

完善“万企帮万村”精准扶贫台账系统，实现与国务院扶贫办数据库的对接；建设非公经济展示平台，服务砥砺奋进的五年工商联成果展，构建了民企发展、工商联业绩展厅。其中，我会中英文网站改版于十二大期间上线运行。

4. 优化办公系统

开发公文管理系统，支撑机关文件的

网上批转；开发建设了内控管理系统，以预算管理为主线、以资金管控为核心、以过程控制为重点，保障制度落实、提高管理科学化水平；研发督察督办系统，督促工作落实。

5. 网络基础设施建设得到加强

优化网络结构，实现网络链路冗余，部署应用性能管理系统；划分安全域，部署边界防火墙；部署入侵检测系统，在互联网出口部署抗DDOS攻击设备；部署服务器主机日志审计、数据库审计系统，识别非法访问行为。

四、信息编发工作

认真做好中英文网站的信息采编发布工作，组织机关各部门、地方工商联信息员做好本单位信息的编发，注意信息的审核监管，保障了全年信息发布未出现问题。工商联“十二大”期间，制作了会议专题，共发布新闻、图片、视频近200条，及时更新会领导班子信息和相关页面。

运用会务APP服务工商联“十二大”，发布114场会议日程，向代表发送座次信息7 000多条，发布各类通知短信、消息推送81类共计6万多条，发布会风会纪通报、会议决议、名单等文件，以及新闻、会议图片200多条。

五、技术服务工作

保障了办公、网站、会员组织管理、精准扶贫、上规模民营企业调研等系统的稳定运行，通过多种方式为各级工商联、商会、会员企业提供技术帮助，承担部分省市工商联举办的数据库应用培训班授课任务，保障了网络宣传、信息报送、数据采集工作的有序开展。完成在线学习平台的技术维护工作，2017课件处理上传27门课、76个课件、时长3 647分钟。

保障了机关计算机网络、电话系统、一卡通系统的安全稳定运行；技术服务保障6次视频会议、17次会议活动的录像，以及后期视频处理等工作；工商联“十二大”期间，技术服务8场会议的考勤、两次选举的电子计票。

第三部分　领导讲话、重要文章

中共中央、国务院致中国工商业联合会第十二次全国代表大会的贺词

各位代表，同志们：

值此中国工商业联合会第十二次全国代表大会隆重召开之际，党中央、国务院谨向大会表示热烈的祝贺！向全体代表，并通过你们向广大工商联会员和非公有制经济人士以及各级工商联工作人员，致以诚挚的问候和良好的祝愿！

党的十八大以来，在以习近平同志为核心的党中央坚强领导下，我国非公有制经济发展迈上新台阶，在稳定增长、促进创新、增加就业、改善民生等方面发挥了重要作用，已成为稳定经济的重要基础、国家税收的重要来源、技术创新的重要主体、金融发展的重要依托、经济持续健康发展的重要力量。实践证明，公有制经济和非公有制经济都是我国社会主义市场经济的重要组成部分，都是实现中华民族伟大复兴中国梦的重要经济基础。

过去5年，各级工商联全面贯彻党的十八大和十八届三中、四中、五中、六中、七中全会精神以及中央统战工作会议、中央党的群团工作会议精神，紧紧围绕党和国家工作大局，认真贯彻团结、服务、引导、教育方针，在促进非公有制经济健康发展和非公有制经济人士健康成长中发挥了不可替代的作用，为统筹推进“五位一体”总体布局、协调推进“四个全面”战略布局做出了重要贡献。实践证明，工商联不愧为党和政府联系非公有制经济人士的桥梁纽带，不愧为政府管理和服务非公有制经济的助手。

党的十九大是在全面建成小康社会决胜阶段、中国特色社会主义进入新时代的关键时期召开的一次十分重要的大会。大会做出了中国特色社会主义进入了新时代、我国社会主要矛盾已经转化为人民日益增长的美好生活需要和不平衡不充分的发展之间的矛盾等重大政治论断，深刻阐述了新时代中国共产党的历史使命，确立了习近平新时代中国特色社会主义思想的历史地位，提出了新时代坚持和发展中国特色社会主义的基本方略，确定了决胜全面建成小康社会、开启全面建设社会主义现代化国家新征程的目标，对新时代推进中国特色社会主义伟大事业和党的建设新的伟大工程做出了全面部署。强调必须增强政治意识、大局意识、核心意识、看齐意识，自觉维护党中央权威和集中统一领导。党的十九大为促进“两个健康”指明了前进方向，为工商联事业发展提供了行动指南。

推进新时代中国特色社会主义伟大事业，必须最大限度调动非公有制经济人士的积极性、主动性、创造性。各级工商联

要以习近平新时代中国特色社会主义思想为指导，准确把握新时代中国特色社会主义的新要求，坚持政治建会、团结立会、服务兴会、改革强会，以高度的历史责任感担负起新时代赋予的光荣使命。

始终坚持党的领导，把政治引领作为首要任务。中国共产党领导是中国特色社会主义最本质的特征，是中国特色社会主义制度的最大优势。要不断深化理想信念教育，引导广大非公有制经济人士加强自我学习、自我教育、自我提升，自觉践行社会主义核心价值观，有序参与国家政治生活和社会事务，积极响应党的号召，用实际行动落实党的十九大精神，做合格的中国特色社会主义事业建设者。

始终坚持我国社会主义基本经济制度，牢牢把握“两个毫不动摇”方针。要鼓励、支持、引导非公有制经济发展，促进公有制经济和非公有制经济融合发展、共同发展。深入了解和及时反映非公有制经济人士的利益诉求和企业发展面临的突出问题，协助党委和政府完善落实发展民营经济、加强产权保护、激发和保护企业家精神的方针政策，促进实现权利平等、机会平等、规则平等，推动形成“亲”“清”新型政商关系，优化民营经济发展环境，增强民营企业发展信心。要针对当前民间投资面临的困难和障碍较多、活力不强等问题，协助有关方面落实好党中央、国务院关于鼓励民间投资的各项政策措施，促进民间投资持续稳定增长。要积极推动大众创业万众创新，更大程度激发市场活力和社会创造力，加快培育壮大经济发展新动能。

始终坚持新发展理念，推动实现更高质量、更有效率、更加公平、更可持续的发展。要围绕中心、服务大局，引导广大民营企业牢固树立新发展理念，按照建设现代化经济体系的要求，积极推进供给侧结构性改革，抓住新一轮科技革命和产业变革机遇，适应消费升级需求，全面变革生产、管理、营销模式，加快供给创新和品质提升，增强企业核心竞争力，培育更多知名品牌，打造更多“百年老店”。要引导民营企业积极参与实施科教兴国战略、人才强国战略、创新驱动发展战略、乡村振兴战略、区域协调发展战略、可持续发展战略、军民融合发展战略，积极助推革命老区、民族地区、边疆地区、贫困地区脱贫攻坚、加快发展，深度参与“一带一路”建设、京津冀协同发展、长江经济带发展，为解决好发展不平衡不充分问题贡献智慧和力量。

始终坚持服务宗旨，不断提高服务企业的能力和水平。要把服务民营企业作为基本职责定位，想企业之所想，急企业之所急，不断探索适应民营企业转型升级、融通发展实际需求的服务方式、手段和载体，健全企业家帮扶机制，做好帮助企业依法维护产权和自身合法权益等工作，努力为企业排忧解难、雪中送炭，打造有影响的服务品牌，增强服务的及时性、精准性、有效性。

始终坚持保障和改善民生，推动民营企业更好承担社会责任。要引导非公有制经济人士自觉践行以人民为中心的发展思想，增强履行社会责任的荣誉感和使命感，致富思源、义利兼顾，积德行善、扶危济困，回报社会、回馈人民，积极主动构建和谐劳动关系，大力促进就业、教育、文化、医疗、居住、养老等社会事业发展，积极投身“万企帮万村”精准扶贫行动、光彩事业和其他各类公益慈善事业，使发展成果更多更公平地惠及人民，促进全体人民共同富裕。

始终坚持改革创新，不断增强工商联的凝聚力、影响力、执行力。要按照增强政治性、先进性、群众性的要求，全面加强组织、制度、能力和作风建设，大力推进组织体制、运行机制、工作方式、干部管理等方面创新，加快推进所属商会改革发展，切实履行对商会的指导、引导和服务职能，努力实现工商联组织和工作在非公有制经济领域的全面有效覆盖，充分彰显统战性、经济性、民间性有机统一的综合优势，做到团结联系更加紧密、服务支持更接地气、教育引导更有实效。

促进非公有制经济健康发展和非公有制经济人士健康成长，既是重大经济问题也是重大政治问题。各级党委和政府要从全局和战略高度，切实加强对工商联工作的领导，研究解决工商联事业发展中的重大问题，关心工商联干部队伍建设，支持工商联围绕促进“两个健康”主题更好履行职能、发挥作用。

同志们，中国工商业联合会第十二次全国代表大会和中华全国工商业联合会十二届一次执委会，将选举产生新一届全国工商联领导机构和领导班子。新一届全国工商联领导机构和领导班子要更加紧密地团结在以习近平同志为核心的党中央周围，高举中国特色社会主义伟大旗帜，认真学习贯彻党的十九大精神，认真学习贯彻习近平新时代中国特色社会主义思想，秉承优良传统，继续砥砺奋进，锐意进取、埋头苦干，不断开创新时代工商联工作新局面，为决胜全面建成小康社会、夺取新时代中国特色社会主义伟大胜利、实现中华民族伟大复兴的中国梦、实现人民对美好生活的向往做出新的更大贡献。

祝中国工商业联合会第十二次全国代表大会取得圆满成功！

中共中央
国　务　院
2017 年 11 月 24 日

以习近平新时代中国特色社会主义思想为指导奋力开创新时代工商联事业新局面

——在中国工商业联合会第十二次全国代表大会上的报告

（2017年11月24日）

王钦敏

各位代表：

在全党全国认真学习贯彻党的十九大精神热潮中，中国工商业联合会第十二次全国代表大会召开了。会议的主要任务是：高举中国特色社会主义伟大旗帜，深入学习贯彻党的十九大精神，以习近平新时代中国特色社会主义思想为指导，积极促进非公有制经济健康发展和非公有制经济人士健康成长，为决胜全面建成小康社会，夺取新时代中国特色社会主义伟大胜利，实现中华民族伟大复兴的中国梦做出新贡献。现在，我代表全国工商联第十一届执行委员会做报告，请审议。

一、过去五年工作回顾

党的十八大以来的五年，是党和国家发展进程中极不平凡的五年。以习近平同志为核心的党中央以巨大的政治勇气和强烈的责任担当，提出一系列新理念新思想新战略，出台一系列重大方针政策，推出一系列重大举措，推进一系列重大工作，解决了许多长期想解决而没有解决的难题，办成了许多过去想办而没有办成的大事，改革开放和社会主义现代化建设取得历史性成就，党和国家事业发生了历史性变革。五年来的成就是全方位的、开创性的，五年来的变革是深层次的、根本性的。我们为此感到无比自豪。

五年来，以习近平同志为核心的党中央高度重视非公有制经济健康发展和非公有制经济人士健康成长。2016年3月4日，习近平总书记在全国政协十二届四次会议民建、工商联界委员联组会上发表题为“毫不动摇坚持我国基本经济制度，推动各种所有制经济健康发展”的重要讲话，广大非公有制经济人士倍受鼓舞。目前，我国民营企业近2 500万家，注册资本超过150万亿元，对国家的税收贡献超过50%，国内生产总值、固定资产投资以及对外直接投资占比均超过60%，技术创新和新产品占比超过70%，城镇就业占比超过80%，对新增就业贡献率超过90%，在稳定增长、促进创新、增加就业、改善民生等方面发挥了重要作用，已成为稳定经济的重要基础、国家税收的重要来源、技术创新的重要主体、金融发展的重要依托、经济持续健康发展的重要力量。

五年来，各级工商联全面贯彻落实党的十八大和十八届三中、四中、五中、六中全会精神以及中央统战工作会议、中央党的群团工作会议精神，深入学习贯彻习近平总书记系列重要讲话特别是2016年3月4日的重要讲话精神，推动贯彻落实《中共中央　国务院关于加强和改进新形势下工商联工作的意见》和《中国共产党统一战线工作条例（试行）》，始终坚持围绕中心、服务大局，牢牢把握“两个健康”主题，贯彻团结、服务、引导、教育方针，在统筹推进“五位一体”总体布局和协调推进“四个全面”战略布局中发挥了积极作用。

（一）加强和改进非公有制经济人士思想政治工作取得了新突破

加强党对经济领域统战工作的领导，必须把政治引领放在首位，把促进非公有制经济人士健康成长作为促进非公有制经济健康发展的前提，牢牢把握思想政治工作这条生命线。

党的十八大之后，为了解广大非公有制经济人士所思所想所盼，我们开展了非公有制经济人士思想状况调研，向党中央提出在广大非公有制经济人士中开展理想信念教育实践活动的建议，得到习近平总书记和李克强总理、俞正声主席等中央领导同志的高度肯定。经中央批准，开展了以“民营企业家与中国梦”为主题、以增强“对中国特色社会主义的信念、对党和政府的信任、对企业发展的信心、对社会的信誉”为主要内容的理想信念教育实践活动，得到了各地党委政府的高度重视和大力支持，广大非公有制经济人士积极参加活动。我们坚持问题导向，提出以“守法诚信、坚定信心”为重点，推动理想信念教育实践活动不断深化和具体化，引导非公有制经济人士听党话、跟党走，积极践行社会主义核心价值观，更加重信用、重品德、重声誉。习近平总书记对活动给予高度评价。在全国非公有制经济人士理想信念报告会、全国年轻一代民营企业家理想信念报告会上，俞正声主席作重要讲话，全国6万多人参加电视电话会议，社会反响强烈。开展理想信念教育已写入《中国共产党统一战线工作条例（试行）》，成为促进“两个健康”的首要任务。

我们积极探索实践，尊重基层实

践创新，把关注非公有制经济人士思想困惑与关心企业发展困难相结合，围绕“常”“长”二字建立理想信念教育长效机制。通过问卷调查、深度访谈、实地走访、建立联系点等形式，准确把握非公有制经济人士思想脉搏，及时回应非公有制经济人士的愿望诉求；通过搭建政企联系沟通平台，问政、问计、问需于企，帮助民营企业解决生产经营困难和问题；通过理论学习、形势政策宣讲、民企大讲堂、座谈交流、现场观摩等方式，提高非公有制经济人士思想政治素质和经营管理能力；通过培养树立一批可信、可比、可学的先进典型，引导非公有制经济人士践行社会主义核心价值观，传递正能量；通过争取有关党政部门、司法机构等支持和社会各界配合，形成党委重视、政府支持、统战部牵头、多部门共同参与、工商联推动落实的工作格局。

我们注重发挥非公有制经济人士的主体作用和商会主阵地作用，把引导教育与自我教育有机结合。针对当前一些民营企业不同程度存在诚信缺失问题，开展诚信宣誓、质量月、“重合同守信誉”企业评选等活动，提高企业信誉意识。为引导非公有制企业坚定发展信心，积极争取并认真筹备全国政协十二届四次会议民建、工商联界委员联组会。按照习近平总书记在联组会上重要讲话精神，开展了年轻一代非公有制经济人士思想状况调研，对年轻一代思想状况和主要特点进行了梳理分析，提出教育培养的工作举措，加大了年轻一代教育培养力度；与中央统战部开展了构建新型政商关系调研，针对影响政商关系的问题和原因，提出构建界限清晰、交往规范、渠道畅通、廉洁清白新型政商关系的建议，多地工商联积极推动党政部门出台构建新型政商关系的文件。结合“七五”普法，与有关部门共同下发《关于开展“法律三进”活动的意见》，联合开展民营企业产权保护及法律风险防范教育，进一步引导企业把守法诚信作为安身立命之本，依法经营、依法治企、依法维权。

（二）坚持围绕中心服务大局，发挥桥梁纽带和助手作用取得了新成效

工商联作为党和政府联系非公有制经济人士的桥梁纽带、政府管理和服务非公有制经济的助手，在优化营商环境、增强企业政策获得感、引导民营企业推进供给侧结构性改革、促进非公有制经济健康发展等方面负有重要责任。

我们把开展年度重点调研，作为反映企业情况、提出政策建议、改善营商环境的重要抓手，先后开展了中小微企业技术创新、民营企业走出去和参与“一带一路”建设、制造业民营企业发展状况、民营企业知识产权保护状况、民营企业降成本等调研。探索深度访谈、蹲点调研、案例分析、问卷调查等定性和定量相结合的调研方法，拓展调研广度、加大调研深度，提高调研质量。很多有分量、有创见、可操作、真管用的政策建议得到采纳，调研成果也用于参加中央党外人士协商会等参政议政工作中。本届以来，工商联系统共提交了247件全国政协团体提案，其中20件提案被全国政协列为重点督办提案，6件被选为优秀提案，推动了一些重点问题的解决。

我们把第三方评估作为推动政策措施落地落细落实的有效载体，受国务院办公厅及有关部门委托，开展了关于民间投资、小微企业、“双创”政策落实情况等8次第三方评估。评估中反映的民营企业遭遇“玻璃门、旋转门、弹簧门”“市场的冰山、融资的高山、转型的火山”等问题引起了高度重视，许多意见建议被国务院采纳。李克强总理明确提出将第三方评

估作为一项工作创新，列入政府的常规工作机制。这也直接带动了地方工商联广泛开展第三方评估工作，促进了政策落实和环境改善，扩大了工商联的影响力。

我们立足民营企业发展实际，贯彻落实国家区域发展战略，主办和参与举办50多场经贸活动，签约项目2万余个，协议投资金额超过15万亿元。各级工商联和商会也都结合本地实际，组织各类经贸活动，促进地方经济建设。为支持东北振兴，与国家发展改革委联合开展调研，出台《关于推进东北地区民营经济发展改革的指导意见》，共同遴选首批13个城市开展改革示范工作，与中央统战部共同开展民营企业在东北振兴中发挥作用的调研和经贸活动，国内多家知名企业积极参与。

我们积极探索引导民营企业坚定发展信心、投身实体经济、加快产业创新、转型升级提质增效的有效路径，连续多年开展上规模民营企业调研和全国私营企业抽样调查，准确把握民营经济发展趋势和规律。每年举行中国民营企业500强发布，每两年开展一次全国工商联科技进步奖评选，每年向国家有关部门推荐项目和人才，其中有5个项目获得国家科学技术奖，16人获得科技创新创业人才称号，15人获得全国技术能手称号，对引导民营企业创新驱动、转型升级起到了示范作用。支持成立大型民营投资公司，带动7个省份成立民营投资公司，引导民间资本抱团发展，服务国家发展战略。与国家发展改革委共同召开民营企业投资PPP项目推介研讨会，累计推介了955个总投资约2.08万亿元的项目。

我们紧紧围绕战略部署，引导企业抓机遇、谋发展、促转型。把引导服务民营企业参与“一带一路”建设作为十一届六次常委会议主题并进行工作交流和部署；认真参与筹备中央召开的推进“一带一路”建设工作座谈会；与国家发展改革委、商务部、外交部等有关部委联合举办论坛、培训班、座谈会等活动，合力推动民营企业走出去。与安徽省政府共同举办了全国知名民营企业推动长江经济带战略发展洽谈会，引导民营企业参与长江经济带建设。与河北省政府共同举办全国知名民营企业助推河北协同发展大会，助力京津冀协同发展。与国家和军队有关部门合作，联合举办三届军民融合高科技成果展暨高层论坛，习近平总书记和其他中央政治局常委，在京中央政治局委员、中央书记处书记，国务委员、中央军委委员亲临第二届成果展给予指导；与有关部门联合举办了两届中国军民两用技术创新应用大赛。

（三）扎实开展“万企帮万村”精准扶贫行动，引导非公有制经济人士为脱贫攻坚做出新贡献

引导非公有制经济人士践行社会主义核心价值观，致富思源、富而思进，自觉履行社会责任，是工商联的历史使命。

我们把组织民营企业开展“万企帮万村”精准扶贫行动，作为贯彻落实习近平总书记精准扶贫战略思想的实际行动。2015年10月，与国务院扶贫办、中国光彩会开展的“万企帮万村”精准扶贫行动，作为国家十大扶贫行动之一写入了《中共中央　国务院关于打赢脱贫攻坚战的决定》。通过联合下发行动方案和实施意见，召开推进“万企帮万村”精准扶贫行动全国电视电话会议，召开现场会、东西部扶贫协作和向深度贫困地区倾斜座谈会，建立台账管理系统，宣传典型，与中国农业发展银行签署战略合作协议等一系列工作，抓基础建设、抓模式创新、抓典型引路、抓政策支持，推进行动取得了阶段性显著成效。习近平总书记对行动给予充分肯定并提出“要抓好落实、

抓出成效”和“向深度贫困地区倾斜”的明确要求。俞正声、汪洋、孙春兰等中央领导同志多次对行动予以肯定并做出批示。汪洋同志在国务院扶贫开发领导小组召开的“万企帮万村”精准扶贫行动现场会上指出，“万企帮万村”行动丰富和发展了中国特色扶贫开发理论，为世界反贫困事业贡献了中国模式、中国方案。在各级工商联的共同努力下，行动得到了民营企业的积极响应。截至今年9月底，进入“万企帮万村”精准扶贫行动台账管理的民营企业有3.53万家，精准帮扶3.87万个村（其中建档立卡贫困村2.57万个），涉及558.31万建档立卡贫困人口；产业投入466.28亿元，公益投入106.3亿元，安置就业49.8万人，技能培训53.5万人。行动受到了社会各界的广泛关注，人民日报、新华社、中央电视台等中央媒体纷纷对行动予以报道，互联网上有近340万条相关信息。在推动贫困地区发展和民生改善中，民营企业家做出了贡献，促进了发展，受到了教育。

我们把参与光彩事业、定点扶贫、公益慈善作为教育培养非公有制经济人士的重要实践途径，引导非公有制经济人士把个人梦、企业梦融入中国梦，把增强理想信念体现到先富帮后富、促进共同富裕的实践中。与中央统战部、中国光彩会共同举办光彩事业西藏行、南疆行、黄冈行、凉山行等活动共16次，共签约投资项目5 734个，投资额31 775.44亿元，累计公益捐款28 457.8万元用于解决贫困群众生产生活问题。通过产业扶贫、创新金融扶贫、智力扶贫、指导开展“百企帮百村”等方式，加快了全国工商联定点扶贫县脱贫进程。在首个“国家扶贫日”活动中，组织38位民营企业家向广大非公有制经济人士发出参与社会扶贫倡议书，与民政部联合下发了《关于鼓励支持民营企业积极投身公益慈善事业的意见》。首次发布《中国民营企业社会责任研究报告》，7个省也先后发布省级报告。

我们把推动民营企业构建和谐劳动关系上升到社会协同治理的高度，在国家协调劳动关系三方机制中发挥积极作用，参与《劳动人事争议仲裁办案规则》等劳动立法协商和多项政策法规修改。围绕劳动争议预防调解，与人社部等联合印发指导性文件，举办6期培训班，推动工作深入开展。连续开展民营企业劳动关系状况监测，及时跟踪企业劳动关系状况、集体协商和集体合同制度落实情况，定期发布民营企业劳动关系报告。

（四）工商联基层组织建设呈现了新面貌

工商联基层组织建设、基层工作能力，事关服务和促进“两个健康”的成效，事关统战工作向商会组织有效覆盖的成效，必须常抓不懈、久久为功。

我们持之以恒抓县级工商联建设，在湖北省宜昌市召开了全国县级工商联建设经验交流会，推动“一个设立、五个有”和“五好”县级工商联建设。举办了4期县级工商联主席、党组书记培训班，860多人参加培训。开展了县级工商联“一个设立、五个有”回头看，帮助基层解决实际困难。连续4年制定下发“五好”县级工商联年度建设实施方案，并开展“五好”县级工商联建设互查和督查，推动各地加强学习交流。目前，93%以上的县级工商联完成了“一个设立、五个有”任务，30%以上的县级工商联达到全国“五好”标准，县级工商联组织建设发生了显著改观。

我们切实加强对基层商会的工作指导，开展了商会建设综合调研，提出了在社会组织管理制度改革中加强中国特色商会组织建设的意见建议。按照习近平总书记关于“工商联作为人民团体和商会组织，同基层商会不能切断工作渠道”的重要指示精神，提出并坚持工商联与所属商会不脱钩，积极与有关部门协调沟通，研究制定商会改革方案，更好发挥工商联所属商会的基层组织作用，确保商会发展的正确方向。在各级工商联所属商会中广泛开展“四好”商会建设工作，规范商会自身建设，激发商会活力，发挥商会作用，夯实工商联事业发展根基。近年来，各级工商联对所属商会主要负责人进行任前考察，对会长进行综合评价，加强政治把关；举办商会会长、秘书长培训班，仅2016年就集中培训了1 000多名会长和500多名秘书长。全国工商联31家直属商会已全部建立党组织。重视发挥商会作用，依托商会开展理想信念教育实践活动，组织商会参与议案提案、重点调研和第三方评估等工作，指导商会服务企业转型升级，参与“万企帮万村”精准扶贫行动，开展民商事和劳动争议调解。

（五）干部队伍素质和工作效能有了新提升

努力造就一支政策强、业务精、作风正的干部队伍，加强机关建设，是工商联事业发展的重要保证。

我们认真组织开展党的群众路线教育实践活动、“三严三实”专题教育、“两学一做”学习教育，逐项落实中央专项巡视整改任务，不断加强领导班子建设、干部队伍建设、机关制度建设。专门召开十一届二次常委会议，结合贯彻落实中央八项规定精神，聚焦“四风”问题，听取常委们的意见建议，向全国各省区市工商联书面征求意见，针对查摆出的突出问题，形成“四风”突出问题专项整治方案和制度建设计划并认真执行，修订、新建制度百余项，不断强化督查落实和内部控制。大力推动思想教育、问题整改和廉政建设，引导机关干部增强规矩意识，针对工商联干部队伍存在“本领恐慌”“知识恐慌”问题，提出要提高政治把握能力、调查研究能力、群众工作能力、落实推进能力，不断拓宽实践锻炼、岗位锻炼和基层锻炼途径。坚持面向基层，落实会领导县级工商联联系点制度，加强对基层工商联和商会的联系和指导。为迎接党的十九大胜利召开，举办了“中国制造生力军”“军民融合生力军”和“砥砺奋进的五年”成就展。五年来，各级工商联干部队伍的面貌焕然一新，服务和促进“两个健康”的能力水平有了新提升，工作作风有了新转变。

同志们，五年来的成绩来之不易。这得益于党中央、国务院和各级党委政府的高度重视，得益于各级统战部门的精心指导，得益于社会各界的大力支持，得益于工商联历届领导班子的接续奋斗，也凝聚着广大非公有制经济人士和全体工商联干部职工的心血和智慧。我代表十一届执行委员会，向长期关心支持工商联工作的各级党委、人大、政府、政协和统战部门、社会各界，表示衷心的感谢！向广大非公有制经济人士、各级工商联干部职工特别是离开工商联工作岗位的老领导、老同志，致以崇高的敬意！

五年的实践使我们对工商联工作有了更深刻的认识。做好工商联工作，必须坚持党的领导，党的领导是中国特色社会主义最本质特征和当代中国的最高政治原则，要牢固树立政治意识、大局意识、核心意识和看齐意识，坚决执行党的路线方针政策，充分发挥党组领导核心作用；必须坚持围绕中心服务大局，服务非公有制经济发展，推动形成有利于发展的政策环境、法治环境、市场环境、社会环境，激发非公有制经济发展活力和创造力；必须坚持“两个健康”主题，把握统战性、经济性、民间性有机统一，引导非公有制经济人士坚定理想信念，做合格的中国特色社会主义事业建设者；必须坚持开拓创新，勇于突破习惯性思维和做法，不断丰富工作内容，创新工作手段，最广泛地团结凝聚非公有制经济人士；必须坚持加强基层组织建设，抓基层打基础，真正把团结、服务、引导、教育的方针贯彻到基层，确保统战工作向工商联基层组织有效覆盖。

同时，我们也要看到，非公有制经济发展仍面临诸多挑战，部分企业生产经营困难加剧，融资难、融资贵、成本高等问题突出，转型升级压力大，企业治理能力有待增强。更要看到，工商联自身工作仍存在许多不足，服务和促进“两个健康”的实效性有待提升，调查研究、理论创新的广度和深度有待加强，商会改革发展、县级工商联建设的步伐有待加快，干部队伍素质、能力和作风建设有待改进。对于这些问题，要高度重视，切实加以解决。

二、准确把握党的十九大和习近平新时代中国特色社会主义思想的精神实质

党的十九大，是在全面建成小康社会决胜阶段、中国特色社会主义进入新时代的关键时期召开的一次举旗定向、引领复兴、开辟时代、开启征程、薪火相传的大会，在党和国家发展进程中具有划时代的里程碑意义。大会对党的十八大以来的改革开放和社会主义现代化建设取得的历史性成就进行了系统总结，对党和国家事业发生的历史性变革给予了充分肯定，做出了中国特色社会主义进入新时代和我国社会主要矛盾发生变化的重大政治判断，确立了习近平新时代中国特色社会主义思想的历史地位，提出了新时代坚持和发展中国特色社会主义的基本方略，确定了全面建成小康社会、开启全面建设社会主义现代化国家新征程的目标，对新时代推进中国特色社会主义伟大事业和党的建设新的伟大工程做出了全面部署。十九大精神和习近平新时代中国特色社会主义思想，是新时代工商联事业发展的根本遵循和行动指南。

（一）深刻领会习近平新时代中国特色社会主义思想的精神实质和丰富内涵

十九大把习近平新时代中国特色社会主义思想确立为党必须长期坚持的指导思想，并写进党章，具有重大的历史意义、政治意义、理论意义和实践意义。十九大报告用“8个明确”概括了这一思想的主要内容，即明确坚持和发展中国特色社会主义，总任务是实现社会主义现代化和中华民族伟大复兴，在全面建成小康社会的基础上，分两步走在本世纪中叶建成富强民主文明和谐美丽的社会主义现代化强国；明确新时代我国社会主要矛盾是人民日益增长的美好生活需要和不平衡不充分的发展之间的矛盾，必须坚持以人民为中心的发展思想，不断促进人的全面发展、全体人民共同富裕；明确中国特色社会主义事业总体布局是“五位一体”、战略布局是“四个全面”，强调坚定道路自信、理论自信、制度自信、文化自信；明确全面深化改革总目标是完善和发展中国特色社会主义制度、推进国家治理体系和治理能力现代化；明确全面推进依法治国总目标是建设中国特色社会主义法治体系、建设社会主义法治国家；明确党在新时代的强军目标是建设一支听党指挥、能打胜仗、作风优良的人民军队，把人民军队建设成为世界一流军队；明确中国特色大国外交要推动构建新型国际关系，推动构建人类命运共同体；明确中国特色社会主义最本质的特征是中国共产党领导，中国特色社会主义制度的最大优势是中国共产党领导，党是最高政治领导力量，提出新时代党的建设总要求，突出政治建设在党的建设中的重要地位。

十九大报告用“14个坚持”概括新时代坚持和发展中国特色社会主义的基本方略，即坚持党对一切工作的领导，坚持以人民为中心，坚持全面深化改革，坚持新发展理念，坚持人民当家做主，坚持全面依法治国，坚持社会主义核心价值体系，坚持在发展中保障和改善民生，坚持人与自然和谐共生，坚持总体国家安全观，坚持党对人民军队的绝对领导，坚持“一国两制”和推进祖国统一，坚持推动构建人类命运共同体，坚持全面从严治党。

习近平新时代中国特色社会主义思想，是马克思主义基本原理同中国具体实际相结合的又一次飞跃，是中国特色社会主义理论体系的重要组成部分，是被实践证明了的科学真理，是进行伟大斗争、建设伟大工程、推进伟大事业、实现伟大梦想的实践指南，是全党全国各族人民新时代的精神支柱和力量源泉，是必须长期坚持的指导思想。

（二）深刻领会新时代的新要求

十九大做出“中国特色社会主义进入了新时代”这一重大政治判断，表明党和国家事业发展站在新的历史起点。我们必须立足新时代，确立新定位，做出新谋划，开启新征程，实现新作为，为促进“两个健康”奠定更加坚实的政治基础和思想基础。

要深刻领会新时代的重大判断。新时代精辟概括和科学标定出我国发展新的历史方位和时代坐标，开启了坚持和发展中国特色社会主义的新纪元。十九大报告明确了新时代与历史的关系，这个新时代是“承前启后、继往开来、在新的历史条件下继续夺取中国特色社会主义伟大胜利的时代”；明确了新时代与任务目标的关系，这个新时代是“决胜全面建成小康社会、进而全面建设社会主义现代化强国的时代”；明确了新时代与人民的关系，这个新时代是“全国各族人民团结奋斗、不断创造美好生活、逐步实现全体人民共同富裕的时代”；明确了新时代与中华民族的关系，这个新时代是“全体中华儿女勠力同心、奋力实现中华民族伟大复兴中国梦的时代”；明确了新时代与世界的关系，这个新时代是“我国日益走近世界舞台中央、不断为人类做出更大贡献的时代”。总而言之，新时代本质上是中华民族由富起来到强起来的时代。十九大首次将“促进非公有制经济健康发展和非公有制经济人士健康成长”写入党代会报告，对新时代工商联工作和促进“两个健康”工作提出更高要求。我们必须深刻领会新时代的丰富内涵，确定新时代的定位，分析新时代非公有制经济和工商联工作的发展趋势，研究新时代实现新作为、大作为的思路、规划和举措。

要深刻领会社会主要矛盾的重大变化。十九大明确指出，我国社会主要矛盾已经转化为人民日益增长的美好生活需要和不平衡不充分的发展之间的矛盾。这是关系全局的历史性变化，对党和国家工作提出了许多新要求。深刻领会社会主要矛盾的重大变化，需要牢牢把握人民群众对美好生活的向往这个新期待，必须要看到虽然社会生产力水平总体上显著提高，社会生产能力在很多方面进入世界前列，但发展不平衡不充分的问题更加突出，已经成为满足人民日益增长的美好生活需要的主要制约因素，必须要下大力气解决。深刻领会社会主要矛盾的重大变化，需要把握好“变”与“不变”的辩证关系，必须要看到虽然我国社会主要矛盾发生了变化，但我国仍处于并将长期处于社会主义初级阶段的基本国情没有变，我国是世界最大发展中国家的国际地位没有变，必须牢牢把握和立足社会主义初级阶段这个基本国情和最大实际，牢牢坚持党的基本路线这个党和国家的生命线、人民的幸福线，更好地为全面建成小康社会、建设富强民主文明和谐美丽的社会主义现代化强国而奋斗。在继续推动发展的基础上，着力解决好发展不平衡不充分问题，大力提升发展质量和效益，更好满足人民各方面日益增长的需要，书写推动人的全面发展、社会全面进步的新答卷，是新时代向我们提出的新课题。广大非公有制经济人士和工商联干部要认识新矛盾，研究新矛盾，在解决新矛盾中发挥积极作用。工商联一方面要围绕中心、服务大局，以服务供给侧结构性改革为主线，推动经济发展质量变革、效率变革、动力变革，提高全要素生产率，引导非公有制企业转型升级、提质增效，培育新增长点、形成新动能，推动产业迈向中高端，提供更高质量更高效益的产品和服务，实现供需动态平衡，满足人民日益增长的美好生活需要；另一方面要引导非公有制企业关注城乡不平衡、区域不平衡、产业不平衡、行业不平衡，发挥自身优势，创新发展，为解决发展不平衡不充分问题做出积极贡献。

要深刻领会开启新征程的伟大目标。十九大提出，到本世纪中叶把我国建成富强民主文明和谐美丽的社会主义现代化强国。从全面建成小康社会到基本实现现代化，再到全面建成社会主义现代化强国，是新时代中国特色社会主义发展的战略安排。新的奋斗目标具有鲜明特点，它紧扣社会主要矛盾的变化，突出发展质量要求，不设“翻番”类数量指标要求，突出协调推进“四个全面”战略布局，突出以人民为中心。这一新目标的实现，意味着我国物质文明、政治文明、精神文明、社会文明、生态文明将全面提升，实现国家治理体系和治理能力现代化，成为综合国力和国际影响力领先的国家，全体人民共同富裕基本实现，我国人民将享有更加幸福安康的生活，中华民族将以更加昂扬的姿态屹立于世界民族之林。广大非公有制经济人士和工商联干部必须围绕新目标，研究新思路、制定新规划、确立新举措、做出新业绩。非公有制经济人士是实现新目标的重要力量。工商联要引导非公有制经济人士坚定不移听党话、跟党走，坚定不移走产业强企、质量立企、品牌兴企的发展道路，加快提升自主创新能力和核心竞争力，做社会主义现代化强国的建设者和推动者。要引导他们坚定理想信念，践行社会主义核心价值观，加强思想道德建设，推进诚信建设，强化社会责任意识、规则意识、奉献意识，自觉做爱国敬业、守法经营、创业创新、回报社会的表率和践行“亲”“清”新型政商关系的典范。要引导他们积极推动构建和谐劳动关系，参与社会协同治理。要积极引导他们深入贯彻以人民为中心的发展思想，投身美丽中国和健康中国建设。

站在新时代、新目标、新征程的起点上，广大非公有制经济人士和工商联干部必须振奋精神，奋发有为，脚踏实地，埋头苦干，以促进“两个健康”的新成效为实现新目标做出更大贡献。

（三）深刻领会贯彻新发展理念、建设现代化经济体系对民营经济发展的引领

贯彻新发展理念，建设现代化经济体系是跨越关口的迫切要求和我国发展的战略目标。围绕建设现代化经济体系，十九大报告明确提出要转变发展方式，转换增长动力，优化经济结构，坚持质量第一、效益优先，以供给侧结构性改革为主线，推动经济发展质量变革、效率变革、动力变革，提高全要素生产率，着力加快建设实体经济、科技创新、现代金融、人力资源协同发展的产业体系，着力构建市场机

制有效、微观主体有活力、宏观调控有度的经济体制，不断增强我国经济创新力和竞争力。报告强调深化供给侧结构性改革、加快建设创新型国家、实施乡村振兴战略、实施区域协调发展战略、加快完善社会主义市场经济体制、推动形成全面开放新格局六项重点任务。这将对民营经济转方式、调结构、提质增效产生重大影响。

要准确把握发展实体经济着力点。十九大指出，建设现代化经济体系，必须把发展经济的着力点放在实体经济上，把提高供给体系质量作为主攻方向，显著增强我国经济质量优势。民营企业要紧跟部署、积极投身供给侧结构性改革，加快发展先进制造业和现代服务业，推动互联网、大数据、人工智能和实体经济深度融合。推动传统产业优化升级，要有更先进的技术、更科学的管理方法、更优的制度体系、更好的商业模式，不断提升企业核心竞争力。要持续深入开展实体经济企业降成本行动，引导资本投向实体经济。广大非公有制经济人士要激发和弘扬优秀企业家精神，发挥企业家作用，要发扬劳模精神和工匠精神，爱国敬业、坚定信心、坚守实业，争当中国特色社会主义事业的优秀建设者。

要准确把握创新驱动战略支撑。十九大指出，创新是引领发展的第一动力，是建设现代化经济体系的战略支撑；加强对中小企业创新发展的支持，促进科技成果转化。民营企业要牢固树立创新发展理念，把发展基点放在创新上，加大研发投入，发挥创新对拉动发展的乘数效应，努力进行技术、管理、模式和产品等创新，依靠创新降本增效、转型升级。努力开展关键共性技术、前沿引领技术、现代工程技术、颠覆性技术等方面的创新，为建设科技强国、质量强国、航天强国、网络强国、交通强国、数字中国、智慧社会贡献力量。要倡导创新文化，以市场为导向、注重产学研深度融合，强化知识产权创造、保护和运用。要把人才作为支撑发展的第一资源，培养造就一大批具有国际水平的战略科技人才、科技领军人才、青年科技人才和高水平创新团队。

要准确把握国家实施的重大发展战略。十九大提出要坚定实施科教兴国战略、人才强国战略、创新驱动发展战略、乡村振兴战略、区域协调发展战略、可持续发展战略、军民融合发展战略，民营企业要充分认识、紧紧把握实施这些战略带来的重大机遇。要积极投身乡村振兴战略，参与构建现代农业产业体系、生产体系、经营体系，推动城乡融合发展，加快推进农业农村现代化；要积极投身区域协调发展战略，参与雄安新区建设，支持革命老区、民族地区、边疆地区、贫困地区的发展，深入参与推动西部大开发、东北等老工业基地振兴、中部地区崛起、东部地区优先发展等战略的实施；要积极投身可持续发展战略，更加重视绿色发展，开展绿色技术创新，推动生态文明建设和美丽中国建设；要积极投身军民融合发展战略，促进经济建设和国防建设协调发展、平衡发展、兼容发展。

要准确把握完善社会主义市场经济体制的要求。十九大指出，加快完善社会主义市场经济体制，完善产权制度和要素市场化配置。再次重申毫不动摇巩固和发展公有制经济，毫不动摇鼓励、支持、引导非公有制经济发展，使市场在资源配置中起决定性作用，更好发挥政府作用；提出全面实施市场准入负面清单制度，清理废除妨碍统一市场和公平竞争的各种规定和做法，支持民营企业发展，激发各类市场主体活力。深化投融资体制、税收制度和金融体制改革，增强金融服务实体经济能力，提高直接融资比重，促进多层次资本市场健康发展。这必将进一步推进放管服改革，积极推动构建“亲”“清”新型政商关系，优化改善市场环境、政策环境、法治环境和社会环境，为民营经济发展带来更多“红利”。

要准确把握推动形成全面开放新格局。十九大指出，要以“一带一路”建设为重点，坚持引进来和走出去并重，遵循共商共建共享原则，加强创新能力开放合作，促进国际产能合作，形成面向全球的贸易、投融资、生产、服务网络。在中国开放大门越开越大的进程中，广大民营企业要充分把握推动形成全面对外开放新格局的大趋势，紧紧抓住带来的新机遇，积极参与“一带一路”建设，充分利用国内外两个市场两种资源，在全球范围获取市场、技术、人才、资源和信息，规范境外投资经营行为，防范化解风险，为推动形成全面开放新格局贡献力量。

三、今后五年的主要工作

未来的五年，是工商联事业在中国特色社会主义新时代大有可为、大有作为的五年。工商联工作的总体要求是，高举中国特色社会主义伟大旗帜，认真学习贯彻党的十九大精神，以习近平新时代中国特色社会主义思想为指导，围绕中心服务大局，紧扣“两个健康”主题，把握“三性”有机统一，坚持政治建会、团结立会、服务兴会、改革强会，不断增强工商联凝聚力、影响力和执行力，积极引导广大非公有制经济人士自觉做爱国敬业、守法经营、创业创新、回报社会的表率和践行“亲”“清”新型政商关系的典范，弘扬优秀企业家精神，推动实现非公有制经济更高质量、更有效率、更加公平、更可持续的发展，为决胜全面建成小康社会、夺取中国特色社会主义伟大胜利、实现中华民族伟大复兴的中国梦做出新贡献。

（一）坚持政治建会，把深入学习贯彻十九大精神和习近平新时代中国特色社会主义思想作为首要政治任务

工商联是中国共产党领导的政治组织、统战组织，必须旗帜鲜明讲政治。各级工商联要坚持政治建会，把深入学习贯彻十九大精神和习近平新时代中国特色社会主义思想作为首要政治任务，紧密团结在以习近平同志为核心的党中央周围，为新时代工商联事业发展奠定坚实的政治基础和思想基础。

牢固树立“四个意识”，用习近平新时代中国特色社会主义思想武装头脑、指导实践、推动工作。开展面向工商联干部和广大非公有制经济人士的学习活动和主题教育活动，深入学习领会十九大提出的一系列重要思想、重要观点、重大判断、重大举措，深刻理解十九大精神的深刻内涵和实践要求，把十九大精神转化为思想武器和最大共识，在政治立场、政治方向、政治原则、政治道路上同以习近平同志为核心的党中央保持高度一致。紧密结合非公有制经济人士的所思所想所盼，通过组织专题培训、辅导讲座、研讨交流等形式，不断提高政治责任感和时代使命感，增进政治共识，明确努力方向，切实把思想和行动统一到十九大精神上来，坚决维护以习近平同志为核心的党中央权威和集中统一领导，不断增强中国特色社会主义道路自信、理论自信、制度自信、文化自信。加强对学习教育活动的组织领导，精心制定方案、细化落实举措，增强吸引力、感染力和针对性、实效性，把学习贯彻不断引向深入。

加强党的建设，确保党和国家的方针政策在非公有制经济领域的贯彻落实。提高政治站位，从巩固党的执政地位的大局看问题，按照同级党委安排，参与非公有制企业党建工作，推动党的组织和党的工

作向非公有制经济领域有效覆盖，不断夯实党执政的群众基础和社会基础。引导企业出资人支持党建，发挥党员企业家先锋模范作用，注重在非公有制经济组织中发展党员，支持和配合做好工商联所属商会党建工作，扩大商会党的组织和工作覆盖面，以党建促会建、促企建。

（二）坚持团结立会，引导广大非公有制经济人士自觉做爱国敬业、守法经营、创业创新、回报社会的表率和践行“亲”“清”新型政商关系的典范

工商联的根本任务是团结带领广大非公有制经济人士听党话、跟党走。各级工商联要坚持团结立会，着眼巩固和发展最广泛的爱国统一战线，找到最大公约数，画出最大同心圆，持续深化理想信念教育实践活动，引导广大非公有制经济人士自我学习、自我教育、自我提升，努力践行社会主义核心价值观，弘扬优秀企业家精神，发挥企业家作用，自觉做爱国敬业、守法经营、创业创新、回报社会的表率和践行“亲”“清”新型政商关系的典范，为巩固和壮大最广泛的爱国统一战线、凝聚磅礴的中国力量做贡献。

激发和保护企业家精神。民营企业家是经济活动的重要主体，企业家精神是经济发展的重要源泉。要认真贯彻落实《中共中央　国务院关于营造企业家健康成长环境弘扬优秀企业家精神更好发挥企业家作用的意见》，持续加强爱国主义教育，组织开展民营企业纪念改革开放四十周年系列活动，培养企业家国家使命感和民族自豪感，深化非公有制经济人士对中国共产党、对中国特色社会主义的政治认同、思想认同和感情认同。共同开展优秀中国特色社会主义事业建设者表彰和“弘扬企业家精神，争做新时代表率”活动，注重培养敬业精神、劳模精神、工匠精神，加大对一流企业、一流管理、一流产品、一流服务和一流企业文化典型的宣传力度。贯彻落实《中共中央 国务院关于完善产权保护制度依法保护产权的意见》，积极参与设立全国统一的企业维权平台，整合资源探索建立法律服务中心、维权中心和中小微企业法律援助机制，帮助民营企业依法保护合法权益。逐级加强教育培训，重点抓好年轻一代非公有制经济代表人士的教育培养，做到及时发现、及早培养，形成科学合理、数量充足的人才梯队。

推动构建“亲”“清”新型政商关系。“亲”“清”是净化政治生态、经济生态和社会生态的标尺。要从真正发挥市场在资源配置中的决定性作用和更好发挥政府作用的角度出发，推动政府职能转变，把鼓励、支持、引导非公有制经济发展的政策措施落地、落细、落实。围绕规范交往行为、加强联系服务、推动政企沟通、优化法律环境、营造舆论环境等方面，制定意见并抓好落实。持续开展“法律三进”活动，引导非公有制经济人士自觉把守法诚信作为安身立命之本，坚守契约精神，在经营管理和政商交往中不越规矩、不踩红线、不破底线，光明正大搞经营；引导企业推行法律顾问和公司律师制度，完善内部规章制度，用法治思维治理企业，使企业在法治的轨道上健康运行。

积极履行社会责任。围绕解决发展不平衡不充分和补短板，深入扎实开展“万企帮万村”精准扶贫行动，贯彻落实习近平总书记“要抓好落实、抓出成效”的要求，在向深度贫困地区倾斜方面下功夫、在帮助建立脱贫长效机制方面下功夫、在培育县域经济内生发展动力方面下功夫。充分发挥各级工商联的组织协调作用，进一步突出产业扶贫、就业扶贫、村企共建等优势和特色，推动设立扶贫产业发展基金，引导广大民营企业家为中国特色扶贫

道路贡献智慧和力量。用好光彩事业、公益慈善等平台，组织开展光彩行活动，继续进行光彩事业国土绿化贡献奖评选，创新非公有制经济人士履行社会责任、参与公益慈善事业的途径和形式，逐步推行工商联执委、常委企业定期发布社会责任报告制度，引导非公有制经济人士在回报社会的实践中做贡献、受教育。积极推动构建和谐劳动关系，充分发挥工商联在“三方协调机制”中的作用，引导企业坚持以人为本，妥善处理劳动争议，创建和谐健康企业文化，开展民营企业“关爱员工、实现双赢”经验交流；开展民营企业招聘周活动和就业评选表彰，发挥民营企业在促进就业中的重要作用；打造商会调解特色品牌，进一步扩大商会人民调解工作覆盖面。

（三）坚持服务兴会，推动实现非公有制经济更高质量、更有效率、更加公平、更可持续的发展

服务是工商联作为人民团体和商会组织的天职。各级工商联要坚持服务兴会，努力帮助民营企业适应把握经济发展新常态，贯彻新发展理念，建设现代化经济体系，自觉投身供给侧结构性改革，实现更高质量、更有效率、更加公平、更可持续的发展。

推动改善民营企业发展政策环境。继续开展年度重点调研，整合资源，创新方式，拓展视角，在调研中摸清情况、反映诉求，提出政策建议，参与政策制定，推动解决问题。继续做好第三方评估，创新评估思路和举措，推动政策落实。开展区域和城市营商环境评估，发布营商环境指数，推动打破“玻璃门、旋转门、弹簧门”等障碍，优化地区营商环境。开展民营企业运行状况调查，发布民营企业家发展信心指数，推动民营企业坚定信心。

积极服务国家经济发展战略。围绕供给侧结构性改革和实施区域协调发展战略，继续开展民营企业助推地方经济发展经贸活动，跟踪、推动项目落地。组织民营企业参与乡村振兴战略，推动农业农村现代化。开展民营企业参与“一带一路”建设和“走出去”培训，引导和服务有条件、有实力的民营企业开展国际产能和装备制造合作；规范民营企业境外投资经营行为，防范化解风险，完善民营企业海外投资项目库。充分发挥工商联民间外交优势，加强与境外特别是“一带一路”沿线国家和地区工商社团的交流合作，推动境外中资企业商会组织建设。制定并落实工商联服务军民融合工作的意见，继续举办军民融合高科技成果展和军民两用技术创新应用大赛等活动，打造军民融合工作品牌。

引导企业创新发展。搭建创新服务载体，推动建立科企对接、产学研合作平台，引导民营企业家坚守实业、开创新业。支持行业商会或龙头企业发起组建产业技术创新联盟，引导各类企业开展技术、产品、管理、商业模式创新，鼓励企业做大做强做优。打造“双创”服务平台，积极参与中小企业服务体系建设，引导小微企业走“专精特新”之路。组织民营企业积极参与国家重大科技专项攻关，继续开展全国工商联科技进步奖评选，做好国家奖项推荐工作，举办民营企业创新成果展暨创新驱动高层峰会，引导民营企业加大研发投入，善于运用和保护知识产权，加强创新人才队伍建设。开展对创新型企业家先进事迹和突出贡献的宣传报道，提升民营企业助推经济社会发展的荣誉感。

推动企业提质增效。开展民营企业全面提高质量情况调研，制定并落实工商联引导民营企业开展质量提升行动的意见，引导企业树立质量意识，实施品牌战

略。鼓励民营企业建立企业标准自我声明制度，加强团体标准建设。召开民营企业提质增效升级工作会，引导企业转变发展方式、加快新旧动能转换。积极推动民营企业完善法人治理结构，向管理要效益。开展降成本政策落实情况评估，推动降低制度性交易成本以及物流、用能、用地、融资等成本。引导企业树立生态文明观，大力发展绿色制造，降低能耗、物耗和水耗，实现节约资源、保护环境和促进生产的有机统一。

（四）坚持改革强会，不断提升工商联的凝聚力、影响力和执行力

改革是新时代工商联事业发展的强大动力。各级工商联要坚持改革强会，贯彻落实群团改革工作座谈会精神，不断增强政治性、先进性、群众性，克服和防止机关化、行政化、贵族化、娱乐化，坚持问题导向，创新体制机制，努力提升工商联凝聚力、影响力、执行力。

进一步改革组织体制。加强顶层设计，制定并实施工商联五年发展规划。加强对下级工商联的工作指导，继续通过工作要点、工作会议、系统调研、定向培训、专题研讨、现场观摩、信息交流等方式，综合运用重点工作落实情况通报、非公有制经济人士评议等方式，加强对各地工商联的督促指导。以深入推进"五好"县级工商联建设和创建"四好"商会为重点，进一步加强基层组织建设。积极推进工商联所属商会改革发展，重点围绕国家重大发展战略，在新兴产业、新兴业态领域组建商会，不断扩大组织覆盖面，加强对所属商会的指导、引导和服务，推动统战工作向商会组织有效覆盖。改革工商联会员制，实行工商联代表大会代表任期制，不断增强领导机构成员进步性、广泛性和代表性，进一步激发组织活力。

进一步创新运行机制。建立开放式工作机制，激发企业家参与工商联工作的热情。继续巩固和加强理想信念教育实践活动、"万企帮万村"精准扶贫行动、第三方评估、助推地方经济发展活动、年度重点调研、中国民营企业500强发布、基层组织建设等品牌工作，努力打造军民融合、民营企业参与"一带一路"建设、民营企业社会责任体系建设等新的工作品牌。改进宣传方式，善于运用互联网新平台、新媒体，增强"两个健康"宣传工作的实效性。制定工商联培训五年计划，分层次对各级工商联执委开展轮训，推动工商联系统培训工作常态化、规范化。密切联系企业和商会，建立机关干部进企业进商会工作制度。加强与企业家自组织和自媒体联盟的交流沟通。完善现有部际合作机制，积极推进建立新的部际协作关系，形成工作合力。继续加强国际交流合作，扩大工商联国际影响力。切实加强与港澳台工商界的联系。

进一步改进工作方式。调查研究是工商联的重要工作方式。要大兴调查研究之风、学习之风，统筹安排不同区域、不同行业调研，加快工商联智库建设，深化"两个健康"理论研究，提高研究质量，促进成果的综合利用。坚持"三强一好"标准和"凡进必评"原则，始终把政治表现放在政治安排的首位，加强非公有制经济代表人士队伍建设，不断拓宽非公有制经济人士有序参与国家政治生活和社会事务的渠道。制定发挥企业家副主席、副会长、常委和执委作用的意见，加强履职情况监督考核，完善企业家副主席、副会长述职制度。推进建立咨询工作制度，充分发挥有社会影响的民营企业家在建言献策方面的咨询作用。改革各类会议、培训、活动的组织形式和内容，让非公有制经济人士站前台、当主角。充分发挥所属商会基层组织作用，推动商会更好履行

政治引导、经济服务和协同社会治理职能。加强工作平台建设，探索设立各类民营企业主题教育基地，加快建设服务网、联系网、工作网一体化的“网上工商联”，进一步丰富工商联的服务载体和手段，不断提升服务效能。

进一步加强机关建设。把政治建设放在首位，切实用习近平新时代中国特色社会主义思想武装头脑，开展“不忘初心、牢记使命”主题教育活动，牢固树立“四个意识”，坚定“四个自信”。按照政治过硬、本领高强的要求，加强领导班子建设，严格落实民主集中制，加强自身修养，增强责任意识，提高班子成员的政治把握能力、参政议政能力、组织领导能力、合作共事能力、解决自身问题能力。落实全面从严治党要求，继续推进“两学一做”学习教育常态化、制度化，将党的建设融入机关工作的方方面面；以机关党建带动干部队伍建设，树立正确用人导向，加大干部实践锻炼和培训教育力度，培养专业能力、专业精神，加强人才和后备干部队伍建设；认真贯彻中央八项规定实施细则精神，持之以恒反“四风”、转作风，大力改进文风会风，严格干部监督管理，不断强化纪律、规则、程序意识，推进制度落实，积极营造想干事、能干事、干成事的良好氛围，努力培养一支政治强、业务精、作风正的工商联干部队伍。稳步推进工商联直属单位改革。

各位代表、同志们，党的十九大为新时代我国经济社会发展描绘了新的宏伟蓝图，非公有制经济发展和工商联事业站在了新的历史起点上。让我们更加紧密地团结在以习近平同志为核心的党中央周围，认真学习贯彻党的十九大精神，以习近平新时代中国特色社会主义思想为指导，求真务实、锐意进取，以促进“两个健康”的优异成绩，为决胜全面建成小康社会、夺取新时代中国特色社会主义伟大胜利、实现中华民族伟大复兴的中国梦、实现人民对美好生活的向往打硬仗、立新功！

中国工商业联合会第十二次全国代表大会关于十一届执行委员会报告的决议

（2017年11月26日中国工商业联合会第十二次全国代表大会通过）

中国工商业联合会第十二次全国代表大会听取和审议了王钦敏同志代表中华全国工商业联合会第十一届执行委员会所做的报告。大会高度评价了十一届执行委员会在过去五年所做的工作和取得的优异成绩，同意对深入学习贯彻党的十九大精神和习近平新时代中国特色社会主义思想做出的安排部署，同意报告提出的未来五年工作总体要求和重点任务。大会决定批准这个报告。

大会号召，各级工商联要认真学习贯彻党的十九大精神，以习近平新时代中国特色社会主义思想为指导，深入贯彻落实中共中央、国务院贺词提出的各项要求，围绕中心服务大局，紧扣“两个健康”主题，把握统战性、经济性、民间性有机统一的基本特征，坚持政治建会、团结立会、服务兴会、改革强会，不断增强工商联凝聚力、影响力和执行力，弘扬优秀企业家精神，积极引导广大非公有制经济人士自觉做爱国敬业、守法经营、创业创新、回报社会的表率和践行“亲”“清”新型政商关系的典范，推动实现非公有制经济更高质量、更有效率、更加公平、更可持续的发展，为决胜全面建成小康社会、夺取中国特色社会主义伟大胜利、实现中华民族伟大复兴的中国梦打硬仗、立新功。

中国工商业联合会第十二次全国代表大会关于认真学习贯彻党的十九大精神的决议

（2017年11月26日中国工商业联合会第十二次全国代表大会通过）

中国工商业联合会第十二次全国代表大会，认真学习了中国共产党第十九次全国代表大会精神。全体代表完全拥护党的十九大报告和大会通过的各项决议，衷心拥护党的十九大和十九届一中全会选举产生的以习近平同志为核心的新一届党中央领导集体。

大会认为，党的十九大是在全面建成小康社会决胜阶段、中国特色社会主义进入新时代的关键时期召开的一次具有重大意义的大会，是党和国家事业发展史上的一个重大里程碑。党的十九大报告思想深邃、气势恢宏，系统总结了过去五年党和国家事业发生的历史性变革，深刻回答了新时代坚持和发展中国特色社会主义的一系列重大理论和实践问题，描绘了决胜全面建成小康社会、夺取新时代中国特色社会主义伟大胜利的宏伟蓝图，进一步指明了党和国家事业的前进方向，是我们党团结带领全国各族人民在新时代坚持和发展中国特色社会主义的政治宣言和行动纲领，是马克思主义的纲领性文献。认真学习宣传贯彻党的十九大精神，事关党和国家工作全局，事关中国特色社会主义事业长远发展，事关最广大人民根本利益，具有重大现实意义和深远历史意义。

大会认为，党的十八大以来，以习近平同志为核心的党中央以巨大的政治勇气和强烈的责任担当，提出一系列新理念新思想新战略，出台一系列重大方针政策，推出一系列重大举措，推进一系列重大工作，解决了许多长期想解决而没有解决的难题，办成了许多过去想办而没有办成的大事，推动党和国家事业发生历史性变革。这些历史性变革，对党和国家事业发展具有重大意义和深远影响。

大会认为，党的十九大以“不忘初心，牢记使命，高举中国特色社会主义伟大旗帜，决胜全面建成小康社会，夺取新时代中国特色社会主义伟大胜利，为实现中华民族伟大复兴的中国梦不懈奋斗”为主题，明确回答了我们党在新时代举什么旗、走什么路、以什么样的精神状态、担负什么样的历史使命、实现什么样的奋斗目标的重大问题。我们要始终高举中国特色社会主义伟大旗帜，更加自觉地增强道路自信、理论自信、制度自信、文化自信，在以习近平同志为核心的党中央坚强领导下，始终沿着正确方向前进。

大会认为，党的十九大确立了习近平新时代中国特色社会主义思想的历史地位，实现了党的指导思想的又一次与时俱进，这是党的十九大做出的重大历史性决定和历史性贡献。习近平新时代中国特色社会主义思想，是对马克思列宁主义、毛泽东思想、邓小平理论、“三个代表”重要思想、科学发展观的继承和发展，是马克思主义中国化最新成果，是党和人民实践经验和集体智慧的结晶，是中国特色社会主义理论体系的重要组成部分，是全党全国人民为实现中华民族伟大复兴而奋斗的指导思想，必须长期坚持并不断发展。我们要深刻领会习近平新时代中国特色社会主义思想的历史地位、精神实质和丰富内涵，持续深化对新时代坚持和发展中国特色社会主义的总目标、总任务、总体布局、战略布局和发展方向、发展方式、发展动力、战略步骤、外部条件、政治保证等基本问题的认识和理解，不断增强全面贯彻党的基本理论、基本路线、基本方略的思想自觉和行动自觉。

大会认为，党的十九大做出中国特色社会主义进入新时代、我国社会主要矛盾已经转化为人民日益增长的美好生活需要和不平衡不充分发展之间矛盾的重大政治论断，是关系党和国家事业全局的战略考量，对党和国家工作提出了新的要求。我们要准确把握我国发展新的历史方位、社会主要矛盾变化，牢牢把握社会主义初级阶段这个基本国情，牢牢立足社会主义初级阶段这个最大实际，坚持党的基本路线不动摇，继续围绕中心服务大局，为解决发展不平衡不充分问题，提升发展质量和效益，促进人的全面发展、社会更大进步而不懈努力。

大会认为，党的十九大对新时代中国特色社会主义发展做出战略安排，提出在全面建成小康社会的基础上，分两步走在本世纪中叶建成富强民主文明和谐美丽的社会主义现代化强国，对社会主义经济建设、政治建设、文化建设、社会建设和生态文明建设等做出部署。各级工商联要围绕党的十九大的战略布局和部署，充分发挥桥梁纽带和助手作用，积极建言献策、改善政策环境，搭建服务平台、增强服务效能，着力引导民营企业转型升级、提质增效，推动产业迈向中高端；引导民营企业关注区域和城乡差异，贯彻落实生态文明建设新要求，积极参与实施国家发展战略，为实现更高质量、更有效率、更加公平、更可持续的发展做出积极贡献。

大会认为，中国特色社会主义伟大事业需要最大限度地凝聚人心、汇集力量。各级工商联要贯彻落实党的十九大关于巩固和发展爱国统一战线的战略部署，围绕“两个健康”主题，不断深化理想信念教育，引导广大非公有制经济人士自觉践行社会主义核心价值观，有序参与国家政治生活和社会事务，坚定不移听党话、跟党走，不断增强履行社会责任的荣誉感和使命感，做爱国敬业、守法经营、创业创新、回报社会的表率和践行“亲”“清”新型政商关系的典范。

大会认为，党的十九大做出坚定不移全面从严治党的重大部署，要求必须坚持党的领导，必须加强党的建设。各级工商联要牢固树立政治意识、大局意识、核心意识、看齐意识，充分发挥党组领导核心作用，坚决执行党的路线方针政策，在政治立场、政治方向、政治原则、政治道路上与党中央保持高度一致，自觉维护以习近平同志为核心的党中央权威和集中统一领导；要按照全面从严治党的要求，以加强党组织的能力建设、先进性和纯洁性建设为主线，以党的政治建设为统领，以坚定理想信念为根基，以调动党员队伍积极性、主动性、创造性为着力点，把制度建设贯穿其中，全面加强非公有制经济组织党组织和各级工商联机关党组织的政治建设、思想建设、组织建设、作风建设、纪律建设。

大会认为，党的十九大强调继续坚持“两个毫不动摇”；使市场在资源配置中发挥决定性作用，更好发挥政府作用；全面实施市场准入负面清单制度，清理废除妨碍统一市场和公平竞争的各种规定和做法，支持民营企业发展，激发各类市场主体活力；激发和保护企业家精神，鼓励更多社会主体投身创新创业；构建“亲”“清”新型政商关系，促进非公有制经济健康发展和非公有制经济人士健康成长。这充分体现了党中央对民营企业和民营企业家的高度重视和关怀，必将进一步优化民营经济发展环境，为“两个健康”注入新活力，激发新动力，开辟新前景。广大非公有制经济人士要坚守实业报国志向，坚定发展信心和决心，认真践行新发展理念，专注实体经济，积极投身供给侧结构性改革，推动现代化经济体系建设，促进民间投资持续稳定增长，推动大众创业万众创新，加快培育壮大经济发展新动能。

大会强调，广大非公有制经济人士和各级工商联干部要把学习贯彻党的十九大精神和习近平新时代中国特色社会主义思想作为当前和今后一个时期的首要政治任务。各级工商联要切实加强对学习活动的组织领导，牢牢把握正确导向，着力营造浓厚氛围，迅速掀起学习热潮，注重增强吸引力、感染力和针对性、实效性；要立即行动起来，详细制订学习计划，切实抓好学习培训，集中开展宣讲活动，精心组织新闻宣传，认真组织研究阐释，不断把学习贯彻活动引向深入。广大非公有制经济人士既要积极参与学习活动，也要加强自我学习、自我教育、自我提升，增强学习贯彻的主动性和坚定性，确实学懂弄通做实，自觉用党的十九大精神和习近平新时代中国特色社会主义思想武装头脑、指导实践、推动工作。

大会号召，广大非公有制经济人士和各级工商联干部要更加紧密地团结在以习近平同志为核心的党中央周围，高举中国特色社会主义伟大旗帜，以习近平新时代中国特色社会主义思想为指导，求真务实、锐意进取，以促进“两个健康”的优异成绩，为决胜全面建成小康社会、夺取新时代中国特色社会主义伟大胜利、实现中华民族伟大复兴的中国梦做出新的更大贡献！

在中国工商业联合会第十二次全国代表大会上的闭幕词

（2017年11月26日）

徐乐江

各位代表，同志们：

在党中央的坚强领导和全体代表的共同努力下，中国工商业联合会第十二次全国代表大会圆满完成各项议程，就要闭幕了。这次大会按照习近平总书记在中央政治局常委会上关于工商联做好换届工作的重要讲话要求，深入学习贯彻党的十九大精神，传递党中央毫不动摇鼓励支持引导非公有制经济发展的决心，是一次凝心聚力、求真务实的大会，是一次继往开来、催人奋进的大会，是一次隆重热烈、高效简朴的大会，展示了工商联在新时代的新气象。

大会认真学习讨论了中共中央政治局常委、国务院总理李克强同志代表党中央国务院所致的贺词。党中央国务院充分肯定了非公有制经济在国民经济中的重要地位和作用，高度评价了工商联围绕中心、服务大局的积极作为。党中央国务院对各级工商联和广大非公有制经济人士学习贯彻落实党的十九大精神和习近平新时代中国特色社会主义思想提出明确要求，对促进“两个健康”提出新的更高要求，强调要政治建会、团结立会、服务兴会、改革强会，始终坚持党的领导，始终坚持我国社会主义基本经济制度，始终坚持新发展理念，始终坚持服务宗旨，始终坚持保障和改善民生，始终坚持改革创新，勉励新一届工商联领导班子在全面建设社会主义现代化强国的新征程上再创新业、再建新功，与会代表深受鼓舞和鞭策。

大会通过了《关于认真学习贯彻党的十九大精神的决议》。党的十九大做出了中国特色社会主义进入新时代的重大判断，确立了习近平新时代中国特色社会主义思想，明确了新时代社会的主要矛盾和奋斗目标，开启了全面建设社会主义现代化国家新征程，为非公有制经济健康发展和非公有制经济人士健康成长进一步指明了前进方向，是工商联事业发展的根本遵循和行动指南。深入学习贯彻党的十九大精神是工商联的首要政治任务和头等大事，要进一步统一思想，提高认识，认真落实好习近平总书记学懂弄通做实的要求，自觉用习近平新时代中国特色社会主义思想武装头脑、凝聚共识、指导实践、推动工作，引导广大非公有制经济人士坚定“四个自信”、强化“四个意识”，不断增强走中国特色社会主义道路的思想自觉和行动自觉。

大会通过了《关于中华全国工商业联合会十一届执行委员会报告的决议》。十一届执行委员会报告，回顾和总结了过去五年工商联围绕中心服务大局、促进“两个健康”取得的新成果，提出了学习贯彻党的十九大精神和习近平新时代中国特色社会主义思想的要求，分析了新时代工商联事业面临的新形势、新任务、新要求，从坚持政治建会、团结立会、服务兴会、改革强会等方面对未来五年工作做出了重点部署，必须结合实际，认真抓好贯彻落实。

大会通过了《关于中国工商业联合会章程（修正案）的决议》。修改后的章程，集中体现了党的十八大以来中央关于“两个健康”和工商联工作的理论创新成果，体现了党的十九大精神和习近平新时代中国特色社会主义思想，体现了五年来工商联砥砺奋进的实践与探索，体现了广大非公有制经济人士的意见和愿望，是适应新形势新任务新要求促进“两个健康”、加强工商联工作的客观需要，是统一思想行动、凝聚广大非公有制经济人士智慧与力量的重要举措，为推动工商联及所属商会改革奠定了坚实基础，要认真学习宣传和贯彻。

大会选举产生了全国工商联新一届执行委员会。新一届执行委员会任期的五年，是决胜全面建成小康社会、开启全面建设社会主义现代化国家新征程的时期，党中央对我们寄予厚望，广大非公有制经济人士对我们充满期待，工商联事业迎来了新的历史机遇。习近平总书记对“两会”组成人员提出明确要求，要热心“两会”工作。我们对工商联执委常委也要提出对工商联工作的热心要求，评价了解其热心情况，作为各位执委常委履职尽责的重要标准。新时代，我们一定要不忘初心，牢记使命、振奋精神、凝聚力量，坚持中国共产党的领导，坚持政治建会、团结立会、服务兴会、改革强会，紧紧围绕“两个健康”主题，切实增强投身新时代中国特色社会主义伟大实践的使命感、责任感，不断提升工商联的凝聚力、影响力、执行力。

各位代表、同志们，在中国工商业联合会第十二次全国代表大会即将闭幕之际，我代表大会主席团，向高度重视非公有制经济发展和非公有制经济人士成长、支持工商联工作的各级党委政府表示衷心感谢！向王钦敏主席等第十一届全国工商联领导班子成员、执行委员会委员表示衷心感谢！向各级工商联组织和广大非公有制经济人士表示衷心感谢！向为工商联事业做出重要贡献的老前辈、老领导、老同志们致以崇高敬意！向出席大会的全体代表、各位来宾，给予大会帮助和支持的有关部门和新闻单位的同志们，以及为大会付出辛勤劳动的全体工作人员表示诚挚的谢意！

各位代表、同志们，一分部署，九分落实。本次大会以深入学习贯彻党的十九大精神为鲜明基调，以习近平新时代中国特色社会主义思想为指导，围绕中心服务大局，坚持“两个健康”主题和“三性”有机统一，对工商联未来五年工作进行了科学谋划和部署。当前和今后一段时期，要在学懂弄通党的十九大精神的基础上，在做实上下足功夫，拿出实实在在的举措，以钉钉子精神全面抓好落实，切实抓出成效。大会结束后，各级工商联要及时向党委、政府汇报大会精神。要迅速组织传达学习，学习宣传贯彻好党中央国务院贺词、十一届执行委员会报告、修改后的工商联章程。要把工商联十二大精神体现到各项工作中，始终坚持把思想政治建设摆在第一位，切实强化团结引导和服务帮助功能。要结合学习贯彻中发〔2017〕25号文件精神，广泛宣传本次大会发出的“弘扬企业家精神、争做新时代表率”的倡议，深入开展理想信念教育，在凝聚共识方面继续发挥重要作用。希望各位企业家代表要当好大会精神的宣讲员和实践者，进一步提振信心，推动企业实现健康发展，引导身边的非公有制经济人士加强自身修养，增强责任意识，自觉做爱国敬业、守法经营、创业创新、回报社会的表率和践行“亲”“清”新型政商关系的典范。

各位代表，同志们！中国特色社会主义进入了新时代，非公有制经济发展和非公有制经济人士成长必将迎来更大的空间、更多的机遇、更好的前景。让我们更加紧密地团结在以习近平同志为核心的党中央周围，高举中国特色社会主义伟大旗帜，深入学习贯彻党的十九大精神和习近平新时代中国特色社会主义思想，进一步牢固树立政治意识、大局意识、核心意识、看齐意识，坚定对中国特色社会主义的道路自信、理论自信、制度自信、文化自信，以群团改革为契机，加强自身建设，更好地发挥桥梁纽带和助手作用，更好地完成新时代赋予的重任，为决胜全面建成小康社会、夺取新时代中国特色社会主义伟大胜利、实现中华民族伟大复兴中国梦、实现人民对美好生活的向往做出新的更大贡献！

弘扬企业家精神　争做新时代表率

——中国工商业联合会第十二次全国代表大会全体非公有制经济人士代表倡议书

（2017年11月26日）

党的十九大不忘初心、牢记使命，为决胜全面建成小康社会、夺取新时代中国特色社会主义伟大胜利做出规划和部署，极大鼓舞了全党全国人民为实现中华民族伟大复兴中国梦而奋斗的信心和力量。全国各族人民高举中国特色社会主义伟大旗帜，在以习近平同志为核心的党中央坚强领导下，扬起新风帆，跨入新时代。

改革开放近40年来，民营企业家敢为天下先，顺应时代发展，勇于拼搏进取，在波澜壮阔的历史画卷中书写了浓墨重彩的一笔。党的十九大重申“两个毫不动摇”方针，要求支持民营企业发展，强调激发和保护企业家精神，提出构建“亲”“清”新型政商关系，促进非公有制经济健康发展和非公有制经济人士健康成长。党中央国务院专门颁发文件，号召营造企业家健康成长环境，弘扬优秀企业家精神，更好发挥企业家作用。新时代新征程，呼唤我们民营企业家不忘创业报国初心，牢记复兴中华使命，与党同心同德、同向同行，在中华民族强起来的伟大征程中，做出更加优异的成绩。

站在新的历史起点上，我们出席中国工商业联合会第十二次全国代表大会的全体非公有制经济人士代表，谨向全国广大非公有制经济人士倡议，让我们积极行动起来，从自身做起，大力弘扬优秀企业家精神，发挥企业家作用，在新时代争做爱国敬业、守法经营、创业创新、回报社会的表率。

一、我们要坚定理想信念，不忘报国初心

理想信念是精神之钙，是激励我们砥砺前行的力量之源。我们要树立崇高理想，坚定信心信念，强化责任担当，胸怀产业报国、实业强国的恒心，推动企业健康发展。矢志不渝听党话、毫不动摇跟党走，积极支持企业党建。自觉以国家富强、民族复兴为己任，把个人梦融入中华民族伟大复兴的中国梦，把企业发展融入建设富强民主文明和谐美丽的社会主义现代化强国的伟大事业。

二、我们要筑牢法治思维，秉持守法诚信

守法是企业最大的保障，诚信是企业家最宝贵的财富。我们要牢固树立法治思维，坚守契约精神，让法治思维融入企业治理的每一个细胞，真正做到尊法学法、守法用法。建立实施现代企业制度，依法治企，依法经营，安全生产，保护生态，保障职工权益，坚决不做偷工减料、缺斤短两、以次充好等亏心事，在守法诚信方面取信于社会。要自觉做践行“亲”“清”新型政商关系的典范，守住法律底线，杜绝利益输送、权钱交易，通过正常渠道反映情况、解决问题，依法维护自身合法权益，讲真话，谈实情，建诤言，共同营造风清气正的社会环境。

三、我们要追求卓越品质，勇于创新拼搏

创新是引领发展的第一动力，是企业家精神的鲜活灵魂。在我国建设现代化经济体系的进程中，我们要牢固树立新发展理念，将创新作为终身追求，持续推进产品创新、技术创新、商业模式创新、管理创新、制度创新，弘扬工匠精神，信奉以质取胜，在追求卓越的道路上不停歇、不止步。积极参与供给侧结构性改革，加快转型升级，不被眼前困难吓倒，不被短期利益诱惑，干好主业，坚守实业，为实现更高质量、更有效率、更加公平、更可持续的发展汇聚力量。

四、我们要勇担社会责任，致力富民强国

企业家的价值不仅看自己有多少财富，更要看为社会做了多少贡献。我们要担当起新时代企业家的社会责任，致富思源，回馈社会，积极参与“万企帮万村”精准扶贫行动、光彩事业、公益慈善事业，努力推进共享发展，促进共同富裕。要协同参与社会治理，在构建和谐劳动关系、促进就业、关爱员工、依法纳税、节约资源等方面发挥更加重要的作用。积极参与实施科教兴国战略、人才强国战略、创新驱动发展战略、乡村振兴战略、区域协调发展战略、可持续发展战略、军民融合发展战略，积极助推革命老区、民族地区、边疆地区、贫困地区脱贫攻坚、加快发展，深度参与“一带一路”建设、京津冀协同发展、长江经济带发展，为解决好发展不平衡不充分问题发挥积极作用。

五、我们要加强自身修养，塑造良好形象

要加强自我学习、自我教育、自我提升。以社会主义核心价值观作为企业的核心价值和追求，培育先进的企业文化。保持艰苦奋斗的精神风貌，陶冶健康向上的生活情趣，反对享乐主义，力戒奢靡之风，加强自身修养，提升道德和人格力量，塑造新时代民营企业家的新形象，做有责任、敢担当、受人尊敬的企业家。

回首以往，我们敢为天下先，在改革开放中创造了不凡的业绩；面向新时代，我们迈步从头越，在民族复兴中续写更加辉煌的篇章。我们感恩伟大的时代，感恩伟大的人民，感恩伟大的党！我们要以习近平新时代中国特色社会主义思想为指导，不忘初心，牢记使命，同心奋斗，砥砺前进，为决胜全面建成小康社会、建设社会主义现代化强国，在新征程上再创新业、再建新功！

中国工商业联合会第十二次全国代表大会
全体非公有制经济人士代表
2017年11月26日

在全国工商联十一届六次执委会议上的工作报告

（2017年11月22日）

王钦敏

各位执委，同志们：

党的十九大是在全面建成小康社会决胜阶段、中国特色社会主义进入新时代的关键时期召开的一次十分重要的大会，是一次举旗定向、引领复兴、开辟时代、开启征程、薪火相传的大会。在全国上下深入学习贯彻党的十九大精神和习近平新时代中国特色社会主义思想之际，我们召开全国工商联十一届六次执委会议。会议的主要任务是深入学习贯彻党的十九大精神和习近平新时代中国特色社会主义思想，审议中国工商业联合会第十二次全国代表大会有关事项。下面，我报告2017年主要工作。

今年是实施“十三五”规划的重要一年，是推进供给侧结构性改革的深化之年。一年来，在以习近平同志为核心的党中央坚强领导下，我们坚持围绕中心服务大局，牢牢把握“两个健康”主题，按照习近平总书记系列重要讲话精神和中央部署要求，突出抓好以理想信念教育实践活动、服务振兴实体经济、“万企帮万村”精准扶贫行动为重点的各项工作，着眼深化改革、加强服务，大力推进工商联组织自身建设，做好工商联换届筹备工作，以优异的成绩迎接党的十九大胜利召开。

一、围绕在深化上着力和覆盖上见效，持续开展理想信念教育实践活动

习近平总书记在去年3月4日重要讲话中指出，工商联要深入开展以“守法诚信、坚定信心”为重点的理想信念教育实践活动，注重对年轻一代非公有制经济人士教育培养。我们认真贯彻落实总书记指示要求，不断总结经验、丰富形式，教育实践活动进一步取得实效。强化工作指导。今年上半年，先后在贵阳、宁波、济南组织召开3次教育实践活动片会，总结经验、部署任务，指导各地活动深入开展。全国工商联十一届十次常委会议以深化理想信念教育实践活动为主题，徐乐江同志围绕在深化上着力、在覆盖上见效作专题讲话，8名基层工商联、商会和企业家代表发言，发挥了示范带动作用。加强年轻一代教育培养。5月份，与中央统战部联合举办“全国年轻一代民营企业家理想信念报告会”，6位年轻企业家发言，4万多人参加视频会议。全国政协主席俞正声出席会议并作重要讲话，中央主要媒体集中宣传报道，有效宣扬了先进、树立了典型。推动构建“亲”“清”新型政商关系。全国工商联主要领导带队到山东、福建等地开展政商关系专题调研，7月份，与全国政协经济委员会联合承办“构建亲清新型政商关系，促进民营经济健康发展”全国政协专题协商会，邀请部分全国和省级工商联企业家副主席参加调研并在会上发言，我会主要领导在会上做了发言，俞正声主席、王勇国务委员发表重要讲话。深入推进“法律三进”活动。围绕法律进民企、进商会、进工商联机关，先后举办企业法律风险防范和劳动争议预防调解等培训班，持续开展民营企业劳动关系监测和产权保护意见落实情况督查调研，编印下发《非公有制企业经营管理法律知识及风险以案释法读本》，不断强化企业守法诚信意识。

二、坚持以供给侧结构性改革为主线，服务和引导民营企业转型升级提质增效

我们认真贯彻落实中央经济工作会议精神，坚持以供给侧结构性改革为主线，紧紧围绕民营企业发展遇到的突出困难和问题，深入调查研究、注重教育引领、积极建言献策、强化服务指导，促进民营企业健康发展。组织开展降低实体经济企业综合成本调研。针对民营企业反映强烈的实体经济企业成本高问题，在地方工商联和直属商会的大力配合下，会同中央统战部、国家发展改革委等部门，联合开展降低实体经济企业综合成本调研，了解降低企业成本政策落实情况，总结企业立足自身降本增效的经验做法，针对企业集中反映的问题提出政策建议。高标准完成第三方评估。受国务院办公厅委托，开展持续推进大众创业、万众创新政策措施落实情况第三方评估，通过实地走访、召开座谈会和网上调查等方式，分析梳理了政策落实中存在的“碎片化”“不协同”等问题，从提升协调机制层级、加强表彰宣传等方面提出对策建议，评估报告受到李克强总理高度肯定。引导民营企业参与“一带一路”建设和军民融合发展。组织召开民营企业参与“一带一路”建设工作视频会议，与外交部举办2场“我驻外使领馆与民营企业面对面”交流活动，联合商务部举办民营企业参与“一带一路”建设培训班，提高了民营企业参与“一带一路”建设的积极性。与工业和信息化部、国防科工局等部门，联合举办第二届军民两用技术创新应用大赛和第三届军民融合发展高科技成果展，民营企业参与的广度和深度越来越高。组织开展经贸活动。十一届十次常委会议期间，与宁夏回族自治区人民政府共同举办“民营企业助推宁夏创新发展大会”，签署推进宁夏“丝路经济园”建设合作协议，共签约合同项目566个，计划总投资5 100多亿元。参加中国—东盟博览会、中博会、丝博会等经贸活动，协助地方政府开展招商引资、经贸交流和区域经济合作。积极助推东北振兴。受中央领导同志委托，全国工商联主要领导率调研组赴东北三省，围绕民营经济在振兴东北中的作用开展专题调研，组织部分有投资意愿、符合地方资源禀赋特点的民营企业前往投资考察，以调研与经贸相结合的方式，促进企业和地方共同发展。会同国家发展改革委等部门，完成了东北地区13个城市民营经济发展环境调研评估工作，提出多项政策建议。召开中国民营企业500强发布会。联合山东省人民政府，以“践行新发展理念、推进新旧动能转换”为主题，召开了2017“中国民营企业500强”发布会，同时举办了相关论坛。人民日报等20多家新闻媒体参会报道，对民营企业和企业家进行集中宣传，助推地方经济社会发展。

工作中，我们注重听取企业声音，积极宣传中央精神，先后与国家发展改革委、税务总局联合召开民营企业座谈会。全国金融工作会议召开和中发〔2017〕25号文件印发后，及时组织专题座谈会，传达学习中共中央、国务院的最新精神，提出贯彻落实的措施要求。

三、着力西部深度贫困地区发展，扎实推进“万企帮万村”精准扶贫行动

今年是“万企帮万村”精准扶贫行动推进的关键时期，我们认真贯彻落实习近平总书记关于“万企帮万村”精准扶贫行动要向深度贫困地区倾斜的指示要求，精心部署、强力推进、点面结合，取得新成效。分片推进工作落实。分别在贵州、甘肃、江西等地召开了3个片区座谈会，及时传达学习总书记和党中央、国务院的指示精神，10多家企业交流经验，举办多场扶贫项目签约仪式和捐赠活动，促进了东西协作和区域扶贫工作。我们报送的《关于“万企帮万村”精准扶贫行动落实情况的报告》，得到习近平、俞正声等中央领导同志批示。突出抓好定点扶贫。为做好织金县扶贫工作，我们向该县派驻扶贫工作联络组，广泛调查摸底，细化帮扶措施，积极协助推介项目。全国工商联领导两次带队到织金县考察，19家民营企业共签署总额60多亿元的投资协议，4家商会共捐赠价值440多万元的产业扶贫资金和公益帮扶物资。聚焦西部深度贫困地区。8月份，在四川省凉山彝族自治州召开“万企帮万村”向西部深度贫困地区倾斜座谈会，各省级工商联党组书记出席会议。组织开展“中国光彩事业凉山行”活动，签订合同项目149个，合同金额2 000

多亿元，接收公益捐赠4 000多万元。专门面向西藏、新疆、四川凉山等地区，举办了两期小微企业经营者培训班，共220人参加培训。组织“万企帮万村”精准扶贫行动论坛。10月份举办“万企帮万村”精准扶贫行动论坛，传达学习习近平、李克强等中央领导同志关于全国脱贫攻坚奖评选表彰活动的重要批示，宣读全国“万企帮万村”精准扶贫行动领导小组表扬先进民营企业的通报，向116家民营企业颁发奖牌和证书，有效推进行动开展。

四、抓改革促发展，各级工商联组织和干部队伍建设取得新进步

各级工商联组织和干部队伍是工商联事业发展的基础和保障，我们认真贯彻落实中央党的群团工作会议和群团改革工作座谈会精神，坚持问题导向，突出抓好以自身改革、基层建设和干部队伍教育培养为重点的各项工作。抓好商会改革发展。广泛开展“四好”商会建设活动，召开“四好”商会建设工作视频会议，印发《关于开展“四好”商会建设工作的意见》，及时跟踪指导各地活动开展。履行对商会的指导、引导和服务职责，推动直属商会登记、换届和党的建设工作，组织召开直属商会党支部书记培训班和党建工作观摩会。积极推进商会改革，形成了《工商联所属商会改革方案（送审稿）》。研究推进工商联自身改革。认真学习贯彻习近平总书记关于群团改革的指示要求，抓住群团改革的有利契机，通过上下结合、广泛发动和集中研究，从管理体制、运行机制等方面形成了工商联的改革思路。为加强机关思想作风建设，大力推进“两学一做”学习教育常态化制度化。为迎接党的十九大，展示“两个健康”工作成就，在全国工商联机关大厅先后组织了“中国制造生力军”“军民融合生力军”和“砥砺奋进的五年”3期展览。加强干部队伍教育培训。针对换届后省市两级工商联主席、党组书记大都对工商联工作不太熟悉的实际，8月份，中央统战部、全国工商联在中央社会主义学院和西柏坡共同举办省级工商联主席、党组书记培训班；9月份，又举办了地市级工商联新任主席、党组书记培训班。积极推进“网上工商联”建设。为更好地服务“两个健康”，我们注重加强顶层设计，精心编制项目规划，稳步推进建设服务网、联系网、工作网一体化的“网上工商联”，丰富工商联的服务载体和手段。

五、严格落实中共中央部署要求，高标准做好工商联换届筹备工作

中共中央对工商联换届工作高度重视。习近平总书记主持召开中央政治局常委会会议审议通过了工商联换届文件，并对工商联换届工作作出重要指示。俞正声、孙春兰等中央领导同志多次就换届工作提出要求。十九大召开后，汪洋同志专门听取了全国工商联换届工作汇报并作出明确指示，尤权同志多次给予指导。经过各方共同努力，换届工作有条不紊、顺利推进。加强对省级工商联换届工作的指导。为确保省级工商联换届工作有序进行，我们及时下发工作意见，汇总编辑非公有制经济代表人士名册，指导地方工商联做好代表大会名称规范工作，严格按照换届沟通工作流程，与中央统战部共同做好换届人选审核工作,指导各省级工商联选好配强领导班子。起草好十二大报告、修改好工商联章程。工作报告和工商联章程是换届筹备的重要内容，是工商联未来工作的重要遵循。为做好这两项工作，全国工商联领导带队成立专门工作组，系统内上下结合，多方征求意见，反复研究论证。十二大报告起草中坚持以习近平新时代中国特色社会主义思想为指引，总结回顾了过去五年的工作和经验，对学习贯彻落实党的十九大精神作出部署，确定了未来五年工商联工作的总体要求和重点。章程修改过程中始终围绕新时代中国特色社会主义的政治要求，按照改革创新的原则，对指导思想、职能任务、组织机构等内容作了较大修改，为工商联事业开启新征程提供了遵循。严密组织全国工商联换届人事工作。严格落实中央关于换届纪律、人事安排、会风会纪等指示要求，集中开展换届纪律教育、制作印发严肃换届纪律手册，坚持把纪律和规矩始终挺在前面。严把选人用人政治关，坚持“三强一好”标准和“凡进必评”原则，严格执行充分酝酿、民主推荐、组织考察、党委研究、媒体公示等步骤。在中央统战部的协调指导和各地工商联的积极配合下，确定的全国工商联十二大代表素质更加全面、结构更加合理、代表性更强。精心做好会务筹备工作。坚持及早筹划，在全国工商联十一届五次执委会议和十次常委会议上，对换届工作作出具体部署，党组会、主席办公会多次专题研究。注重统筹规划和建章立制，制定全国工商联换届筹备工作总体方案，形成换届筹备工作流程图，明确职责、分组实施，会领导定期听取进展情况汇报，确保各项工作稳步推进。目前各项筹备工作已经就绪。

同志们，在过去的五年中，全国工商联十一届执委会围绕“两个健康”主题认真履职尽责，很好地发挥了桥梁纽带和助手作用；各位执委十分珍惜全国工商联执委身份，积极参加执委会和工商联组织的各项活动，很好地发挥了模范带头作用。五年来，各位执委讲政治顾大局、讲风格作奉献，精诚团结、密切协作，在工作中加深了了解、增进了感情，结下了深厚友谊。这次会议后，很多同志将不再担任新一届执委，希望大家继续关心支持工商联工作。在此，我衷心感谢大家为工商联事业发展付出的辛勤努力！

同志们，中国工商业联合会第十二次全国代表大会就要召开了，工商联事业将开启新的征程。让我们紧密团结在以习近平同志为核心的党中央周围，高举中国特色社会主义伟大旗帜，深入学习贯彻党的十九大精神和习近平新时代中国特色社会主义思想，为决胜全面建成小康社会、夺取新时代中国特色社会主义伟大胜利做出新贡献。

在全国工商联十一届六次执委会议上的讲话

（2017年11月22日）

徐乐江

各位执委：

全国工商联十一届六次执委会议就要结束了。这次会议，是在全党全国掀起学习贯彻党的十九大精神热潮中召开的。党的十九大是我国进入全面建成小康社会决胜阶段、中国特色社会主义进入新时代的关键时期召开的一次具有里程碑意义的大会，深刻回答了新时代坚持和发展中国特色社会主义的一系列重大理论和实践问题，描绘了决胜全面建成小康社会、夺取新时代中国特色社会主义伟大胜利的宏伟蓝图，进一步指明了党和国家事业的前进方向，为促进新时代“两个健康”工作提供了根本遵循。认真学习贯彻党的十九大精神，是当前和今后一个时期广大非公有制经济人士和各级工商联干部的首要政治任务，也是我们开好这次会议的鲜明基调。这次执委会议紧扣贯彻落实党的十九大精神这条主线，以习近平新时代中国特色社会主义思想为指引，讨论、审议了相关文件、人事事项，各位执委相互交流学习党的十九大精神的体会认识，进一步增强了走中国特色社会主义道路的思想自觉和行动自觉，圆满完成了各项会议议程。各位执委要按照总书记关于“学懂弄通做实”的要求，深入理解和把握党的十九大精神，特别是习近平新时代中国特色社会主义思想的科学体系、深刻内涵和实践要求，切实把思想和行动统一到党的十九大精神上来，始终在思想上政治上行动上同以习近平同志为核心的党中央保持高度一致；在学以致用上下功夫，明确努力方向，把党的十九大提出的战略部署转化为本企业本单位的工作任务，确保党的十九大精神不折不扣落实在非公有制经济领域，落实到工商联工作各个方面、各个环节。

上午，王钦敏主席在报告中总结了今年我们以迎接党的十九大胜利召开为主线，着眼深化改革、加强服务，突出抓好以理想信念教育实践活动、服务振兴实体经济、“万企帮万村”精准扶贫行动、换届筹备为重点的各项工作，可以说是成效显著，亮点纷呈。作为全国工商联十一届执委会的最后一次会议，本次会议的一项重要任务是做好换届准备，为五年来的各项工作画上一个圆满句号。前不久，习近平总书记在中央政治局常委会上发表重要讲话，对做好工商联换届工作再次做出重要指示。汪洋同志、尤权部长也对换届工作提出了明确要求。我们已经把中央领导要求严格落实到换届筹备的各项工作之中。各位执委按照会议安排，讨论酝酿了十二大主席团成员建议名单，讨论审议了十一届执委会的报告、关于修改中国工商业联合会会徽的决议、章程修改草案、十二大预备会议议程和十二大议程等。这些扎实有效的工作，为中国工商业联合会第十二次全国代表大会的胜利召开做好了充分准备。

这次会后，一部分同志将卸下全国工商联执委的担子，离开全国工商联领导机构。过去五年中，各位执委十分珍惜全国工商联执委身份，把工商联的事情当作自己的事情，把担任执委作为一份光荣使命和崇高荣誉，积极出席本届执委会各次会议，踊跃参加各级工商联组织的学习培训、经贸交流、对外合作、公益慈善等各类活动，心甘情愿奉献，尽心尽力履职，很好地发挥了模范带头作用，在推动贫困地区发展和民生改善中的作用越来越突出，展示了全国工商联领导机构成员的良好精神风貌，为促进非公有制经济健康发展和非公有制经济人士健康成长，为工商联事业的创新发展做出了突出贡献。在此，我代表全国工商联，再次向大家表示诚挚的谢意和崇高的敬意！

岗位短暂，情谊绵长。全国工商联将积极创造条件让即将离开全国工商联领导机构的同志继续发挥作用，也希望大家进一步增强坚持党的领导、投身新时代中国特色社会主义伟大实践的使命感责任感，一如既往坚定“四个自信”，强化“四个意识”，坚定不移听党话跟党走；一如既往关心、支持工商联工作，为促进“两个健康”和工商联事业发展继续贡献智慧和力量。不再担任执委的各位企业家要一如既往发挥代表人士的示范引领作用，弘扬优秀企业家精神，自觉做爱国敬业、守法经营、创业创新、回报社会的表率和践行“亲”“清”新型政商关系的典范，为广大非公有制经济人士做好榜样。

同志们，中国工商业联合会第十二次全国代表大会后天就要隆重召开，工商联事业已经迈进新时代。让我们紧密团结在以习近平同志为核心的党中央周围，高举中国特色社会主义伟大旗帜，认真学习贯彻党的十九大精神，以习近平新时代中国特色社会主义思想为指引，牢牢把握“两个健康”主题，在各自岗位上抓住机遇、开拓进取，奋发有为、扎实工作，不断推进工商联事业蓬勃发展，努力为全面建成小康社会、夺取新时代中国特色社会主义伟大胜利再创新业、再建新功。

在全国工商联十二届一次执委会议上的讲话

（2017年11月27日）

高云龙

尊敬的尤权部长，各位执行委员：

在中共中央、国务院的亲切关怀下，中国工商业联合会第十二次全国代表大会圆满完成各项议程，胜利闭幕了。这次大会高举中国特色社会主义伟大旗帜，深入学习党的十九大精神和习近平新时代中国特色社会主义思想，认真学习贯彻习近平总书记在中央政治局常委会上关于做好工商联换届工作的重要指示精神，认真学习中共中央、国务院贺词，做出了《关于认真学习贯彻党的十九大精神的决议》，全面部署未来五年工商联促进“两个健康”的战略任务，使我们进一步坚定了对中国特色社会主义的道路自信、理论自信、制度自信、文化自信，增强了做好工商联工作的历史责任感和使命感。大会选举产生了新一届全国工商联领导机构。代表大会之后，包括钦敏同志在内的一批老领导、老同志、老委员已从工商联工作岗位上退下来，他们为工商联事业倾注了大量心血，做出了卓越贡献，对此我们表示衷心的感谢和崇高的敬意。

全国工商联十二届一次执委会议选举我担任全国工商联主席一职，我深感责任重大、使命光荣。工商联担负着新形势下中共中央赋予的非公有制经济领域统战工作的重要职责，肩负着广大非公有制经济人士的深切期盼。我一定不辜负党中央的重托和各位执委以及各级工商联组织和广大非公有制经济人士的信任，加强学习，尽快熟悉工作、进入角色，兢兢业业、勤奋工作，与新一届领导班子成员一道，为新时代工商联事业发展做出积极贡献。

第一，把学习贯彻党的十九大精神和习近平新时代中国特色社会主义思想作为首要政治任务。中国共产党第十九次全国代表大会是在全面建成小康社会决胜阶段、中国特色社会主义进入新时代的关键时期召开的一次十分重要的大会。大会全面总结党和国家过去五年工作和历史性变革，深刻阐明新时代中国共产党的历史使命，系统阐述了习近平新时代中国特色社会主义思想和基本方略，面向未来提出党和国家事业发展的大政方针和行动纲领，开启全面建设社会主义现代化国家新征程。将习近平新时代中国特色社会主义思想写入党章，明确作为中国共产党必须长期坚持的指导思想，是这次大会最重要的历史贡献。习近平总书记向全党全国各族人民发出进行伟大斗争、建设伟大工程、推进伟大事业、实现伟大梦想的全面号召，鼓舞人心、催人奋进。我们要把深刻学习领会、深入贯彻落实党的十九大精神和习近平新时代中国特色社会主义思想，作为当前和今后一个时期工商联的首要政治任务，在政治立场、政治方向、政治原则、政治道路上始终同以习近平同志为核心的党中央保持高度一致。要把深刻学习领会、深入贯彻落实党的十九大精神和习近平新时代中国特色社会主义思想，与学习中共中央、国务院贺词精神结合起来，与继续深入贯彻落实中央统战工作会议、中央党的群团工作会议和习近平总书记去年3月4日重要讲话精神结合起来，与学习贯彻工商联十二大精神结合起来，坚定“四个自信”、强化“四个意识”，坚持“两个健康”主题，坚持统战性、经济性、民间性有机统一，坚持团结、服务、引导、教育方针，在统筹推进“五位一体”总体布局和协调推进“四个全面”战略布局中，在全面建设社会主义现代化强国、实现中华民族伟大复兴中国梦的新征程中，履职尽责、发挥作用、再立新功。

第二，以改革创新的精神狠抓各项工作落实。未来五年，是决胜全面建成小康社会的关键五年，也是新时代工商联事业加快发展、大有作为的五年。工商联十二大全面总结过去五年的工作成就和经验，对认真学习宣传贯彻党的十九大精神和习近平新时代中国特色社会主义思想，以及今后五年工商联工作作出全面部署，明确提出要坚持政治建会、团结立会、服务兴会、改革强会，不断增强工商联凝聚力、影响力和执行力，积极引导广大非公有制经济人士自觉做爱国敬业、守法经营、创业创新、回报社会的表率和践行“亲”“清”新型政商关系的典范，努力推动实现非公有制经济更高质量、更有效率、更加公平、更可持续发展。会议结束后，各级工商联要认真传达学习工商联十二大精神，把会议精神带到基层，带到企业，带到身边的非公有制经济人士中去，使会议精神真正在基层和企业落地生根。工商联系统上下一盘棋，全国工商联正在按照十二大要求制定未来五年工作规划，各地无论是谋划思路，还是部署任务，既要紧紧围绕地方党委政府中心工作，又要注重与工商联十二大精神和五年规划相衔接，特别是要围绕深入开展理想信念教育、鼓励企业发展实体经济、推进“万企帮万村”精准扶贫行动、推动县级工商联建设和工商联所属商会改革发展、加强工商联干部队伍建设等重点工作，创新举措，积极主动作为，狠抓落实，务求实效。

第三，以奋发有为的精神状态合力推动工商联事业发展。这次大会选举大家担任全国工商联十二届执行委员，组成新一届的全国工商联领导机构，这不仅仅是一份荣誉，更是一份沉甸甸的责任。新时代要有新面貌。前不久，习近平总书记在中央政治局常委会上对做好工商联换届工作作出重要指示，对工商联在新时代发挥更大作用寄予殷切期望，为今后工商联工作提供了重要遵循。中共中央、国务院贺词对工商联提出“六个始终坚持”的明确要求。汪洋同志、尤权部长也对工商联工作提出许多具体要求。我们要认真学习领会中央精神，不折不扣贯彻落实到各项工作中。我将以身作则、率先垂范，带头坚定理想信念，带头增强能力素质，严格要求自己、努力提升自己，做政治上的明白人，做工作中的实干家，以实际行动赢得大家的信任和支持。大家要增强坚持中国共产党的领导、投身新时代中国特色社会主义伟大实践的使命感责任感，不断加强学习积累，积极参加工商联组织的各项活动，主动融入、倾心投入，不断提高履职能力，把更多智慧和力量贡献给新时代工商联事业，全国工商联将为大家参与工商联工作创造更加有利的条件。新时代焕发新气象。众人拾柴火焰高！工商联事业是我们为之接续奋斗的共同事业，让我们携起手来，结成一条心、拧成一股绳，努力建设政治坚定、团结协作、充满活力和富有创造力的领导集体，更好发挥党组领导核心作用，以群团改革为契机持续推动工商联自身建设，真正担负起促进“两个健康”的历史使命。我坚信，有以习近平同志为核心的中共中央的坚强领导，有习近平新时代中国特色社会主义思想的科学指导，有历届工商联领导班子和党组共同奠定的坚实基础，有全体工商联系统干部贡献的集体智慧，有广大非公有制经济人士的大力支持，我们一定能够把工商联工作做得更好，创造出无愧于中共中央嘱托、无愧于广大非公有制经济人士期盼、无愧于工商联系统干部期望的新业绩。

同志们，新时代工商联事业发展的新征程已经开启。让我们更加紧密地团结在以习近平同志为核心的中共中央周围，认真学习宣传贯彻党的十九大精神和习近平新时代中国特色社会主义思想，求真务实，改革创新，携手开创工商联事业发展新局面，为决胜全面建成小康社会、夺取新时代中国特色社会主义伟大胜利、实现中华民族伟大复兴中国梦做出新贡献！

在全国工商联十一届十次常委会议上的讲话

（2017年7月12日）

王钦敏

在大家的共同努力下，本次常委会议完成了各项议程，就要结束了。会议期间，大家认真学习习近平总书记、俞正声主席、孙春兰部长的讲话，乐江书记就持续深化理想信念教育实践活动、做好工商联十二次代表大会筹备和省级工商联工作做出了部署，提出了明确要求。下面，我就贯彻落实这次常委会议精神，进一步坚定信心、抓好落实，讲两点意见。

一、认清形势，坚定信心

当前，国内外经济形势依然错综复杂，影响发展的不确定不稳定因素还很多。国际上逆全球化暗流涌动，贸易保护主义抬头，贸易壁垒和摩擦增多，企业出口压力增大；美欧国家大幅降税，吸引制造业回流的趋势明显，跨国投资争夺日趋激烈。国内经济发展正处于新常态，面临经济下行压力和困难，结构性矛盾尚需进一步解决，新情况、新问题和风险点不断出现。

尽管压力不断，困难重重，但在以习近平同志为核心的党中央坚强领导下，各地区、各部门认真贯彻落实中共中央国务院的决策部署，坚持稳中求进工作总基调，坚持以供给侧结构性改革为主线，适度扩大总需求，深化创新驱动，全面做好稳增长、促改革、调结构、惠民生、防风险各项工作，国民经济继续保持了总体平稳、稳中向好的发展态势。

（一）保持稳中向好态势的积极因素不断增加

今年以来，国内经济出现了质量提升、结构优化、后劲增强、空间拓展等积极变化，支撑经济保持中高速增长的因素增多。从发展质量看，一季度国内生产总值同比增长6.9%，我国经济增速已经连续7个季度保持在6.7%～6.9%；就业形势稳定向好，居民收入稳定增长，国际收支状况不断改善。可以说，我国经济增长在保持合理速度的基础上，经济质量得到了提升，经济增长的稳定性不断提高。从运行基础看，“三去一降一补”五大重点任务持续推进，产业结构不断优化升级，市场需求继续扩大，供求关系进一步改善。1～5月份规模以上工业企业实现利润同比增长22.7%，每百元主营业务收入中成本同比减少0.04元；5月份制造业采购经理指数51.2%，高于去年同期1.1个百分点，连续8个月位于51.0%以上的扩张区间，继续保持平稳增长的发展态势；5月份非制造业商务活动指数为54.5%，高于去年同期1.4个百分点，继续保持发展势头，增速有所加快。从支撑动力看，一季度内需对经济增长的贡献率高达95.8%，消费驱动型经济发展模式初显；投资增势虽然放缓，但结构优化改善趋势明显，1～5月份高技术制造业投资增长22.5%，快于全国投资13.9个百分点；外需回稳向好态势明显，1～5月份全国进口、出口同比分别增长26.5%、14.8%，均保持两位数增长。从市场活力看，大众创业万众创新蓬勃发展，新产业、新业态、新模式、新产品不断涌现。一季度战略性新兴产业增加值同比增长10.3%，5月份高技术产业和装备制造业增加值同比分别增长11.3%和10.3%，1～5月份实物商品网上零售额增长26.5%，工业机器人增长50.4%；1～4月份全国新登记企业181万户，日均新登记企业1.51万户。这些都为经济持续健康发展注入了新的动力。同时，4月份国际货币基金组织在发布的报告当中，也把中国2017年和2018年的GDP预测值分别调高了0.1和0.2个百分点。这说明国际上对中国经济增长的态势也有信心。

（二）党和国家鼓励支持民营经济发展的决心毫不动摇

当前在经济发展新常态下，受经济增速放缓的影响，民营企业遇到了一些困难和问题。调研表明，税费负担重、制度性交易成本高、融资难融资贵、人工成本高、用能和物流成本高等问题依然存在，企业利润下降，盈利预期较低，民间投资增速还未走出低谷，许多企业感到日子不好过。但也要看到，困难和问题是新常态下的正常反映，企业发展出现分化是市场竞争的必然结果，大型企业要善于把握大局坚定方向，中小企业也要看到主流坚定信心。一要看到党和国家支持民营经济发展的态度是一贯的、坚定的。特别是习近平总书记去年3月4日发表重要讲话，“两个毫不动摇”“三个没有变”重要论断掷地有声，“亲”“清”政商关系新风拂面，依法保护产权政策出台，向全社会澄清了模糊认识，为民营企业家解除了思想顾虑，必将进一步激活民营经济发展的动力。前不久，我们还与全国政协联合开展了“亲”“清”政商关系调研，并参与组织开展政协专题协商会，在更高层面，更深入地贯彻落实总书记的重要讲话精神，营造良好的营商环境。二要看到在全面深化改革的大背景下，制约民营经济发展的体制机制藩篱将进一步打破。近年来，“放管服”改革不断向纵深推进，财税、金融、价格、行政审批、产权保护等重点领域和关键环节改革持续深化，国有企业混合所有制改革稳步推进，市场环境将进一步优化，制度性交易成本将进一步降低，补短板、惠民生举措将进一步发力，民营经济发展的活力将竞相迸发。三要看到振兴实体经济、创新驱动等政策举措必将为民营企业转型升级、提质增效提供强大动力。今年以来，随着创新驱动战略的实施，科技创新步伐不断加快，创新对经济发展的引领作用不断强化，企业家精神将得到进一步弘扬，经济发展新动能不断培育壮大，民营经济发展具备了再上台阶的强大引擎。四要看到党和国家对战略布局与规划科学前瞻，供给侧结构性改革系列重大部署为民营经济创造了更为广阔的发展空间。“十三五”规划提出的五大新发展理念、一系列产业规划和行动计划为企业发展描绘了宏伟蓝图，“三大战略”和“四大板块”带来了难得的历史机遇，特别是“一带一路”建设得到世界各国广泛认同，民营企业融入经济全球化和区域经济一体化，充分利用两个市场、两种资源的潜力巨大，有条件的民营企业要发挥嗅觉敏锐、机制灵活优势，结合自身发展计划精细布局，谋定而动。

（三）民营经济持续健康发展必须转型升级、提质增效

当前我国经济日益受到资源能源和气候环境的制约，民营经济已经进入整体爬坡过坎、内部分化整合的关键阶段，提质增效升级是企业实现可持续健康发展的必然选择。各级工商联要切实发挥好桥梁纽带和参谋助手作用，有效推动各项政策落地、落细、落实，为民营企业发展积极营造良好环境。广大企业家要自强不息、迎难而上，脚踏实地、抢抓机遇。要努力创新发展。创新是企业的核心竞争力，是提升质量效益的重要手段。当前，新技术、新产品、新概念层出不穷，要善学善用，紧跟产业发展前沿，努力研发新产品、创造新需求、开辟新市场，实现从价值链低端向高端转变；要强化标准意识，不断提升产品质量，实现从行业标准追赶者到标准制定者转变，努力成为引领行业发展的标杆；要发展低碳循环经济，大力改造传统工艺，积极研发新工艺，通过采用节能环保生产方式实现绿色制造，做到环境保护和经济效益的有机统一。要主动融入信息化。大数据、物联网、人工智能等信息技术快速发展，我们正进入感知无所不在、数据无所不在、计算无所不在、数字经济无所不在的新时代，正进入一个“万物互联”、所有行为都被记录、信息就是资源资本的时代。以信息化为驱动力的新一轮产业革命已完全突破了工业革命的范畴，涉及所有经济行业和领域，它所带来的创新与变革包括了生产方式变革、产业组织变革、资源配置方式的变革、产业竞争格局变革、商业模式的变革，甚至国际分工的变革等。这必将对企业发展产生重大影响，并带来巨大的市场空间和发展商机。任何对互联网、信息化不理解、不适应、不投入的企业，将在这场产业革命中逐渐丧失竞争优势，甚至被淘汰出局。要积极参与“一带一路”建设。经济全球化是不可阻挡的历史潮流。在当前特殊的历史背景下，“一带一路”建设为我国赢得了参与国际竞争的话语权和主动权，是企业千载难逢的发展机遇。目前，已经有100多个国家和国际组织参与“一带一路”建设实施，我们同60多个国家共同发出贸易畅通合作倡议，与40多个国家签署了合作协议，同30多个国家开展了产能合作。“一带一路”是国际化共商共建共享

的宏大事业，蕴含着无限商业机会，是有待开发的“富矿”。我们鼓励和支持有条件、有实力、有信誉的企业抓住“一带一路”机遇，带领中小企业走出去抱团竞争，参与沿线国家的国际产能合作与经贸合作，推动企业实现结构调整和转型升级。

二、突出重点，抓好落实

面对新形势、新任务、新要求，各级工商联要用改革的思路和创新举措，善于突出重点、突破难点，把今年的各项工作抓出成效。

一是切实抓好十二大筹备工作。昨天乐江书记围绕选好人、起草好报告、修改好章程、开好大会等方面，提出了具体要求，我们要高度重视、认真组织、严肃纪律，全力抓好贯彻落实。

二是深化对年轻一代企业家的理想信念教育。今年理想信念教育实践活动的一个新亮点是多措并举做好年轻一代教育培养工作。为贯彻落实习近平总书记对年轻一代非公有制经济人士教育培养的指示精神，今年5月，我们与中央统战部联合举办了全国年轻一代民营企业家理想信念报告会，俞正声主席发表了重要讲话，6位年轻一代民营企业家从不同角度作了生动的事迹报告，社会反响很好。6月，我们利用两岸四地经贸合作研讨会在香港举办的机会，组织10位年轻企业家参会，并访问香港工商社团和青年企业家组织，扩大他们与港澳台青年企业家的接触和影响。访问效果超过了我们的预期，受到了一致好评。各级工商联要按照俞正声主席提出的明确要求，按照“亲”“清”原则，坦荡真诚地与年轻企业家接触交往，帮助他们化解发展中的困难、成长中的烦恼，深入了解和研究他们的所思、所想、所盼，引导他们提振发展信心，提升综合素质，弘扬企业家精神，充分发挥年轻企业家创新发展才能。同时，要结合正在推进的“法律三进”“万企帮万村”、革命传统教育等活动，有针对性地加强国情和党史教育，增强和坚定他们对中华民族优秀传统文化的认同，引导年轻企业家坚持爱国敬业，切实增强家国情怀；坚持守法经营，切实增强法治自觉；坚持创业创新，切实增强发展活力；坚持回报社会，切实增强责任担当。同时，我们还要建立年轻一代非公有制经济代表人士库，逐级建立后备梯队。

三是推进“万企帮万村”精准扶贫行动提质增效。行动贵在精准，关键在落实。要按照习近平总书记提出的民营企业“万企帮万村”行动向深度贫困地区倾斜的明确要求，把扶贫工作向深度贫困村延伸。要抓好基础建设，贯彻落实好台账管理工作电视电话会议精神，做好核实核查和数据更新工作。全国行动领导小组将通过专项巡查，对漏报、瞒报严重的省份将在一定范围内给予通报。要抓好模式创新，尊重企业家的首创精神，引导企业不断探索新的帮扶模式，与贫困群众建立可持续发展的利益链接机制，为脱贫后不返贫打下基础。要抓好政策支持，重点推进与农发行的协议落地，为企业提供融资服务。要抓好典型引路，重点挖掘宣传一批与农业供给侧结构性改革有效融合、帮扶措施实效性强、对地域脱贫贡献大的有代表性的典型案例和企业，发挥典型的示范带动效应。要加强东西部协作，8月份我们还将召开一次东西部扶贫协作推进会，东部省市要依托当地党委政府东西部扶贫协作对口帮扶机制，进一步引导东部省市民营企业参与西部地区脱贫攻坚。要贯彻落实习近平总书记关于把四川凉山等深度贫困地区作为区域攻坚重点，强化东西协作、强化社会合力的重要指示精神，开展好“中国光彩事业凉山行”，引导更多有实力、有影响力的民营企业到凉山投资兴业、参与扶贫开发，助推大凉山地区脱贫攻坚和全面小康。

6月以来，湖南省连日遭受暴雨袭击，特大洪水肆虐，人民的生命财产遭受巨大损失。在湖南省委省政府的坚强领导和省工商联的组织协调下，广大民营企业积极响应号召，踊跃参加抗洪抢险救灾，充分彰显了民营企业家的爱国情怀和责任担当。当前，湖南省防汛抗灾工作还处在关键时刻，全国工商联将组织动员广大非公有制企业和非公有制经济人士，在抗洪救灾和灾后重建方面给予全力支持。希望广大非公有制经济人士有钱出钱、有力出力，众志成城，为湖南夺取抗洪救灾最终胜利做出积极贡献。

四是认真做好第三方评估工作。第三方评估作为本届中央政府重要的机制创新，已经成为具有工商联特色的重要工作品牌之一。受国务院办公厅委托，近期我们正在对持续推进大众创业万众创新政策措施落实情况开展第三方评估。北京、江苏、湖北、四川等8个省份的工商联共同参与了这项工作，大家要全力配合全国工商联抓好落实。要明确评估导向，首先要对“双创”政策进行系统、深入的研究，抓住四个方面评估内容开展工作。要打开思路，在运用好原有专题座谈、深度访谈、实地走访、问卷调查等方法外，继续探索新的方式方法。要聚焦评估的精准和质量，真实反映平时听不到的情况、看不到的具体问题，客观分析问题产生的原因，提出有针对性和可操作性的意见建议。

五是切实做好企业服务。服务是立会之本，是增强工商联影响力和凝聚力的有效手段。孙春兰部长在全国工商联机关副处级以上干部会议重要讲话中指出，要鼓励支持非公有制企业塌下心来发展实体经济，要求工商联把振兴实体经济作为当务之急，引导民营企业眼睛向内降本增效、提质增效。上半年，中央统战部、全国工商联会同国家发展改革委、工业和信息化部、税务总局等部门，开展了降低实体经济企业综合成本调研，总结了五种提质增效的典型做法，指出了优惠政策不够精准、垄断行业价格高、隐性交易成本重、红顶中介隐性化等突出问题，提出了建立长效机制、降低税费及垄断行业收费、加强金融服务整治、规范劳动用工等有针对性的政策建议。接下来，我们还要继续对重点问题如融资贵问题和典型案例进行跟踪，持续推进降成本各项政策措施的贯彻落实。要贯彻落实好《全国工商联关于引导服务民营企业参与“一带一路”建设的若干意见》，继续与国家发展改革委等部门联合举办民营企业参与“一带一路”建设培训班，与外交部联合开展以“守法诚信经营，境外风险防范”为主题的“我驻外使领馆与民营企业面对面”活动，帮助民营企业抓住国家推进“一带一路”建设的战略机遇。要落实好习近平总书记关于军民融合的指示精神，与中央军委装备发展部等部门联合主办第三届军民融合发展高技术成果展览暨高层论坛，与工业和信息化部等部门联合举办第二届中国军民两用技术创新应用大赛，推进军民融合深度发展。本次常委会期间，我们将与宁夏回族自治区政府共同举办“助推民营经济发展活动”，下半年将继续支持和配合各级政府举办各种经贸活动。

六是加快推进“四好”商会建设。“四好”商会建设是推进商会改革，培育和发展中国特色商会组织的重要方面，是当前和今后一个时期工商联商会工作的重要抓手。今年要确保“四好”商会建设开好局，起好步。各级工商联要强化责任意识、阵地意识，充分认识“四好”商会建设的重要性和紧迫性；要注重发挥商会的主阵地作用，充分调动商会的积极性、主动性、创造性；要坚持问题导向，紧紧抓住“四好”商会建设中的突出困难和问题，发扬改革创新精神，积极争取党委政府支持，搞好协调推动；要着力加强商会党建工作，推动统战工作向商会组织有效覆盖；要引导帮助商会提供优质服务，承接政府职能转移，参与行业标准制定，开展行业自律、专业化服务和商会人民调解工作等。

七是推动产权保护工作落地落实。产权制度是社会主义市场经济的基石，保护产权是坚持社会主义基本经济制度的必然要求，也是稳定和增强企业家发展信心的客观需要。今年上半年，我们通过调研了解了一些地方民营企业产权保护方面存在的突出问题，对企业发展信心造成的影响不容忽视。下一步，各地要结合贯彻落实《中共中央　国务院关于完善产权保护制度依法保护产权的意见》精神，积极与当地党委政府和司法机关加强沟通配合，依法依规做好维权工作，真正为企业办实事、办好事，推动民营企业产权保护落到实处。同时，配合司法机关严格遵循法不溯及既往、罪刑法定、从旧兼从轻等原则解决一批具有一定社会影响、企业反映强烈的产权案件。各级工商联和商会要进一步加强法律援助机构和队伍建设，努力提高维权能力。

同志们，新形势下，工商联工作千头万绪、任务艰巨、使命光荣，让我们紧密团结在以习近平同志为核心的党中央周围，以饱满的精神状态和优异的工作成绩迎接党的十九大和中国工商业联合会十二大胜利召开。

在全国工商联十一届十次常委会议上的讲话

（2017年7月11日）

徐乐江

这次会议的主要内容是深入贯彻落实习近平总书记系列重要讲话精神，认真学习贯彻俞正声主席5月27日在全国年轻一代民营企业家理想信念报告会上的重要讲话精神和孙春兰部长5月2日在全国工商联机关处级以上干部会议上的重要讲话精神，持续深化以“四信”为主要内容的非公有制经济人士理想信念教育实践活动，切实做好工商联各项工作，以实际行动和优异成绩迎接党的十九大胜利召开。下面，我讲三点意见。

一、坚持在深化上着力、在覆盖上见效，持续推动非公有制经济人士理想信念教育实践活动

为贯彻落实党的十八大关于广泛开展理想信念教育的要求，2013年年初，全国工商联组织开展了非公有制经济人士思想状况调研，习近平总书记等5位中央领导在报送的《非公有制经济人士思想状况调研报告》上做出重要批示。按照批示要求，自2013年5月开始，中央统战部、全国工商联在全国范围内集中开展了以“民

营企业家与中国梦”为主题、以“四信”为主要内容、以非公有制经济人士为主体、以商会为主阵地的非公有制经济人士理想信念教育实践活动。4年多来，各地广泛组织开展各类培训、报告会、座谈会、讲座；积极为企业排忧解难，帮助他们在努力爬坡过坎、闯关转型中增强发展信心；加强与司法机关合作，开展送法进企业、进商会、进工商联，推进守法诚信制度化建设；努力推动政企交流，引导企业家参与构建“亲”“清”政商关系，规范政商交往；注重对年轻一代教育培养，引导他们继承发扬老一代民营企业家的创业创新精神和听党话、跟党走的光荣传统；引导非公有制经济人士在参与“万企帮万村”精准扶贫和“光彩行”活动中受教育、促发展、做贡献。活动中我们注重正面引导，广泛宣传推广活动中涌现出的先进典型，举办全国非公有制经济人士理想信念报告会和全国年轻一代民营企业家理想信念报告会，俞正声主席出席并发表重要讲话，在社会各界引起了巨大反响。可以说，这项活动得到了工商联系统上下的积极响应、得到了广大非公有制经济人士的广泛参与、得到了地方党委政府的重视支持，已经成为具有鲜明非公有制经济领域统战工作特色的工作品牌。

活动开展以来，党中央国务院高度重视。中央统战工作条例以党内法规的形式将开展理想信念教育明确为做非公有制经济人士工作的首要任务。总书记在去年3月4日重要讲话中要求工商联深入开展以“守法诚信、坚定信心”为重点的理想信念教育实践活动，注重对年轻一代非公有制经济人士的教育培养。俞正声主席在5月27日年轻一代民营企业家理想信念报告会上要求广大非公有制经济人士要坚定理想信念，坚持爱国敬业，切实增强家国情怀；坚持守法经营，切实增强法治自觉；坚持创业创新，切实增强发展活力；坚持回报社会，切实增强责任担当。孙春兰部长在5月2日重要讲话中要求我们继续深入开展理想信念教育实践活动。工商联是为社会主义服务的政治力量，政治性是工商联的第一属性；理想信念教育的主要内容是增强“四信”，团结凝聚广大非公有制经济人士投身中国特色社会主义事业，这也是非公有制经济领域统战工作的首要目标。

在取得成绩的同时，我们也要看到，当前理想信念教育实践活动覆盖面还不够广，还有待不断创新、持续深化。调研表明，企业家参与度不够问题反映还较为突出；活动和企业发展需求结合不够紧密，存在“两张皮”现象；不少商会还没有动起来，一些地方工商联工作主动性还不强等。去年执委会议已经对理想信念教育实践活动作了部署，要求在深化上着力、在覆盖上见效。下半年和今后一段时期，就是要把两句话落实、在这两方面见效。

（一）在深化上着力，是持续推进理想信念教育实践活动的必然要求

要靠长效机制深化。把理想信念教育实践活动作为长期任务，关键要抓住“常”“长”二字，不断研究探索管用有效的方式方法和机制，努力使理想信念教育实践活动从集中性活动向经常性工作转变。我们在实践探索中总结提炼出“摸底调查、正面引导、政企沟通、培训互动、协调推进、强化服务”等长效机制，富有非公有制经济领域统战工作的鲜明特色，也是理想信念教育实践活动做到“常”“长”的重要经验。下一步要以改革创新的精神主动运用、不断丰富这6个长效机制，用长效机制固化活动成果。

要靠搭建载体深化。载体就是具体化的工作抓手。过去我们探索出了民营企业家报告大会、革命传统教育、感恩行动

等思想政治工作载体，第三方评估、经贸活动、发布民营企业500强、参与“三大战略”、军民融合、部际合作、科技进步奖等经济服务工作载体，“万企帮万村”、光彩事业等社会服务载体，法律三进、协调劳动关系三方机制等法律服务载体，重点调研、团体提案、高峰论坛、协商会议等议政建言载体，都被证明是行之有效的，也得到了地方党委政府、广大非公有制经济人士的认可。下一步，关键是要把教育实践活动融入工商联调查研究、经济服务、外事服务、法律服务、信息服务、宣传教育、社会扶贫等各项工作之中，渗透到工商联日常工作中。既要继续充实、提高，使这些已有载体发挥更好的作用，也要注重结合新的实际创新建立新的载体。全国工商联上半年组织的问卷调查表明，民营企业家最感兴趣的活动有经贸类、政企沟通类和业务提升类。我们要在推进构建“亲”“清”政商关系，改善发展环境、强化政企沟通、形成政商双方交往规范良性互动的载体上多下功夫。同时，还要在民营企业运行监测、加大民营企业维权服务力度、参与推进混合所有制改革、配合非公有制企业党建工作、网上工商联建设等方面多出新招、多想实策，搭建新的载体。依托全国工商联民营企业调查系统开展民营企业运行监测，是新形势下工商联服务“两个健康”的重要举措，也是“网上工商联”建设的重要内容，各级工商联要把参与这项工作作为执常委履职尽责的重要方面，切实配合全国工商联抓好落实。“万企帮万村”是理想信念教育的重要实践平台，习近平总书记6月23日在山西主持召开的深度贫困地区脱贫攻坚座谈会上强调，民营企业“万企帮万村”行动要向深度贫困地区倾斜。我们要按照总书记的重要指示，切实引导民营企业聚焦深度贫困地区，创新产业帮扶模式，在资金、项目、人员方面增加帮扶力度，切实把活动抓好抓实抓出成效。

要靠典型示范深化。榜样就是鲜活的教科书。非公有制经济人士中的先进典型在理想信念教育实践活动中具有重要的示范带动作用。过去几年，各地在实践中注重层层推荐典型，并利用召开报告大会、组织现场交流等好形式、好方法形成了学先进、比先进、超先进的浓厚氛围。全国工商联先后举办了非公有制经济人士理想信念报告大会、全国年轻一代民营企业家理想信念报告会，广大企业家备受感动和鼓舞。发挥典型的示范引领作用，依靠典型示范深化，就是要有效发挥企业家的主体作用。理想信念教育实践活动能不能继续深化，就看广大企业家有没有积极性，愿不愿意参与进来。说到底，就是企业家主体作用有没有发挥出来、内因有没有被激发出来。换届后担任工商联执委、常委的企业家是非公有制经济代表人士中的骨干，具有相当的影响力和示范性。随着改革开放初期发展起来的民营企业相继进入新老交接时期，以及“双创”战略的实施，年轻一代已经成为经济领域统战工作新的着力点。下一步，要继续加大宣传力度，既要注重弘扬老一辈企业家先进典型坚定理想信念、产业报国、艰苦奋斗的感人事迹，也要注重发现更多年轻一代企业家典型、挖掘年轻一代企业家精神，并善于运用各种媒体、多种形式扩大典型影响力，把典型的先进经验转化为引导非公有制经济人士坚定“四信”的强大正能量，带动越来越多的企业家参与到活动中来。

要靠强化培训深化。培训，只有贴近企业家实际，满足他们的需求，让企业家感到有收获、受教育，切实“入脑入心”，才能发挥教育引导的作用。强化培训，关键要研究如何聚焦培训对象所需、如何优化课程设置，真正提高教育培训的针对性和实效性。要以工商联执委常委、所属商会会长为重点，开展集中培训，特别要对新任执委常委和商会领导班子成员进行轮训，全面提高思想政治素质和业务能力。党的十九大召开后，要切实抓好十九大精神的学习培训和贯彻落实，帮助非公有制经济人士准确把握中央关于促进非公有制经济发展的一系列决策部署，紧紧抓住国内外经济形势深刻变化孕育的新机遇，努力克服企业发展面临的困难，增强对我国经济社会发展的信心，做爱国敬业、守法经营、创业创新、回报社会的典范。

要靠党建引领深化。加强非公有制企业党建工作与开展理想信念教育是互为促进的，凡是理想信念教育搞得有声有色的商会、企业往往也是党组织比较健全、党的活动比较活跃的。要按照同级党委安排，积极配合组织部门，做好民营企业、各类商会党组织组建工作，推动成立行业性或者区域性党组织；探索建立工商联指导商会、商会指导非公有制企业党建的党建工作模式，结合非公有制企业实际探索灵活多样的党组织组建方式，加大商会和非公有制企业党建工作力度；教育引导非公有制经济人士重视支持企业党建工作，建设先进企业文化，推动企业健康发展和企业党建工作、企业文化互相融入，真正实现党建强、“四信”强、发展强的目标。

（二）在覆盖上见效，是持续推进理想信念教育实践活动的根本保障

要向所属商会覆盖。工商联所属商会作为工商联的基层组织，处在工商联工作的最基层和最前沿，是非公有制经济人士最集中的地方。扩大覆盖面，最重要的是让商会动起来，使商会成为活动的主阵地。要与“四好”商会建设相结合，加强指导和帮助，善于在政治引导、企业服务、社会治理等工作中给商会交任务、压担子。要指导各级工商联直属商会带头开展活动，制定好活动方案，设计好活动载体。要注重分类指导，引导商会在形势政策学习、规范诚信自律、助推企业发展等方面创新开展活动，突出商会特色，注重实际效果。要加大新商会发展力度，注重在新经济、新产业、新业态等行业领域发展商会组织，把更多的技术含量高、发展潜力大、成长前景好的中小微企业吸纳到商会中来。

要向县级工商联覆盖。中央统战工作会议指出县级统战工作是基层统战工作的重点，非公有制经济人士工作又是县级统战工作的重点之一。当前，地方工商联特别是县级工商联在推进理想信念教育实践活动上还不平衡，一些县级工商联没有把理想信念教育实践活动列入重点工作，有些县级工商联领导不愿做、不会做，存在方式创新不够等问题。要与“五好”县级工商联建设相结合，通过组织培训、现场交流等方式，进一步提高换届后的县级工商联主要领导对持续深化理想信念教育实践活动重要意义的认识，增强工作责任感，进一步增强主动性，发挥创造性。县级工商联人手资源有限，要善于借助外力，注重依靠党政部门和支持商会组织开展活动。要建立考核机制，加强检查和督导，支持县级工商联结合县域特点，因地制宜、因企制宜、因人施教探索开展特色活动，推动教育实践活动向基层延伸。

要向企业家自组织覆盖。近年来，随着非公有制经济的快速发展，非公有制经济人士队伍不断壮大，非公有制经济领域的自组织发展很快，数量越来越多、影响越来越大。各级工商联对此要高度重视，采取有效措施，切实推动理想信念教育实践活动向企业家自组织覆盖。首先要解决好与这些自组织的沟通联系问题。自组织

规模、层次各有不同，情况十分复杂。要把思想引导寓于情感交流和工作合作之中，重点关注一些有较大影响力的自组织，关注这些自组织的召集人、组织者等重点人，创造条件建立联系；通过互相邀请、互派人员参加活动的方式，加强与他们的沟通，及时了解这部分企业家群体的思想动态；探索以项目合作的方式，就大家共同感兴趣的领域，如社会公益、扶贫开发、经贸活动、产业发展、模式创新等，共同探讨建立有效的合作平台。同时，也要看到工商联自身存在的问题，通过改变工商联工作机制、工作平台、工作作风，用真诚服务打动人，在增强对企业家的吸引力中不断扩大理想信念教育活动的覆盖面。

二、认真做好中国工商业联合会第十二次全国代表大会筹备工作

中国工商业联合会第十二次全国代表大会是非公有制经济领域统战工作的一件大事，党中央高度重视，广大非公有制经济人士十分关心，社会各方面普遍关注。去年的执委会议已经按照中央要求对如何做好筹备工作做了全面部署，今年我们也制订了筹备工作方案，启动了相关工作。在此，我就进一步贯彻落实中央领导重要讲话精神、认真做好筹备工作强调几点：

（一）选配好班子

工商联事业的长远发展，关键在人。非公有制经济人士的政治安排事关全局，政治性和政策性都很强。要把好政治关。选人用人，政治关是首关。首关不过，余关莫论。要在坚持“思想政治强、行业代表性强、参政议政能力强、社会信誉好”标准前提下，把政治标准放在首位，从政治方向、政治立场、政治纪律、政治规矩等方面全方位去考察，稳慎推荐代表人选，真正将遵纪守法、影响力大、经得起评议检验、关键时刻敢于担当、能发挥关键作用的优秀代表人士选出来、用起来，防止简单以票取人、以资产规模和投资、捐款定人。要把好结构关。着眼于班子的进步性、广泛性、代表性相统一，规划好不同区域、不同行业、不同企业规模的非公有制经济人士候选人比例，真正使选出来的人能够代表非公有制经济发展整体状况，避免人选扎堆某一行业。要把好程序关。要严格执行充分酝酿、民主推荐、组织考察、党委研究、媒体公示等程序，坚持程序不少、环节不漏、步骤不减。要坚持凡进必评、真评实用，最大限度发挥综合评价的把关和导向作用。在代表候选人协商推选、领导机构和领导班子成员人选推荐、选举等环节，周密部署，精心组织，以硬标准硬措施实现人选过硬，经得起时间检验和实践考验。对届满不再安排的非公有制经济人士，各级工商联一方面要引导他们正确对待，继续加强同他们的联系，保护好积极性；另一方面要探索有利于他们发挥作用的一些新形式，如设立专家咨询委员会等，使他们有更多机会参与工商联工作。

（二）起草好报告

好的工作报告是代表大会成功的重要标志。过去五年，工商联各项工作都取得了很多突破，积累了不少经验；站在新起点上，工商联所面临的形势、任务和要求都发生了深刻变化。工作报告必须与时俱进，既要总结好过去五年的探索创新成果，提炼能够指导未来的规律性认识；也要面向未来，紧密结合当前形势和中央对工商联工作提出的新要求，做好未来五年工作的谋划，体现创新性、富有创造性，使工作报告真正能够鼓舞人心、振奋精神、凝聚力量。广泛征求意见是保证报告起草质量的重要环节。上半年我们已经就各地过去五年的经验做法做了大范围的意见征集；接下来我们还要就第十二次代表大会工作报告讨论稿征求意见，请大家结合实际认真深入思考、积极贡献智慧和力量，使报告真正成为一份广纳群言、广集民智、集思广益的好报告。

（三）修订好章程

工商联章程是整个工商联系统的行动纲领和工作依据，现行章程在一些方面已不适应发展需要，中央领导同志对章程修改也提出了明确要求。我们要按照中央文件精神，着重从贯彻落实习近平总书记系列重要讲话精神和治国理政新理念新思想新战略、总结工商联的理论和创新成果、推动构建新型“亲”“清”政商关系、克服“四化”倾向、合理确定全国工商联领导班子结构等方面深入研究，严肃认真修改好工商联章程。通过做好章程修改，推进工商联工作的制度化、规范化建设，为工商联事业发展提供正确导向，进一步激发工商联组织创新、发展活力。

（四）筹备好大会

中央领导同志高度重视，经多方协调，中国工商业联合会第十二次全国代表大会将于11月底在京西宾馆召开。筹备工作方案已经制定，当务之急是抓好落实。文件组、章程修改组、组织组、宣传组、联络组、会务组等工作机构要科学分工，落实到人，密切协作，认真细致地完成各项筹备和会务准备工作。代表大会会议内容较多，要科学设置会议程序，既稳妥有序，又充分体现工商联特色，切实做到精细精准。各省级工商联要从思想上高度重视，进一步增强责任感，配合全国工商联做好人选推荐等工作，积极贡献智慧和力量。做好换届工作的目的是更好地推动工作、促进发展。大家要正确认识和处理换届与日常工作的关系，坚持统筹兼顾，做到换届工作与日常工作“两不误、两促进”。

三、抓紧推进省级工商联换届工作

目前，省级工商联换届工作正在紧张有序向前推进。做好省级工商联换届工作，既是当地非公有制经济领域统战工作的一件大事，也是全国工商联换届工作的重要基础。按照中央统战部要求，省级工商联必须在7月底前完成换届。截至目前，全国有8家省级工商联完成换届，15家即将进行换届，接下来的任务还非常繁重紧迫，大家一定要从讲政治的高度抓紧稳步推进换届工作，抓好落实。

（一）省级工商联党组要切实增强责任意识

换届是我们当前一项最重要的政治任务。尚未完成换届的各省级工商联党组，要在省级党委统战部门的领导下，加强组织协调，按规定动作平稳、有序完成换届。换届纪律就是政治纪律，换届程序就是政治规矩。《中共中央办公厅转发〈中央统战部关于工商联（民间商会）2017年换届工作的意见〉的通知》对省级工商联换届人事安排提出明确要求，特别是主席会长班子规模和人选、执委会常委会的规模和结构做出严格规定。按照中央政策规定执行，不搞变通、不打折扣，这是最基本的政治要求，既是对中央负责，也是对工商联事业长远发展负责。但在这次换届中，仍然有三个地方换届工作人事安排请示汇报不及时，工作方案不规范，事前缺乏沟通，出现违反程序的事件发生，为此还专门向中央统战部和全国工商联做了检讨。没有完成换届的省级工商联党组一定要增强责任意识，加强与中央统战部和全国工商联的汇报沟通，及时报告换届工作进展情况，同时学习借鉴已换届省份一些好的经验和做法，切实把好标准关、程序关、纪律关，选好人用对人，确保换届工作顺利完成。

（二）现任省级工商联领导要正确看待进退留转

换届必然涉及干部人事安排，这也

是对干部组织纪律、思想觉悟、党性和个人修养的“试金石”。这次换届有部分省级工商联领导班子特别是主要领导因为到龄、届满等原因，将要离开工商联工作岗位。五年来，你们为工商联事业发展做了很多富有成效的工作，对工商联具有很深的感情。但是新老更替，是自然规律，是工作要求，也是工商联事业薪火相传、持续发展的需要。在工商联事业发展的关键时刻，希望大家能够讲政治顾大局，展现高风亮节，以长远的眼光、宽阔的胸怀、平和的心态来看待个人的进退问题。换届后，有一批新同志将走上工商联领导岗位，不少是从统战系统外调任的，情况还不是特别熟悉，还需要大家鼓励支持、提携帮助，搞好工作交接，站好最后一班岗。退下的同志，变化的是岗位，不变的是本色和责任，要有“退岗不退心、退位不退志”的觉悟，一如既往地关心工商联工作、支持工商联事业发展。换届不是换班，一些同志还要继续留在工商联组织中。“留”下的同志要继续发扬优良传统、发挥经验优势，与新班子成员一道再接再厉、团结奋斗，共同开创工作新局面。此外，还有部分同志要转任其他岗位，这是组织上的充分信任。在工商联领导岗位中积累的丰富经验和过硬本领，肯定会让你们受益良多，要尽快适应新岗位的需要，努力提高自己的工作水平，在新的工作岗位上展现“工商联人”的风采，为党的事业做出新的贡献。

（三）新任省级工商联领导要勇于担当

工商联事业是一个接续发展的事业，必须靠一批批工商联领导和干部为之奋斗不懈。这次换届，一大批年富力强、熟悉经济工作、善于组织协调的同志走上了省级工商联领导岗位。“进”固然可喜，但必须摆正心态，不忘初心，尽快进入工作角色。首先，要加强学习。深入学习《中共中央国务院关于加强和改进新形势下工商联工作的意见》（中发〔2010〕16号）以及《中国共产党统一战线工作条例（试行）》，尽快熟悉习近平总书记、俞正声主席、孙春兰部长等中央领导同志对工商联工作的要求，系统掌握非公有制经济领域统战工作的特点、规律和方式方法；深入县级工商联、商会和企业搞好调查研究，准确把握“两个健康”工作现状，切实尽快提升统战工作能力和水平。其次，要抓落实。亲力亲为抓改革、扑下身子抓落实，做改革的实干家，是领导干部应有的改革姿态，更是不能懈怠的政治责任。要按照习近平总书记提出的抓思路、抓调研、抓推进、抓落实要求，既要树立接力意识，主动传承上一届的好经验、好做法、好作风，也要就当地制约“两个健康”的突出问题和工商联工作面临的新形势，以改革创新的勇气和担当，带领大家一起定好盘子、厘清路子、开对方子，拿出有底气、接地气的工作方案，带头啃“硬骨头”，争取把工商联工作提升到一个新的更高水平。第三，要搞好班子团结协作。习近平总书记强调指出，班子的团结就好比“指头”与“拳头”的关系，一个“指头”劲再大，其他“指头”如果不用力，也难以体现出“拳头”的合力。孙春兰部长在5月2日讲话中对全国工商联领导班子团结协作提出的具体要求，对各级工商联同样适用。团结是原则、是境界、是能力。大家要共同维护好班子团结，做到分工不分家，相互信任，合力推进各项工作。党组要发挥好领导核心作用，党组书记要带头认真贯彻民主集中制，积极支持主席开展工作，搞好与班子中党内外同志的合作共事。企业家常委是工商联领导机构的组成人员，既是“自家人”也是“当家人”，要真正把自己摆进去，多参与工商联的重点工作，多提睿智之言、献务实之策，贡献更多智慧和力量。

同志们，今年下半年工商联系统大事要事多，时间紧任务重，明天钦敏主席还要就抓好各项工作提出明确要求。我们要振奋精神，创新作为，认真按照中央决策部署，大力促进“两个健康”，以优异的工作成绩向党的十九大献礼！

在“四好”商会建设视频会议上的讲话

（2017年2月20日）

王钦敏

刚才，哲洙书记就如何充分认识“四好”商会建设的重要意义、准确把握“四好”商会建设的主要内容、精心组织“四好”商会建设工作三个方面作了部署，讲得很好，我都赞同。大家要认真学习领会，抓好贯彻落实。下面，我再强调三点意见：

一、建设“四好”商会要贯穿改革创新精神

中央明确工商联所属商会不脱钩，但不脱钩也要改革。工商联所属商会要按照中央统战工作会议、中央党的群团工作会议精神、《中国共产党统一战线工作条例（试行）》和《关于改革社会组织管理制度，促进社会组织健康有序发展的意见》等要求，切实推进改革发展。根据工商联所属商会的性质定位和工作实际，改革的主要任务是强化中国共产党的领导，履行好工商联的指导、引导、服务职能，激发商会活力，推动统战工作向商会组织有效覆盖。我们提出的“四好”商会建设，就是按照改革的要求来推动商会建设。提升商会领导班子办会能力，对主要负责人进行考核，壮大会员队伍，深化理想信念教育实践活动，提升服务能力，助推企业发展，规范内部管理，强化诚信自律，这些都是推动商会改革的重要任务。大家要切实统一思想，精心组织实施，确保圆满完成党中央交给我们的推动工商联所属商会改革的重要任务。

二、建设“四好”商会要紧扣“两个健康”主题

“两个健康”是工商联工作的主题，同样也是工商联所属商会工作的主题。所属商会作为工商联的基层组织，各个方面和各个环节的工作都要紧扣“两个健康”主题来谋划、推动和落实。“四好”商会建设的内容，完全体现了促进“两个健康”的要求。“班子建设好”“团结教育好”“服务发展好”“自律规范好”既注重发挥所属商会的统战特殊职能，又注重发挥经济服务职能，既强调服务非公有制经济健康发展，又强调服务非公有制经济人士健康成长。大家要紧紧围绕“两个健康”主题，协调推进“四好”商会建设，使工商联所属商会真正成为工商联工作的主阵地。

三、建设“四好”商会要发挥商会主体作用

“四好”商会建设在全国各级工商联所属商会中首次开展，必然会面临很多困难、问题，能否开展得好，很大程度上要发挥商会这个建设主体的创新作用。商会要主动作为，创新工作机制，发挥会长班子的带头作用，扩大会员参与面，形成良好建设氛围。要结合行业、区域和会员特点，搭建工作平台，吸收专业人才，创新活动形式，丰富活动内容，进一步提升建设水平。各级工商联也要推动体制机制创新，加强和改进对所属商会的指导、引导、服务。

推动“四好”商会建设，是当前和今后一个时期工商联商会工作的重要抓手。各级工商联主要负责同志要切实担负起责任，强化责任意识、阵地意识，充分认识“四好”商会建设的重要性和紧迫性。要积极争取党委政府重视支持，搞好协调推动，确保党中央关于工商联所属商会工作的明确方针落到实处。

在民营企业参与“一带一路”建设工作视频会议上的讲话

（2017年3月21日）

王钦敏

实施“一带一路”建设，是党中央科学研判世界发展大势，统筹国际国内两个大局做出的重大战略决策，是我国积极主动参与经济全球化做出的重大抉择，是今后较长一段时期经济工作和对外工作的重要任务。近年来，全国工商联高度重视民营企业参与“一带一路”建设的引导服务工作。2015年3至6月，在全系统开展了民营企业走出去调研，李克强、俞正声等中央领导同志对调研报告做出重要批示；同年6月，在全国工商联十一届六次常委会议上，把引导服务民营企业参与“一带一路”建设列为会议主题，交流经验、部署工作；2016年2月，全国工商联又印发了《关于引导服务民营企业参与“一带一路”建设的若干意见》，组织开展了民营企业与外交官面对面活动和多场培训。今年，经中央批准，全国工商联成为推进“一带一路”建设领导小组成员单位。一年多来，各地工商联主动作为，积极采取措施推动民营企业参与“一带一路”建设。有的成立了领导小组，制定了具体的贯彻落实意见；有的与政府部门合作，共同进行政策解读；有的对民营企业走出去情况进行调查摸底，建立了数据库；有的搭建政企沟通平台，积极反映民营企业意见诉求；有的利用互联网等平台发布对外投资政策、信息，进行风险提示；有的建立培训机制，提升民营企业自身素质和能力。通过这些工作探索，积累了一些好经验、好做法，工商联服务能力有了一定程度的提升。

下面，我就深入学习贯彻落实推进“一带一路”建设工作座谈会精神，分析研判当前民营企业走出去过程中遇到的新情况新问题，更好引导服务民营企业参与“一带一路”建设工作，讲四点意见：

一、深刻领会中央关于推进“一带一路”建设的新思想新要求

去年8月17日，习近平总书记主持召开了推进“一带一路”建设工作座谈会，全国工商联参与了座谈会的筹备工作，组织推荐9家民营企业参会。习近平总书记在座谈会上的重要讲话中，回顾了自2013年提出建设丝绸之路经济带和21世纪海上丝绸之路倡议，到党的十八届三中全会确定“一带一路”建设设想，再到2015年对外发布《推动共建丝绸之路经济带和21世纪海上丝绸之路的愿景与行动》的历程；从历史的角度和全球的视野，阐明了推进“一带一路”建设对我国发展的重大意义；从切实推进思想统一、规划落实、统筹协调、关键项目落地、金融创新、民心相通、舆论宣传和安全保障八个方面，指明了今后工作方向。讲话统揽全局、高屋建瓴，理论与思想并重、规划与实践结合，具有很强的针对性和指导性。

深入学习贯彻习近平总书记在推进“一带一路”建设工作座谈会上的重要讲话精神，要着重把握好以下五个方面：一是准确把握共商、共建、共享的建设理念。总书记强调，中国对外开放，不是要一家唱独角戏，而是要欢迎各方共同参与；不是要谋求势力范围，而是要支持各国共同发展；不是要营造自己的后花园，而是要建设各国共享的百花园。“一带一路”建设横跨欧亚大陆，贯穿亚太和欧洲经济圈，对于应对经济下行压力、寻找经济增长新动力，实现共同发展和繁荣意义重大。广大民营企业要以和平合作、开放包容、互学互鉴、互利共赢的丝路精神为指引，按照共商、共建、共享的原则，与驻在国有关机构、企业一道，把“一带一路”建设携手打造成命运共同体和利益共同体，为建设绿色、健康、智力、和平的丝绸之路贡献力量。二是准确把握“一带一路”的建设重点。总书记强调，要按照既定规划的阶段性战略目标，周密组织，精准发力；要聚焦重点地区、重点国家、重点项目，做好样板工程，放大政治、经济外交效应，逐渐让星星之火形成燎原之势。“一带一路”建设是复杂的系统工程。沿线国家风俗不同，自然禀赋各异，在不同时期、不同阶段，推进的重点和努力的方向不尽相同。民营企业在参与“一带一路”建设的实践中，要围绕总体布局，聚焦主业，聚焦实体经济，重点在基础设施互联互通、能源资源开发利用、工业园区和经贸产业合作区建设、产业核心技术研发支撑等优先项目上开展合作，把企业的技术、资金、管理优势与驻在国的市场需求、劳动力、资源等要素结合起来，一步一个脚印，切忌“赶时髦”和“一窝蜂”地往外走。三是准确把握统筹协调的工作方法。总书记强调，“一带一路”是一个整体，要齐头并进，两只翅膀都要硬起来；开展合作要统筹国际国内两个市场、两种资源，特别是要重视发挥国内经济的支撑辐射和引领带动作用；要通过推进“一带一路”建设，倒逼国内改革开放，着力推进开放型经济体制建设。推进“一带一路”建设的主要目的就是要让沿线国家共同分享中国改革发展红利，同时服务国内转变经济发展方式和调整经济结构。为此，民营企业要处理好国家指导与企业自身发展、国内市场与国际市场、自身利益与互利共赢的关系。要从国家大局出发，既要立足实际，充分发挥自身优势，又要统筹兼顾、相互配合，实现自身发展与国家利益的最大化。四是准确把握民心相通的基础作用。总书记指出，人文合作投入小、影响大、管长远，关键是要重视起来，用“随风潜入夜，润物细无声”的方式去做，推进民心相通，发挥文化影响力。“国之交在于民相亲”。走出去的民营企业作为民间外交的参与者和推动者，不仅代表着企业自身的形象，更代表着中国企业和国家的形象。民营企业在海外的一言一行、一举一动不仅要慎之又慎，而且要通过诚实信誉、守法经营，以德服人、以礼服人，成为中华文化和灿烂文明的传播者，争当对外交往的“民间大使”。五是准确把握防范安全风险的基本要求。总书记强调，对“一带一路”建设面临的各类安全风险的长期性、复杂性、严峻性，要有清醒认识，保持高度警惕，强化底线思维，未雨绸缪，防患于未然。“一带一路”建设地域范围跨越东南亚、中亚、南亚、西亚、中东欧和北非等地区，历来是地缘政治和安全风险交织的漩涡。民营企业要保持清醒的头脑，把可能遇到的各类风险估计得足一点，把对风险的警惕提高一点。要不断增强安全风险意识，切实加强安全风险评估、监测预警和应急处置能力建设，努力做到“事前有评估、事中有预警、事后有处置”，最大限度规避安全风险，减少海外投资经营的损失。

二、及时掌握民营企业参与“一带一路”建设的新情况、新问题

当前，世界经济发展正处于深度调整期。广大发展中国家积极推进工业化、信息化和城市化，不少发达国家推进基础设施改造升级；全球新一轮科技革命和产业变革蓄势待发，新技术、新业态、新模式不断涌现，传统产业分工格局加速改变，全球产业链、物流链、创新链加快重塑；一批拥有先进技术的国外企业期待深化对华合作，跨国并购活跃，在资源、产能、基建、装备和技术等方面的合作潜力巨大；国际投资贸易规则加快重构，中国对世界经济增长的贡献率名列前茅，中国理念、中国倡议、中国方案备受关注。这些都为民营企业参与“一带一路”建设、转型发展提供了重大历史机遇。随着“一带一路”建设的深入推进，已吸引了100多个国家与国际组织参与，我国已同沿线30多个国家签署了共建“一带一路”合作协议。2016年，我国非金融类对外直接投资1 701.1亿美元，同比增长44.1%，其中对“一带一路”沿线国家直接投资145.3亿美元；对外承包工程新签合同额1 260.3亿美元，占同期我国对外承包工程新签合同额的51.6%。在国家大力推动“一带一路”建设，以及经济发展进入新常态的背景下，民营企业参与的热情越来越高，步伐越来越快，规模越来越大，已经成为参与“一带一路”建设的重要力量，涌现出一大批着眼全球、实施国际化战略和资本运作的优秀民营企业，刚才发言的几个企业，就是其中的成功代表。

但与此同时，我们要清醒地看到，在“一带一路”建设过程中，也出现了一些新情况新问题。一是投资经营还不够规范。有的企业不履行国内审批手续，对敏感国家、敏感地区、敏感行业的境外投资项目不报备；有的不接受我驻外使领馆的协调和指导；有的国别可行性研究、尽职调查不到位；有的损害国家利益，违规承诺融资。二是遵纪守法意识还不强。有的在项目建设中违规分包，工程质量不过关、拖延工期；有的人员管理混乱，非法用工、非法滞留；有的违反环境保护法律，破坏生态环境。三是恶性竞争还屡禁不止。有的搞商业贿赂，拉拢当地官员打击对手；有的低价竞标，恶性竞争；有的不讲诚信，以次充好。四是安全风险意识还不足。有的对法律、政策、外汇风险估计不足，企业遭受很大损失；有的缺少对员工必要的安全培训和安全生产操作规程；有的对当地工会等组织认识不足，与员工的关系紧张，罢工事件多发；有的不尊重当地风俗、宗教信仰和生活习惯，导致与当地民众发生冲突；有的对驻在国发生政变、恐怖袭击、治安环境恶化等突发情况缺乏应对预案，遇事不知如何处置；有的甚至参与当地派系斗争，卷入政治漩涡。五是走出去的组织化程度还不高。有的抱团意识淡薄，各自为政、单打独斗，有项目时“一拥而上”，遇到问题时“一哄而散”，存在“散、小、乱”现象；有的不主动向我驻外使领馆报到，不参加境外中资企业商会，碰到问题时孤立无援。

上述这些问题已成为当前阻碍民营企业参与“一带一路”建设的突出问题，严重损害了中国企业的海外形象。广大民营企业一定要高度重视，采取切实有效措施认真加以克服。各级工商联必须站在讲政治的高度，认真贯彻落实习近平总书记的重要指示，从服务国家战略大局出发，积极引导服务有条件、有实力、有准备的民营企业有序参与“一带一路”建设，努力帮助企业解决存在的问题。

三、民营企业要自觉践行“一带一路”建设的新要求

当前世界经济仍处于缓慢复苏的进程中，复杂性、不稳定性、不确定性进一步凸显，发生黑天鹅事件的可能性大增，部分国家“逆全球化”思潮明显上扬，贸易保护主义加剧，由此带来的社会矛盾和政治动荡还会继续。广大民营企业要保持头脑清醒，既看机遇，也看挑战，自觉践行“一带一路”建设的新要求。

一要将参与“一带一路”建设作为推进供给侧结构性改革、提高企业创新能力和核心竞争力的重要途径。“一带一路”建设重点在国外，但根基在国内，本质上是通过提高有效供给来催生新的需求，实现与国内供给侧结构性改革的有效衔接。民营企业在参与“一带一路”建设、国际产能合作中，既要着眼于带动国内装备、技术、标准、服务走出去，催生新的有效需求，也要把扩大市场渠道、获得关键技术、打造国际品牌作为境外并购的重点，不断增强企业的创新能力和核心竞争力，反哺国内产业发展，进一步做大做强国内产业，培育新的有效供给。要注重加强科技、教育、文化、旅游等领域交流合作，将国内外资源相互嫁接，打造有国际影响力的品牌。

二要主动融入国际产能合作的战略布局。国际产能合作是推进“一带一路”建设的重要抓手。民营企业要结合自身优势和发展需要，以市场为导向，主动融入国际产能合作战略布局。要选择制造能力强、技术水平高、国际竞争优势明显、国际市场有需求的领域开展合作，围绕钢铁、有色、建材、能源化工、轻工纺织、汽车、农业、工程机械等行业，推进一批重点项目落地。要加强走出去企业间的互利合作，依托大企业、境外工业园区、商会实现“抱团出海”“抱团竞争”，防止一哄而起、无序竞争。

三要树立守法诚信、规范经营的良好形象。企业形象不仅代表着企业家素质和企业经营管理水平，更是国家形象的缩影。要坚持守法经营，遵守驻在国法律法规，尊重当地文化、宗教和习俗，保障员工合法权益，强化产权保护，注重资源节约利用和保护生态环境，积极履行社会责任。要坚持诚信经营，自觉抵制商业贿赂、低价竞标等不正当竞争行为，维护公平竞争的市场秩序，树立中国企业良好形象。要坚持规范经营，严格遵守对外投资管理的有关政策法规，认真履行项目的备案和核准手续，主动到我驻外使领馆报到登记、接受协调与指导，加强对所属境外企业或机构的运营管理，做好企业驻外人员的教育和培训。

四要增强安全意识，防范和应对各类风险。“明者见危于无形，智者规祸于未萌”。民营企业要切实增强风险意识，做好做足前期尽职调查和安全风险评估，健全完善境外安全管理的制度，加强安全培训。要时刻绷紧安全这根弦，多渠道及时掌握境外安全风险提示及预警信息，及早调整投资经营策略，最大限度保护企业的海外资产及人员安全。要加强突发安全事件的应急处置和公关处理能力，制定好应急预案，遇到突发事件第一时间通过我驻外使领馆及专业安保机构寻求帮助，提高应急处置能力。去年10月份以来，为防范境外投资风险和非法资金外流，有关部门加强了境外投资真实合规性审核力度，民营企业要高度重视，确保境外投资真实性，特别要注重围绕主业开展境外投资。

五要注重软实力建设，讲好中国故事。软实力是无形的力量资源，是“一带一路”建设的重要助推器，是增进了解、凝聚共识、谋求共赢的关键纽带。软实力强大了，开展经济活动的阻力就会小。民营企业参与“一带一路”建设，要讲好中国故事、传播好中国声音，消除沿线国家民众的疑虑与误解，在坦诚交流中深交朋友、厚植人脉。要坚持义利并重，认真履行社会责任，积极参与当地公益事业，造福当地民众，树立中国企业负责任的形象。要强化质量意识，注重创新引领，增强中国产品、技术、服务在沿线国家的美誉度，用中国创造、中国制造打造沿线国家民众认可的中国品牌。要鼓励有实力的民营文化企业在沿线国家开展投资并购与技术合作，服务中华文化走出去。

四、工商联和商会组织要切实发挥好引导服务作用

当前，各级工商联和商会组织在引导服务民营企业参与“一带一路”建设中进行了一些有益探索，但整体上还处于起步阶段，依然存在一些薄弱环节。主要表现在，有些地方还没有把引导服务民营企业参与“一带一路”建设纳入工作议程，人员、经费等方面的保障不足；有些地方与政府部门沟通协作不够，整合资源形成合力有待加强；有些地方开展服务的手段和载体不多，创新不足，距离民营企业的需求还有差距；有些地方对典型宣传不足，社会氛围不够浓厚；有些商会组织缺乏与境外沟通联络，服务能力有待提升；等等。我们要切实加强自身能力建设，抓好《全国工商联关于引导服务民营企业参与“一带一路”建设的若干意见》的贯彻落实。

（一）努力提升引导服务能力。当前和今后一个时期，各级工商联和商会组织要把规范境外投资经营、防范化解各类风险作为引导服务民营企业参与“一带一路”建设的工作重点。按照推进“一带一路”建设领导小组办公室的部署，全国工商联正牵头起草《民营企业规范境外投资经营和防范风险的指导意见》。一要以此为切入点，进一步找准方向，明确重点，有针对性地开展引导服务。二要积极建立民营企业参与“一带一路”建设数据库，对在沿线国家的投资企业、项目、人员等情况做到心中有数。三要加强专题调研，围绕民营企业参与“一带一路”建设中遇到的困难和障碍积极建言献策，努力营造良好的政策环境。四要提高干部队伍素质，重视吸纳专门人才，加强业务培训，全面提升引导服务的能力和水平。

（二）搭建民营企业参与“一带一路”建设服务平台。服务平台建得好不好，关键看服务实效。一些地方成立了“一带一路”建设服务中心、搭建各类服务平台等做法，得到民营企业的认可与赞誉。各级工商联和商会组织要把服务平台作为工作的重要载体和关键抓手，以信息服务、政策服务、外事服务、法律服务、金融服务等为重点，建成有特色、有实效的服务平台。要深化与政府部门的沟通协作，发挥走出去工作联席会议等合作机制的作用，加强与我驻外使领馆和外国驻华使领馆的联系沟通，进一步畅通政企沟通渠道。要借力中介组织等专业力量，在法律、会计、税务、咨询、安保等领域，采取购买服务、市场化运作等方式，提高平台的专业化服务水平。

（三）提高民营企业参与“一带一路”建设的组织化程度。“孤举者难起，众行者易趋。”解决民营企业参与“一带一路”建设中的“散、小、乱”问题，必须提高组织化程度，实现聚沙成塔、握指成拳、抱团竞争。一方面，要发挥好境外工业园区的产业集聚效应，鼓励有条件的大型民营企业利用自身优势，有目标、有组织、有重点地建设境外工业园区，带动中小企业依托园区抱团走出去和上下游产业链协同走出去。另一方面，要利用好商会这一工作载体和依托，加强对会员企业的组织引导，促进企业抱团发展，增强抵御风险的能力。要调动商会组织的积极性，依托商会搭建服务平台，加强与海外各类商会组织的沟通联络。走出去企业较多的商会要制定企业海外投资行为准则，通过行业自律引导企业规范竞争行为，避免无序竞争和恶意竞争。鼓励和支持走出去的民营企业加入境外中资企业商会。借助境外中资企业商会平台，加强与走出去企业的联系，延伸服务。在境外建立区域性商会组织，要在我驻外使领馆的指导下，以企业为主体，依托境外工业园区或骨干企业，符合驻在国的法律及有关规定审慎探索，不能一哄而上、多国开花。

（四）抓好典型引领和培训教育。要把民营企业规范境外投资经营、守法诚信、防范风险作为理想信念教育实践活动的重要内容。要注重发现和收集民营企业、地方工商联及商会等不同层面的典型，采取多种形式进行宣传推介。要加强与新闻媒体的沟通协作，创新舆论宣传手段，及时宣传在“一带一路”建设中积极履行社会责任、展示中国良好形象的民营企业，努力营造全社会关心支持民营企业参与“一带一路”建设的良好氛围。要加强对民营企业参与“一带一路”建设的培训教育工作，注重发挥驻外使领馆和涉外智库在培训中的独特作用，与有关部门开展联合培训，切实提升民营企业走出去的素质和能力。

同志们，民营企业参与“一带一路”建设使命光荣，责任重大，要坚定信心、奋发有为。今年5月，“一带一路”国际合作高峰论坛将在北京举行，我们要抓住机遇，努力发挥工商联的引导服务作用，推动民营企业在参与“一带一路”建设中迈上新台阶，取得新成绩。

在全国“万企帮万村”精准扶贫行动片区座谈会上的讲话

（2017年5月5日）

王钦敏

今天，我们召开“万企帮万村”精准扶贫行动片区座谈会，目的是学习贯彻习近平总书记在2月21日中央政治局第三十九次集体学习和3月31日听取各省脱贫攻坚工作考核情况时的重要讲话精神，深入贯彻落实全国“万企帮万村”精准扶贫行动现场会精神，总结成绩、交流经验，研究新情况新问题，推进“万企帮万村”精准扶贫行动整体推进、提质增效、落实落细。

昨天，我们实地观摩了民营企业在大方县、织金县实施的精准扶贫项目。刚才，谢经荣同志传达了孙春兰同志的重要讲话精神，对民营企业家积极投身脱贫攻坚给予了高度评价。19家民营企业与织金县签署了产业合作项目，签约金额64.28亿元；全国工商联办公厅、扶贫与社会服务部党支部分别与织金县两个贫困村党支部签订了共建协议；贵州省总商会签约结对帮扶50个贫困村；4家商会举牌向织金县捐赠了价值446万元的产业帮扶资金和公益帮扶物资。通过实地观摩和现场签约，我们看到，民营企业参与“万企帮万村”精准扶贫行动，既有东西部协作跨地域帮扶，也有本地企业就近帮扶；既有大企业包县包片全面帮扶，也有各类企业因企制宜帮村帮户；既有产业投资、吸纳就业帮扶，也有公益捐赠、党建扶贫。充分体现了民营企业参与脱贫攻坚的积极性、广泛性和创新性，展现了民营企业家用实际行动贯彻落实习近平总书记关于扶贫开发系列重要讲话精神、为全面建成小康社会“补短板”的责任担当。在此，我代表全国工商联，对长期奋战在脱贫攻坚工作一线的企业家们和各级干部致以崇高的敬意！

党的十八大以来，脱贫攻坚取得了显著成绩。每年农村贫困人口减少都超过了1 000万，累计脱贫5 564万人，贫困发生率从2012年的10.2%下降到2016年年底的4.5%，贫困地区群众生活水平得到了明显提高。这主要得益于以习近平同志为核心的党中央的坚强领导，得益于广大干部群众的自强不息和不懈努力，得益于各位企业家用心用情用力帮扶，充分彰显了中国共产党领导下的中国特色社会主义集中力量办大事的政治优势和制度优势，赢得了广大群众的衷心拥护和国际社会的广泛赞誉。联合国《2015年千年发展目标报告》显示，中国对全球减贫的贡献率超过70%，是世界上减贫人口最多的国家，也是世界上率先完成联合国千年发展目标的国家。联合国《2030年可持续发展议程》提出“到2030年消除极端贫困、让所有人的生活达到基本标准”的发展目标，中国作为一个负责任的发展中大国，将按照“十三五”脱贫攻坚的规划，确保到2020年现行标准下农村贫困人口实现脱贫。届时，中国将成为第一个率先并提前10年完成联合国2030年减贫任务的国家。

近年来，贵州省以战略部署“扣扣子”、责任履行“担担子”、任务落实“钉钉子”的精神，把产业扶贫和易地搬迁扶贫作为主攻方向，加强组织领导和政策保障，在“十二五”减贫656万人基础上，去年减贫120.8万人，成效明显。

目前，虽然脱贫攻坚取得了阶段性成果，但我们也必须清醒认识到，脱贫攻坚战剩下的都是难啃的硬骨头，且呈插花式分布。2016年年底，全国农村贫困人口还有4 435万人。这次来参会的，广西、四川、贵州、云南、西藏都是脱贫攻坚主战场，贫困面大、贫困程度深、脱贫任务重，像西藏和四省藏区、四川凉山、云南怒江等民族地区生存环境恶劣，基础设施和公共服务落后，可谓是贫中之贫、困中之困、难中之难、坚中之坚。贵州是贫困人口最多的省份，毕节市还有92.43万贫困人口，约占贵州省的1/4；织金县也还有17.04万农村贫困人口，占全市的近1/5，这也是今年我们第一个“万企帮万村”精准扶贫片区座谈会选择在这里召开的主要原因。要在4年的时间里实现脱贫，时间紧迫、任务繁重，必须保持迎难而上，拿出求真务实、真抓实干的精气神，攻下贫困的堡垒，实现全面小康。

全国工商联作为党领导下的人民团体和商会组织，始终牢固树立“四个意识”，始终坚持围绕中心服务大局，以光彩事业和定点扶贫为载体，积极组织民营企业参与国家扶贫开发事业。2015年，全国工商联会同国务院扶贫办、中国光彩会发起了“万企帮万村”精准扶贫行动。经过一段时间的探索实践，“万企帮万村”精准扶贫行动作为国家社会扶贫的重要内容和民营企业参与扶贫的重要品牌，在参与覆盖面、帮扶模式、脱贫成效上都已超预期，成为各地脱贫攻坚战的重要组成部分，得到了党中央国务院的高度重视和肯定。截至2016年年底，全国进入“万企帮万村”精准扶贫行动台账管理的民营企业有2.65万家，精准帮扶到388.64万建档立卡贫困人口，涉及2.46万个村（其中建档立卡贫困村2.1万个）；产业扶贫投入382.52亿元，公益扶贫投入82.98亿元，安置就业30.76万人，技能培训31.63万人。

随着行动的深入推进，我们在调研中发现，行动也存在一些亟待解决的突出问题。比如说部分帮扶项目难落实，帮扶对象聚焦不精准，台账数据填报不及时、不全面，支持政策不落地，政府、市场和社会脱贫合力尚未完全形成等。2017年是扎实推进“万企帮万村”精准扶贫行动提质增效年，我们要按照习近平总书记“要抓好落实、抓出成效”的重要指示和孙春兰同志5月2日在全国工商联干部大会上讲话时提出的要抓基础建设、抓模式创新、抓政策支持、抓典型引路的要求，坚持目标导向形成合力，坚持问题导向补齐短板，坚持结果导向抓出实效。这里，我再强调几点意见。

一是要更好发挥自身特长，把产业扶贫作为主攻方向。产业扶贫是贫困地区拔穷根、长筋骨，脱贫不返贫的好路子。党中央国务院之所以高度重视发挥民营企业在脱贫攻坚中的作用，就在于民营企业在发展产业、帮助贫困群众建立脱贫长效机制方面有独特优势。我们参与行动的企业，首先，要在因企因地制宜，选定帮扶项目、落实帮扶手段上下功夫。要立足当地资源禀赋、自然条件，根据企业自身实际选定帮扶项目，并与当地政府密切配合，通过土地流转、订单农业、牲畜托养、吸纳就业、土地经营权股份合作、扶贫资金入股分红等多种方式，与贫困群众建立稳定的利益链接机制，让贫困户直接受益。其次，要加强当地产业脱贫带头人的培育。农村合作社、脱贫带头人是衔接企业和贫困群众的桥梁和纽带，具有承接产业发展、提高贫困户组织化程度、示范带动群众参与的特殊作用。企业要帮助培养一批“不走的能手”，示范和带动更多的贫困群众参与所在地的产业发展，形成一个“资金跟着贫困对象走、贫困对象跟着能人走、能人和贫困对象跟着产业项目走”的良性循环。

二是要突出精准，将结对帮扶工作做细做实。3月8日，总书记在参加四川代表团审议发表重要讲话时强调指出，“当前脱贫工作，关键要精准发力，向基层聚焦聚力，有的需要下一番‘绣花’功夫”。我们的“万企帮万村”精准扶贫行动，也必须聚焦重点，精准设计，对扶贫资源精细化配置，对贫困户精准化扶持，努力探索一条把水浇到“穷根”上的精准脱贫之路。无论是发展产业、吸纳就业还是公益捐赠，都要将帮扶对象聚焦到建档立卡贫困人口身上，既要看投了多少资，捐了多少钱，更要看实实在在帮助了多少贫困人口增收脱贫。要拿出掀“灶头”看疾苦，下“地头”寻富路的精神，帮助贫困群众找准脱贫致富的路子。贫有百样，困有千种，最好的模式是因地制宜、因户制宜，接地气的帮扶方式，这就需要深入到贫困村、贫困户中，深度调研贫困群众的致贫原因，量身打造一条符合贫困群众的内心意愿和自身能力的精准脱贫路径。对有劳力、缺技术的要通过技能培训，引导他们参与到发展生产和劳动就业中来；对有能力、缺资金的，要通过金融支持等方式帮助他们解决资金难题；对缺乏劳动能力的老弱病残，要通过股权分红、产业收益、公益捐赠等方式增加他们的收入。习近平总书记再三强调“脱贫结果必须真实，让脱贫成效真正获得群众认可、经得起实践和历史检验，决不搞花拳绣腿，绝不摆花架子”。我们“万企帮万村”行动台账系统已经建立起来了，从数据上看，我们取得的成效超出预期，但是还需要对数据进行进一步核准、核实，绝不能搞“数字脱贫”。现在是信息化时代，一个企业、一个村的一个数据弄虚作假，就有可能被舆论放大，影响社会对整个行动的认可度和满意度，这一点必须引起我们的高度重视，各级工商联的同志要更加严谨细致组织好填报工作，扶贫办和驻村工作队的同志要进一步加强数据核实工作。

三是要协调好各种关系，形成脱贫攻坚合力。脱贫攻坚是一项系统工程，要求在政府主导、企业参与、社会协同的大框架下，明确各类主体在脱贫攻坚战中的角色定位，最大限度地发挥他们的作用，各尽其责、各尽其能，汇聚脱贫攻坚的强大合力。第一，要处理好“东部”和“西部”的关系。今天我们京津沪苏浙粤工商联组织各位有能力、有社会担当的企业家来对接织金县精准扶贫项目，就是落实习近平总书记在东西部扶贫协作座谈会上重要讲话精神的具体行动。宝龙集团通过捐赠精准扶贫项目资金扶持织金县小微企业、农民专业合作社发展，从而带动贫困群众增收脱贫，就是一个见效快的典型案例。第二，要处理好政府和社会的关系。刚才杨桦书记做了表态发言，讲得很好，这是项目能落地生根的关键。织金县党委、政府是脱贫攻坚的责任主体，各级党委政府是脱贫攻坚的责任主体，这是产业落细、落实、落地的关键，要充分做好产业承接配套服务，细化落实涉贫资金整合使用、风险补偿基金设立、扶贫贷款贴息等鼓励民营企业参与脱贫攻坚的支持政策；要结合民营企业实际，降低支持政策的入围门槛，简化审核程序，提高申报的便捷性，增强民营企业政策获得感，使落地企业在帮助贫困群众脱贫的同时，努力实现自身健康发展；加大典型宣传力度，发挥示范引领作用，营造民营企业参与行动的良好社会氛围。第三，要创新更加接地气的金融产品，金融机构要树立“扶持帮扶企业就是扶持贫困户”的意识，通过金融支持企业发展特色优势产业，带动贫困群众持续稳定增收。全国“万企帮万村”精准扶贫行动领导小组几家单位联合起来，按照与中国农业发展银行签订的《政策性金融支持“万企帮万村”精准扶贫行动战略合作协议》精神下发了文件，要求各地从行动台账数据库中推荐一批积极参与行动、扶贫成效显著、有融资需求的民营企业，纳入政策性金融支持范围。第四，要把发挥商会作用贯穿始终。商会是工商联工作的主阵地，各级工商联要更加注重发挥商会密切联系企业的优势，延长工作手臂，撬动更多的扶贫资源，放大扶贫效应，拓宽行动覆盖面。今天，全国工商联部分直属商会也有不少代表来参会，你们联系的都是我们各行业、各领域的代表性企业和领军人物，要做好服务和宣传，引领更多的企业参与到“万企帮万村”精准扶贫行动中来。

习近平总书记在主政闽东地区时，就提出过“弱鸟可望先飞，至贫可能先富”的理念。“万企帮万村”精准扶贫行动，贫困群众是内在脱贫主体，外因要通过内因起作用。只是企业干、群众看，永远也脱不了贫，靠捐钱、捐物脱贫之后极易返贫。所以我们的“万企帮万村”精准扶贫行动一定要在激发贫困群众内生动力上做文章，注重扶贫同扶志、扶智相结合，引导贫困群众树立“撸起袖子加油干，迈开步子往前赶”意识，发扬自力更生精神，靠自己努力改变命运。

同志们，一分部署、九分落实，我们要紧密团结在以习近平同志为核心的党中央周围，拿出“实事求是、求真务实、善始善终、善作善成”的过硬作风，一个一个攻难关、一锤一锤钉钉子，一针一针来“绣花”，深入推进“万企帮万村”精准扶贫行动提质增效，以更加优异的成绩迎接党的十九大胜利召开。

在“万企帮万村”精准扶贫行动论坛上的讲话

（2017年10月10日）

王钦敏

同志们，在党的十九大即将召开之际，我们围绕“万企帮万村”精准扶贫行动展开研讨，具有重要的现实意义。党的十九大是全面建成小康社会决胜阶段的关键时期召开的一次具有里程碑意义的重要会议，必将引领全党全国各族人民为确保如期全面建成小康社会、实现百年奋斗目标、实现中华民族伟大复兴的中国梦而不懈奋斗。“万企帮万村”精准扶贫行动将站在新的历史起点踏上新的征程，继续攻坚克难、砥砺奋进，为打赢脱贫攻坚战做出新的更大贡献。

上月底，《中共中央　国务院关于营造企业家健康成长环境弘扬优秀企业家精神更好发挥企业家作用的意见》（中发〔2017〕25号，以下简称《意见》）公开发布，充分体现了以习近平同志为核心的党中央对企业家成长、企业家精神、企业家作用的高度重视。今天，我们按照《意见》中关于“对爱国敬业、遵纪守法、艰苦奋斗、创新发展、专注品质、追求卓越、诚信守约、履行责任、勇于担当、服务社会等有突出贡献的优秀企业家，以适当方式予以表彰和宣传，发挥示范带动作用”的要求，对在“万企帮万村”行动中积极踊跃参与、帮扶对象精准、帮扶模式创新、帮扶项目稳定、帮扶成效明显的116家民营企业进行了通报表扬，目的就在于鼓励先进、发挥典型引路作用，示范带动更多企业更好地参与行动，为脱贫攻坚战贡献更大力量。在此，我代表全国工商联向受表扬的民营企业表示热烈的祝贺和崇高的敬意！希望你们继往开来，在新的历史阶段再创佳绩。希望广大民营企业见贤思齐、以先进典型为榜样，积极参与行动、完善帮扶机制、提高帮扶实效，带动更多贫困群众脱贫致富。

下面，我讲三点意见：

一、“万企帮万村”行动意义深远

“万企帮万村”是民营企业新时期听党话、跟党走的实际行动，在政治、经济和社会层面，都具有重要的时代价值和现实意义。自2015年扶贫日启动以来，经过两年的探索实践，取得了阶段性显著成效。行动得到了中央领导同志的充分肯定。去年3月4日，习近平总书记在全国政协十二届四次会议民建、工商联界委员联组会上的重要讲话中指出“‘万企帮万村’精准扶贫行动很好，要抓好落实、抓出成效”。今年6月23日，习近平总书记在深度贫困地区脱贫攻坚座谈会上的重要讲话再次要求“民营企业‘万企帮万村’行动要向深度贫困地区倾斜”。俞正声、孙春兰、汪洋等中央领导同志也多次对“万企帮万村”行动进行批示，给予肯定和指导。国务院扶贫办主任刘永富同志评价说，“万企帮万村”精准扶贫行动是国家十大扶贫行动的排头兵，也是第一个得到习近平总书记亲自肯定的扶贫行动，在脱贫攻坚中发挥了重要作用。行动得到了民营企业的积极响应。截至今年9月底，进入“万企帮万村”精准扶贫行动台账管理的民营企业有3.53万家，精准帮扶到558.31万建档立卡贫困人口,涉及3.87万个村（其中建档立卡贫困村2.57万个）；产业投入466.28亿元，公益投入106.3亿元，安置就业49.8万人，技能培训53.5万人。行动得到了社会各界的广泛关注。人民日报、新华社、光明日报、经济日报、中央电视台等中央主流媒体纷纷通过刊发稿件、焦点访谈等形式对行动予以报道；人民政协报、中华工商时报、中国工商杂志、中国扶贫杂志也分别设专栏、专刊进行报道；截至目前，在互联网上搜索“万企帮万村”关键词有近82万条相关信息，搜索“千企帮千村”关键词有近62万条相关信息，搜索“百企帮百村”关键词有近66万条相关信息；此前，曾有媒体评选出“十九大前公职人员必须掌握的90个新名词”，其中就有“万企帮万村”行动。

首先，行动彰显了中国特色社会主义的政治优势和制度优势。习近平总书记在2015减贫与发展高层论坛上的主旨演讲吹响了脱贫攻坚战的集结号，他指出：“我们坚持动员全社会参与，发挥中国制度优势，构建了政府、社会、市场协同推进的大扶贫格局，形成了跨地区、跨部门、跨单位、全社会共同参与的多元主体的社会扶贫体系。”民营企业作为社会扶贫的生力军和重要力量，第一时间响应总书记的号召，积极投身“万企帮万村”行动。速度之快、规模之大、范围之广、效率之高、影响之深，前所未有，充分体现了民营企业家高度的政治、思想和行动自觉。这只有我们国家才能做到，充分彰显了中国特色社会主义国家动员和团结全国人民集中力量办大事的制度优势和政治优势。从构建人类命运共同体的高度为世界反贫困事业展示了中国智慧，提供了中国方案。

其次，行动有效推动了贫困地区农业供给侧结构性改革。脱贫攻坚是农业供给侧结构性改革的重要内容。行动充分发挥了企业在资金、技术、管理、销售、市场等方面的优势，通过推进农产品生产企业化、绿色化、规模化、品牌化，推动农产品供给新型化、多样化、特色化，提升农产品附加值，提高贫困群众收益；通过推动一二三产业融合发展，拓宽贫困群众增收渠道。同时，吸收大量归雁人才返乡创业，组建农民专业合作社链接贫困户发展生产，提高了农民组织化程度，由过去单一的家庭分散经营转变为有组织有计划的订单农业生产，建立了适应农村生产力发展的生产关系。刚才发言的凉山州好医生药业集团就是这方面的典型例子，通过深耕农村市场，调整农业产业结构、发展中医药产业，实现了企业发展与贫困群众增收的双赢。

第三，行动促进了社会和谐稳定。“万企帮万村”行动营造了人心向善、守望相助的浓厚社会氛围，增进了社会群体相互理解，促进了社会和谐稳定，加强了党同人民群众的血肉联系，巩固了党执政的群众基础。贫困群众在和企业家的交往中，感受到了党和政府的关怀温暖，体验到了企业家的热情帮助，同时也学到了企业家干事创业、热心公益的精神品质，增强了脱贫信心和决心。很多企业家尤其是年轻一代企业家在帮扶过程中，深入到贫困村与贫困群众同吃同住同劳动，通过基层党支部联建与贫困群众共同开展“两学一做”学习教育，深化了对党情国情民情的认识，感受到了党不忘初心为贫困群众谋幸福的价值追求，增进了对党和政府的理解。贵州的兴伟集团无偿捐助3.77亿元结对帮扶秀水村，董事长王伟同志深入到秀水村贫困群众中，先后与他们开了100多次讨论会，开创了人头股、土地股、效益股、孝亲股、发展股“秀水五股”分配方式，赢得了贫困群众的一致好评。

二、“万企帮万村”行动开辟了企业扶贫的中国道路

“万企帮万村”行动之所以能够在短短两年时间闯出了一条中国特色的企业扶贫道路，成为民营企业参与脱贫攻坚的主要形式和重要平台、社会扶贫的知名品牌，赢得习近平总书记等中央领导充分肯定和社会各界广泛关注，主要得益于：

一是始终遵循习近平总书记“精准扶贫”基本方略。习近平总书记指出，脱贫攻坚贵在精准、重在精准，成败之举在于精准。“万企帮万村”行动坚持把精准要求贯穿始终，依托当地党政部门，做到帮扶对象精准、组织动员精准、帮扶措施精准、台账管理精准。动员有能力有意愿的企业参与行动，将帮扶资源向建档立卡贫困人口聚焦，尊重市场规律和贫困群众意愿，因事因地制宜、因户因人施策、因不同致贫原因施策。行动的扶贫成效要靠真实数据支撑，为此，我们建立了台账网络管理和手机APP系统，对企业帮扶情况进行动态跟踪，实时掌握帮扶进度情况，并与政策支持、金融支持、宣传表扬等服务内容挂钩。这次各地表扬名额就是按照台账数据进行分配的，希望大家继续努力做好台账管理工作。

二是始终践行共同富裕的伟大理想。共同富裕，是千百年来人类孜孜以求的理想目标，也是中国特色社会主义的根本目的和本质要求。共同富裕不意味着同等富裕、同步富裕。中国改革开放总设计师邓小平立足我国处于社会主义初级阶段的基本国情和探索共同富裕道路的经验教训，提出了“先富帮后富，最终实现共同富裕”的伟大战略部署，这是实现共同富裕的必由之路。“万企帮万村”行动正是对小平同志“共同富裕”战略思想的生动实践。行动始终坚持引导企业弘扬“致富思源、富而思进，义利兼顾、以义为先，扶危济困、共同富裕”的光彩精神，把为贫困群众谋利益作为根本出发点和落脚点，尊重贫困群众意愿，激发内生发展动力，提高自我发展能力，帮助他们早日脱贫，力争做到脱贫不返贫。

三是始终尊重企业家创新精神。民营企业不仅在市场竞争中具有创新活力，在脱贫攻坚这个大舞台上也展现了高度的创造能力。“万企帮万村”行动始终注重激发企业家的创新精神。汪洋同志指出，“万企帮万村”精准扶贫行动的成果不仅在于帮扶了多少贫困村，使多少贫困人口脱贫，更关键的是在模式探索上迈出了重要步伐，这不仅丰富了民营企业扶贫的路径和方式，也为全国脱贫攻坚在思路上提供了有益借鉴。实践证明，行动涌现出了诸如今天受表扬企业在内的一大批产品创新、技术创新、管理创新、模式创新、制度创新，因地、因企、因业制宜的好经验、好做法。有恒大集团投入大量人力物力财力、多措并举整市县推进，荣民集团制定四个“五年规划”整乡推进，兴伟集团创立“秀水五股”收益分配整村推进，也有正邦“四提供两担保”、名羊“五位一体”的产业扶贫，还有泛海公益基金会、燕宝慈善基金会的教育专项扶贫，扶贫车间送岗位下乡就业扶贫等。这些创新经验有一个共同点就是“贫困户+”，构建利益共同体，追求企业发展和贫困群众增收脱贫双赢。这些模式创新，进一步丰富了中国特色扶贫开发理论。

四是始终坚持凝聚脱贫攻坚合力。“万企帮万村”行动在制定顶层设计时，其中一项基本要求就是坚持党委政府领导。要求把行动纳入当地脱贫攻坚整体规划，按照党委政府的总体部署，各方协同发力，共同构建专项扶贫、行业扶贫、社会扶贫等多种举措有机结合和互为支撑的大扶贫格局。建立健全工商联与扶贫办、光彩会、农发行联合工作机制，成立行动领导小组，整合政策、金融、大数据等多方面资源，汇聚形成整体合力。充分依靠驻村工作队、第一书记、村两委班子力量，根据贫困村、贫困户的实际情况，制定帮扶规划、细化帮扶措施和项目跟踪机制，使帮扶行动落地落实。

三、“万企帮万村”行动要狠下功夫抓出成效

同志们，“万企帮万村”行动开局良好，得到习近平总书记等中央领导同志的肯定，是鼓励更是鞭策。我们要进一步紧紧围绕深入贯彻落实习近平总书记对行动“要抓好落实、抓出成效”和“向深度贫困地区倾斜”的重要指示精神，一个一个攻难关、一锤一锤钉钉子，以深度贫困地区和贫困群众为重点，努力在提高帮扶实效、促进贫困群众稳定增收脱贫方面下一番“绣花”功夫。

一是要在向深度贫困地区倾斜方面下功夫。习近平总书记关于民营企业“万企帮万村”行动要向深度贫困地区倾斜的要求，是以习近平同志为核心的党中央交给我们民营企业光荣而艰巨的重要政治任务，必须增强思想和行动自觉，不折不扣地加以落实。“万企帮万村”行动是雪中送炭、点石成金的好事，我们一定要把好事做好、做细。东部地区企业要结合东西部扶贫协作和对口支援机制，积极参与到西部深度贫困地区，尤其是“三州三区三种人”的结对帮扶；中西部地区企业要积极参与本省范围内深度贫困地区和贫困群众的帮扶。要处理好促进区域经济发展与到村到户精准帮扶的关系，在参与整体扶贫开发的同时要始终坚持精准扶贫的基本方略，将有限的扶贫资源有效地聚焦到深度贫困群众身上。

二是要在帮助建立脱贫长效机制方面下功夫。扶贫事业需要行稳致远。2020年全面建成小康社会，并不意味着贫困绝对消失，贫困是相对的、动态的，如何保证脱贫不返贫，需要我们用好“绣花针”、练好“绣花功”。首先，帮扶项目要充分尊重市场规律，发挥市场在资源配置方面的决定性作用，综合考量企业自身特点和优势、贫困村的资源禀赋、产品的市场行情等因素，发展特色产业，努力实现帮扶项目可持续运行；其次，要完善带贫机制，打造利益共同体。通过土地流转、订单农业、牲畜托养、吸纳就业、土地经营权股份合作等多种方式把贫困群众链接到农业产业链当中，提高他们的参与度和收益率。第三，要培育贫困群众内生动力和

自我发展能力。要重视贫困户能力培养，授人以渔。只有从思想上树立我要脱贫的决心，从能力建设上树立我能脱贫的信心，才能实现自力更生。所以，企业在帮扶过程中要通过言传身教、技能培训让贫困群众掌握相关自我谋生的手段，引导他们走出等靠要的旧圈子。

三是要在培育县域经济内生发展动力上下功夫。我们要树立大扶贫格局思维，正确处理产业扶贫中扶持贫困地区县、乡小微企业和帮扶贫困户的关系。通过靠前服务，帮助当地小微企业和乡村能人解决实际困难，促进小微企业发展，带动贫困户就业。这是实现脱贫不返贫的重要路径，也是民营企业扶贫攻坚不可忽视的方法。目前，“万企帮万村”行动已到提质增效阶段，湖北、安徽、江西等地纷纷酝酿出台了关于支持民营企业参与脱贫攻坚的政策支持意见。今天请石柱县向东同志来交流经验，目的就是希望各级特别是县级党委政府像石柱县一样，按照放管服的要求，努力为企业参与行动搭建服务平台，出台落实支持政策，优化发展环境；各级农发行等金融机构要进一步加大金融支持实体经济工作力度，通过企业这一载体将金融扶贫资源引向贫困村贫困户，放大扶贫效应。各级工商联、扶贫办、光彩会要引导民营企业牢固树立诚信守法意识，规范使用扶贫专项资金。在做好扶贫资金使用情况督查的同时要积极创造条件对行动中表现突出的企业进行宣传表扬，传递民营企业正能量，帮助树立良好社会形象，营造优良发展环境。

同志们，党的十九大召开在即，这是我们全党全国各族人民政治生活中的一件大事。我们要更加紧密地团结在以习近平同志为核心的党中央周围，牢固树立“四个意识”，以党的十九大精神为统领，不断增强再创佳绩的责任感、革新求变的使命感、只争朝夕的紧迫感，引领“万企帮万村”精准扶贫行动在新的历史阶段向新的更高目标奋进，在全面建成小康社会、实现中华民族伟大复兴中国梦的史册上书写新的光辉篇章。

在“万企帮万村”向西部深度贫困地区倾斜座谈会上的讲话

（2017年8月2日）

徐乐江

今天，我们把各省工商联的党组书记都请来，利用光彩事业凉山行暨中国光彩会五届三次理事会的间隙，召开这个座谈会，主要目的是深入学习贯彻习近平总书记6月23日在深度贫困地区脱贫攻坚座谈会和去年7月20日在东西部扶贫协作座谈会上的重要讲话精神，进一步增强政治自觉、思想自觉和行动自觉，努力推进“万企帮万村”精准扶贫行动向深度贫困地区倾斜，为打赢深度贫困地区脱贫攻坚战做出积极贡献。

刚才，青海省工商联、四川浙江商

会和恒大集团分别做了经验交流，谈得都很好，为我们有效组织民营企业参与深度贫困地区脱贫攻坚提供了有益指导和借鉴。

下面，我结合对总书记重要讲话的学习领会，就推进“万企帮万村”精准扶贫行动向深度贫困地区倾斜谈三点意见。

一、深刻认识参与深度贫困地区脱贫攻坚战的重要意义

1. 深刻领会深度贫困地区脱贫攻坚是“硬仗中的硬仗”这一科学论断。习近平总书记明确指出：“脱贫攻坚本来就是一场硬仗，而深度贫困地区脱贫攻坚是这场硬仗中的硬仗”“打赢脱贫攻坚战绝非朝夕之功，不是轻轻松松冲一冲就能解决的。”这是总书记立足全局做出的科学判断，目的在于警醒我们对脱贫攻坚的困难不能低估，对攻坚的艰巨性要有充分的认识。我国现有贫困人口大多集中在深度贫困地区，这些地区多是集革命老区、民族地区、边疆地区于一体，西南缺土、西北缺水，青藏高原缺积温，生态环境脆弱、自然灾害频发造成的经济发展滞后地区。我们今天开会的凉山彝族自治州，就属于四川乃至全国最为贫困的地区，既是革命老区也是民族地区，而且这里的彝族群众是典型的直过民族，有人称这里的贫困群众“食仅充饥，人畜混居，贫苦甲于天下”。这些地区是当前扶贫工作最短的短板，是脱贫攻坚的主要矛盾。我们必须坚决贯彻落实总书记重要指示精神，全面把握深度贫困地区脱贫攻坚的艰巨性和复杂性，紧紧抓住深度贫困地区这一牛鼻子，在最难处发力，集中优势兵力，组织引导民营企业打好“硬仗中的硬仗”，为深度贫困地区如期实现脱贫攻坚目标做出积极贡献。

2. 参与深度贫困地区脱贫攻坚是党中央交给工商联的一项重要政治任务。“万企帮万村”精准扶贫行动启动实施两年来，取得了显著成绩。截至2017年6月底，进入“万企帮万村”精准扶贫行动台账管理的民营企业有3.43万家，精准帮扶3.57万个村（其中建档立卡贫困村2.56万个）的538.72万建档立卡贫困人口；产业投入433.48亿元，公益投入91.2亿元，安置就业41.7万人，技能培训44.2万人。国务院扶贫办主任刘永富称“万企帮万村”行动是十大精准扶贫行动的排头兵和知名品牌。去年3月4日全国政协十二届四次会议民建、工商联界委员联组会上，习近平总书记对行动做出“抓好落实，抓出成效”的重要指示。今年6月23日深度贫困地区脱贫攻坚座谈会上，习近平总书记再次提到行动，明确要求将民营企业“万企帮万村行动”向深度贫困地区倾斜。这是党中央、国务院对我们工商联的充分信任，更是对我们的重托，是一项光荣而艰巨的重要政治任务。我们必须从增强“四个意识”的政治高度，牢记总书记的重要指示，以“抓铁有痕、踏石留印”的决心和咬定青山不放松的恒心，坚决完成好这一光荣任务。

3. 参与深度贫困地区脱贫攻坚是广大民营企业家责无旁贷的历史责任。习近平总书记在座谈会上强调，要坚持专项扶贫、行业扶贫、社会扶贫等多方力量、多种举措有机结合和互为支撑的“三位一体”大扶贫格局。改革开放近40年来，我国民营经济获得快速发展，尤其是党的十八届三中全会在鼓励非公有制经济发展方面做出了重大的理论突破和政策创新，进一步释放了改革的活力，民营企业实现了效益的稳步增长和质量的持续优化，截至2017年4月底，全国实有私营企业2 450万家，个体工商户6 112万户，个体私营经济从业人员达到3.14亿人。广大非公有经济人士既是改革开放的先行者、更是改革开放的受益者，作为先富裕起来的一个社会群体，积极投身深度贫困地区脱贫攻坚，是弘扬“致富思源、富而思进，义利兼顾、以义为先，扶危济困、共同富裕”光彩精神的应有之义，是弥补我国社会扶贫短板、构建我国“三位一体”大扶贫格局的积极实践，是我国打赢深度贫困地区脱贫攻坚这场“硬仗中的硬仗”的时代要求。广大民营企业必须肩负起这一神圣的历史责任，为中国特色扶贫道路贡献新智慧、增添新光彩。

4. 参与深度贫困地区脱贫攻坚也为民营企业拓展发展空间、推进供给侧结构性改革提供了良好机遇。当前，我国经济发展进入新常态，供给侧结构性改革已成为经济工作的主线。很多深度贫困地区的资源优势和政策优势，为民营企业适应新常态、加快自身转型发展开辟了新的空间。中央明确将每年新增脱贫攻坚资金、项目、举措，各类惠民项目、建设用地、金融投入等对深度贫困地区集中倾斜，随着这些措施的全面落地，道路、电力、通信等基础设施逐步完善，深度贫困地区的后发优势也将逐步显现。有很多深度贫困地区还具备良好的光照条件、丰富的矿产资源、适宜的海拔纬度等自然资源，像四川凉山、西藏等地还有丰富的旅游、中草药材等资源。这些都为民营企业通过市场配置资源手段，深挖深度贫困产业潜力，在深度贫困地区实施扶贫项目，推进供给侧结构性改革提供了重要机遇。企业还可以在扶贫实践中锻炼培养人才，塑造企业文化和形象，形成企业与产业的良性互动、自身发展和带动扶贫开发的双赢。我们“万企帮万村”要实现双赢，民营企业参与脱贫攻坚不是简单的慈善和公益事业，要走产业扶贫和就业扶贫道路，要使企业扶贫可持续，避免返贫。

二、准确把握行动向深度贫困地区倾斜的基本要求

一要明确深度贫困地区区域和群体范围，坚持目标标准。国家层面，连片的深度贫困地区主要指“三区”“三州”“三类人”。“三区”是指西藏、新疆南疆四地州和四省藏区；“三州”是指甘肃的临夏州、四川的凉山州和云南的怒江州。“三类人”主要包括：一是因病致贫人群；二是因灾和市场行情变化返贫人员；三是贫困老人。中央明确各地可从本地实际出发划定本地的深度贫困区域，可以以县为单位，也可以以乡镇或村为单位。各地工商联要主动与当地政府扶贫部门及时沟通对接，了解本地深度贫困地区和群体的范围，及时引导民营企业在参与脱贫攻坚工作中瞄准对象，缩小范围，精准发力。各地工商联还要明确贫困地区要实现与全国同步小康的目标，主要的就是努力使贫困人口实现“两不愁三保障”，使贫困地区基本公共服务主要指标接近全国平均水平。“万企帮万村”精准扶贫行动向深度贫困地区倾斜支持也要坚持扶贫、脱贫的目标和标准，实事求是，精准发力，不能面面俱到，撒胡椒面，也不能定过高的标准，吊高各方面胃口。

二要结合深度贫困地区特点，突出因地制宜、分类指导。产业扶贫是民营企业参与脱贫攻坚的优势所在，针对适合产业发展的深度贫困地区，要鼓励、支持民营企业顺应供给侧结构性改革新趋势，立足深度贫困地区资源禀赋，通过优化产品结构、推行绿色生产方式，深化产业协作，努力使深度贫困地区的丰富资源通过市场方式转变为经济效益，帮助贫困群众实现稳定增收。要鼓励民营企业在贫困地区设立的产业投资基金优先支持深度贫困地区，助推深度贫困地区发展一批特色产业。

针对劳动力资源比较丰富的深度贫困地区，要引导民营企业着眼增强贫困人口自我发展能力深化劳务协作。要引导企业在深度贫困地区建立劳动力转移及劳务培训基地，配合政府部门开展就业再就业培训，有针对性地提供就业服务，比如青海化隆县80后创业青年马青云依托其中国拉面网平台承办县政府“带薪在岗实训+创业”项目，成功将1 020名贫困人口输送到全国34个大中城市的拉面馆进行实训，并对这些贫困人口就业创业提供全方位服务，值得总结。针对生态环境脆弱的区域以及无法依靠产业扶持和就业帮助脱贫的群体，要引导企业着眼补齐短板，开展捐资助学、医疗救助、生活救助等公益活动，着力打造一批公益慈善的服务平台，为民营企业家参与公益慈善提供完整的服务链，注重将企业的公益资源与深度贫困地区建档立卡贫困群众实现点对点的精准对接。

三要以改革创新精神，推进深度贫困地区扶贫模式创新。各地工商联要深入贯彻落实习近平总书记在中央深改组第三十五次会议上的重要讲话精神，针对当前工商联工作的新特点新使命，结合扶贫攻坚新阶段的新任务，不断加大工商联扶贫领域改革。要积极推进各级行动领导小组加强合作，协调政府部门将新增惠民项目、扶贫资金、涉农资金、特惠贷等扶贫资金，创造性地支持民营企业的扶贫项目，切实形成合力。要充分尊重和激发企业家精神，发挥好民营企业在开展产业扶贫上的特殊优势。行动开展两年来，民营企业探索了很多有特色的扶贫模式，要充分肯定和鼓励基层和企业的首创精神，加强经验总结，推动交流学习。目前，国家在428个贫困县开展电商扶贫试点，旅游扶贫覆盖2.26万个贫困村，光伏扶贫将覆盖5万个贫困村，在这些领域民营企业都具备市场、管理、技术等特殊优势，要从构建政府、市场和社会扶贫大格局的角度，通过推动政府购买服务等方式，组织企业参与此类扶贫项目。当前，将政府专项扶贫资金和金融部门的扶贫特惠贷交给民营企业使用，用分红收益支持贫困户脱贫的资产收益扶贫模式，各地都有实践，要加强调查研究，跟踪项目进度，认真总结，平衡好政府、企业和贫困户三者的利益风险关系。

四要突出精准扶贫中心地位，聚焦深度贫困区域和群体精准发力。区域发展是建立精准扶贫长效机制的基础，也是打赢脱贫攻坚战的重要战术。我们组织民营企业到凉山州等深度贫困地区开展光彩行或者组织企业参加青洽会、亚欧博览会等经贸活动，目的是配合政府这只“看得见的手”的作用，积极发挥市场这只“看不见的手”的作用，鼓励引导民营企业的资金、技术、管理、人才等资源要素向深度贫困地区流动，助推深度贫困地区区域发展。要处理好区域整体发展与到村到户精准帮扶的关系，始终坚持精准扶贫基本方略。产业扶贫项目要突出带贫机制，在引入企业帮扶增量的同时，注重引导现有扶贫项目将带动的重点聚焦建档立卡贫困户，引导企业通过产业项目激活贫困地区内生动力、增强贫困群众自我发展能力。对企业通过公益扶贫方式参与东西部扶贫协作和“万企帮万村”精准扶贫行动的，要加强引导，将捐赠款物优先帮助最贫困、最困难的群众。

三、加强组织领导，凝心聚力深度贫困地区脱贫攻坚战

1. 集中优势兵力，切实推进本省行动向深度贫困地区重点倾斜。要做好省内行动的统筹。有深度贫困地区的省份工商联，要继续发挥好现有“万企帮万村”精准扶贫行动领导小组工作机制的作用，强化四方合力，通过联合调研、联席会议等方式，共同研究本省行动倾斜支持深度贫困地区的重点问题和关键环节，根据《国务院扶贫开发领导小组关于学习贯彻深度贫困地区脱贫攻坚座谈会精神的通知》要求，花大气力、下“绣花”功夫，加强顶层设计，谋划工作思路，制订出切实可行的举措，确保已经在本省深度贫困地区开展的扶贫项目优先取得实效，营造良好政策环境和舆论氛围，吸引新加入行动的企业到本省深度贫困地区开展精准帮扶。

2. 利用好东西部扶贫协作工作平台，组织引导东部企业到西部深度贫困地区结对帮扶。去年执委会期间，为贯彻落实习近平总书记在东西部扶贫协作座谈会上的重要讲话精神，我们召开了“万企帮万村”东西部扶贫协作座谈会，半年多来，很多省份都积极行动起来了。比如刚刚做了交流发言的青海省工商联，主动到东部六省市拜访，还组织东部8个省市和青海8个市州召开了工商联系统的东西部扶贫协作联席会议。江苏省工商联组织100多名企业家到宁夏回族自治区进行考察对接，为东部各省市带了好头。这些做法值得肯定和各地借鉴。

下一步，各地都要深化东部工商联与深度贫困地区工商联的联系机制，要在东西部扶贫协作框架下，加大“万企帮万村”跨区域帮扶力度，推动建立精准对接机制，东西部工商联要搭建好协作平台。第一，东部地区要大力动员本地区民营企业参与扶贫协作，参与西部省份特别是深度贫困地区扶贫开发，工作进展情况和帮扶成效将纳入东西部扶贫协作考核内容。同时，西部贫困地区工商联要积极配合东部民营企业加快结对帮扶当地贫困村、贫困户进程，做好项目储备和跟踪服务。第二，要积极动员企业参与结对帮扶贫困县的脱贫攻坚工作。目前，国家组织东部地区267个经济强县和西部地区406个贫困县开展了“携手奔小康”行动，有关地方工商联要主动跟当地党委政府沟通，做好配合工作，有条件的地方可以组织民营企业参与进来。第三，要充分发挥异地商会作用。商会是我们工作的主阵地，尤其是在西部地区成立的东部异地商会，在脱贫攻坚中有着独特作用。刚才四川浙江商会通过商会整合各方力量参与深度贫困地区的做法很有成效，各地工商联要对异地商会加强指导，更有效地发挥好异地商会在深度贫困地区脱贫攻坚中的作用。第四，要尊重市场规律。东部企业到西部结对帮扶不必拘泥于协作对口关系，要结合企业实际因地制宜选择项目。东部企业到西部任何一个深度贫困地区开展脱贫攻坚帮扶都值得鼓励。要指导企业在实施产业扶贫项目时，加强市场研究和预判，提高项目科技含量和产品质量，切忌低成本扩张造成雷同产业产品扎堆。

3. 强化服务，切实推进行动提质增效。要抓好政策支持服务，各地行动领导小组要树立扶持帮扶企业就是扶持贫困农户的意识，充分考虑企业实际，协调有关部门降低政策申请门槛、合理简化程序，做好民营企业参与深度贫困地区脱贫攻坚的服务保障工作。要努力推动全国工商联、国务院扶贫办、中国光彩会和中国农业发展银行的《政策性金融支持“万企帮万村”精准扶贫行动战略合作协议》尽快在深度贫困地区落地落实。各地要结合实际与有关部门加强沟通为企业在深度贫困地区开展的扶贫项目做好水电路气配套支持和跟踪服务。要培育和宣传扶贫典型，及时总结推广民营企业参与深度贫困地区脱贫攻坚的好经验好做法，推出一批立得起、叫得响、推得开的先进典型，总结一批扶贫脱贫的成功案例。对脱贫攻坚中表现突出的典型企业和先进企业家给予大力宣传，展示民营企业和企业家的良好形象，还要结合各地实际创造性地开展表彰活动，在政治上给予肯定、精神上给予鼓励。

4. 坚持目标导向，认真开展调研督查。今天这个会是动员，也是部署，全国工商联将跟进检查，看工作落实情况。为确保打赢脱贫攻坚战，中央出台脱贫攻坚责任制实施办法，强化“中央统筹、省负总责、市县抓落实”的管理体制。中西部22个省份党政主要负责同志与中央签署脱贫攻坚责任书，立下了“军令状”。民营企业参与扶贫要自觉自愿、量力而行，各级工商联组织引导企业参与扶贫要主动作为、尽力而为。各级工商联落实中央交办的任务、推进“万企帮万村”精准扶贫行动，也要自我施压，层层立下“军令状”，并借鉴政府部门扶贫考核评价机制，加强工商联系统的自我督导，对工作有力、措施得当、扶贫成效明显的地方工商联以适当方式开展表扬，对工作推进落后、问题较多的地方工商联要以一定方式进行通报督促。在此我要强调，“万企帮万村”精准扶贫行动是中央交给工商联系统的政治任务，不是全国工商联的任务，是各级工商联的共同任务，不是扶贫部一个部门的任务，而是各级工商联全机关的共同任务；各级工商联主席、书记要亲自抓、主动抓，要整合全机关力量投入，才能保证不辱使命、完成任务。

最后，我再强调一下台账问题。这项工作有时候走形式了，让基层同志负担很重。但我们做的工作必须留下痕迹，把痕迹留下来，看帮扶是否见效。有的地方对这项工作重视程度还是不够，不能按照时间节点及时报送数据，台账更新和数据核实工作都有待加强。尤其是数据不全面，有许多企业的帮扶项目没有被统计进来。针对存在的问题，去年年底全国“万企帮万村”精准扶贫行动领导小组对台账作了一次情况通报，谢经荣副主席也与七个省份工商联主要领导谈了话。希望大家进一步提高认识，调配人手，加强培训，确保将民营企业参与精准扶贫行动，尤其是在深度贫困地区脱贫攻坚的情况真实、全面、准确地统计好。

同志们，打赢深度贫困地区脱贫攻坚战，全面建成小康，任务艰巨，使命光荣。让我们与民营企业一道，更加紧密地团结在以习近平同志为核心的党中央周围，向深度贫困发起总攻，为打赢深度地区脱贫攻坚战贡献新的更大力量，以优异成绩向党的十九大献礼。

在十二届全国工商联兼职副主席、中国民间商会兼职副会长集体谈话时的讲话

（2017年11月28日）

徐乐江

在中国工商业联合会第十二次全国代表大会胜利闭幕、新一届领导班子顺利产生之际，很高兴在这里和大家座谈交流。能和大家在中国特色社会主义事业进入新

时代的关键时期一块共事，我感到很荣幸。刚才，听了大家的发言，很受启发，也感到很欣慰，进一步增强了我们共同干事创业的信心和决心。

这次大会开得圆满成功，很重要的成果就是产生了一个好的领导班子。新班子中有25名民营企业家，19名是新当选的，平均年龄52.8岁，最年轻的是江苏沙钢集团沈彬，今年才38岁。各位副主席、副会长所在企业主要从事高科技产业、先进制造业、现代服务业、现代农业；既有苏宁、三一、吉利、TCL等老牌大企业，也有百度、小米、京东等近年来迅速成长起来的明星企业，还有上海微创医疗、武汉高德红外等专精特新的中小企业。这次大会选出的企业家副主席、副会长整体素质有明显提升，区域、年龄、行业结构更合理，代表性更强。

这次换届人事安排工作认真贯彻中央要求，标准之高、程序之严、考察之细，是前所未有的。不仅经过严格的综合评价，还经过中央纪委、中央政法委的审核把关。大家经受了全方位多角度的体检，从众多候选人中脱颖而出，顺利当选，非常不容易。这说明你们首先在企业经营、创业创新方面成效显著，经受了市场的考验，也说明大家经受了净化政治生态的洗礼，政治上过硬，守住了底线，十分难能可贵。我向大家表示祝贺，也为你们感到由衷的高兴。

习近平总书记强调，非公有制经济人士获得政治安排后就意味着领了“责任状”，要为党和政府分忧，为国家发展建言出力。今年11月16日，总书记在中央政治局常委会会议听取换届汇报时再次强调，工商联新一届领导班子的同志要增强投身新时代中国特色社会主义伟大实践的使命感责任感，干大事业、精忠报国。

我们要认真领会总书记的重要指示，当选全国工商联副主席、中国民间商会副会长，最大意义不在于荣誉，不在于待遇，而在于责任和担当。从现在开始，大家就要尽快进入角色，切实增强组织观念和职责意识，不断提高政治把握能力、参政议政能力、服务发展能力和自我修养能力，不辜负党中央的重托，不辜负广大民营企业的期待。下面我提六点希望，与大家共勉。

一、要做政治上的明白人

作为副主席、副会长，大家不同于一般的民营企业家，而是我国工商界人士中最优秀的代表，担负着重要的政治责任，首要的素质是政治素质，首要的能力是政治把握能力。摆在大家面前的首要政治任务，就是要深刻领会党的十九大精神实质和部署要求，深入学习习近平新时代中国特色社会主义思想，着力在学懂弄通做实上下功夫，增强政治意识、大局意识、核心意识、看齐意识，自觉维护党中央权威和集中统一领导，在思想上政治上行动上同党中央保持高度一致，不断深化对中国特色社会主义的政治认同、思想认同和感情认同。

必须看到，当前广大非公有制经济人士的思想状况总体上是积极向上的，但也确实存在一些质疑党的领导、质疑我国政治制度和社会主义基本经济制度的杂音。面对大是大非和原则问题，各位企业家副主席、副会长要做政治上的明白人，善于从政治上考虑问题，努力做到理论上清醒，立场上坚定，态度上鲜明。要坚决与各种错误观点和模糊认识划清界限，自觉抵制各种噪音杂音，不受错误思潮影响。特别是要认清我们是社会主义国家，绝不允许依据财富多少分配政治资源，绝不允许资本影响、干预和操纵政治。

本届25位企业家副主席、副会长当中，有9位是中共党员。比如梁稳根是十七大、十八大两届党代表，周海江是十七大、十八大、十九大三届党代表。党员企业家除了要经营好企业，把企业做大做强做优以外，还要按照党章党纪严格要求自己，当好先锋模范，抓好企业党建，发挥更大作用。其他企业家副主席、副会长虽然不是中共党员，也要旗帜鲜明讲政治、懂规矩、守纪律、做表率。比如叶青十几年如一日支持参与楼宇党建，得到了习近平总书记的充分肯定和中共中央的表彰。要始终坚持党对非公有制经济的领导，支持所在企业、商会建立党组织并开展工作，让企业党组织真正发挥在职工群众中的政治核心作用、在企业发展中的政治引领作用，不断夯实党执政的群众基础和社会基础。

二、要在参政议政上发挥独特优势

你们都是合格的优秀企业家，但能当好董事长、CEO，不一定就能当好全国工商联副主席、中国民间商会副会长。工商联工作政策性强、涉及面宽，既不同于一般的党政工作，又和企业经营管理有明显差别，有其自身的特殊规律。各位到工商联的大家庭里来，首先要放低身段，投入精力，当好学生。要自觉向老领导、老同志学习，向实践学习，尽快适应新的工作环境、熟悉岗位职责，迅速进入角色。

作为副主席、副会长，大家的重要职责是立足工商联的平台，围绕促进“两个健康”主题，在国家方针政策、法律法规层面积极参政议政，建净言、献良策。这就要求大家在懂全局、议大事、管本行上下功夫，要有大格局、大胸怀、大视野，说话不能三句不离本行，不能就事论事。要善于跳出所在企业、行业看问题，站在党和国家大局、工商联事业发展全局的高度思考问题，聚焦贯彻新发展理念、构建现代化经济体系、深化供给侧结构性改革、实施区域协调发展和乡村振兴战略、推动国家治理体系和治理能力现代化等重大问题，开展研究、多出主意、多谋善策。

知屋漏者在宇下，知政失者在草野。作为民营企业家，你们最了解民营企业的所思所想所盼，你们的对策建议、思路举措最接地气、最实用。大家要带头参与全国工商联重点调研、第三方评估、营商环境评估等活动，深入了解各类民营企业经营情况和困难，掌握企业发展诉求，主动加强与各级党委和政府及相关部门的沟通交流，积极建言献策，满腔热情地帮助企业解决难题，推动民营经济发展壮大。

三、要为工商联改革发展贡献智慧

工商联十二大提出要坚持“政治建会、团结立会、服务兴会、改革强会”。未来五年，工商联必须创新工作机制、活动方式，坚持不懈地推进改革发展。工商联要改革发展，要去“四化”，仅仅依靠工商联机关干部是无法完成的。你们是推动新时代工商联改革发展的一支重要力量、有生力量，要以“主人翁”的心态站到前台、当好主角，积极为工商联改革发展贡献智慧和力量。

全国工商联目前正在制定并准备实施五年发展规划，在座的各位都是全国工商联领导班子成员，必须开动脑筋，出谋划策，共同把工商联改革发展的顶层设计做好。近年来，工商联创造了很多好的工作平台和活动载体，下一步的关键是要把这些平台载体做大做强，在全社会提高知名度和影响力。比如中国民营企业500强发布会走出机关大院，到外地（济南）举办，提高了知名度，扩大了影响力。目前，很多省市纷纷向我们提出申办请求，这就是改革创新带来的效应。再比如全国工商联正在开展“网上工商联”建设，在座的很多企业家是互联网领域的专家，你们有责任、有义务为“网上工商联”建设提供鼎力支持。

下一步工商联改革的一项重点工作是改革工商联会员制，从以会员为主向以商会为主阵地转变。在座的企业家副主席、副会长，有些还是商会的负责人，要采取切实有力的措施，提高商会的专业化水准和服务能力。不在商会担任主要职务的企业家，也可以结合企业自身特点和优势，重点围绕国家发展战略，在新兴产业、新兴业态领域组建商会，积极参加有关商会活动，支持商会建设，为商会发展贡献力量。

目前，全国工商联已经有一个智库平台叫中国民营经济研究会，由中央统战部主管，受全国工商联业务指导。据我所知，目前很多民营企业也组建了一些国内知名的民营经济研究机构。十二大选出清华大学经济管理学院钱颖一院长担任全国工商联副主席，我希望钱颖一院长发挥自己的专业特长和学术界的影响力，通过整合现有要素资源，把中国民营经济研究会打造成我国民营经济研究的高端智库。近年来，中组部、国资委在清华经管学院举办了一系列央企高管培训班，希望能利用这个高端教育平台，为民营企业家特别是年轻一代企业家的教育培训工作提供支持和帮助。

四、要大力弘扬企业家精神

把企业经营好，是企业家的安身立命之本。如果企业办垮了、消亡了，企业家的代表性也就丧失了。实现“两个一百年”奋斗目标，离不开企业家这支队伍的拼搏奉献，离不开企业家精神的大力弘扬。

中国特色社会主义进入了新时代，企业家副主席、副会长必须带头响应中央的号召，立足新时代、做出新谋划、实现新作为，不断增强服务发展能力。要勇立时代潮头，勇于搏击进取，积极践行新发展理念，担负新时代企业家使命，牢牢把握发展大势，把企业发展放到中国特色社会主义伟大事业整体布局中去审视、谋划和推进。要将发展着力点放在发展实体经济上，把发展基点放在创新上，充分认识紧紧把握国家实施的重大发展战略带来的重大机遇，在经济发展中起示范引领作用，推动实现我国民营经济更高质量、更有效率、更加公平、更可持续的发展。

在搞好企业自身发展的同时，也要积极主动带动中小微企业发展。比如当前中小微企业普遍面临融资难融资贵问题，在座各位是否可以研究考虑成立中小微企业发展基金，面向中小微企业提供融资服务，降低融资成本，提高融资便利度。下一步，全国工商联准备建立企业家副主席、副会长联系中小微企业制度，希望大家带着任务定期深入到中小微企业开展调研，围绕他们经营发展中的痛点和难点问题，出主意，找对策，帮助解决发展难题，助推转型升级。全国工商联也会派干部为大家做好服务和保障工作。

五、要做践行“亲”“清”新型政商关系的典范

推进国家治理体系和治理能力现代化，其中的应有之义就是构建亲清新型政商关系。净化政治生态、经济生态和社会生态，离不开包括在座各位的广大民营企业家的支持配合。希望大家树立宪法法律至上、法律面前人人平等的法治观念，推动依法治企、依法自律、依法处理政商关系。要洁身自好走正道，遵纪守法办企业、光明正大搞经营，依法缴纳税收，依法保障员工权益，牢牢守住不欠薪、不逃税、不侵权的底线。党的十八大以来，中央强力反腐，查办了一批官员腐败案件，一些民营企业家牵涉其中，协助调查。党的十九大报告明确提出，受贿行贿要一起查。上一届工商联企业家副主席、副会长有个别人出了问题，这一届要引以为戒，坚决杜绝类似问题发生。必须从现在做起、从自身做起，无论对什么人、无论什么情况下都坚决不要行贿，不要拉拢腐蚀党政干部，遇到索贿情况可以运用法律武器维护合法权益。近年来，许多地方都依托统战部、工商联，搭建了党委、政府与民营企业、商会组织的沟通协商平台，大家在企业发展中有什么困难、对政府工作有什么意见建议，要通过工商联、商会等组织渠道进行反映、推动解决，不要老想着通过找关系、走后门、甩红包来办事。托人办事，欠下人情债就像滚雪球，很难还得清，给领导干部送钱送礼的，估计夜里睡觉都不踏实。

六、要在提升民营企业家整体素质上发挥表率作用

大家是从全国广大非公有制经济人士中选出来的优秀分子，是优秀企业家，是社会公众人物，是有头有脸的人物，是我国工商界的标杆人物。你们的举手投足、一言一行，很多人都会关注、会效仿。希望大家不断加强自身修养，提升道德修养和人格力量，展示民营企业家富而有德、富而有爱、富而有责的良好社会形象，做有责任、敢担当、受人尊敬的企业家。据媒体报道，有的民营企业负债率很高，但是办公楼却建得金碧辉煌、无比奢华，还有的企业组织数千名员工到海外举办年会，挤爆了国外的旅游景点和购物场所，造成了不好的国际影响。希望大家继续保持艰苦奋斗的精神风貌，陶冶健康向上的生活情趣，反对享乐主义，力戒奢靡之风。不论时代发生多大变化，不论生活格局发生多大变化，不论财富积累发生多大变化，都要重视家庭建设，注重家庭、注重家教、注重家风，发扬光大中华民族传统家庭美德，把家人引导好、把子女教育培养好，继承发扬老一代企业家的创业精神，谦虚低调做人，脚踏实地干事，杜绝炫富比阔行为，以良好家风支撑基业长青，打造“百年老店”。

同志们，未来的五年，是工商联事业在中国特色社会主义新时代大有可为、大有作为的五年。大家既要带领企业加快发展，也要推动工商联改革发展，大家可能要付出更多辛苦，挑起更多重担。统战部、工商联将一如既往地为大家提供支持，我愿真诚地与大家一道，共同为促进工商联事业迈上新台阶做出应有的贡献。

谢谢大家。

在“四好”商会建设视频会议上的讲话

（2017年2月20日）

全哲洙

为深入贯彻落实习近平总书记在中央统战工作会议和全国政协十二届四次会议民建、工商联界委员联组会上的重要讲话精神，推动工商联所属商会改革发展，实现统战工作向商会组织有效覆盖，从今年开始，在各级工商联所属商会中广泛开展班子建设好、团结教育好、服务发展好、自律规范好的“四好”商会建设工作。今天，我们召开会议，主要任务就是对以改革创新精神开展“四好”商会建设进行动员部署。下面，我讲三点意见。

一、充分认识“四好”商会建设的重要意义

随着非公有制经济快速发展，非公有制经济人士队伍不断壮大，工商联促进“两个健康”的任务日益繁重，工商联加强自身建设尤其是基层组织建设至关重要。多年来，我们始终坚持重心下移、力量下沉，抓基层、打基础，持之以恒加强基层组织建设。特别是党的十八大以来，积极推进“一个设立五个有”和“五好”县级工商联建设工作，经过系统上下共同努力，已经取得显著成效。面对新形势、新任务、新要求，当前加强商会建设显得更加重要而紧迫。为此，我们以开展“四好”商会建设为载体，切实推动工商联所属商会改革发展。

（一）开展“四好”商会建设，是推动统战工作向商会组织有效覆盖的重要举措

习近平总书记在中央统战工作会议上明确指出，工商联同基层商会不能切断工作渠道，统战工作要向商会组织有效覆盖，发挥工商联对商会组织的指导、引导、服务职能，确保商会发展的正确方向；在全国政协十二届四次会议民建、工商联界委员联组会上再次要求，工商联要加强自身建设，增强工商联组织的凝聚力、影响力、执行力，推动工商联所属商会改革，切实担负起指导、引导、服务职责。中共中央颁发的《中国共产党统一战线工作条例（试行）》明确规定，工商联所属商会是工商联的基层组织和工作依托，工商联对所属商会进行指导、引导和服务，对所属商会会员开展思想政治工作、教育培训，对主要负责人进行考核。贯彻落实习近平总书记这些重要指示和《中国共产党统一战线工作条例（试行）》精神，关键是要紧紧抓住推动统战工作向商会组织有效覆盖这一政治任务，牢牢把握工商联所属商会改革发展的正确方向。

当前，社会组织管理制度改革正在深入推进，行业协会商会与行政机关脱钩试点工作已经铺开。在积极参与这项改革进程中，我们必须从政治高度来看待工商联所属商会改革问题，增强政治把握能力，提高政治站位，以促进“两个健康”、推动统战工作向商会组织有效覆盖为改革的总体目标，把握政治方向、增强政治定力。在行业协会商会与行政机关脱钩工作启动之初，中央统战部、全国工商联就及时向中央领导同志请示汇报，积极与有关部门沟通协调。中央统战工作会议后，我们进一步强调提出,行业协会商会与行政机关脱钩工作必须贯彻习近平总书记重要指示和《中国共产党统一战线工作条例（试行）》规定，工商联与所属商会不存在脱钩的问题。为此，中共中央办公厅、国务院办公厅印发的《行业协会商会与行政机关脱钩总体方案》明确规定，承担特殊职能的行业协会商会另行制定改革办法。也就是说，工商联所属商会是非公有制经济领域的基层统战组织，承担统战特殊职能，不在脱钩范围，另行制定改革办法。长期以来，工商联所属商会始终坚持自愿组建、自筹经费、自我服务、自主管理，从组建到运行都体现了社会化的改革发展方向，不存在“去行政化”问题。因此工商联所属商会不脱钩并非指人财物方面，而是指工商联要继续作为业务主管单位，强化工商联所属商会的基层组织地位，确保统战工作渠道不被切断，从而进一步推动统战工作向商会组织有效覆盖。统战性是工商联所属商会与其他行业协会商会的本质区别。如果工商联

所属商会脱钩，势必丧失统战性，将严重削弱非公有制经济领域统战工作，严重削弱党执政的群众基础和社会基础。针对工商联所属商会脱钩不脱钩的问题，前不久俞正声主席亲自过问、亲自协调，专门做出重要批示，明确指出工商联不存在和所属商会脱钩任务，工商联的统战工作性质必须通过所属商会予以加强，这些是中央明确的方针。为贯彻落实俞正声主席这一重要批示，近期全国工商联就工商联所属商会不脱钩、工商联继续作为业务主管单位、未登记商会尽快登记三件事，集中与中央深化改革领导小组办公室、国务院办公厅、国家发改委、民政部沟通联系，有关部门正在抓紧研究落实俞正声主席重要批示精神。我们将以此为基础，尽快制订出台工商联所属商会改革办法。各级工商联必须深刻领会、准确把握党中央关于工商联所属商会不脱钩的明确方针，加强宣传引导，澄清模糊认识，尤其是主席和党组书记要敢于担当、守土有责、守土尽责，提高政治能力。放手不管就是放弃阵地，放松管理就是动摇根基。增强“四个意识”，不能只挂在嘴上，要用行动来说话。我们开展“四好”商会建设，就是以落实中央统战工作会议精神特别是习近平总书记重要讲话精神的实际行动来体现“四个意识”，密切工商联与所属商会的组织联系，畅通工作渠道，进一步推动统战工作向商会组织有效覆盖。

（二）开展“四好”商会建设，是促进“两个健康”的必然要求

三性有机统一是工商联的基本特征，也是所属商会的基本特征；“两个健康”是工商联的工作主题，也是所属商会的工作主题。推动统战工作向商会组织有效覆盖，首先是要明确三性有机统一基本特征，实现“两个健康”主题向商会组织覆盖。目前，各级工商联所属商会有44 000多家。无论是及时向非公有制经济人士宣传党的方针政策、重大决策部署，开展理想信念教育实践活动，建设企业文化，还是引导支持民营企业党建，工商联所属商会都做了大量思想政治教育工作；无论是为民营企业提供信息、融资、技术、人才、法律、“走出去”等方面服务，还是在国际金融危机带来的严峻经济形势挑战下帮助解决企业发展中的实际困难，工商联所属商会都做了大量经济发展服务工作；无论是引导民营企业构建和谐劳动关系，加强行业自律、维护市场秩序，还是组织参加“万企帮万村”精准扶贫行动和光彩事业等，工商联所属商会都做了大量社会协同治理工作。所有这些都表明，工商联所属商会只有坚持三性有机统一，围绕“两个健康”主题，才能体现自身特色、发挥优势作用。

习近平总书记深刻指出，促进非公有制经济健康发展和非公有制经济人士健康成长既是重大经济问题，也是重大政治问题。目前，民营企业数量占我国企业总数的90%以上，提供了80%以上的城镇就业和90%以上的新增就业，非公有制经济对GDP的贡献已超过60%，社会固定资产投资比重达到60%以上。非公有制经济已成为我国稳定经济的重要基础、国家税收的重要来源、技术创新的重要主体、金融发展的重要依托，是经济持续健康发展的重要力量。当前，国际经济形势不确定因素增加，国内经济运行仍存在不少突出矛盾和问题，民营企业生产经营遇到许多困难，非公有制经济人士思想困惑明显增多。既有发展信心不足问题，也有守法诚信缺失问题；既有发展环境需要进一步改善的问题，也有受各种社会思潮影响的问题；既有一些方面服务不配套、不到位的问题，也有利益输送、权钱交易的问题；等等。开展“四好”商会建设，就是要把

“两个健康”主题贯彻落实到商会建设的各个方面和各个环节，不仅要做服务企业的工作，还要做思想引导的工作；不仅要关注民营企业的困难，也要关注非公有制经济人士的思想；不仅要见物还要见人，把引导教育寓于鼓励支持的具体服务中，真正把“两个健康”互相融入、互为促进的要求落到商会建设中。

（三）开展“四好”商会建设，是工商联事业发展的长远大计

目前，我国有近2 300万家私营企业，5 900多万个体工商户，而各级工商联组织仅有3 400多个，工商联专职干部不到2万名。面对如此庞大的非公有制经济人士队伍，仅仅依靠工商联专职干部，难以完成党中央赋予工商联促进“两个健康”的政治任务，必须紧紧依靠所属商会。商会是非公有制经济人士最集中的地方，与企业联系最紧密，为企业服务最直接。离开广大的所属商会，工商联就没了根基，失了底气，成了空架子。正是因为这个原因，我们一直以来始终强调抓基层、打基础。

工商联所属商会作为工商联的基层组织，在长期的实践中已成为扩大工作覆盖面的主要途径和有力依托。近年来，各级工商联对所属商会会长进行综合评价和任职考核、年度考核，加强政治把关，切实培养非公有制经济代表人士；举办商会会长、秘书长培训班，仅2016年全国工商联就在北京集中培训了1 000名会长和500名秘书长；党组配合组织部门加大商会党的组织和工作双覆盖力度，全国工商联31家直属商会有27家建立了党组织，向暂时不具备组建党组织条件的4家商会选派了党建工作指导员；在非公有制经济人士中深入开展理想信念教育实践活动，注重发挥商会主阵地作用，团结引导广大非公有制经济人士听党话、跟党走；组织商会参与每年“两会”议案提案、重点调研和政府第三方评估等工作，积极建言献策，全国工商联80%以上的提案都是通过商会调研提供的；组织商会服务企业转型升级，参与“万企帮万村”精准扶贫行动，开展民商事和劳动纠纷调解。实践证明，工商联所属商会已经成为工商联一切工作的主阵地。开展“四好”商会建设，就是为了进一步强化工商联所属商会的基层组织地位和作用，履行好工商联指导、引导、服务职责，建好阵地、管好阵地，规范商会自身建设，激发商会活力，发挥商会作用，夯实工商联事业发展的根基。

二、准确把握“四好”商会建设的主要内容

目前，各地工商联所属商会建设还不平衡，与党中央的要求和非公有制经济人士的期望存在一些差距。主要表现在：有的商会领导班子思想政治素质和服务意识不强，带头作用不明显；有的商会对统战性认识不到位，理想信念教育实践活动没有完全扎实开展起来；有的商会服务企业能力不足，帮助企业解决实际困难的有效举措不多；有的商会自律意识不强、管理不规范，少数会员企业诚信缺失，商会内部制度不健全、不落实。之所以存在这些问题，一方面有商会自身建设薄弱的原因，另一方面也有工商联指导推动不力的原因。为有针对性地解决这些问题，我们提出开展以班子建设好、团结教育好、服务发展好、自律规范好为主要内容的“四好”商会建设工作。

（一）关于班子建设好

商会强不强，关键看领导班子。在实际工作中，凡是教育好、服务实、作用大的商会，都有一个好的领导班子。工商联所属商会是中国特色商会组织，思想政治素质过硬是对班子第一位的要求。商会负责人不是随随便便就能当的，只有那些

符合“三强一好”、热爱商会工作的非公有制经济代表人士才能担任。我们一直坚持企业家办会，会长、副会长在行业内要有影响力，能够发挥带动作用，具有良好的社会形象；秘书长要政治上可靠，熟悉统战工作和经济工作，具有较强的执行力。班子成员是商会建设的关键，会长和秘书长是“关键少数”中的“关键少数”。“关键少数”有关键责任，起关键作用。但办好商会也不能只靠会长一个人，要靠班子集体团结协作，形成合力。只有坚持民主办会，班子才能坚强有力，具有凝聚力。

工商联在推动商会班子建设上要找准着力点，抓住会长、秘书长这两个“关键少数”，不能眉毛胡子一把抓。按照中央统战工作会议精神和《中国共产党统一战线工作条例（试行）》要求，工商联要对商会会长、秘书长进行考核，对会长要进行综合评价，坚持凡进必评。凡未经综合评价或评价结果不合格的，都不能再担任商会会长。工商联要加大培训力度，每年制订培训计划，通过专题培训、工作交流等形式，定期组织商会会长、秘书长深入学习习近平总书记系列重要讲话精神，学习把握党和国家促进非公有制经济发展和加强工商联工作的方针政策，了解掌握工商联的发展历史、性质特征、工作主题、任务职能，帮助他们牢固树立“四个意识”，切实增强事业心、责任感。

（二）关于团结教育好

做好会员的团结教育工作是工商联所属商会的统战性所决定的。统战性就是政治性，主要体现在商会要承担起团结教育非公有制经济人士听党话、跟党走的政治任务，为夯实党执政的群众基础和社会基础做出贡献上。商会工作好不好，根本标准是看团结教育好不好。要充分发挥理想信念教育实践活动主阵地的作用，扩大会员的参与面，以喜闻乐见的形式开展活动，增强活动的吸引力、感染力，变“要我参加”为“我要参加”，防止“两张皮”。要发挥企业家主体作用，实现自我学习、自我教育、自我提升，商会负责人要带头宣讲，以身边事教育身边人。要积极稳妥发展会员，坚持广泛性和代表性相统一，不以企业资产规模设置入会门槛，要把更多的实体经济企业特别是中小微企业吸纳到商会中来。

工商联指导商会搞好团结教育，当前的工作重点是积极发动商会来组织非公有制经济人士广泛参与到理想信念教育实践活动中来，引导非公有制经济人士不断增强“四信”，牢固树立“四个意识”，做爱国敬业、守法经营、创业创新、回报社会的典范。党组要按照同级党委统一安排做好商会党建工作，没有成立党组织的可选派党建指导员，指导商会组建党组织并开展党的工作。要指导商会在构建“亲”“清”新型政商关系中发挥“黏合剂”“隔离带”作用，引导支持商会以组织渠道出面与政府有关部门沟通，反映民营企业意见、诉求。要指导商会把年轻一代非公有制经济人士作为教育实践活动新的着力点，针对接班群体、自主创业群体的不同特点，开展国情党情民情教育和革命传统教育，引导他们积极参与“万企帮万村”精准扶贫行动和光彩事业，继承老一代企业家光荣传统，听党话、跟党走。

（三）关于服务发展好

服务是商会的重要职责，是商会凝聚会员、发挥作用的重要方面。当前民营企业发展面临转型的火山、融资的高山、市场的冰山“三座大山”的问题仍然没有完全解决。越是困难的时候，商会越要增强服务意识，改进服务方式，加大对会员企业面对面、点对点的服务。要通过帮助企业解决生产经营中的实际困难，助推企业转型升级、创新发展。要通过参与工商联提案工作、政策意见咨询等，主动向党委政府及有关部门反映企业发展面临的突出困难和企业家的思想困惑，努力改善发展环境。企业在生产经营中难免会遇到民商事纠纷，许多民营企业特别是中小微企业财产权、知识产权等方面的合法权益受到侵害后往往无助无奈，对维权的需求尤为迫切。商会要提供法律咨询，开展法律服务，维护企业合法权益。有条件的商会要积极开展行业性、专业性调解，将矛盾纠纷解决在基层。

工商联帮助商会服务发展，重点是要发挥在政府管理和服务非公有制经济中的助手作用，推动建立党委、政府与商会的联系机制，畅通商会与有关方面的沟通渠道。要支持有条件的商会承接政府转移职能，参与政府购买服务。要发挥工商联系统组织优势，积极引导商会之间的横向联系，为商会开展合作交流、参观考察、现场观摩等提供及时、有效的服务。

（四）关于自律规范好

行业自律是商会参与多元化社会治理的重要内容，运作规范是商会履职尽责的重要前提。商会要进一步完善内部法人治理结构，充分发挥监事会的监督作用。要加强守法诚信教育，主动参与到“法律三进”活动中，引导会员企业充分认识法律红线不可逾越、不可触碰，做到守法诚信经营，以“亲”“清”为标尺，正确处理好政商关系。要制定自律公约，积极规范会员企业生产经营行为，主动维护市场竞争秩序。要建立信用承诺制度，主动向会员、社会公开相关信息，自觉接受监督，积极参与社会诚信体系建设。

工商联指导商会抓好自律规范，重点是加强制度建设。要根据《中国共产党统一战线工作条例（试行）》和《中国工商业联合会章程》，制定完善管理办法，建立健全考评指标体系，充分发挥考评的导向作用。要组织商会加强交流学习，宣传内部管理规范的典型，推广他们的管理制度，并通过督促检查，推动制度落实，加强规范化建设。

“四好”商会建设中，班子建设是关键，团结教育是根本，服务发展是目的，自律规范是保证。四个方面是有机统一的整体，相辅相成、互相促进、不可分割。因此，只有四个方面统筹推进，才能成为“四好”商会。

三、精心组织“四好”商会建设工作

一分部署，九分落实。当前，党中央关于工商联所属商会改革的方针已经明确，我们加强商会建设工作的目标任务已经确定，关键在于落实。“四好”商会建设是一项长期任务、系统工程，需要常抓不懈。各级工商联要站在推动统战工作向商会组织有效覆盖的政治高度，坚持改革创新，深入基层指导，确保工作扎实开展、取得实效。在推进“四好”商会建设中，要抓好“三个结合”。

（一）统一部署与分类指导相结合

统一部署是按照工作的总体目标提出普遍性要求，分类指导是根据各地实际情况精准抓、具体落，只有注重分类指导才能真正把统一部署落实落地。我们在前期调研的基础上，研究制订了《全国工商联关于开展“四好”商会建设工作的意见》，会前已经印发给各地。《意见》提出的“四好”商会建设内容，是对商会工作实践的总结提炼，是基本要求，必须抓常抓细抓实。

各地非公有制经济发展情况不同，商会发展的基础也不一样。要按照《意见》要求，紧密结合实际，抓紧制订实施方案，在确保“规定动作”不走样的同时，坚持问题导向、实践导向、结果导向，因地制宜做好“自选动作”。既不能搞“一刀切”“齐步走”，也不能急功近利，搞形式主义，做表面文章。不同地区、不同类型商会的工作特点不同，要有的放矢、分类施策，通过调查研究找到商会建设的主要问题和短板，加强有效指导。“四好”商会建设既服务于党和国家工作大局，也服务于商会会员，建设成效要惠及商会会员。对如何开展“四好”商会建设以及建设成效怎样，要广泛听取会员意见，增强会员获得感。

（二）典型引路与整体推进相结合

典型引路是开展“四好”商会建设工作的重要方法，整体推进是建设结果，要通过典型引路、以点带面，更好地实现整体推进。要注重树立“四好”商会建设中涌现出的先进典型，严格按照“四好”要求，由省级工商联推选出本省的“四好”商会，全国工商联组织评估，确保“四好”商会可信、可比、可学。“四好”商会也有个建设水平不断提升的过程，要不断巩固加强建设成果，向更高水平迈进。要加大典型的宣传力度，《中华工商时报》要开辟专栏做好宣传报道，积极运用新媒体，综合运用线上线下开展“四好”商会宣传。要通过互相学习、取长补短，营造比、学、赶、超的良好氛围，让不同地区各类商会都学有榜样、干有目标。

开展“四好”商会建设工作不是搞评比表彰，而是重在加强建设。这项工作不是个别商会、少数商会的事，而是工商联和所属商会的整体工作，各级工商联和所属商会都要动起来，工作争取全覆盖、无死角。要建立工作台账，全面掌握“四好”商会建设的进展情况，对照“四好”标准查找存在的问题，制定有效措施加以解决，推动商会整体建设水平提升。

（三）工商联加强指导与商会发挥主体作用相结合

抓基层、打基础是各级工商联的共同任务，是工商联机关各部门义不容辞的责任。各级工商联要积极争取党委政府和统战部门的支持，把“四好”商会建设作为推进基层组织建设的重要抓手，出实招，求实效，切实加以推进。工商联主要领导要亲自抓，分管领导具体抓，会员组织部门牵头，其他部门协同，扎实有序推进，切实担负起指导、引导、服务职责。各地要在“四好”商会建设过程中，对本地工商联所属商会自下而上进行大摸底，对那些长期不按章程换届、领导班子薄弱、不开展活动、不发挥作用的进行清理整顿。这项工作我们还要专门部署。这里我要再三强调，各级工商联在组建发展商会时，必须坚持质量第一，不能盲目追求数量。尤其是在行业协会商会与行政机关脱钩中，务必防止对工商联所属商会脱钩放任不管和对行政机关所办协会随意吸收两种错误倾向，必须把是否符合统战性要求作为首要政治标准严格把握。

事物发展的外因是变化的条件，内因是变化的根据。“四好”商会建设搞得好不好，商会自身是关键。工商联既不能越俎代庖，也不能自弹自唱，要注重发挥商会的主体作用，充分调动商会的积极性、主动性、创造性，让商会都动起来。各所属商会要切实增强紧迫感，不断激发内动力，充分发挥主观能动性，调动会员共同参与的积极性，按照“四好”标准，努力建设成为中国特色商会组织。

2017年是工商联所属商会改革发展的关键一年，是“四好”商会建设的开局之年。我们要认真贯彻落实习近平总书记重要讲话精神，撸起袖子加油干，切实抓好“四好”商会建设，扎实推进工商联各项工作，以实际行动筹备好全国工商联十二大，以优异成绩迎接党的十九大胜利召开！

在民营企业参与“一带一路”建设工作视频会议上的讲话

（2017年3月21日）

全哲洙

刚才，6位企业、商会和工商联负责人结合各自的实践和体会进行了交流发言，钦敏主席就深入学习领会推进“一带一路”建设工作座谈会精神，及时掌握当前民营企业走出去过程中面临的新情况新问题，对民营企业积极参与“一带一路”建设、工商联和商会组织切实发挥好引导服务作用做了重要讲话。下面，我就贯彻落实好这次会议精神，提几点要求。

一、切实担当负责

引导服务民营企业参与“一带一路”建设是中央赋予工商联的一项新使命、新任务。经中央批准，全国工商联已于近期正式成为推进“一带一路”建设领导小组成员单位。与此同时，按照落实“8.17”座谈会工作任务分工，全国工商联已承担牵头起草《民营企业规范境外投资经营和防范风险的指导意见》的工作，在中央推动中华文化走出去的指导意见中，全国工商联也是重要的参与单位。这些工作既体现了中央对我们的信任，也是给我们的重托。各级工商联要统一思想，提高认识，切实担当负责。要把这项工作纳入各级工商联工作的重要议事日程，认真学习贯彻习近平总书记关于推进“一带一路”建设提出的八个“切实推进”的新要求，结合实际制定具体工作计划。要把“两个健康”主题贯穿到民营企业走出去的全过程，既要引导民营企业在走出去过程中实现转型升级、创新发展，又要抓好引导教育、示范带动，将规范境外投资经营、守法诚信、防范风险等纳入理想信念教育实践活动的重要内容，树立中国企业在国际上的好形象、好口碑，讲好中国故事、传播好中国声音。各省（区、市）要切实加强组织领导，未成立“一带一路”工作指导小组的要抓紧成立，主要领导要亲自挂帅，整合经济、联络、会员等工作部门的力量，把统筹推进本地的引导服务工作落地、落细、落实。

二、做好精准服务

“一带一路”建设从无到有、由点及面，进度和成果超出预期，而工商联的精准服务工作能否跟得上步伐，直接检验着我们的服务能力和水平。做好引导服务工作必须抓住“一带一路”建设中的重点环节和关键问题。一要突出重点区域、重点国家、重点项目。引导民营企业围绕重点精准发力，多搞一些务实合作，多争一点早期收获。同时，要把中央的决策部署学准吃透，统一思想认识，不能把什么项目都往“一带一路”建设的筐子里放，什么事情都挂上“一带一路”建设的牌子。二要把握重点任务。当前和今后一个时期，精准服务民营企业参与“一带一路”建设工作的重点任务是如何走得稳、走得好，具体来讲就是规范境外投资经营和防范化解各类风险。各级工商联在具体工作中，要注重引导民营企业把“走出去”与“引进来”并重，抓住和利用好海外并购重组的机会，获取先进技术反哺国内产业，推动价值链从低端向中高端延伸，更深更广融入全球供给体系。民营企业海外投资要突出实体经济，突出获取技术、品牌、市场等要素资源，不要醉心于那些浮财、虚财，中看不中用，弄不好还血本无归。外汇储备是国家宝贵的战略资源，好钢要用在刀刃上，要引导民营企业遵守国家外汇管理措施，自觉接受真实合规性审核，切忌以境外收购为名，违法违规转移资产、套取外汇。三要抓住重点企业。总书记指出，“一带一路”是一条康庄大道、金光大道，但也是一条风雨之路、坎坷之路。要重点引导有条件、有实力的民营企业有序地走出去，按照国家战略布局参与“一带一路”建设，不能一哄而起、盲目投资，让多年积累的血汗钱打了水漂。中小企业有参与“一带一路”建设的意愿和热情，要有效组织引导，借助境外工业园区、行业龙头企业、商会等平台，实现抱团出海。

三、形成工作合力

“一带一路”建设是一项系统工程，涉及纷繁复杂的国际因素，很多问题单靠工商联、商会和民营企业难以解决，必须同有关方面加强协作，形成工作合力。一要加强与政府部门的配合。积极参与各级党委、政府推进“一带一路”建设工作，争取纳入相关工作机制；加强与发改、商务、外事等部门的工作协作，利用好各级政府走出去工作联席会议机制的作用；有条件的要建立与我驻外使领馆和外国驻华使领馆的联系沟通机制。二要发挥商会组织的作用。要鼓励和支持商会自主搭建各类服务平台，加强与境外中资企业商会的联系，积极为参与“一带一路”建设会员企业提供各类服务。中国民营经济国际合作商会、中非商会等直属商会要积极探索，做好示范带动。三要借助专业力量。一些专业化的中介组织已经具有了较为丰富的国际化经营经验，能够让企业少走弯路，规避风险，避免不必要的损失。要鼓励支持有资质、符合条件的律师、会计、风险评估、安保等中介机构走出去，提高国际化服务能力和水平。各级工商联和商会组织要用好这些专业力量，采取多种形式整合资源形成合力。

四、加强基础工作

基础工作牢不牢直接决定工作的好与坏。经过一年多的推进，引导服务的基础工作有了一定进展，但还很薄弱，民营企业参与“一带一路”数据库建设才刚刚起步，有关数据统计不够完整，境外企业、项目、人员的实时动态掌握不足。我们要正确认识和把握总书记提出的新要求，不是要给民营企业参与“一带一路”建设设置条条框框，而是引导民营企业合法合规走出去，要对民营企业在境外的项目、资金、人员心中有数，要对民营企业走出国门后的情况，特别是遇到的困难问题及时掌握。落实好这一要求，必须完善服务网络，夯实基础工作。各级工商联和商会组织要对民营企业参与“一带一路”建设进行全面摸底调研，掌握本地民营企业走出去的重点区域、重点国家和重点领域，做到底数清、情况清、问题清、需求清。要健全完善民营企业参与“一带一路”建设数据库，今年6月底前统计汇总各地参与“一带一路”建设的企业和重点项目清单，开展一次专题培训。

在全国工商联十一届十九次主席会议上的讲话

（2017年3月4日）

全哲洙

刚才，樊友山同志通报了企业家兼职副主席述职评议情况，大家对全国工商联换届工作报告框架和章程修订草案发表了很好的意见。我们将认真研究吸纳大家的意见，做好下一步的工作报告起草和章程修订。今天是3月4日，恰逢习近平总书记在全国政协十二届四次会议民建、工商联界委员联组会上的重要讲话发表一周年。一年来，我们认真学习贯彻习近平总书记重要讲话精神，各项工作都取得新进展。今天这个会议，也可以说是全国工商联领导班子对习近平总书记重要讲话精神再学习再落实的会议。在全国工商联领导班子建设方面，我们在多种场合、以多种形式，经常对专职领导班子成员提出各方面高标准的严格要求。今天，我主要就进一步发挥企业家兼职副主席作用，谈三点意见。

一、带头讲政治，坚定理想信念

政治问题，任何时候都是根本性的大问题。工商联是中国共产党领导的、以统战性经济性民间性有机统一为基本特征的人民团体和商会组织，“三性”之首就是统战性，统战性就是政治性，决定了工商联的政治方向、政治地位、政治功能；党中央明确提出的非公有制经济代表人士政治安排的“三强一好”标准，第一个“强”就是“思想政治强”。作为全国工商联领导班子成员，无论是不是共产党员，都必须讲政治，必须思想政治素质过硬。在这一点上，不能态度暧昧，更不能糊涂犯错。

讲政治，就要听党话、跟党走。成熟的企业家首先在政治上要成熟，学政治、懂政治，做政治上的明白人，把“四个意识”集中而具体地体现在坚定不移听党话、跟党走上。党的十八届六中全会的重大历史贡献，就是正式确立习近平总书记在党中央、在全党的核心地位。习近平总书记的核心地位，是在党的十八大以后领导我们党全面推进改革发展稳定、内政外交国防、治党治国治军伟大实践中确立起来的，是人民的选择、历史的必然。特别是现在，我们党治国理政面临的形势之复杂、任务之艰巨、风险挑战之严峻前所未有，加之今年召开党的十九大，从以往党的代表大会召开之前的情况看，这个时候社会思潮更加活跃，杂音噪音增多，意识形态领域斗争激烈，更需要维护党的团结统一，维护习近平总书记作为党中央的核心、全党的核心、党的领袖的地位。向核心看齐，不能空洞地表态，必须用行动说话，对社会上的杂音噪音不传不信。要知道，大家已经属于公众人物，一言一行都可能受到社会关注。我们要绷紧政治这根弦，尤其要谨言慎行，这是对党和国家负责，也是对自己负责。

讲政治，就要积极参加理想信念教育实践活动。对企业家副主席来说，提高政治能力、坚定理想信念，当前一个最大的实践平台就是以“守法诚信、坚定信心”为重点的非公有制经济人士理想信念教育实践活动。习近平总书记对这项活动给予了充分肯定，提出了明确要求，引导非公有制经济人士增强“四信”被写进《中国共产党统一战线工作条例（试行）》，成为党内法规明确了的工商联的一项长期政治任务；党的十八届六中全会把在非公有制经济人士中开展以“守法诚信、坚定信心”为重点的理想信念教育实践活动和对非公有制经济人士开展综合评价，作为一项重要工作进行了总结。希望大家进一步提高对活动重大意义的认识，带头学习党的路线方针政策，带头现身说法讲企业的好故事，发挥影响力、带动力。近几年，越来越多的年轻一代非公有制经济人士走到前台。各位企业家副主席要对年轻一代多做传帮带工作，增进他们对国情党情民情的了解，增强他们的责任意识，引导他们把老一代企业家听党话、跟党走的光荣传统传承好，把艰苦创业、勇于创新的精神传递好。能不能按照习近平总书记要求进一步深化理想信念教育实践活动，关键是发挥商会主阵地作用。党中央对如何处理好工商联与所属商会关系制定了明确方针，强调工商联不是行政机关，与所属商会不存在脱钩任务；明确商会是工商联的基层组织和工作依托，要求工商联履行好指导、引导和服务职能，推动统战工作向商会组织有效覆盖。前不久，俞正声主席还就工商联所属商会改革发展问题亲自过问、亲自协调，专门做出重要批示。各位企业家副主席与商会都有密切关系，有的还兼任行业商会会长。要站在政治高度来把握工商联所属商会的改革发展，带领所在商会更加深入广泛地开展理想信念教育实践活动，支持所在商会和所在企业开展党建工作，共同推动统战工作向商会组织有效覆盖。

讲政治，就要处理好政商关系。习近平总书记高度关注政商关系问题，语重心长地用“亲”“清”二字对新型政商关系进行了深刻而精辟的概括。企业家作为政商关系的重要一方，秉持什么样的价值观、怎么和党政干部交往，不仅直接关乎政治生态的净化，也影响经济生态和社会生态。这些年伴随着反腐败力度不断加大，这方面的教训不少。权钱交易，换不来平安；官商勾结，结不了真情！要树立社会主义核心价值观，坚守企业伦理，在企业自身发展中饮水思源，回报社会。求利正常，但绝不能见利忘义。“亲”“清”政商关系首先在“清”，只有做到“清”才能真正“亲”、长久“亲”。一方面要看到，党的十八以来，全面从严治党不断深入，反腐败斗争压倒性态势正在形成，有力促进了政治生态的好转，为“亲”“清”的实现奠定了坚实基础。特别是党中央从严“管教”党政干部，要求党政干部特别是领导干部在与民营企业家交往中坦荡真诚，不能逾越底线、以权谋私。各级党委政府也都采取有效措施学习贯彻习近平总书记关于“亲”“清”政商关系的重要讲话精神，许多地方出台了有利于构建新型政商关系的制度措施。调研中有的党政干部讲，我们对民营企业家要敢“亲”、真“亲”，光“清”不“亲”不行，光“亲”不“清”更不行。党政干部“亲”的实质是服务，关键是作为和担当。全国政协在2017年工作安排中，将专门召开一次“构建‘亲’‘清’新型政商关系，促进民营经济健康发展”专题协商会。另一方面也要认识到，在权钱交易等不健康政商关系中，一些企业主主动行贿，习近平总书记要求我们企业家引以为戒。越往后，制度的笼子越扎越紧，执纪越严、处理越重。大家一定要认清形势，绝不能心存侥幸。

随着“一带一路”建设的深入推进，很多企业开展跨国经营，不可避免与国外官员接触。我们要严格遵守当地法律，把中国企业家的好形象立起来，把中国产品的好口碑树起来，把中国企业的好故事传出去，绝不能再把国内都已走不通的路子搬到国外去。“清”，也绝不是简单的井水不犯河水，最终要实现“亲”。要多看到党和国家全面深化改革的决心和力度，多看到各级党委政府亲商、安商、富商的努力，多包容、多理解、多体谅目前我们在发展中的困难、前进中的问题，始终把企业梦、个人梦与国家梦的实现结合起来，始终与党和国家同心同德，不能只看问题不看成绩，只看支流不看主流；要积极主动同党委政府多沟通多交流，讲真话，说实情，建诤言，满腔热情支持地方发展。

二、带头讲创新，提升发展质量

当前，国际经济形势复杂多变，不确定性因素增多，我国经济发展进入新常态。新常态是一个较长的过程，也是一个攻坚克难的过程。新常态需要新理念，也需要好心态。能不能准确认识、主动适应、积极引领新常态，能不能带头贯彻落实党中央提出的新发展理念，信心尤为重要。一段时间以来，在经济转型、增速趋缓的压力下，许多民营企业表示信心不足，个别人也出现了歇业套现、转移资产、移民跑路等消极现象。现在，实体经济特别是制造业困难增大，出现了一种“脱实向虚”的苗头。有些人认为“实体不赚钱，虚拟来钱快”“实体企业一年忙，不如北上广一套房”。在“赚快钱”的诱惑面前做出选择是很艰难的，但也是最能考验企业家定力的时候。越是困难的时候越要发挥企业家精神，越要看责任、看担当。这个时代赋予企业家的历史责任，就是主动投身供给侧结构性改革，贯彻落实新发展理念，坚守实业、办好企业、引领行业，不断学习运用新知识、新技能、新业态，争取新常态下的新作为、新提升、新发展。

以新发展理念引领新常态，关键是把握大势，靠创新提质降本增效，从企业这个供给端发力，以增加有效供给来激活有效需求。我们既要注重全面改造提升传统产业特别是制造业，提高产品和服务对市场需求变化的适应性和灵活性，使主业更加成熟，也要善于整合各方面技术、人才、资金等资源，瞄准所在领域的技术前沿和核心技术，加大研发投入，把智能制造作为制造业主攻方向，不断激发企业内在活力和创造力。现在不少企业都在搞“微创新”，有些央企也在推动建设“双创”平台。我们要更加注重产业链上的价值分享，带动更多中小企业特别是高成长性企业协同创新，推动形成大中小企业专业化分工协作的网络体系，有条件的还可以推动组建技术创新联盟，突破共性关键技术，带动行业和产业链整体创新能力的提升。

中央经济工作会议把稳中求进工作总基调作为治国理政的重要原则和做好经济工作的方法论来强调。当前和今后一段时期，稳是主基调，稳是大局，但投资不稳，经济难稳。稳投资，关键是稳定民间投资。目前，“十三五”规划正在有序实施，“一带一路”建设、京津冀协同发展、长江经济带发展三大战略和创新驱动、军民融合等战略持续深入推进，许多地方都在积极扩大投资规模，注重采用PPP方式来吸引社会资本参与，国有企业混合所有制改革也不断取得新进展。这些都为民营企业拓宽投资渠道、开辟新的发展空间提供了新的机遇。我们对此要有足够敏感性。现在，很多大企业特别是上市公司资金比较充足，要有效利用产权市场组合民间资本，把存量资金用活，更多投向实体领域，抢抓新的经济增长制高点。经中央批准，全国工商联已正式成为中央促进“一带一路”建设领导小组成员单位。大家要积极参与“一带一路”建设，通过在海外建立研发中心和制造基地、开展并购、承接工程等开展技术合作、产能合作，提升企业国际竞争力。要提醒大家的是，开展海外并购时，一定要突出实体、技术、品牌和市场，不要醉心于那些浮财、虚名。特别是要遵守国家外汇管理制度，借口境外收购乘机违法违规转移资产、套取外汇的行为是千万要不得的。

降成本是供给侧结构性改革“三去一降一补”的重要内容，中央经济工作会议对降低企业成本也做出了系列部署。习近平总书记在2月28日的中央财经领导小组第十五次会议上再次强调，要在降低垄断性行业价格和收费方面下更大功夫，尽一切努力把企业负担降下来。今年4、5月份，全国工商联将开展实体经济企业降成本重点调研。希望大家积极参与进来，聚焦破解政策落实障碍、增强企业政策获得感提出真知灼见。

三、带头讲责任，主动回馈社会

习近平总书记指出，只有富有爱心的财富才是真正有意义的财富，只有积极承担社会责任的企业才是最有竞争力和生命力的企业。企业家个人的价值实现，不能只看财富的多少，更多体现为对社会贡献的大小。回馈社会、造福人民，才是企业家应有的价值追求和责任担当。大家作为全国工商联领导班子成员和行业领军人物，要带头践行社会主义核心价值观，积极履行社会责任，在更高层次上实现个人价值。企业只有真正对国家负责任，对社会负责任，对员工负责任，才能赢得更多的社会尊重，获得更广的社会资源，赢得更大的发展空间。

就业是民生之本。习近平总书记强调，扩大中等收入群体，支撑就业、解决就业问题，根本要靠发展，把经济发展蛋糕做大，把就业蛋糕做大。当前，民营企业已成为吸纳社会就业的主体。企业持续发展的一个重要前提就是构建和谐劳动关系，要把员工看作企业最为宝贵的人力资源而不能片面认为是企业难以负担的人工成本，这也是落实共享发展理念最实实在在的行动。要按照员工报酬增长和企业效益提高同步的要求，不断完善企业内部分配机制，积极探索通过股权、期权、分红等制度安排，把收入分配与员工激励结合起来，使技术、劳动、资源等各种生产要素得到合理回报。同时，要坚持以人为本，建设先进企业文化，提倡和鼓励员工发扬精益求精、崇尚质量、追求卓越的“工匠”精神，加强对员工的技能培训，注重对员工的人文关怀，不断改善员工劳动条件，增加员工的获得感、归属感、幸福感。

先富带后富、实现共同富裕，是社会主义的本质要求，也是广大非公有制经济人士义不容辞的社会责任。习近平总书记在去年3月4日讲话中要求广大民营企业家积极投身光彩事业和公益慈善事业，要求工商联组织开展好“万企帮万村”精准扶贫行动，抓好落实，抓出成效。去年10月，国务院扶贫开发领导小组在湖北黄冈召开“万企帮万村”现场会，汪洋副总理专程到会讲话；去年12月执委会议上我们按照中央的总体要求，重点就东西部协作扶贫作出部署。大家要带头参与到“万企帮万村”精准扶贫行动中来，立足贫困地区资源禀赋特点，用好用足产业扶贫政策，把企业转型升级与贫困地区产业调整结合起来，注重保护生态环境，带动贫困地区加快发展。要按照东西协作、精准扶贫的要求，多到西部看看，多些感性认识，多从贫困群众实际出发，多做雪中送炭之事，特别是要加大就业、教育、健康扶贫力度，注重激发贫困户自力更生、艰苦奋斗精神，切实提高他们主动脱贫的愿望和能力，帮助他们劳动致富。

习近平总书记强调，守法经营是任何企业都必须遵守的大原则，各类企业都要把守法诚信作为安身立命之本，依法经营、依法治企、依法维权。这就是说，守法经营是企业的责任底线。依法经营，就要依法处理好各种利益关系，积极承担照章纳税、安全生产、节能减排、环境保护等方面的法律责任，维护健康有序的市场秩序。事实证明，守法是对企业最好的保护。只有守法经营，才能保障企业持续健康发展。依法治企，就要建立现代企业制度，用法治方式规范企业内部治理，把法治精神融入企业文化，推动企业内部形成讲法治、讲规则、讲诚信的氛围。在投资决策、融资借贷、资产处置、经济往来、安全生产等方面，要健全合同审核、决策论证等相关环节法律风险控制体系和预警防范机制，用法治建起保护企业安全的“防火墙”。依法维权，就要在企业遇到破坏公平竞争、侵害合法财产、侵犯知识产权、妨害正常经营等情况时，敢于主张、主动应对，勇敢地拿起法律武器捍卫自身合法权益，依法依规依程序反映维权诉求，同时切不可意气用事，那些借助违法手段“维权”的行为更是决不允许的。守法诚信也是这两年我们理想信念教育实践活动的一个重点，大家要带头参加到活动中，在实践中不断提高守法经营、诚信办企的意识和水平。

今年第四季度，将召开中国工商业联合会第十二次全国代表大会。工商联换届工作是非公有制经济领域统战工作的一件大事，换届工作的一个重要任务就是非公有制经济人士政治安排。担任全国工商联副主席，是很高的政治荣誉和政治信任，既是对企业发展、企业家个人过去的充分肯定，也是对大家今后继续发挥好作用的殷切希望。从过去几年的工作看，大家珍惜这份责任、这份荣誉，非常重视全国工商联这个平台，积极参加我们组织开展的各项活动，加强自我学习、自我教育、自我提升，争当爱国敬业、守法经营、创业创新、回报社会的典范。这次换届，我们要严格贯彻落实习近平总书记和党中央的指示要求，把非公有制经济人士的政治素质作为首要标准严格把握。所有候选代表人士都要经过综合评价，防止简单以资产规模和投资、捐款定人，确保选出来的人各方面都过硬。希望大家正确对待换届后的退、留、转，这也是一次严肃的政治考验。大家对换届工作报告的起草和章程修订等方面以后有什么新的建议可以随时反映，为换届工作多贡献智慧。

大家参加全国“两会”肩负共商国是的重任，要严格遵守会议纪律，按时参加各次会议，认真参加分组讨论，为促进“两个健康”、推动党和国家事业发展积极建言献策，切实履职尽责。

第四部分　调研报告

降低实体经济企业综合成本调研报告

为贯彻落实中央经济工作会议精神，深入推进供给侧结构性改革，引导实体经济企业降本增效、转型升级，今年上半年全国工商联组成7个调研组，赴12个省（市）开展了降低实体经济企业综合成本专题调研，共召开民营企业座谈会24场（参会企业218家），政府部门座谈会13场，实地走访企业105家，回收有效调查问卷3 866份。现将有关情况报告如下：

一、降本增效的主要情况

党中央、国务院高度重视降低实体经济企业成本工作，将其作为推进供给侧结构性改革的重要任务，出台了《国务院关于印发降低实体经济企业成本工作方案的通知》（国发〔2016〕48号）及一系列配套政策文件。各级党委政府坚持把降低企业成本作为贯彻中央经济工作会议精神、深化供给侧结构性改革的重要举措，作为缓解实体经济企业困难、助推企业转型升级的实际行动，结合本地实际制定具体实施措施，加强政策宣传和检查督导，促进政策落地落实落细。调研表明，尽管因地区、行业、规模不同，民营企业的政策获得感有所差别，但总体上对政府出台的一系列降成本政策措施给予积极评价。问卷调查显示，民营企业认为全面营改增以后税负降低或基本持平的占82.46%，享受研发费用加计扣除政策的企业占符合条件企业的62.15%，认为涉企行政审批事项明显减少或有所减少的企业占63.93%，认为涉企行政审批事项办理程序明显简化或有所简化的占74%。很多民营企业家谈到，党中央、国务院和各级党委政府高度重视民营企业发展，使他们深受鼓舞，进一步增强了对中国特色社会主义的信念、对党和政府的信任，进一步坚定了企业发展的信心。

调研发现，许多民营企业积极响应党中央、国务院关于推进供给侧结构性改革的要求，不等不靠，多措并举降本增效，具体表现在五个方面。

（一）依靠创新降本增效

一些民营企业把创新作为提升质量效益和核心竞争力的重要手段，不断研发新工艺、新产品，探索新模式、新路径，用创新效益化解成本上升压力。问卷调查显示，79.41%的企业通过创新和技术改造实现降本增效。坚持技术创新。云南沃森生物技术公司在“单抗”生产过程中采用一次性全自动生物反应器，批次间实现快速切换，大大节约了人力物力，同时通过引进先进灌流技术，抗体表达量是传统工艺的4倍以上，保持了哺乳动物细胞培养密度与产率的国内最高纪录。坚持产品创新。湖北鼎龙控股有限公司相继开发出具有自主知识产权的彩色聚合碳粉、激光

SoC芯片、集成电路制程用CMP抛光垫、彩色硒鼓等八大系列高新技术产品，拥有146项国内外发明专利，牵头制定5项国家行业标准，核心产品彩色聚合碳粉荣获“国家信息产业重大技术方面奖”。2016年，公司实现营业收入13多亿元，实现利润较2015年增长40%。坚持模式创新。湖南金龙集团抓住能耗和原材料价格两项主要成本，采取定价、点价、远期交货结算等新型商业模式对铜的原料价格进行风险管控，并以再生资源回收利用为切入点，大力发展“金属回收—再生资源—精深加工—高新产品—金融物流”的有色金属循环经济，能耗成本平均每吨下降了32.26%。

（二）依靠智能制造降本增效

一些民营企业紧跟两化融合创新步伐，充分运用互联网、物联网和云计算等新一代信息技术，改进传统的生产和经营模式，让智能制造引领企业发展。问卷调查显示，分别有71.79%、55.7%的民营企业利用信息化和智能制造降本增效。建设智慧车间。重庆力帆汽车集团开展智能数字化车间集成创新，使用智能化机器人对传统生产线进行转型升级，与传统生产线相比，智能化柔性焊接生产线效率提高19.1%，运营成本降低10.5%，产品研制周期缩短16.6%，产品不良率降低11.3%，能源利用率提高了20.9%。江苏锦绣铝业公司引进DMS1.0智能制造平台系统及智能机器人等装备，通过后台中控对生产线进行精密控制，人均年生产效率实现翻番，由原来的4 363件/人/年提高至10 000件/人/年。推进产品和服务智能化。南京顶瑞电机公司以“智能化产品+智能化服务”的架构模式增加产品附加值，让公司生产、设计、研发和消费环节对接，优化用户体验，促进技术研发。2016年公司总销售额1.9亿元，其中服务化收入1.5亿元，实现净利润4130万元。

（三）依靠优化工艺降本增效

一些民营企业加大设备技改力度，采用先进生产工艺和节能降耗新技术，有效提高生产效率，对冲企业成本上升带来的不利影响。问卷调查显示，85.95%的企业通过设备改造更新、工艺改造、优化生产流程等方式，实现降耗降本。改造传统工艺。浙江大华包装集团通过技术改造，将瓦楞纸板生产线的万元产值蒸汽消耗从原来的1.5吨下降为1吨，造纸生产线吨纸电耗比原来下降15%，吨纸汽耗下降11%。同时投巨资建设环保工程，实现了节能降耗和清洁生产。新疆美克投资集团有限公司在资源与环境技术、高新技术改造传统产业等生产工艺领域进行发力，实现了高效率、低消耗和低排放，开展应用一年就给企业带来1 000万元以上的经济效益。采用新工艺。广东省中山市华捷实业有限公司主动淘汰落后产能，自行设计新增涂覆生产线，实施16项技改项目，有效提高了劳动生产率和产品工艺性能指标，纵剪、镀锌、后加工、复合、涂覆等工序单位物耗分别降低了41%、3%、12%、25%、17%。

（四）依靠强化管理降本增效

一些民营企业向管理要效益，推行模块化标准化通用化管理，加强供应链成本管控，科学配置要素资源，取得了明显效果。问卷调查显示，85.27%的企业通过加强内部管理实现降本增效。推行标准化管理。广东奥马冰箱有限公司通过产品设计的标准化、通用化，在设计阶段严格管控成本，实现直接人工成本同比下降1.2%，制造成本同比下降0.77%，2016年盈利3.85亿元，同比增长31.81%。实行精益化管理。江苏南京康尼科技电子公司着眼项目精益化管理，构建了精益供应链，实现物料动态化预警管理，将制造周期由原来的15天缩短到8天；推行精益研发，在系统、硬件、软件三方面打造标准产品平台，研发设计效率提升了17%，研发周期缩短60%，实现降本500余万元；实施精益质量管理，优化全流程产品检验，提升质量管控水平，产品出厂检验合格率达99.37%，年度质量成本损失率由2015年的0.49%下降至2016年的0.37%。管控内部消耗。云南华尔贝光电技术公司通过节流措施加强办公设备节电节能管理，严格控制办公耗材，2016年各部门办公费用比2015年降低了10%；在确保材料质量的前提下，加强集中采购管理，降低原材料采购成本，防范价格涨跌风险，2016年原材料采购成本降低了5%。

（五）依靠企业家精神和工匠精神降本增效

一些民营企业发扬执着、创新、责任等企业家精神和精益求精的工匠精神，引导全员参与降本增效。问卷调查显示，88.29%的企业通过积极发挥员工作用实现降本增效。发扬企业家精神。重庆秋田齿轮有限责任公司董事长付中秋秉承专心、专注、专业理念和文化，拒绝各种诱惑始终专注于各型汽车齿轮和摩托车齿轮的研发与制造，通过引进先进的海外自动化生产线和对现有老旧机床等设备改造升级，员工从最高峰时4 000多人减少到2 700多人，节省人工30%以上。激发工匠精神。云南太标集团坚持理念决定速度、速度创造效益,经过多年努力，集团公司实现了从粗放型钢铁冶炼到精密铸件和高端机床制造，从单一太阳能热水器制造到光伏发电和电动车组装多元化生产的跨越。2017年1～3月份，集团实现产值14 780万元，同比增长28.14%，实现销售收入18 560万元，同比增长52.85%。调动员工积极性。浙江欧丽数码喷绘材料公司鼓励员工为降本增效献计出力，2016年公司收到有效提案445条，为公司节约成本350多万元。浙江吉利集团发动全员参与运营管理，2016年累计收集各类建议43万多条，经初步测算成本下降2.4亿元。

二、调研中反映的主要问题

国务院48号文等政策出台后，各地各部门在落实降成本政策方面迈出了实质性步伐，切实降低了实体经济企业的成本，但仍然有相当一部分企业感觉政策不解渴，问卷调查显示，相比2015年，62.72%的企业认为2016年企业总成本增加，同时在降低企业成本方面也出现了一些新情况、新问题，突出反映在以下几个方面。

（一）政策获得感还不是很强

企业反映，“在降成本上，政府部门的成就感比企业的获得感强”。施策不够精准。由于政策出台前调研不够充分，没有广泛听取企业意见，致使有的政策不符合基层实际，原则性多、配套措施少、操作性不强；有的政策不够精细化，没有研判所属行业、地区、规模的差异，存在“一刀切”的问题。湖南金龙集团是一家有色金属循环经济企业，但有关政府部门仍将其归类为有色金属加工冶炼业。因此，企业不能享受国家关于循环经济的产业扶持优惠政策。重庆宗申集团反映，《国务院办公厅关于促进通用航空业发展的指导意见》由于没有具体可操作的实施细则，且通用航空领域涉及军方、民航、地方等多部门，协调难度大，获得感变成失落感，现在只能观望等候。政策落实不到位。某省贯彻落实国家发改委规定，出台降低电费的文件，要求自1月1日起实施，但文件出台已经6月份。有企业反映有些基层公务人员把为企业办事当作负担和麻烦；有的基层办事部门力量薄弱，很多政策已出台一段时间了，基层还不知道怎么做。

（二）税费负担减轻的感觉不明显

调查问卷显示，仍有17.54%的企业认为全面营改增后税负增加，23.34%的企业认为涉企收费负担增加，55.59%的企业认为涉企收费负担基本持平。税负仍然较高。浙江大华包装集团反映，下属纸业公司年销售额3.96亿元，企业盈利仅255万元，退税后实际缴税2 566万元。建筑行业、大型酒店、物业等劳动密集型企业反映，由于人工费用占总成本的比例相对较高，可抵扣进项少，营改增后企业税负不降反升。另外，由于很多小微企业处于盈亏平衡边缘，因此尽管能享受减半征收所得税的优惠政策，但仍感到负担重。陕西奥润激光技术有限公司反映去年销售400多万元，刚刚实现盈亏平衡，缴税50多万元，大部分是增值税，所得税仅有2万余元，享受减半征收政策至多减税1万元。收费仍然较重。清理涉企基金和收费已经到了啃硬骨头阶段，剩下的都是费率较高的项目，虽然看上去涉企收费项目数量不多了，但负担还是很重。许多企业反映，教育费附加、地方教育附加、水利建设基金、残疾人就业保障金、堤防费、工会经费等收费费率较高，一些收费项目由税务机关强制征收，给企业造成较重负担。

（三）要素成本依然较高

工业用地价格上涨趋势明显。福建省盛辉物流反映，福州某块物流园用地价格在2016年5月为153万元/亩，今年4月涨到了280万元/亩。目前，工业用地土地使用税各地差异较大，甚至达到数倍。物流成本依然较高。云南祥丰集团是一家磷复肥企业，2016年物流费5亿元，其中过路过桥费占三分之一。电费下降幅度较小。吉林省吉神化学工业公司反映，2016年公司享受大用户直购电政策，从发电企业购电比供电公司便宜0.12元/度，今年发电企业由竞争转向联合，降低优惠幅度，每度电最多便宜0.02元。福建省金源纺织公司反映，2016年尽管公司自建变电站并参与电力直接交易，但优惠后的电价仍为0.62元/千瓦时，电费占总成本的比重为18%。直供电优惠政策覆盖面过窄，且申请条件苛刻，机制不够灵活。重庆新美鱼实业公司反映，重庆市电力直供电交易申请标准为最低300万度/年，高于或低于申购电量5%的企业都会受到处罚。企业对天然气价格反映也较多。广东东鹏控股股份有限公司、佛山金刚企业集团有限公司等企业反映，企业用天然气代替燃料油之后，成本上升至少30%，且天然气使用的局限性较大。而天然气是政府定价的，处于垄断地位，企业没有别的选择。人工成本仍继续上涨。尽管国家已下调企业的社保缴费率，但随着近年来企业员工工资一直保持刚性增长，使得企业实际缴费金额不断增加。中小微企业融资难融资贵依旧。当前银行贷款条件更加苛刻，审核更加严格，许多中小企业反映贷款比以前更难了。银行业金融机构基于垄断地位和利益优先的经营导向，服务中小微企业的意愿不强、动力不足、举措不力；产品服务不足，大多依赖中介分担风险而抬高融资成本。浙江省工商联反映，银行针对民企惜贷、压贷、抽贷、断贷现象普遍，集中表现为提高授信条件、收紧信贷规模、过度要求企业担保质押、压低抵押物估值、上移审批权限、延长授信审批时间等。企业反映，由于融资难，企业被迫用过桥资金“倒贷”的现象仍很普遍，利息每天最高达千分之八，还要疲于应付重复性财务审计和资产评估等事项。

（四）隐性交易成本比较高

随着“放管服”改革和商事制度改革稳步推进，制度性交易成本有所降低，但民营企业办事便捷感不强，时间成本高的问题较为突出。由于党政干部缺乏有效的容错激励机制，以“照章办事”为借口，不敢担当、不愿担当、懒政怠政，企业为了加快速度，就要付出额外的隐性成本。湖南益鑫泰家具公司董事长罗建光反映，有些业务手续规定完成时限是10天以内，如果给办事人员送一条烟，一两天就能办好，不送东西的话，就拖到10天。又如，信息不对称，部门协同不力造成的市场风险成本，诚信体系不完善造成的违约成本和财务成本，契约执行中的层层分包和转换成本，知识产权保护制度不健全，创新成果获批门槛高，导致研发成本抬升和“舍内求外”“脱实向虚”。

（五）红顶中介隐性化

一些红顶中介表面上与政府部门脱钩了，但实际上仍存在未转变服务方式和缺乏监管的情况，脱钩后中介社会组织乱收费的现象依然突出。长沙市某企业反映，企业做环评时，没有找环保部门内定的中介，材料报上去之后，被拖了3个月，老是找毛病，后来有人指点去找环保局内定的中介公司，材料报上去很快就批了，但是收费却贵了一倍。陕西省西安一家军工消防企业（新竹防务）反映，国务院虽然取消了一大批资质认证，但由于消防产品的特殊性，企业每年仍需取得70余项产品认证。目前，认证的权限下放给了协会，收费非常不规范，实际支出是规定的10倍以上，企业不堪重负。

（六）部分企业自身降本增效意识和能力不足

在经济下行压力下，有的企业寻求降本增效的第一反应还是依靠政府优惠政策，眼睛向内的问题意识和自身挖潜意识不强。有的企业满足现状，在经营尚可的情况下固守原有产品吃老本；有的企业对于技术创新、技术改造心有余而力不足；有的企业不善于科学管理，成本管控不力；有的企业片面地将降本增效理解为减少投入，不舍得进行设备升级改造；有的企业前期盲目扩张，粗放难收；有的企业激发员工积极性的手段不多，任人唯亲，家族式经营特征明显，对普通员工的激励措施不足等。

三、几点建议

降低实体经济企业成本是贯彻稳中求进工作总基调、推进供给侧结构性改革的关键之举，对有效缓解实体经济企业困难、助推企业转型升级、振兴实体经济有重要意义。根据调研了解到的情况，提出以下建议。

（一）加快建立降低实体经济企业综合成本的长效机制并抓好落实

全面研究在税费、融资、制度性交易、人工、用能用地、物流、资金周转效率7个重点环节存在的降低空间，从建立健全常态化的组织协调和督促落实工作机制、建立效益评估和统计监测机制、建立根据形势变化动态调整政策措施机制等三个方面入手，加快建立降低实体经济企业综合成本的长效机制。注重分类指导，针对不同地区、规模、行业、发展阶段企业的实际需求，因时因地因情制宜出台政策措施，精准施策发力。深化“放管服”改革，做好“宽进严管”的市场监管，加快推进社会信用体系建设，广泛开展政策宣传，大力宣传企业降本增效的典型案例，增强政府和企业的信息互动，切实让政策惠及广大实体经济企业。

（二）继续降低税费及垄断性行业收费

要在全球竞争的背景下，从提升“中国制造”国际竞争力的角度，积极主动研究欧美等发达国家减税方案的内容，提前采取精准度高、力度大的降税减费等应对措施，让民营企业切实增强政策获得感。在企业税率方面，将17%的增值税率降低2个百分点以上，妥善解决“营改增”导致的部分行业税负增加问题；将企业所得税税率由25%降3个百分点以上；提高个人所得税起征点。继续全面清理规范政府性基金和涉企经营性收费，减少政府性基金收费种类及缴费比例，规范各项收费的征收、使用与监督管理。继续清理整顿中介组织，切实规范红顶中介和政府部门的关系，加强中介机构服务收费等管理。进一步规范和降低垄断行业收费，加快研究电、气、油、运、金融等垄断行业产品价格调控机制。

（三）继续开展金融服务整治行动并深入落实普惠金融措施

继续开展金融服务整治行动，着力解决对民营企业抽贷、压贷、断贷和高息过桥等突出问题，严格规范金融机构经营行为，严禁各种导致融资贵的不合理收费和贷款附加条件。深入推进落实普惠金融措施，加大对落实情况的监督检查。扩大金融机构服务中小微企业、实体经济企业的覆盖面，提高企业申请贷款的获贷率，完善“政银担”风险分担机制，降低企业的融资成本。

（四）进一步推动降低人工成本

继续适当降低“五险一金”有关缴费比例，科学确定工资年度调整幅度，加快推进城镇职工基本养老保险全国统筹，采取有效措施进一步增强用工灵活性。

（五）引导企业内部挖潜，鼓励行业商会发挥作用

激发企业家精神，弘扬工匠精神，引导企业管理创新和精益生产，利用信息技术手段降低成本；加强先进技术推广，鼓励企业加强目标成本管理，努力从生产端入手积极参与供给侧结构性改革。行业商会要切实加强与政府部门的沟通联络，做好政策宣传解读工作，合理反映企业诉求；利用商会平台优势，推动建立产业联盟，引导企业集群式发展；注重加强行业自律，制定行规会约，引导会员企业依法经营、诚信办企，全方位降低行业及企业生产经营成本。

附件：民营企业眼睛向内、降本增效案例

附件

民营企业眼睛向内、降本增效案例

一、依靠创新降本增效

南京康尼科技电子公司依靠自主创新掌握了轨道车辆门控系统核心技术，拥有27项专利和41项软件著作权，国内市场占有率达60%，并成功运用于美国纽约、加拿大多伦多、法国巴黎等城市地铁车辆上。福建青拓集团采用RKEF+AOD双联法冶炼不锈钢的新工艺，获得国家发明专利，其中三次热装热送技术，实现了不锈钢生产模式的变革，属于全世界首创，引起国内外业界的瞩目和效仿。江苏中圣科技产业公司加强产学研合作，依托科研机构开展创新并注重科技成果产业化，牵头制定多个产品的国家标准，在经济下行的过程中逆势而上，2015年、2016年两年利税增长均超50%。重庆广怀实业（集团）有限公司坚持“科研创造市场—市场创造价值—价值反哺科研”的全新产学研用发展模式,其自动防覆冰装置技术填补国内空白，近几年企业新产品新增产值3亿元以上。湖北鼎龙控股股份有限公司在国际高端细分领域相继开发出具有自主知识产权的彩色聚合碳粉、激光SoC芯片、集成电路制程用CMP抛光垫、彩色硒鼓等八大系列高新技术产品，打破国外垄断，填补国内空白，拥有146项国内外发明专利，牵头制定5项国家行业标准；核心产品彩色聚合碳粉荣获“国家信息产业重大技术发明奖”。武汉猫人服饰股份有限公司创

新销售模式，践行“互联网+”思维，实现销售渠道的去中间化、扁平化。通过搭建“垂直采”生态平台打造上下游直接交易的BTB生态圈，将原来的五级销售渠道压缩到两级甚至一级，经营成本由过去的2亿～3亿元降至7500万元。

二、依靠智能制造降本增效

江苏欣华恒精密机械集团对数控装备进行智能化改造，用数据链将上下游工序设备连接成一条智能生产线，改造后的板材下料精度从16毫米提高到2毫米，操作工人从8人减为2人。通过在生产车间安装工业机器人，将生产工人从67人降为17人，待智能设备中央控制室建成后，将进一步降到3至5人。力帆实业股份有限公司开展智能数字化车间集成创新及核心智能制造装备的推广应用，使用智能化机器人对传统生产线进行转型升级，与传统生产线相比，该智能化柔性焊接生产线效率提高19.1%，运营成本降低10.5%，产品研制周期缩短16.6%，产品不良率降低11.3%，能源利用率提高了20.9%。江苏康缘药业致力于中药数字化、智能化制造，开发了高效节能装备和生产环境智能控制技术，实现中药生产全过程的连续化、管道化、高效自动化。产品批次质量均一次性提高5%，生产效率提高20.62%，单位产能提高23%，水电气能耗降低15.3%，人员减少56%，同等产能情况下企业运营成本降低18%。数字化提取工厂项目被国家工信部评为“中药制药智能工厂试点示范”。广东欧派家居集团公司投入1亿元以上资金进行了大规模的以信息化为主导的转型升级，通过“易量尺”“易沟通”“易设计”以及“设计岛”等一体化设计软件系统，做到快速定制和智能化，2016年公司产销量达到30%以上的增长。南京顶瑞电机公司以“智能化产品+智能化服务”的架构模式增加产品附加值，让公司生产、设计、研发和消费环节对接，优化用户体验，促进公司研发。2016年公司总销售额1.9亿元，其中服务化收入1.5亿元，实现净利润4 130万元。武汉爱帝集团实现生产线智能化，从产品的设计开发到板型制作，放码排版的数字化到裁剪，自动化生产线以及智能机器人的应用，将所有生产流程全线打通。企业同时在线生产的产品从50个增加到了200个，生产效率提高了25%～30%，单款产品的生产周期从90天缩短到20天。

三、依靠优化工艺降本增效

无锡新三洲特钢公司采用少用矿、多加废钢的节能环保型炼钢工艺，一方面节约了生产成本，另一方面根据废钢退税30%的政策，可降低成本3 900万元。重庆远大印务公司在承印国家税务总局增值税发票项目中，对原有窄幅轮转印刷机进行技术改造，增加了加宽、加色组及放卷装置，使得单位印机产能提高4倍以上，能耗降低40%。美克投资集团有限公司在资源与环境技术、高新技术改造传统产业等生产工艺领域进行发力，其中“乙炔尾气回收装置”与“低压加氢尾气回收装置”两项专利均为资源循环利用、环保节能方面的先进技术，实现了高效率、低消耗和低排放，开展应用一年不仅为美克化工带来1 000万元以上的经济效益，同时在发展循环经济方面以及打造环境友好型企业方面起到重要的示范带头作用。广东奥马冰箱有限公司通过产品设计的标准化、通用化在设计阶段严格管控原材料成本，通过工艺定员优化、工艺过程优化、设备自动化改造在生产阶段降低人工、能耗、制造过程成本，实现直接人工成本同比下降1.2%，制造费用成本同比下降0.77%。广东广铝集团通过快速挤压工艺及其配套挤压设备改造和粉末喷涂前处理及粉房系统改造，节约成本从2013年的200多万元增长到2016年的近1 000万元，销售利润同比增长了61.7%，在行业原材料价格增长、利润普遍下降情况下实现了逆势增长。浙江大华包装集团有限公司目前年产规模瓦楞纸20万吨，是浙江省第一批循环经济试点企业。循环生产的新技术、新工艺运用促进了生产效率提高，同时也降低了能耗，实现了清洁生产，瓦楞纸板生产线的万元产值蒸汽消耗从原来的1.5吨下降为1吨左右，造纸生产线吨纸电耗比原来下降15%左右，吨纸汽耗下降11%左右。

四、依靠强化管理降本增效

南京康尼科技电子公司着眼项目精益化管理，构建了精益供应链，实现物料动态化预警管理，将制造周期由原来的15天缩短到8天；推行精益研发，在系统、硬件、软件三方面打造标准产品平台，研发设计效率提升了17%，研发周期缩短60%，实现降本500余万元；实施精益质量管理，优化全流程产品检验，提升质量管控水平，产品出厂检验合格率达99.37%，年度质量成本损失率由2015年的0.49%下降至2016年的0.37%。北京慧辰资道咨讯股份有限公司通过管理创新将原来的流程实现标准化，分析方法实现技术化，大大提高了人均产值。通过流程优化管理创新后，该企业从原来的三四百人减少为六七十人，人力成本明显降低，人均产值却并无影响。云南华尔贝光电技术公司开源节流，优化成本结构，通过加强办公设备节电节能管理，严格控制办公耗材，2016年各部门办公费用比2015年降低了10%；在确保材料质量的前提下，加强集中采购管理，降低原材料采购成本，防范价格涨跌带来的风险，2016年原材料采购成本降低了5%。福建361度公司作为一家综合性体育用品公司，通过投资引进SAP（思爱普企业管理解决方案软件）、MES（制造企业生产过程执行管理系统软件）等供应链管理系统，并在原材料供应、订货模式、物流配送、生产交期等方面不断优化升级，提高供应链管理水平，缩短产品运转周期，降低了企业成本。江苏爱康集团全面推行“专业化、精细化、标准化、集约化、信息化和智能化”管理，通过专业技术提升、标准精细化管理、区域化集中管控、信息系统智能化运维等手段，不断提升光伏电站运营效率，降低运营成本。光伏电站系统能效从2015年的72%提升到目前的80%，度电运营成本从2015年的0.15元降低到今年一季度的0.09元，万千瓦装机运营人员由5人降为2.5人。北京聚宝渔港餐饮有限公司在座谈中提到，该企业所在的协会通过搭建一个行业采购平台，抱团取暖联合开展原材料大宗采购，价格优势十分明显，实现了降本增效的经营目的，企业大大受益。

五、依靠企业家精神和工匠精神降本增效

江苏欣华恒精密机械集团鼓励工人一专多能，每人掌握两种以上专业技能，既能增加工人收入，也方便生产部门灵活地进行人员调配，降低用工成本。南京环宇集团在企业架构上实行扁平化管理模式，70%的公司副总下沉到各分公司和驻外办事处第一线直接管理，高管人员把三分之二的时间直接用到深入车间班组、深入项目现场、深入业务接洽，调动员工积极性。嘉兴格峰电气公司为激发工人主人翁精神，将以前采用的计件工资改为年薪工资，过去工人只看重速度，现在把品质放在第一位，做好品质再看速度，短期看似乎成本有所增加，运行一段时间后公司整体效率反而提高了。浙江吉利集团一直践行“问题文化”，集团上下通过“问题解决票”“员工提案”等方式，发动全员参与运营管理，2016年累计收集各类建议43万多条，初步测算实现成本下降2.4亿

元。浙江嘉兴合邦机械科技公司组织全员学习降本增效课程，成立了企业的“发展改革委员会”，发动员工上交提案达30多项，搓丝组提交的“工艺冷却油改善提案”一年为公司节省冷却油8吨以上。重庆力帆控股有限公司制定了集团全员创新管理办法，对被采纳的员工创新提案给予一定奖励，提案人还可以优先获得调资资格，自2016年4月起企业共收到提案5941条，采纳1484条，创造直接经济效益500万元，公司为了鼓励人才冒尖，每2～3年举行一次“科举考试”，获得状元的员工职级连调三级，月工资增加1万元。重庆秋田齿轮有限责任公司董事长付中秋秉承专心、专注、专业理念和文化，拒绝各种诱惑始终专注于各型汽车齿轮和摩托车齿轮的研发与制造，通过引进先进的海外自动化生产线和对现有老旧机床等设备的改造升级，员工从最高峰时4 000多人减少到2 700多人，节省人工30%以上。

（研究室）

东北地区13个民营经济发展改革示范城市营商环境评估报告

内容简介：当前东北地区民营经济发展活力显著增强，社会贡献越来越大，已经成为国民经济的重要支撑，在地区经济社会发展中的地位越来越重要。各试点城市加强领导部署，完善监督检查工作机制；放宽民营企业市场准入，促进企业科技创新，加大金融支持力度，加强人才服务；深化行政审批制度改革，出台促进民营经济发展的政策文件，大力推进减税降费；规范涉企行政执法，帮助企业解决法律纠纷，规范监督政府行为；重视企业家培训，加大企业家宣传表彰力度，加强信用环境建设；畅通政企沟通，提供精准服务。民营经济发展的市场环境、政策环境、法治环境、社会环境不断优化。

但当前东北地区民营经济发展仍显缓慢。市场主体数量少、规模小；产业集聚度低，市场竞争力弱；创新能力不强、新动能培育不足。在优化营商环境的过程中仍然面临一些问题：一是有利于民营经济发展的市场机制不够健全。民营企业受歧视现象比较突出，信用环境较差，综合成本高，商（协）会作用发挥不足。二是政策落地难、效果小，执行僵化。政策针对性、连续性、协同性不强，落地难；政策宣传不到位，企业不知晓；政策执行呆板僵硬，不为企业着想。三是法律不够完善，司法保障不到位。法律及相关配套不完善，法律的保障作用没有充分发挥，执法不合理问题仍然存在。四是社会思想观念偏传统，创业创新氛围不够浓厚。政府和民众思想保守、创业创新意识弱，外部舆论不佳；不少企业思想跟不上形势、理念保守、管理水平低；政府服务意识较差、效能较低。

为持续优化东北地区民营经济投资营商环境，我们建议：一是大力转变思想观念，营造创业创新氛围。继续加大力度推进民营经济发展改革和试点工作；提炼推广试点城市的有关经验和做法；弘扬创业创新精神，转变对民营经济的思想认识；改善外部舆论环境。二是上下结合推进体制机制改革创新。深入贯彻落实党的十九大精神，破除制约民营经济发展的障碍和桎梏；加强顶层设计，推进体制机制改革创新，提高治理体系和治理能力现代化水平；尊重基层首创精神，畅通基层意见反馈渠道，为深化改革提供动力源泉。三是推进混合所有制改革，加大对民营企业开放力度，着力打造民营资本主导的产业集群。四是挖掘本地科研优势，推动企业转型升级。提高科研成果本地转化率；加强政策支持；提高实体经济供给质量，推动传统产业优化升级。五是大力降低企业综合成本，提高区域投资吸引力。统筹妥善解决企业综合成本过高问题；加大金融支持力度，提高金融服务实体经济特别是高科技企业的能力和水平；降低东北地区国际物流成本；降低制度性交易成本。六是加强法治建设，营造风清气正的政商环境。继续加大反腐倡廉力度；规范政府行为，加强政务监督；引入社会力量，发挥各方合力。

为贯彻落实习近平总书记关于改善东北地区投资营商环境的重要批示精神，推进东北地区民营经济发展改革工作，国家发改委东北振兴司、全国工商联研究室、中国民营经济研究会、民生银行研究院组成3个调研组于2017年8月至9月，赴东北地区首批13个民营经济发展改革示范城市大连、鞍山、营口、辽阳、盘锦、长春、通化、白山、辽源、哈尔滨、牡丹江、七台河、通辽和沈阳、佳木斯两地开展了营商环境评估调研。期间，组织召开政府部门座谈会16场，民营企业家和商会代表座谈会13场，与近百位民营企业家、商会负责人访谈，实地走访30余家民营企业。同时通过全国工商联民营企业调查系统开展网络调查，回收问卷731份；委托13个试点城市发改委提供部分经济社会发展统计数据。现将调研情况报告如下。

一、民营经济发展总体情况

近年来，东北地区着力完善体制机制，深入推进放管服改革，构建“亲”“清”新型政商关系，民营经济由弱增强、由小到大，发展态势总体良好，发展活力有所增强，就业拉动效应明显，税收贡献持续提升，在地区经济社会发展中的地位越来越重要。

一是民营经济发展活力显著增强。从发展数量看，东北地区民营经济市场主体数量快速增长。截至2016年年底黑龙江、吉林、辽宁民营经济市场主体分别为178.3万户、173.1万户、280.2万户，分别较上年增长17.6%、8.29%、11.6%。今年上半年长春市GDP增速高于全国1个百分点；平均3.35分钟新增一户企业。哈尔滨市高新区上半年新设立企业2 426户，是上年同期2.3倍。从发展质量看，民营经济产业创新能力持续增强，央地融合、产学研企合作不断深入。吉林省汽车、石化、装备三大民营主导产业集群创新能力稳步提升，现代农业加快发展，农产品加工业产值列全国第10位，医药健康产业产值列全国第4位，同比前进1位。辽宁省有7家单位获得国家级小微企业创业创新示范基地，大连冰山集团、环嘉集团等科技型企业成长迅速。黑龙江省涌现了一批以新一代信息技术、生物工程等新兴产业为代表的科技型企业，哈尔滨鑫达、誉衡、五常米业、光宇、葵花等近两年发展良好，营业收入均超过10亿元。

二是民营经济的社会贡献越来越大。从就业看，民营企业量多面广，已成为吸纳东北地区劳动力就业的主渠道。鞍山、通辽民营经济吸纳就业占比都超过了80%，辽源市东北袜业园一个园区安置就业3万余人。从税收看，民营经济纳税已逐渐占据东北地区纳税总额半壁江山，成为政府税收收入的重要来源。2016年，东北地区黑龙江、吉林、辽宁三省分别上缴942.9亿元、755.9亿元、1397亿元，占各省总税收比例分别为56.6%、59.8%、28.5%，税收贡献除辽宁外都超过本省一半。

三是民营经济已经成为国民经济的重要支撑。从总量上看，近年来，东北地区民营经济增加值整体上实现了较快增长，成为地区经济的重要基础。2016年黑龙江、吉林、辽宁非公有制经济分别实现增加值8 176.6亿元、7 651.5亿元、11 054亿元，较上年分别增长7.7%、4.29%、-32.30%，分别占地区生产总值的53.14%、51.40%、50.16%。13个试点城市中有3个城市非公经济占比超过60%，其中营口市占比达到77.6%。从投资趋势看，民营经济已成为地区固定资产投资的主力军。2016年黑龙江、吉林、辽宁非公有制经济完成固定资产投资分别为7 046.5亿元、10 200亿元、4 445亿元，分别较上年增长8.1%、12%、-57%，分别占地区固定资产投资的67.50%、74.10%、69.10%。从试点城市来看，白山、鞍山、牡丹江、营口等市的民间投资占比均超过70%，营口市更是达到82.6%。

二、试点城市优化营商环境的主要举措

调研发现，东北地区党委政府普遍重视优化营商环境，激发民间资本投资活力，促进民营经济繁荣发展。民营经济发展改革试点工作开展以来，首批13个试点城市采取系列措施，努力改善民营经济发展的市场环境、政策环境、法治环境和社会环境，民营企业政策获得感不断增强，市场活力显著提高。主要做法：

1. 加强领导部署，完善监督检查工作机制。辽宁省下大力气改善投资营商软环境，目前各市县都成立了营商环境建设领导机构和工作机构，工作机制不断完善。营口市成立由市长任组长、相关副市长任副组长的软环境建设领导小组，出台《关于优化营商环境的实施意见》。鞍山市制订了《关于加强营商环境建设的“十条禁令”》。辽阳市建立营商环境监督评价体系，在各级人大代表、政协委员、政府机关涉企服务人员和中小微企业员工中选聘了300名营商环境监督员，定期组织测评打分，并引入第三方专业评估机构进行评估对比。盘锦市成立了以市长为组长的“盘锦市民营经济发展改革示范工作领导小组”。长春市成立由市委书记任组长、市长任常务副组长的改革示范工作领导小组。七台河市制定出台《关于进一步优化全市发展环境的实施意见》，开展“全市经济发展环境整治年”活动。

2. 优化市场环境。各试点城市通过放宽市场准入，促进市场公平竞争，加大公共服务供给，支持民营企业投融资、人才引进使用和技术创新等，优化民营经济市场环境。①放宽民营企业市场准入。大连市鼓励民营企业参与国企改革，目前已有15家国有企业吸引民营资本参与改革，积极推进PPP建设，2017年发布15个PPP项目，总投资123.14亿元。七台河市成立市公共资源交易中心，整合政府采购、国有产权交易、建设工程招投标、国有土地交易四项公共资源交易职能，鼓励社会资本投资市政基础设施项目。通辽市鼓励民间社会资本参与全市基础设施和公共服务领域建设，目前有3个PPP项目由民营企业牵头落地实施。②促进企业科技创新。大连市建成市级以上科技企业孵化器达到33家，累计孵化企业3 529家；建设科技

创新创业服务平台“科技指南针”，集成6 800项科技服务项目；累计创建小企业创业基地29个、民营企业公共服务平台26个，其中国家级公共服务平台6个。长春市建成“政产学研用金介”七位一体协同创新云平台，建立融资担保等十大类公共服务平台316个。通辽市打造“集中+分散”型创业孵化平台，建成集中型创业孵化园区34家，分散型创业孵化网点1 586家。通化市实现各县区省级创业孵化基地全覆盖。鞍山实施中小企业“专精特新”工程，截至2016年年底省级“专精特新”中小企业99户、“专精特新”产品（技术）达到125个；引进哈尔滨工业大学等高校设立产业研究院。辽阳市发放科技创新券，设立辽阳市科技型中小微企业贷款风险补偿资金，与东北大学共建钢铁共性技术协同创新中心。③加大金融支持力度。大连市完善民营中小企业融资服务体系，引进中小银行、村镇银行21家，推动设立中小微专营机构和特色支行近百家；鼓励金融机构创新融资产品和服务，全市银行机构推出中小微融资产品200余种。盘锦市设立规模2亿元的民营企业应急转贷资金池，帮助解决民营企业过桥资金问题。哈尔滨市财政首期注入2.4亿元，成立小微企业融资专属平台，专门为小微企业提供融资担保支持。通辽市探索建立“助保贷”融资模式，累计为267家中小微企业发放流动资金贷款18.95亿元。④加强人才服务。大连市对符合高层次人才认定标准的企业经营管理人才，按层次分别给予300万元、150万元和80万元的安家补贴，实施“百千万”人才工程，支持企业专业技术人员接受继续教育，目前共建立继续教育基地34家，涵盖了246个专业。通辽市协调各类职业技能培训，加大民营企业人才培训鉴定，为非公有制单位评审高级职称1 174人、中级职称2 046人、初级职称1 907人。牡丹江市财政每年拿出2 000万元用于支持鼓励人才培养引进和科技创新，设立1 000万元小微企业专项发展基金和666万元大学生创业“种子资金”。⑤实施“小升规”工程。盘锦市通过开展各类培训服务活动提升目标企业管理能力和市场竞争力，促进重点培育企业早日达产增效。大连市筛选一批成长性好、创新能力强的规模以下企业，建立起“小升规”企业培育库，推动规下民营企业做优做强。

3. 优化政策环境。各试点城市深化“放管服”改革，出台促进民营经济发展的政策文件，大力实施减税降费，着力为民营经济发展松绑减负。①深化行政审批制度改革。营口、辽阳、盘锦等地探索成立行政审批局，如辽阳市按照“一枚公章”管审批原则将原来由20个委办局分散办理的165项审批事项相对集中到审批局办理，时限压缩了77.5%，审批环节减少了204个。长春市开展“一门式、一张网”行政审批综合改革，市级非行政许可实现“零审批”，基本建设项目审批时限由302个工作日压缩到51个工作日。七台河市开辟民营企业项目审批“绿色通道”，取消和调整市本级行政权力2 131项，减少审批前置件408个。通辽市在内蒙古自治区内率先实施“25证合一”，以“减证”带动“简政”，激发市场主体活力。②出台促进民营经济发展的政策文件。长春市出台推进民营经济综合配套改革试点、加快工业经济转型升级、大力推进科技创新、打造六大千亿级新兴产业、促进现代服务业发展5个政策文件，自2017年起用五年时间实施新一轮民营经济腾飞计划。哈尔滨市出台《关于进一步扶持中小企业发展的若干政策》《哈尔滨市促进民间投资健康发展的若干措施》等优化非公有制经济发展的配套政策。盘锦市出台《促进民营经济发展的若干政策》，从鼓励民间投资、鼓励民营企业加大研发投入、推进民营企业产融合作等10个方面推进民营经济大发展、快发展。鞍山市提出了融资、创新、要素成本、发展环境四个方面16条措施。辽源市制定打造全民创业最活跃地区实施意见、促进民营经济大发展的意见等政策，建立了税收、准入、融资、技改、配套及环境等多方面优惠政策支持民营企业发展。③大力推进减税降费。盘锦市在削减土地使用税、实施市级以下零收费、支持企业开展直供电交易等方面持续加大工作力度。牡丹江市全面实施收费清单制，推动7家“红顶”中介与主管部门脱钩，与审批有关的市属中介收费下调50%。大连市全面清理涉企收费项目，目前保留的涉企经营服务性收费只有12项。白山市对新办民营企业3年内“全当没有”，新增税费全部返还，对存量民营企业年新增税费按比例返还。通辽市制定关于进一步促进企业降成本增效益的实施意见，为企业降低土地、税费、电力等成本达20.2亿元。

4. 优化法治环境。各试点城市认真贯彻落实关于完善产权保护制度依法保护产权的意见，规范涉企行政执法，拓宽企业法律援助渠道，规范政务服务，积极营造保护民营企业合法权益的法治环境。①规范涉企行政执法。牡丹江市组建城市管理综合执法大队，实施“一队”式执法及涉企检查“先申请、再备案、后执法” 模式；实行企业“宁静工程”和“门禁”制度，除安全监管、环境保护和食品药品监督等事项外，其他入企行为必须向市级主管领导报备登记。白山市由市软环境办直接受理、办理、转办、督办、督查行政机关执法过程中干扰和破坏经济发展软环境的27类不当行为投诉，有效减少了执法人员的自由裁量权和寻租空间。②帮助企业解决法律纠纷。大连市建立企业维权长效机制，组建市民营企业投诉中心、仲裁中心和维权律师团，开通“96366”投诉和法律服务热线，为企业提供法律咨询、援助5万多件次。七台河市全面推行“双随机、一公开”“宁静工作日”“五个不轻易”等行政执法工作制度，协助民营企业依法调处矛盾纠纷，化解各类矛盾纠纷500余起，引导诉讼12起，破获各类涉企案件36起，为企业挽回经济损失5 000余万元。③规范监督政府行为。鞍山市建立首问负责制、一次性告知制和限时办结制，工作人员在咨询、受理、审查过程中做到“三清”（受理咨询一口清、发放资料一手清、审查核准一次清）。辽阳市优化整合“12345”市长公开电话，设立电话、信箱、微信、短信等终端服务平台，全时段、全方位受理营商环境问题诉求。佳木斯市实行行政职权运行流程标准化管理，建立“过程可管、风险可控、证据可查、责任可究”的行政职权运行管理标准体系。

5. 优化社会环境。各试点城市积极营造尊重企业家精神、鼓励企业家创新、发挥企业家作用、助力企业家成长的良好环境和舆论氛围。①重视企业家培训。白山市组织开展“千名创业者、千名小老板、千名企业家、千名技能工”系列培训和“千名创业导师结对帮扶千名创业者”“千名技能人才进民企”等活动。辽源市与清华大学等省内外高校长期合作，定期举办民营企业家工商管理高级研修班和民营企业家后备人才高级研修班，目前已累计培养2 000人次。②加大宣传表彰力度。盘锦市召开科技创新大会，表彰先进企业，积极营造重视企业家、弘扬企业家精神的浓厚氛围。大连市召开优秀企业家表彰大会，通过新闻媒体广泛宣传企业家的创业创新精神，营造亲商、安商的社会氛围。③加强信用环境建设。辽源市建立32个部门参与的协同监管和联合惩戒机制，让企业“一处违法、处处受限”。盘锦市强化行政许可、行政处罚七日内双公示制度，及时公布各行业守信主体“红名单”和严重失信主体以及严重失信被执行人“黑名单”，引导企业守法诚信。盘锦市印发了《关于对重大税收违法案件当事人实施联合惩戒的合作备忘录》和《对重大税收违法案件当事人实施联合惩戒工作规程》等文件，为加强信用环境建设提供了制度保障。

6. 畅通政企沟通，提供精准服务。各试点城市积极构建“亲”“清”新型政商关系，不断提高政务服务的有效性和针对性。长春市建立《市领导联系民营经济工作制度》，每位局级干部每月至少开展一次下基层上门服务。白山市明确19位市级领导联系1 144户重点民营企业，组织开展为时三年的“百名县（处）级领导干部帮扶百户小微企业”活动。鞍山市通过市长企业家接待日、帮扶专项协调会、现场办公、聘请营商环境特约监督员等形式帮助企业协调解决生产经营过程中存在的突出问题。通辽市实行项目建设“五个一”跟踪机制，即从项目规划、前期、开工、建设、投产等环节全程跟进服务，逐个项目理出关键点，专人盯办督办，一月一总结，逐项办结销号，确保如期投产达效。白山市建立“联席会议、专家咨询、信用体系、金融机构融资服务考核奖励、融资工作协调会议”五项工作机制，以及“中小企业专项资金，小微企业担保，免打扰、检查处罚备案”三项扶持保障制度，提高政府指导扶持民营经济发展的工作能力。牡丹江市大力实施“非公经济发展三年行动计划”和“中小微企业成长工程”，对重点项目实行领办代办、集中会办、“绿色通道”，为783户重点企业免费送照上门；实行一个项目（县区）、一个市级领导、一个责任部门、一个进度目标、一个督查体系的“五个一”领导包保推进机制，对项目从洽谈签约、落地开工和建成投产实行“一包到底”。

三、优化营商环境过程中存在的主要问题

与沿海发达省份比，东北地区民营经济总体发展水平仍然较低、体量相对较小、创新不足、区域间发展不协同，总体营商环境还有待优化。

（一）民营经济总体发展缓慢

1. 市场主体数量少、规模小。东北地区民营经济体量相对较小，2016年黑龙江、吉林、辽宁三省民营经济共实现增加值26 882.1亿元，为同期广东省42 578.76亿元的63.13%，江苏省51 510.3亿元的52.18%。13个试点城市中除了营口、通化、牡丹江外非公经济占比都低于60%，长春市仅为48%。商事制度改革以来，东北地区市场主体数量快速增长，但仍落后于全国平均水平，与东部发达省份相比差距更大。2016年辽宁省、吉林省、黑龙江省、内蒙古自治区每万人新增小微企业数是26.56家、28.18家、17.2家、26.33家，同期全国平均水平为39.27家，而北京是105.91家、上海是122.01家、广东是72.06家、浙江是51.4家、福建是51.57家，也低于西部有关省份（重庆是43.54家）。从企业规模来看，全国工商联发布的2017中国民营企业500强中，东北三省只有10家（辽宁6家、黑龙江2家、吉林2家），而浙江120家、江苏82家、广东59家、山东58家。13个试点城市中只有大连4家、盘锦1家，长春1家、通化1家、哈尔滨2家，由此可见，东北地区民营经济既缺乏顶天立地的大企业，又缺少铺天盖地的中小企业。

2. 产业集聚度低，市场竞争力弱。尽

管东北地区具有良好的工业基础和资源禀赋，但目前民营经济发展程度较低，大多仍以传统产业为主导，处于产业链低端，发展质量和效益不高，很多企业存在思想观念落伍、设备老化、工艺落后、能源资源消耗高、产品开发能力弱、组织结构不合理等问题。以鞍山市为例，尽管民营企业有8万多家，但真正叫得响的名牌企业或产品很少，主要集中在装备制造业、采矿业和批发零售业三大行业，且呈现“三多三少”现象：资源及其初加工产品多终端产品少、投资类产品多消费类产品少、内销产品多出口产品少。另外，产业集聚度较低，13个试点城市中仅形成了辽源的袜业、通化的医药业、营口的汽车保养维修设备业等有限几个产业集群，无法在产业链、创新链、价值链上形成合力，民营经济整体竞争力较弱，市场不活跃。

3. 创新能力不强、新动能培育不足。本地科研成果转化率低，科技型民营企业少，创新投入不足，人才流失严重，新兴产业规模小、发展慢。调查问卷显示，13个试点城市中，只有大连R&D支出占GDP的比重（1.97%）接近全国平均水平（2.11%），其他城市均远低于全国平均水平（哈尔滨1.84%、盘锦1.4%、七台河1.2%、鞍山1.12%、辽阳1%、白山0.16%、通辽0.16%）。吉林大学2016届16 887名毕业生中，吉林省本地生源占比33.5%，留在本地就业的仅为18.9%，每100名本地大学生中就有44位远走他乡。2015年、2016年东北地区战略性新兴产业营收增速分别为0.8%、7.3%，而全国2015年、2016年战略性新兴产业平均营收增速为15.6%、18.6%。

（二）营商环境存在的主要问题

从13个试点城市来看，民营经济营商环境正在改善，但和东部沿海地区相比，还有一定差距，制约民营经济发展的环境因素仍然突出，主要表现在：

1. 有利于民营经济发展的市场机制不够健全

一是民营企业受歧视现象比较突出。①国企、民企市场地位不平等。民营企业在市场准入、项目审批等环节仍有许多门槛限制和隐形壁垒。问卷调查显示，33.1%的被调查企业认为当地民营企业与国有企业存在不平等现象；黑龙江、吉林、辽宁、内蒙古分别有25.3%、31.4%、29.3%、28.6%的企业认为当地对民营企业进入某一领域仍有隐形限制。国企“店大欺客”。哈尔滨市一些为大型国有企业、军工企业配套服务的民营企业反映，作为产业链龙头的大型国有、军工企业压低零部件价格、拖欠民营企业货款，大家苦不堪言。②民企获取资源和政府支持难。据七台河市企业家反映，2016年开展煤炭行业化解过剩产能行动，地方政府对民营企业的预期引导和政策衔接工作与国有企业相比大为不足；民营企业贷款覆盖率和融资规模相对于国有企业比重严重偏低，统计显示，盘锦市70%以上的贷款流向国有大型企业。

二是信用环境较差。①社会信用不佳，融资债务问题较大。缺乏统一的征信平台和信用评价体系，对违反诚信行为惩处不够。佳木斯企业反映，不少企业以倒逼方式迫使银行逐步放大贷款规模，甚至故意逃废或悬空银行债务。大连市企业反映，企业间货款相互拖欠，累及银行贷款，形成三角债，同时财务造假现象增多，信用风险升高，导致银行不敢放贷。②政府诚信有待提高。主要表现在拖欠款项、承诺不兑现等方面。调查问卷显示，对政府诚信（政策稳定、按合同办事等）方面的满意度认为“一般”和“不好”的占比分别为31.2%和4%。哈尔滨企业反映，政府“失信”问题突出，有企业曾因区政府“现任不理前任”而欠债不还，导致停业破产。

三是综合成本高。税收、能源、人力、土地、交通等成本过高，严重影响东北地区投资竞争力。调查问卷显示，分别有33.18%、18.08%的民营企业认为用电、用水和天然气等能源价格过高，分别有15.91%、15.82%的民营企业反映用地难、交通滞后。牡丹江市企业家反映，该市属于电力富集地区，但电价却高于一些电力输入地区，如该市一般工商业用电价格达到0.86元/千瓦时，大工业用电价格达到0.64元/千瓦时（1~10千伏），目前全市只有3户企业获批直供电。长春市工商联书记曲春雨说，当地有的企业用电成本高达1.34元/度，远高于西部地区。用工和社保缴费成本高是企业反映的老问题，白山市鑫德房地产开发有限公司反映，企业雇佣员工有很多是50多岁的人，而当地政府规定企业要替他们补交续交15年社保才能退休。盘锦兴隆集团董事长李维龙反映，盘锦不仅人才缺，普通劳动力也不富余。根据人社局面向332家企业用工需求调查显示，预计全年用工缺口1.6万人，民营经济组织缺口1.1万人。融资难融资贵始终困扰企业。各地企业普遍反映，贷款利率上浮较大，部分银行压贷、抽贷、断贷，企业经营严重“失血”。调查问卷显示，57.2%的企业没有从金融机构获得过贷款，获得过贷款的企业中有21%的企业贷款额度比前两年有所减少，增多的仅为12.5%。制度性交易成本高。大连大杨集团反映，公司有大量对外贸易业务，虽然公司离大连港最近，但由于该港服务差、障碍多、效率低，不得已舍近求远，远走青岛港和营口港，极大地增加了运营成本。哈尔滨市企业反映，在房屋买卖、抵押审批中办事员自由裁量权太大，审批环节太长，企业办一次不动产抵押，所需时间长达45天，所需时间是广东等沿海发达地区的6~7倍。另外，吃拿卡要现象普遍，“不给好处不办事”思维甚至深入到普通大众，有企业反映，在哈尔滨某酒店举行会议，连酒店电工都得打点，否则不予调试会议室设备。

四是商（协）会作用发挥不足。商会的数量和活跃度是民营经济发展水平重要标志，也是一个地方营商环境的风向标。多地企业表示，工商联和商会作用尚未充分发挥，政企沟通机制仍不畅通。白山市企业家反映，当地民营经济总体体量不大，商会发展较为缓慢，商会活跃度不高。问卷调查显示，有近三成的被调查企业没有加入协（商）会，已加入的企业有6.4%认为协（商）会在服务企业发展方面没有发挥作用。

2. 政策落地难、效果小，执行僵化

一是政策针对性、连续性、协同性不强，落地难。企业普遍反映政策够不着、不解渴、变化快、缺配套。哈尔滨市企业反映，政府制定政策时征求意见不充分、不够接地气，使得一些政策“闻起来香，但吃不进嘴里”。长春市企业反映，市工商联未列入民营经济发展改革示范工作实施方案参与单位，市民营经济领导小组也没有工商联参与，民营企业意见反映不了。大连市西姆集团反映，企业申请的《2017年度东北振兴新动能培育平台及设施建设专项中央预算内投资计划》专项资金已下发至大连市发改委，但由于企业属于轻资产公司，抵押担保问题没有解决，银行贷款无法下达。通化市茂祥药业反映，政府要求企业进行煤改气，但取暖成本要由原来每年300多万元增长到800多万元，由于担心环保标准不稳定，不敢贸然投资改造。万通药业反映，很多政策变化快、变化大，企业感到时间紧、要求高、投入大，应对困难。通化市汽车流通业商会反映，企业拿着政策文件找到相关部门申报补助，办事人员说："政策有，但钱真没有"。白山市智业传媒有限公司反映，企业费了很大的劲，才申请到国家支持文化产业发展的资金，但地方政府说没有具体规定无法落实。

二是政策宣传不到位，企业不知晓。民营企业很难全面及时知晓各项政策措施的具体信息。调查问卷显示，有60%的民营企业对政府出台的政策不尽了解，有30%的民营企业主要通过私人渠道获得相关政策信息。通辽市企业反映，各职能部门制定政策措施，大多以红头文件形式下发到政府部门和国有企业，民企很难看到；部分政策措施只通过政府网站发布，但政出多门、信息分散。白山市方大集团反映，有利于民营企业发展的政策文件发布滞后，或根据关系亲疏小范围传播，不能及时广而告之。沈阳市有企业反映，政府信息公开程度不够，政策发布手段传统、范围狭窄，企业在网上根本找不到法规文件，有的文件以涉密为由，不让企业知晓。

三是政策执行呆板僵硬，不为企业着想。调研中企业普遍反映，与南方民营经济发达地区相比，东北地区地方政府在执行有关政策时更加机械呆板、"一刀切"。辽宁中旺集团为进一步完善产业链条，建设了年产86万吨的高精铝及加工材项目，全部生产能够替代进口的高精端产品，且只供给集团下游企业使用、不流向市场，但是受到去产能政策限制，只有一期43万吨项目允许投产，二期43万吨项目只能闲置。白山市星泰集团有限公司董事长孙金宝反映，近期环保组来督查，政府怕担责，采取一刀切、划红线等方式，不管企业是否符合环保标准，一律停产，企业做的陶瓷和紫砂壶等近万件半成品无法进炉，损失很大。长春净月包装公司董事长王波说，有的部门不是引导企业解决问题，而是发现问题后第一时间开罚单处理企业。

3. 法律不够完善，司法保障不到位

一是法律及相关配套不完善。有些法律法规不合理，导致审批难，审批繁、流程长、时间久，在一些新业态和新经济领域存在法律、政策、监管滞后现象，满足不了企业和新兴产业发展的需求。康元生物科技公司反映，在申报林蛙开发项目时，被有关部门以法律没有相关规定为由直接拒绝，后来辗转找到上级领导，经研究认为林蛙作为东北地区独特资源，环保作用大、经济价值高、市场前景广阔，对于当地林农增收，发展区域经济都大有裨益，最终批准了该项目，但企业为此付出了很大的时间成本。

二是法律的保障作用没有充分发挥。企业反映的问题主要集中在法院案件审理和执行效率低、期限长、裁判不公、领导干预等方面。有企业反映，法院判决执行困难，重判决，轻执行，民营企业合法权益难以保障。还有企业反映，公检法部门执法不公正，所有制歧视仍然存在，对国企保护力度大，对民营企业保护力度不足。

三是执法不合理问题仍然存在。很多企业反映，暴力执法、选择性执法和滥用自由裁量权等问题相对来说比较突出。辽阳三三工业有限公司反映，环保部门执法检查时不管是否违规，一来就要停工，严重干扰企业正常生产。哈尔滨市有企业反映，当地对民营企业税费收取极不规范，税务部门经常征收"回头税""预收税"，企业不分红也对业主或股权方预收个人所得税。七台河市企业反映，国家推行"营改增"政策后，个别民营企业仍存在被重复收税现象，如个人附加税等。

4. 社会思想观念偏传统，创业创新氛

围不够浓厚

一是政府和民众思想保守、创业创新意识弱，舆论环境不佳。政府思想不够解放，重国企轻民营，工作不够大胆，没有大的体制机制突破，没有形成良好的激励机制、容错纠错机制。民众体制内偏好严重，普遍以在机关事业单位、银行、电力、石油、学校等国有单位工作为荣，不愿意去民营企业，不愿创业。“投资不过山海关”“脑子进水投资东北”等言论破坏东北形象，严重干扰外来投资者的信心。调研中发现，各试点城市间工作推进力度差距很大，有的城市有些党政干部对试点工作竟不知情。白山市泉阳人商会会长潘振东反映，白山市高校毕业生回流不到10%，回流的毕业生50%～60%去考公务员和事业单位，很少有人愿意去民营企业。吉林省满妃集团董事长盛家齐表示，公司的薪资水平在本地同行业内是比较高的，但仍然招不到人。佳木斯潜兴农业机械研发有限公司反映，在招聘农机设备设计人才时，不但高素质、高学历、有创新的技术人才招不到，连自己培养的2名有设计能力的人才，也因为各种原因选择离开。

二是不少企业思想跟不上形势、理念保守、管理水平低。很多企业沿袭传统的家长式、家族式和作坊式管理模式，不接受先进的经营管理理念，创新意识差，企业科技含量偏低，特色产品偏少，“知足常乐”“故步自封”“小进则满”“小富即安”。长春市工商联党组书记曲春雨表示，很多老板起步时朝气勃勃，信心满满，发展后就“小富即安，固守家园”，进取意识下降。长春海归华侨企业家商会秘书长孙建军反映，商会曾经想组织东北袜业的企业家“走出去”到日本考察学习，等到出国前一天，发现很多老板连基本资料都没有准备齐全，无奈之下只能取消活动。辽宁鸿昊化工股份有限公司自筹资金3.5亿元，历经7年研制出屏蔽种子辐射的首选材料硼-10，市场前景巨大，但由于在融资渠道上只接受银行贷款，而公司已经没有资产可以抵押，导致资金短缺无法扩大产能。

三是政府服务意识不足、效能不高。政府工作人员舍“亲”保“清”，不接近民营企业，不跟企业家交朋友，对民营企业的发展需求根本不了解。不作为、乱作为、慢作为、懒政怠政等现象仍然存在，门好进了、脸好看了，事还是很难办。调查问卷显示，民营企业认为政商关系“一般”的比例为38.8%；有16.5%的企业感觉这两年来政府官员的服务意识和态度没有改善，67.73%的原因是“不作为”。吉林省东北亚新型材料公司董事长孙金宝反映，国家在新材料生产上出台减税政策，但政府工作人员以电脑系统无法通过为由，迟迟不予办理，使企业无法享受减税优惠。调研中多地企业反映，当地政府普遍重视招商引资，轻相关配套，重视外部企业，对本土企业关注太少。

四、优化东北地区营商环境的对策建议

党的十九大指出，“必须坚持和完善我国社会主义基本经济制度和分配制度，毫不动摇巩固和发展公有制经济，毫不动摇鼓励、支持、引导非公有制经济发展”“构建‘亲’‘清’新型政商关系，促进非公有制经济健康发展和非公有制经济人士健康成长”“要支持民营企业发展，激发各类市场主体活力”。从13个试点城市来看，当前东北地区各级党委政府对民营经济的重视程度有所提高，民营经济发展环境正在改善。但受到传统习惯、思想观念、体制机制、地理区位、舆论氛围等多重因素影响，仍然面临一系列问题亟须破解。这既需要各级党委政府深入学习贯彻党的十九大会议精神，立足自身特点、区位优势、资源禀赋和民营经济发展水平，敢于担当、勇于探索、积极作为，采取切实举措持续优化投资营商环境；也需要东北地区民营企业自身抢抓机遇、练好内功，不断做大做强，积极建言献策，身体力行，不断优化经济生态和营商环境。

（一）大力转变思想观念，营造创业创新氛围

一是继续加大力度推进民营经济发展改革和试点各项工作。在13个试点城市中加大对《关于推进东北地区民营经济发展改革的指导意见》（发改振兴〔2016〕623号）和改革示范工作（发改振兴〔2016〕2753号）的宣传力度，进一步提高各级党政干部对该项工作的知晓重视程度。加强对试点工作的督促检查，鼓励各试点城市放开手脚，加大工作力度，针对自身特点、区位优势、资源禀赋和民营经济发展水平，精准施策，不折不扣完成各项试点工作任务，探索积累更多改革经验。国家层面应继续加强研究，深入贯彻落实党的十九大会议精神，继续完善出台有关政策文件和配套措施，将民营经济发展改革和试点工作持续向纵深推进。二是提炼推广试点城市的有关经验和做法。各试点城市积极落实发展改革试点政策文件，立足市情，进行了许多好探索，出台了许多好政策，采取了许多好措施，有的已经取得初步成效，如辽宁省多地正在开展的行政审批制度改革、营商环境建设等方面的探索已经走在全国前列，这些做法和经验值得研究提炼推广。三是弘扬创业创新精神，转变对民营经济的思想认识。着力加强舆论引导，激发和保护企业家精神，鼓励更多社会主体投身创新创业。发挥东北地区人才优势，建设知识型、技能型、创新型劳动者大军，弘扬劳模精神和工匠精神。加大对东北地区优秀企业和创新创业人才的宣传表彰力度，营造敢为人先、敢冒风险的社会氛围，首先在13个试点城市掀起“民间创业、草根创业、百姓创业”的浪潮。营造尊商爱商的社会氛围，摆脱计划经济思维模式，提高全社会对民营经济、民营企业的重视程度，切实把国有经济和民营经济放到同等位置，像重视国有经济一样重视民营经济。四是改善外部舆论环境。大力宣传东北地区在改善民营经济发展环境方面的努力和探索，宣传东北企业家的良好风貌和成功故事，改变社会对东北地区投资营商环境的刻板印象及误解，增强在外企业家的家乡自豪感和回归意愿，激发外地企业家投资东北的信心和机遇意识。

（二）上下结合推进体制机制改革创新

一是深入贯彻落实党的十九大精神，破除制约民营经济发展的障碍和桎梏。党的十九大报告指出，“全面实施市场准入负面清单制度，清理废除妨碍统一市场和公平竞争的各种规定和做法。深化商事制度改革，打破行政性垄断，防止市场垄断，加快要素价格市场化改革，放宽服务业准入门槛限制，完善市场监管体制。完善产权制度，加强要素市场化配置，实现产权有效激励、要素自由流动、价格反应灵活、竞争公平有序、企业优胜劣汰”。要进一步放开市场准入，打破行业垄断、进入壁垒、地方保护，鼓励民营企业公平参与市场竞争，以市场主体需求为导向深化“放管服”改革，在更大范围、更深层次上深化简政放权、放管结合、优化服务，使市场在资源配置中起决定性作用和更好发挥政府作用。二是加强顶层设计，推进体制机制改革创新，提高治理体系和治理能力现代化水平。以党的十九大精神为指导，加强顶层设计，自上而下推进体制机制改革创新，着力解决基层党委政府没有权限、没有能力或没有意识解决的问

题，不断完善有关法规、制度和政策，提高治理体系和治理能力现代化水平。狠抓政策的落地落实，提高政策含金量和可操作性，积极调动行业领军企业、商会协会、社会智库共同参与，委托工商联、商会、协会等第三方进行政策宣传解读和政策实施效果评估。三是尊重基层首创精神，畅通基层意见反馈渠道，为深化改革提供动力源泉。鼓励和支持地方政府敢闯敢试，在职责能力范围内根据基层实践积极开展探索创新，不断完善有关制度规定。清理、修改、废除制约民营经济发展的地方性规章制度和文件，取消各种形式的不合理规定。建立和开展党政领导干部与民营企业家的联系机制与联谊活动，建立民营企业家反映问题、提出意见的“绿色通道”。积极发挥工商联、商会作用，促进政企沟通交流，推动政策、制度完善。

（三）推进混合所有制改革，着力打造民营资本主导的产业集群

一是推进混合所有制改革。党的十九大报告提出，“深化国有企业改革，发展混合所有制经济，培育具有全球竞争力的世界一流企业”。要鼓励通过兼并重组、破产清算等方式加快淘汰“僵尸企业”，鼓励民营企业通过出资入股、收购股权、认购可转债、股权置换等多种方式，参与国有企业混合所有制改革。基于东北地区民营企业规模小、资金少的现实，在推进国企改革中，要拓宽思路，加大招商引资、引技、引才、引智的力度，特别是要多吸引东部沿海发达地区的民间资本和外资以及各类新型社会资本，参与发展混合所有制经济。二是加大对民营企业开放力度。坚持“法无禁止即可为”原则，鼓励民营企业进入法律、法规未明确禁止的领域，抓紧实施鼓励社会资本参与的国家级重大投资示范项目，同时在基础设施、基础产业等领域推出一批鼓励社会资本参与的地方重大项目，以示范项目、地方重大项目为突破口，撬动民间资本，激活民营经济。三是着力打造产业集群。深入挖掘本地优势、本地特色，加大对本地企业特别是本地龙头企业的培育扶持力度，带动培育一批配套民营企业，形成区域特色产业集群，提升民营经济整体实力和竞争力。13个试点城市都具有一定的产业基础和优势，有的已经初步呈现出产业集群的态势，急需加大扶持引导力度，如辽源袜业、通化药业、营口汽车保养维修设备、鞍山装备制造、盘锦石化、通辽煤电铝及煤化工、七台河煤电等。东北地区在机器人及智能制造、新能源装备、汽车零配件、农产品加工、生物医药、林下经济、现代物流、健康养老、纺织服装、生态旅游、现代金融等领域都有很大潜力可挖，应继续出台有关政策措施，加强引导、扶持、服务，推动每个试点城市至少形成2个以上具有一定规模和质量的产业集群。

（四）挖掘本地科研优势，推动企业转型升级

一是提高科研成果本地转化率。党的十九大报告指出，“深化科技体制改革，建立以企业为主体、市场为导向、产学研深度融合的技术创新体系，加强对中小企业创新的支持，促进科技成果转化”。发挥东北地区科研力量雄厚的优势，加强科技成果本地转化，推进高校、科研机构和企业协同创新，鼓励产学研合作，引导有实力的民营企业与科研院所合资建设关键技术、核心产品研发中心，促进科技成果转化与产业化发展。支持民营企业设立院士专家工作站、重点实验室、工程（技术）中心等研发机构，牵头承担重大科技项目，组建产业与技术创新联盟。二是加强政策支持。制定完善支持民营企业技术

改造投资的优惠政策，加强对中小企业创新发展的支持，发挥企业在创新中的主体地位，努力进行技术、管理、模式和产品等创新，依靠创新降本增效、转型升级。鼓励民营企业参与重点开发开放平台建设，依托重点平台实现企业创新发展。加大人才引进服务力度，降低人才门槛，妥善解决教育、医疗、户籍、社保等问题，提高东北地区对人才的吸引力。三是提高实体经济供给质量，推动传统产业优化升级。以供给侧结构性改革为主线，推动经济发展质量变革、效率变革、动力变革，提高全要素生产率，培育新增长点、形成新动能，推动产业迈向中高端。把提高供给体系质量作为主攻方向，着力发展实体经济，推动传统产业优化升级，用更先进的技术、更科学的管理方法，更优的制度体系，更好的商业模式，不断提升企业核心竞争力。

（五）大力降低企业综合成本，提高区域投资吸引力

一是统筹妥善解决企业综合成本过高问题。国家层面要对东北地区企业用地、用能、税收、物流、社保缴费等成本方面加强研究，切实提出应对策略。着力解决国有企业、军工企业、大企业“店大欺客”现象，妥善解决拖欠货款问题，减轻民营企业财务成本，防范破解“三角债”。推进国有垄断行业改革，提高服务质量，降低综合收费和价格。二是加大金融支持力度，提高金融服务实体经济特别是高科技企业的能力和水平。学习国外经验，发挥政策性银行对资源性城市、老工业区转型以及中小企业发展的支持促进作用。成立有关引导基金，解决企业因缺乏担保物而普遍存在的融资难问题。鼓励依法合规设立主要服务于本地民营企业的民营银行、村镇银行，鼓励符合条件的重点装备制造企业发起设立金融租赁公司。引进和培育天使投资人、创业投资基金、股权投资基金，鼓励有条件的地方设立中小企业发展基金。鼓励民营企业调整观念，转变思维，加大资本市场直接融资力度。三是降低东北地区国际物流成本。抓住“一带一路”建设契机，加大对外开放力度，大力开拓俄罗斯、内蒙古交通运输线，改善基础设施条件，推进通关和运输便利化，促进过境运输合作。四是降低制度性交易成本。切实提升政务服务效率，规范中介机构行为，清理取消不合理行政性收费，推出一批制度性、管长远、见实效的清费举措，降低企业制度性交易成本。

（六）加强法治建设，营造风清气正的政商环境

一是继续加大反腐倡廉力度。严肃查处依然不收手不收敛、故意设租寻租、影响恶劣的腐败案件。依法严厉打击各类企业商业贿赂行为。深入探索建立公权力监督长效机制，及时总结推行权力清单、负面清单、责任清单的经验。加强对民营经济产权保护，保证平等使用生产要素、公开公平公正参与市场竞争、同等受到法律保护。二是规范政府行为，加强政务监督。完善信息披露制度，运用大数据、云计算、移动互联网等技术，整合政务网络信息系统，把办事流程、时限和责任人员情况向企业和群众公开，使干事者有章可循、监督者有规可依，去除暗箱操作的土壤；在行政许可、政府采购、招标投标、财政资金分配等重要领域，提高信息公开透明度，自觉接受社会公众监督。建设法治政府、诚信政府，完善政府守信践诺机制，切实解决政府承诺不到位、拖欠款项等历史遗留问题。规范行政、执法、司法领域自由裁量权过大问题，加快制定使自由裁量权宽窄适度、便于施行的配套法规和实施细则。三是引入

社会力量，发挥各方合力。探索建立企业和社会对各级政府服务质量、工作作风的刚性评议制度，对不担当、乱作为或不作为的行为依法进行曝光和责任追究。在立法过程中注意倾听民营企业的声音，制定涉及民营企业权益的法规政策时，吸纳工商联和相关商（协）会组织机构参与。发挥行业商（协）会推动行业自律的重要作用，逐步建立行业会员之间相互监督的体制机制。

（研究室）

构建新型政商关系调研报告

按照中央统战工作领导小组2016年工作要点的安排，为深入贯彻落实习近平总书记去年3月4日在全国政协十二届四次会议民建、工商联界委员联组会上的重要讲话以及中央统战工作会议精神，中央统战部、全国工商联于2016年10月至12月，赴天津、江苏、浙江、福建、河南、湖南、广东、陕西等省市开展了构建新型政商关系专题调研，共召开8场党政干部座谈会（84人参加），14场企业及商会座谈会（139人参加），与106名党政干部、194名民营企业家和商会会长秘书长进行一对一深度访谈。同时,通过全国工商联民营企业信息直报系统和各省区市党委统战部、工商联回收企业家问卷8 336份，党政干部问卷2 372份，其他省市也提交了本地的调研材料。现将有关情况报告如下。

一、政商关系正在发生积极变化

调研表明，党的十八大以来，中央统筹推进“五位一体”总体布局和协调推进“四个全面”战略布局，持续加大反腐败斗争力度，腐败蔓延态势得到遏制，不少官商勾结的腐败分子和不法商人受到法律制裁，有力推进了新型政商关系的构建。习近平总书记用“亲”“清”二字概括新型政商关系，指出了问题的实质，澄清了思想认识，明确了政商交往新标尺，使各级党政干部有了“定盘星”，让广大民营企业家吃了“定心丸”。各地采取各种措施推动构建新型政商关系，“清”的理念不断深入人心，“亲”的氛围不断增强，政商交往的新风尚、新气象正在形成。问卷调查显示，61.4%的民营企业家对当前政商关系的总体评价为较好和很好。

（一）党委政府高度重视，积极推动构建新型政商关系

各地通过召开党委常委会、民营经济发展大会、民营企业家座谈会和举办培训班等多种方式，传达学习贯彻总书记重要讲话精神，因地制宜、多措并举推动构建新型政商关系。2016年5月，广东省纪委、监察厅在全国率先出台了《关于推动构建新型政商关系的若干意见（试行）》，列出政商交往正面清单和负面清单。截至2016年年底，广东、浙江、山东、贵州、河南、甘肃、山西等省制定了文件，从优化服务、联系企业、规范交往行为、减轻企业负担、强化监督执纪问责等方面对政商交往提出了要求。有些市、县也制定了文件，如福建漳州龙文区纪

委、统战部和漳州蓝田开发区管委会共同编写了《“亲”“清”手册——新型政商关系服务指南》。各级党委统战部、工商联认真学习贯彻总书记重要讲话精神，深入开展以“守法诚信、坚定信心”为重点的非公有制经济人士理想信念教育实践活动，着力引导他们树立守法诚信意识，增强践行“亲”“清”要求的自觉性。

交往守规矩、讲分寸。各地加大对党政干部的监督管理力度，干部规矩意识不断增强，在与民营企业家交往中注重把握分寸。浙江、福建、河南等地开展整治为官不为问题，坚决摘掉“太平官”“逍遥官”的帽子，有的省有些干部因为不作为受到处理。苏州市纪委出台了《党员领导干部防止利益冲突暂行办法》，对党员领导干部不准私自从事营利性活动、利用职权和职务上的影响谋取不正当利益、为亲属及身边工作人员谋取利益、干预和插手市场经济活动等问题做出了18项限制性规定。党政干部和企业家普遍反映，当前政商交往正在变得清白、透明。广东省委纪委宣传部部长梅河清说，2016年是市、县换届年，以往换届时举报官商勾结的信件、电话很多，现在却大幅下降，省委巡视组发现的案件线索也明显少了。河南省委组织部研究室主任毕正义说，过去机关干部到企业考察，带回点礼品特产是常有的事，现在基本上“干干净净”了。天津大桥焊材公司董事长孙丽君说，前些年基本没在家吃过晚饭，常常夫妻齐上阵，一晚上要喝几场酒，现在饭局基本没有了。苏州市南门市场管理公司董事长周家胜说，现在党政干部讲规矩多了、吃吃喝喝少了，解决具体问题多了、打官腔少了。多地受访企业家反映，“吃拿卡要”等问题明显减少，“慵懒散”现象得到一定遏制，政商关系开始走上健康轨道。

主动服务，解决困难。各级党委政府积极改进工作作风，加强政企沟通，主动靠前服务，帮助企业解决困难。受访企业家普遍认为，随着行政审批制度改革持续深化、行政效能进一步提高，企业办事更加便捷，制度交易成本不断降低。山西开展了全省民营经济“待批项目大起底”活动，要求各级政府及有关部门限时办结。广东江门市在全国率先实施“九证合一”工商注册制度改革，九个部门间信息互认，办理“九证合一”营业执照只需3个工作日；蓬江区对工商、税务等18个部门680项行政审批，实行“前台一窗受理，后台并联审批”。漳州市2016年8月出台《漳州市投资项目“多评一表、多图一审”实施办法（试行）》，“多评一表”变分散评估为联合评估，“多图一审”将串联审图变为联合审图，项目评估及审图时间仅需80天，比以前节省230天。山东聊城市从2016年4月开始，实行“星期六企业家工作日制度”，每周六由书记、市长、副书记、常务副市长轮流带班，分管市领导、市直部门负责同志参加，与民营企业家面对面交流，认真听取企业反映的问题，以现场办公、限期整改、跟踪督办、集中回访等方式予以解决，目前该市各县区也都照此实行。贵州黔东南州建立了企业家座谈会制度，统战部和工商联每月召开一次、政府每季度召开一次、党委每半年召开一次。西安市开展了“千人亲商助企”活动，选派1 500名各级后备干部对口联系1 500户企业，收集上报各类问题2 719个，已解决1 753个。江苏省张家港英瑞公司董事长毛瑞元说，过去请质检部门到企业检验办证，至少要提前三天预约，还得派车去接，现在电话联系后当天就能来办理，这是以前从来没有过的。广东鹤山雅图高新材料公司董事长冯兆均说，

2016年建13万平方米的厂房时，政府几个部门一起到公司现场办公，当天把所有事情都办完了，希望这种风气能继续保持下去。

（二）民营企业家积极响应,努力践行“亲”“清”要求

广大民营企业家深受总书记关于构建新型政商关系重要讲话的鼓舞，表示要不断加强自我学习、自我教育、自我提升，努力做爱国敬业、守法经营、创业创新、回报社会的典范。

守法诚信意识增强。问卷调查显示，58.9%的民营企业家认为他们在构建新型政商关系中的作用是“光明正大搞经营、遵纪守法办企业”，53.3%的民营企业家认为推动民营企业家做到“清”，需要“加强法治建设，推动依法治企、依法维权”。越来越多的民营企业家逐渐摒弃有事找关系的习惯做法,主动把守法诚信贯穿企业生产经营过程和内部管理，更加专心提升企业实力，靠过硬的技术、产品、口碑赢得市场和效益。河南润华置业公司董事长林庆岳说，想长久经营就必须做到“不逃国家税、不欠员工薪、不傍大官员、不沾黄赌毒”，我就是这样处理政商关系的。江苏红豆集团高度重视法务工作，现拥有42名法务人员，其中23名拥有律师资格，建立健全了企业法律维护体系，把守法诚信经营作为企业健康、平稳发展的“压舱石”“稳定器”。福建万利达集团重视在企业生产经营过程中加强廉洁风险防控，企业党委成立了纪委，配备专职纪委书记，企业还成立了“廉政法务中心”“财务审计中心”，加大纪律监督与财务审计力度。浙江万向集团坚持开展“廉洁文化进企业”活动，制定《企业廉政制度》，提炼出八大长效机制,经中纪委原宣教室（现更名为宣传部）遴选确定为13个“全国廉政文化建设联系点”之一。一些因牵涉腐败案协助调查的企业家受到很大震动，表示以后要按照总书记的要求做到洁身自好走正道、光明正大搞经营。

积极参与地方经济社会发展。问卷调查显示，64.7%和56%的企业家认为他们在推动构建新型政商关系中的作用是“为地方经济社会发展积极建言献策”“响应党委政府号召积极投入地方经济社会发展”。厦门市恒兴集团董事长柯希平说，2016年在市政协会议上提交了《切实清费减负降低企业成本提升我市实体经济竞争力》的提案，推动政府出台了两批减轻企业负担的政策，很受鼓舞。湖南益阳市企业家反映，他们为环洞庭湖生态经济圈、绿色创意文化产业园、大益阳城市圈等建设项目所提的建议得到了政府的高度重视。贵州瓮安麒龙集团在当地投资建设物流商贸综合产业园项目，取得良好经济和社会效益，解决就业近400人。全国工商联引导民营企业助推地方经济发展，2016年与地方政府共同举办了“民营企业助推山西转型创新发展大会”“全国知名民营企业助推河北协同发展大会”等十余次经贸活动，促进了民间投资。截至2016年年底，在“万企帮万村”精准扶贫行动中，进入台账管理的民营企业有2.65万家，精准帮扶到388.64万建档立卡贫困人口，涉及2.46万个村（其中建档立卡贫困村2.1万个）。泛海集团从2016年开始，将连续5年在广西、贵州等6省区市共捐赠15亿元，资助30万名贫困地区大学生。贵州兴伟集团在安顺市普定县秀水村创建了村集体、村民、企业利益共享“秀水五股”开发扶贫模式，通过“人头股、土地股、效益股、孝亲股、发展股”吸引村民参与，实现利益共享，2015年该村人均可支配收入达到10 800元。湖北名羊农业科技发展公司积

极参加罗田县政府产业脱贫工程，发挥龙头企业作用，为406个贫困农户提供“五统一服务”，统一提供种羊、统一栏圈建设、统一防疫消毒、统一技术指导、统一收购羊肉，使贫困农户通过养殖黑山羊脱贫致富。

二、政商关系存在的主要问题

调研表明，目前，受体制机制、发展程度、能力素质、思想观念等因素影响，构建新型政商关系仍存在一些需要高度重视的问题。

（一）不作为、不会为成为民营企业的“心结”

许多受访者反映，部分党政干部责任担当不足，存在“为了不出事，宁可不做事”和“多做多错不如不做”的心态。河南工信委中小企业局副局长刘辉介绍，省里的先进制造业发展资金，过去各市都是争着申请，现在个别市申请的积极性不高了，截至2016年10月，只用了不到三分之二，有个市为避免担责，索性一家企业都不推荐。陕西超群医药集团总裁徐社会反映，按照国家要求，企业应建立中药质量追溯体系，找省商务厅一位处长反映该事情，该处长说自己一辈子才当个处长，也没上升空间了，不想多事，让企业自己去做；企业通过协会向商务部提出申请并得到批准，需要商务厅协调时，该处长反而怪企业乱来，让企业不要给自己添麻烦。天津市公务员局考核奖惩处处长朱明说，有些不作为是不会为，是工作经验不足，不知道怎么处理新情况新问题。还有许多受访者反映，有些企业对当前各项制度和程序渐趋严格很不习惯，认为是党政干部不作为。

（二）办事难、管得多依然突出

问卷调查显示，企业认为办事难、管得多、受束缚仍然突出的比例高达59.5%。西安市建委副主任高省安反映，当前“看得见的手”对市场还是干预太多、管得太宽。如建筑行业就有12种总包资质，36种专业资质，押金繁多，企业经常推着一车资料去报批。郑州市惠济区小微企业商会秘书长田红亮反映，办理农产品食品流通许可证，在材料全都合格的情况下，经过11个流程，跑了11趟才办下来。广东骏景湾地产集团董事长冯永文反映，一些政府部门把不收费的权放了，收费的都不愿放，审批一个建设项目，主管房地产、土地、不动产的部门要分别测绘，3次测绘就意味着3次收费。西安中西部商品交易中心反映，企业在开工前已按程序完成了消防安全评估，项目竣工验收时，消防部门以天津港事件为由，把之前的评估全部推倒重来，导致该项目拖了半年多仍无法通过消防验收。河南心连心化肥公司首席执行官张庆金说，2016年年初省里要求将锅炉烟尘排放标准由30毫克/升提升到20毫克/升，8月必须完成提标改造，很多企业照做了；9月又把标准提升到10毫克/升，10月就要达标，仅设备购买、安装、调试就要几个月，根本完不成。有企业反映，中介机构整顿仍不到位。长沙市泉州商会会长杜成剑说，企业做环评时，没有找环保部门内定的中介，材料报上去之后，被拖了3个月，老是找毛病，后来有人指点去找环保局内定的中介公司，材料报上去很快就批了，但是收费却贵了一倍，事虽然办了，但心里还是很别扭。

（三）政企交往规定不细、渠道不畅

问卷调查显示，58.7%的党政干部和45.3%的企业家认为政商交往缺少具体规定。福建晋江市某副市长反映，一个商会举办商务活动邀请他参加，本来是一个招商引资的好机会，但由于对是否可以参加此类活动没有明确规定，拿不准，只好不参加。全国工商联环境服务业商会反映，商会为了加强企业和政府之间的工作交流，每年都举办行业年会，前几年都能邀请到政府有关部门领导出席，就行业发展情况与企业互动，但现在很难邀请到。湖南省浙江商会会长陈旭荣反映，会员企业遇到的五六个问题本应按照政策、合同正常办理，但长期得不到解决，也找不到有效的渠道去申诉，直到省委领导走访商会过问后才得以解决。

（四）“吃拿卡要”问题依然存在

调研表明，政商关系中权钱交易的主要风险点仍在行政审批、行政执法、招投标、财政资金扶持等环节，以及土地资源开发、城市规划、工程项目等审批多、涉及资金量大的领域。浙江湖州市监察局副局长金顺明认为，当前官商勾结更加隐蔽，呈现“三小”和“三化”特点，即“小规模、小活动、小地方”“私交化、同好化、亲属化”。越是在基层，越习惯依靠关系、熟人办事。河南开心仁食品公司董事长张卫社说，公司是2012年尉氏县招商引资重点企业，这几年反腐败力度这么大，但仍有一些部门的干部三天两头来检查，来了就挑毛病、要罚款，往往打发个千儿八百才能了事。湖南益鑫泰家具公司董事长罗建光反映，有些业务手续规定完成时限是10天以内，如果给办事人员送一条烟，一两天就能办好，不送东西的话，就拖到10天。山东泰安鑫兴和经贸公司反映，公司新建项目需要供电，按流程申请后等了一个月仍未供电，找供电局长协调解决相关问题，但具体负责的配电所所长则说“找了局长更不给你办”。河南新乡市检察院副检察长王林海说，调查基层吃拿卡要问题成本高、效果不明显，企业宁愿“破财免灾”，也不愿意举证，办案机关不愿意多费心力。

（五）部分企业出资人仍信权、信钱不信法

部分企业出资人守法诚信意识淡薄，仍把权钱交易当作实现经济利益和政治安排的捷径，留恋并继续利用潜规则。河南检察院副检察长王广军说，现在一些企业出资人仍然认为有钱就能摆平一切，继续搞权钱交易。天津检察院副检察长王悦群反映，该院2016年查处56个贿赂案，有29个案件与民营企业有关，主要涉及招商引资、项目资金、土地审批和税收征管等方面。广东江门市纪委宣传部部长杨慧反映，有位企业出资人对她说，你们纪委这么搞，我们什么都没法做，我还是喜欢在灰色地带做事。有少数出资人通过拉拢党政干部获取政治地位。辽宁省2013年第十二届全国人大代表选举贿选案涉及一批民营企业出资人。广东省检察机关立案查处的行贿人中，2014年有30名、2015年有64名具有人大代表或政协委员身份的民营企业出资人。广州市丰采纺织装饰品公司董事长吴国势说，有些企业出资人虽然有人大代表和政协委员头衔，但并不值得尊重，因为他们是靠“跑”和“送”得来的。2016年下半年以来，各地市、县人大、政协和工商联换届，仍有一些民营企业出资人为了获得政治安排变换手法送钱送物，托人找关系。

三、构建新型政商关系的思考

构建新型政商关系涉及政府与市场、权力与资本、党政干部与民营企业家的关系，受经济、政治、文化、社会等因素影响，是一项长期艰巨的任务，不可能一蹴而就。通过对党的十八大以前官商勾结和当前政商关系存在的突出问题进行综合分析，我们认为目前政商关系总体上正朝着积极健康方向发展，但基础仍不牢固，权力寻租的土壤没有彻底铲除，构建新型政商关系任重道远，必须综合施策。

（一）保持高压反腐态势是构建新型政商关系的基本前提

党的十八大以来，党中央坚持无禁区、全覆盖、零容忍持续开展反腐败斗争，“老虎苍蝇”一起打，对官商勾结问题发现一起查处一起，党政干部不敢腐的局面已经形成，也使一些不法商人有所收敛。事实证明，反腐败斗争对构建新型政商关系具有强有力的促进作用，只有“清”了才能真正“亲”、长久“亲”。必须继续保持反腐败高压态势，建立健全党政干部不能腐、不想腐的机制，消除腐败存量、遏制腐败增量，特别是要严厉惩处那些仍不收手、不收敛的党政干部，避免官商勾结、权钱交易反弹回潮、故态复发，巩固并扩大反腐败斗争成果。要针对企业反映“科所队站”存在的突出问题，在基层持续开展“拍苍蝇行动”，推进党风廉政建设和反腐败向基层深入。同时，要坚决依法惩处为牟取经济利益、政治安排仍对党政干部行贿、围猎的不法商人。

（二）正确处理市场和政府的关系是构建新型政商关系的重要基础

政府掌握着权力，市场主体拥有资本，权力和资本的关系是政商关系的集中反映。调研表明，越是行政干预多、改革滞后的领域，政商关系就越容易被扭曲。一些党政领导干部存在对非公有制经济的歧视和偏见，常常戴着有色眼镜看待民营企业，使各类市场主体不能平等使用生产要素。由于深化改革不到位，有些领域政府和市场的关系没有理顺，职能权限界定不清晰，常常发生越位、错位、缺位等现象，没有形成统一开放、竞争有序的市场环境，为少数党政干部以权谋利和少数企业出资人用资本获取非法利益提供了温床。当前，高度垄断领域和审批、管理、监督、处罚、资格认证等环节仍多发易发官商勾结问题。构建新型政商关系，必须深化对社会主义基本经济制度的认识，继续加大深化改革力度，让市场发挥配置资源的决定性作用和更好发挥政府作用。

（三）强化对权力的制约监督是构建新型政商关系的必然要求

大量官商勾结和钱权交易的案例说明，缺乏对权力的制约和监督，是政商关系变异的重要原因。问卷调查显示，47.9%的党政干部和51.9%的企业家认为干部的权力仍缺乏约束和监督。绝对的权力导致绝对的腐败。构建健康的政商关系必须对权力进行瘦身，实行有效监督，让权力不任性、不妄为。调研中，党政干部和企业家都反映，党的十八大以来，落马高官的问题大都发生在担任地方和部门一把手期间。究其原因，正是因为一把手权力过大、过于集中，控制太多资源，又缺乏有效监督，才成为被围猎的重点。有企业家反映，“前几年企业要获得不当利益，搞定一把手就能搞定一切”。要深入学习贯彻党的十八届六中全会精神，坚决执行落实好《中国共产党廉洁自律准则》和《中国共产党纪律处分条例》，不断健全政府内部权力制约机制，加强对关键部门和重点岗位特别是一把手的权力制约监督，扎紧制度篱笆，将权力关进笼子里，让权力在阳光下运行，避免权力成为寻租谋私的工具。

（四）加强法治建设是构建新型政商关系的根本保障

调研表明，过去有些地区和行业政商关系畸形发展，有些官商勾结没有受到法律的惩戒，反而获得巨大利益，其根源是法治规则被潜规则替代。没有法治和纪律，公平正义在权力、金钱、人情等面前就会荡然无存。一些法律法规部门化倾向明显，自由裁量权过多、过大，为权力寻租提供了条件。在司法审判中，经常出现金钱案、权力案、人情案等问题，以言代法、以权压法、徇私枉法时有发生。有企业家说，前些年经常出现“黑头（法律）不如红头（文件）、红头不如笔头（领导条子）”，法律的尊严和制度的权威在潜规则面前变得软弱无力。健全的法制能够规范、引导和约束政商关系，必须坚持依法治国与制度治党统筹推进，确保政商双方在法治的轨道上运行，朝着“亲”“清”方向发展。

（五）建立健全激励和容错机制是构建新型政商关系的重要举措

调研中，很多企业和党政干部反映，当前不作为和不会为现象突出。主要有：把守规矩和干事创业对立起来，因为行为受限而不作为；考核、监督制度不健全，没有硬约束而不作为；以权寻租恶习未改，仍然无利不起早而不作为；怕担责任、怕得罪人而不敢为；对新领域、新知识不熟悉、不了解，有心无力而不会为。在构建新型政商关系过程中，“政”是矛盾的主要方面。“亲”的本质是服务，关键是敢于担当；“清”的本质是廉洁，关键是遵纪守法。构建新型政商关系，必须建立健全党政干部正向激励机制，使他们积极作为、靠前服务。要将总书记“三个区分”（把干部在推进改革中因缺乏经验、先行先试出现的失误和错误，同明知故犯的违纪违法行为区分开来；把上级尚无明确限制的探索性试验中的失误和错误，同上级明令禁止后依然我行我素的违纪违法行为区分开来；把为推动发展的无意过失，同为谋取私利的违纪违法行为区分开来）要求具体化，建立完善容错机制，宽容党政干部在工作中特别是改革创新中出现的失误。

（六）坚定理想信念是构建新型政商关系的思想根基

调研表明，有些党政干部忽视了世界观、人生观、价值观的改造，导致理想信念缺失、道德滑坡，廉政意识淡薄，利用手中的权力大搞权钱交易、权色交易，堕落为腐败分子。问卷调查显示，42.9%的党政干部认为个别干部因为经不起诱惑而不“清”。有些企业出资人法治意识淡薄，认为有钱就能摆平一切，热衷于“剑走偏锋、行潜规则、走夜路、甩红包”。有些企业出资人存在浮躁、投机心理，总想借助公权力为自己获取非法利益。理想信念是“总开关”。政商双方只有坚定理想信念，筑牢思想根基，才能将“亲”“清”要求内化于心、外化于行，确保政商交往有道、关系有度。构建新型政商关系，必须深入开展理想信念教育，使党政干部不忘初心、永葆公仆本色；使民营企业家增强对中国特色社会主义的信念、对党和政府的信任、对企业发展的信心、对社会的信誉。

四、对构建新型政商关系的建议

推动构建新型政商关系，对于促进非公有制经济健康发展和非公有制经济人士健康成长，净化政治生态、经济生态和社会生态，具有重大而深远的意义。要按照习近平总书记重要讲话精神要求，构建起交往规范、渠道畅通、服务主动、行为廉洁的政商关系。

（一）把“亲”“清”作为构建新型政商关系的标尺

各级党委政府要深入贯彻落实总书记去年关于“亲”“清”新型政商关系的重要讲话，把构建新型政商关系作为推进国家治理体系和治理能力现代化的重要方面，作为各级党政干部加强党风廉政建设的重要内容，作为勤政为民、清廉为官的行为准则。要把政商关系问题列入各级党校、行政学院、干部学院专题教育培训内容。要在全社会树立企业家是社会重要资源和推动经济发展“三个关键少数”之一的意识，尊重企业家、尊重创业者，营造崇尚创业、鼓励创新、宽容失败的良好氛围，充分激发企业家精神、发挥企业家才能。大力推广各地践行“亲”“清”要求的成功做法，宣传党政干部积极作为、清正廉洁的典型，讲好“民营企业家诚信守法好故事”，发挥示范带动作用。

（二）继续坚持全面深化改革，真正发挥市场在资源配置中的决定性作用

进一步推动政府职能转变，提高行政效率，把鼓励、支持、引导非公有制经济发展的政策措施落地、落细、落实。在简政放权方面，要继续为企业“松绑解套”，全面推行行政许可和公共服务标准化，对行政审批的事项名称、受理条件、办理流程、办结时限、收费标准等内容规范统一标准；在投融资体制改革方面，一方面要引导各类银行将更多金融资源向中小微企业倾斜，另一方面要逐步扩大企业直接融资的比例，让更多企业通过发放股票、债券进行直接融资；在财税体制改革方面，要把降低增值税税率作为结构性减税的重点，逐步减少优惠性的扶持补贴政策，采取普惠性减税降费措施；在社会管理体制方面，要充分发挥商协会作用，把政府“不该管”“管不好”的职能逐步转移给社会组织，进一步清理规范中介服务，引入市场竞争，从制度上防止出现权力寻租和隐性审批，避免中介机构发展为红顶中介；在权力监督方面，要坚持以公开原则行使公权力，以从严原则问责公权力，特别是要按照集体领导、分工负责原则规范“一把手”职责权限，在决策、执行、监督等环节形成领导班子成员内部约束和监督机制，消除隐性权力，规范显性权力。通过全面深化改革，不断提高民营企业政策获得感、投资安全感和办事便捷感。

（三）进一步完善和落实法律法规，确保政商关系健康发展

要深入贯彻中央关于完善产权保护制度依法保护产权的意见，制定实施细则，切实抓好落实。尽快制定使自由裁量权宽窄有度、便于实行的配套法规和实施细则，规范选择性条款和授权条款，公开裁量标准，增加司法执法透明度。落实“七五”普法各项要求，使政商双方尊法学法守法用法，规范行政、执法、司法等领域公权力，营造公平正义的法治环境，引导民营企业家依法治企、依法经营、依法维权。推进企业诚信建设，建立失信企业黑名单制度。

（四）建立制度化常态化政商沟通机制，促进政商双方“亲”“清”交往

各级党委政府应建立覆盖面广、互动经常的政商沟通机制，探索建立党委政府与商会、企业沟通联系机制，健全企业诉求的收集、处理、督办、反馈制度，使民营企业特别是中小微企业反映问题、解决困难有途径。党委政府主要领导同志要定期召开或参加民营企业家座谈会，鼓励党政干部参加商会的重要活动。要针对当前不作为和不会为的突出问题，建立正向激励和容错机制，让党政干部主动经常与企业家交往，把为企业解决问题放到阳光下、台面上去做。要探索建立民营企业对党政部门履职能力、廉洁自律和工作作风的评价机制，充分发挥商会在构建新型政商关系中的“黏合剂”和“隔离带”作用，通过商会的组织渠道，消除党政干部与企业家正常交往的顾虑。

（五）继续深化理想信念教育，引导民营企业家守法诚信

要在广大非公有制经济人士中持续深化以“守法诚信、坚定信心”为重点的理想信念教育实践活动，开展政商关系反面案例剖析和警示教育，引导他们充分认

识守法最安全，守法是对企业和企业家最有效的保护，自觉抵制官商勾结、权钱交易，做构建新型政商关系的积极推进者和实践者。引导企业坚定发展信心，加快技术、产品、管理、商业模式等创新，实现转型升级，培育以创新驱动为核心的竞争新优势，由靠关系转为靠实力发展。政治安排要坚持“三强一好”标准和“凡进必评”原则，始终把政治表现放在首位，坚决防止简单以捐款多少、企业规模大小作为选人用人标准，切实规范提名、严格程序、坚持公开公正，严守换届纪律，严禁利益输送。加强年轻一代非公有制经济人士的教育培养，树立宣传一批继承发扬老一代企业家创业精神和听党话、跟党走光荣传统的先进典型，发挥典型带动作用。组织民营企业参与“万企帮万村”精准扶贫行动和光彩事业活动，积极履行社会责任。

（研究室）

持续推进大众创业万众创新政策措施落实情况第三方评估报告

受国务院办公厅委托，全国工商联组成8个评估组，从6月下旬至7月下旬赴北京、上海、江苏、浙江、山东、湖北、广东、四川等省（市）开展持续推进大众创业万众创新政策措施落实情况第三方评估。期间，组织召开政府部门、双创企业、示范基地座谈会39场，与328位双创企业负责人和创客座谈，走访17个首批双创示范基地和95家双创企业，通过8个省（市）、示范基地和零点有数数据公司发放并回收有效调查问卷14 349份。现将评估情况报告如下。

一、总体评价

评估表明，各地认真贯彻落实国务院持续推进大众创业万众创新政策措施，双创正在成为解放和发展生产力、释放民智民力，促进经济行稳致远的活力之源。

双创深入人心、经济社会效益明显。双创备受社会关注，创业政策位居首位。调查问卷显示，98.39%的受访者表示关注或特别关注创新创业，其中政策关注度最高，为57.01%，其后依次是创业投资模式52.96%，新的技术发明49.41%；而不同创业者的创业动机和创业需求又呈现差异化，白领创业者更加关注政策导向和创业空间，自由职业者关注投资，大学生关注各种双创活动。此外，新的技术发明、双创项目、双创载体建设等也是社会较为关注的方面。双创主体多元，参与度明显增强。调查问卷显示，79.51%的受访者以直接或间接的方式参与双创；11.1%的受访者作为主创人员，在过去3年中深度参与过双创；超过20%的受访者曾经参加过双创培训、双创论坛或进行双创投资。30～39岁的青年群体是双创的主力军，该群体受访者中有12.8%参与双创;东部地区更加活跃，有81.43%的受访者参与了双创；受访者中受过高等教育的热衷于双创，占11.09%。双创的经济推动效应已成共识，作用明显。调查问卷显示，84.69%

的受访者认为双创增强了市场活力，84.62%的受访者认为双创创造了新的经济增长点，78.32%的受访者认为推动了传统产业升级，78.45%的受访者认为促进了产业结构调整，双创正在成为增加我国经济活力、促进产品和服务创新、推动传统产业升级的重要途径。评估表明，对于创业者而言，创业已不再是一种谋生手段，而是一种社会生活方式。80.64%的受访者认为双创带动就业并深刻影响了社会就业择业观念；80.32%的受访者认为双创拓宽社会纵向流动渠道，体现了机会公平，增加了社会包容性；很多受访者认为双创有助于引导青年人干事创业，形成积极向上的正能量。

示范基地正在成为双创高地。评估表明，首批双创示范基地在加强政策供给、搭建双创平台、探索双创模式、构建双创生态等方面起到了标杆引领作用。区域示范基地重在制度创新和资源整合。北京市海淀区已建立支持方向聚焦化、方式市场化、领域特色化、对象普惠化、标准规范化的政策体系。深圳市南山区抓住粤港澳大湾区建设机遇，加强双创国际交流互动，着力打造国际双创人才离岸创业平台，与美国硅谷、以色列等国际创新高地密切合作，大力引进全球顶级创客团队。上海市杨浦区充分发挥百年大学、百年市政和百年工业的资源优势，实施大学校区、科技园区、公共社区“三区联动”，促进产城、学城、创城“三城融合”。高校示范基地重在科技成果转化和激活科研人才。四川大学以科技成果确权和权益共享改革为突破口，构建了从立项研发、成果转化、交易到产业化相互衔接的全过程链条。南京大学依托其强大的环境学科资源优势，建成了232家紧密型产学研企业合作群，成立了58个企业联合实验室，为400多家国内外企业提供环保技术成果转化服务。上海交通大学创业学院实行“无形学院，有形运作”，学员不涉及学籍和院系调整，实现跨学院、跨学科的创新人才培养模式。企业示范基地重在产业链协同创新和平台建设。中国航天科工集团依托完整的产业链条，采取企业“内创”与社会“外创”相结合方式，聚焦航天防务、信息技术、高端装备制造、现代服务业等领域，打造创新创业源发地。招商局集团构建综合港口、智能交通、特色金融、智慧社区、供应链物流、航运及航运服务等6大产业生态圈，推动大中小企业协同创新发展。阿里巴巴集团发挥电子商务、互联网金融、智能物流、跨境贸易、云计算与大数据等资源优势以及云栖小镇、创业+、钉钉等特色创业平台，为大众创新创业提供平台支持。海尔集团开启“人人创客”模式，搭建海创会平台，整合了创业创新孵化、风险投资机构、创投资金，实现创业与创新、线下与线上、孵化与投资的系统结合。

创业投资体系初步形成。评估表明，创业投资对双创的活跃发展起到了有力的支撑作用，多元投资格局初步形成。政府资金正在发挥引导、聚集和放大效应。各地政府普遍设立了各类产业发展基金和创业投资引导基金，多地还试点对天使投资和创业投资实施财政支持和税收优惠政策，放大效应凸显。广东省政府设立20亿元战略性新兴产业创业投资引导基金，撬动近130亿元的社会创业投资。四川省设立“双创企业板”，建立创业投资引导基金持续投入机制，财政出资129.2亿元参股20支基金，募集社会基金规模超1 036亿元，储备优质项目超过300个。创投供给多元化与双创需求多样化开始有效对接。北京市海淀区中关村130余家孵化器中80%设立或参股了天使投资和创业投资基金，红杉、IDG、创新工场等知名投资机构组建的基金总规模超390亿元，已累计投资科技型企业1 123家。上海市已完成备案登记的私募基金4 085家，基金总规模2.15万亿元；开展外商股权投资试点，逐步扩展至天使投资和风险投资基金，2016年底试点基金总规模已达560亿元。助力双创的新型金融产品和服务不断涌现。江苏省建设以“首投”“首贷”“首保”为重点的科技创业投融资体系，推出“江苏版”小微企业私募债，累计发债超3 000笔，融资超60亿元。湖北省推广“萌芽贷”“税贷易”等金融创新产品，精准服务大学生创业及返乡创业群体。成都高新投资集团发行了全国首单双创专项债务融资工具。

服务体系日渐完善。评估表明，服务是双创的加速器，各地聚合多方力量，多维度、全程化不断完善双创服务体系。政府公共服务支持力度不断加大。许多地方政府推出“科技券”“创新券”等双创财税奖补免措施。广州科学城园区积极实施财政科技资金倍增计划，2017年安排70多亿元用于项目奖扶，目前“金镶玉”政策已向1 020家次企业兑现扶持资金约7.8亿元。上海市杨浦区与税务部门联合打造“税立方”税收服务品牌，从对象认定、专业团队、支撑平台三方面构建立体式服务体系。随着“放管服”改革持续深化，各地双创管理服务体系初步形成，在优化、简化、归并审批事项及流程，推行政务电子化上实现创新与突破。广州科学城园区设立行政审批局，实现审批权限向一个部门集中，首创政策兑现窗口，采取一门式受理 30天兑现。浙江省开通网上办事项目申请服务，958项省级审批事项实现“最多跑一次”。湖北省武汉东湖高新区成立政务服务局，梳理“马上办”“网上办”“一次办”事项378项，26枚印章变成1个章；荆门市设立全国首家创新创业服务局，实现双创服务职能全集中。双创服务载体发展迅速。浙江省建设了首批37个双创特色小镇，凝聚高端要素，推进产业集聚，已集聚创业团队1 900多个，其中杭州市创建了梦想、云栖、信息港、物联网等20个双创特色小镇，入驻企业超过1.9万家。北京市海淀区积极打造中关村创业大街、中关村智造大街，形成双创聚集高地和前沿技术源发地，仅中关村创业大街就累计孵化创业团队1 600多个。许多地区开展形式多样的双创活动，形成“双创活动周”“创响中国”“黑马大赛”“光谷·青桐汇”等系列活动，为双创者提供平台。四川省建设16家省级军民两用技术转移和产业孵化中心、绵阳军民两用技术交易平台等，为双创企业提供了资金、技术、人才、法律等方面的服务。北京DRC工业设计创意产业基地建立技术服务联盟，为企业整合开放24个重点实验室、工程中心和1 062台套仪器设备。广东省设立知识产权法院，行政、司法、调解等多渠道联动，加强知识产权保护，保护了双创的积极性。大企业参与双创成为新趋势。很多不是双创示范基地的大企业也以市场为牵引，商业化运作和精准化服务，“大手拉小手”，为企业员工和社会双创者提供市场、融资、技术和管理服务。江苏先声药业有限公司利用产业链、价值链、创新链上的优势，打造“精准医疗百家汇”众创空间，开放成熟的制药资源和研发平台，有96家生命科学领域的创业公司入驻其中，实现了由“自己干”向“一起干”，由“封闭式”创新向“开放式”创新的转变。浙江华立集团通过开发公共服务平台、专业投融资生态链等多项举措，打造让创新创业更容易、让转型更高效的“华立创新创业孵化生态环境”，带动服务中小企业实现融通发展。中山大学达安基因公司依托成熟供应链和销售网络，为园区相关企业在上下游产品采购、推广、销售等方面提供相关服务和便利，已孵化生物医药企业106家。

二、存在的主要问题

近年来，国务院和各部门大力推进双创工作，已经形成了系统完备的政策体系。但在评估中，一些双创企业、双创示范基地以及基层部门也反映政策措施在贯彻落实中仍存在一些需要关注和解决的问题。

（一）政策措施落实中存在“碎片化”“不协同”等问题

政策“碎片化”。浙江省有关部门负责同志反映，省级层面支持双创的政策散布于20多个职能部门，存在“撒胡椒面”，甚至相互掣肘的现象，省里只能通过设立多个领导小组、联席会议来协调推进工作。山东省有关部门负责同志反映，由于优惠政策散落在各部门，且往往采用传统的逐级推荐上报模式，申请程序相对固化，信息公开程度不足，部分专项资金申请出现“行政机关找符合条件的企业难、符合条件的企业不知道有优惠”的两难境地。有的政策协同性不足。地方和部委制定的一些政策出现不一致，如四川省政府出台激励政策规定“给予科技人员创新创业的报酬、奖励等支出，专项据实核增记入当年单位绩效工资总额，不作为绩效工资总额基数”，但中央在川单位未获得主管部委授权，相关科技人员不能享受该政策。对不同类型双创主体的政策也不相同，浙江大学华南工业技术研究院反映，自收自支的科研院所作为事业单位，无法享受研发费用加计扣除、申报高新技术企业等优惠政策。有的政策存在瓶颈。上海交通大学创业学院反映，促进科技成果转化政策与科研导向下的考核评价体系不匹配，一些科研人员对创业持观望态度。该校对创业过程中是否影响本职教学科研任务，是否允许使用学校知识产权和科研资源，创业期间的管理考核等重大问题尚在研究之中。浙江工业大学教师、杭州展晖科技有限公司创始人董辉反映，对教师技术入股缺乏具体明确的政策规定，自己在以教师身份转让公司股权或资产时，就担心因转让定价不合理而被追究责任。有的政策供给滞后。随着双创新模式、新业态、新产品的不断涌现，在政策和管理上出现了一些新的盲区。上海客主商务服务有限公司反映，双创企业基本上都是小微企业，需要多次引入创业投资、调整股权结构、实施股权激励等，而现行的工商变更手续烦琐、周期长。卓聪（上海）环保科技发展有限公司主要从事设备带电清洗养护业务，由于超出了《国民经济行业分类》所划分的类别，给企业登记带来困难。广州迈普再生医学科技有限公司反映，医学3D打印模型属于创新的植入类医疗器械产品，但很多省市尚未将其列入医疗服务项目，医院没有明确的收费政策和收费标准，企业只能以科研项目经费、赠送或直接向患者收费的形式提供服务。

（二）创业投融资体系仍有待完善

获取贷款难，直接融资难。调查问卷显示，58.25%的企业创业资金来源于自有资金，而来源于银行贷款的仅有18.2%。由于双创企业的信用和抵押都相对不足，较难获得银行贷款。广州禾信仪器股份有限公司反映，向银行贷款需要用创业股东的房子抵押、让家属签字，知识产权等无形资产很难用于抵押。直接融资的效果不佳，创业投资企业自身发展也遇到一些问题。国有资本创业投资进退维谷。上海交大科技园、成都高投创业投资有限公司等多家国有创投企业反映，国有资本投资双创企业反倒成了“烫手山芋”。一方面，每一笔创业投资都要逐级上报进行国有资产备案，少则半年，多则一年以上，有时甚至超过了资产评估报告的有效期，延误了资本进入的最佳时机。其中，教育部直属高校的创投企业投资的进入和退出不仅要报校方审批，备案时还要报教育部，再报财政部。有时还会对创投失败项目进行责任追究。另一方面，国有股权退出程序烦琐，必须在产权交易机构挂牌进场交易，而且要经历审计、评估等众多环节，转让期间的股权价格还不能根据市场变化而调整。成都技术转移（集团）有限公司2015年年初计划退出所投资的一家新三板上市企业，上报省国资委后至今没有得到明确回复，股价当时19元，现在已不到4元，企业负责人说，“没人愿意买，我们也不敢卖”。创业投资基金设立门槛高。深圳市众合瑞民产学研投资管理有限公司反映，设立创投基金要达到实缴资本不低于3 000万元、存续期限不短于7年等较高门槛，与扶持初创企业的初衷相悖。同时，创投基金按照类公募基金的标准，由多个部门进行监管，特别是中国证券投资基金业协会要求企业详细披露基金信息，包括以往只向有限合伙人披露的项目信息等众多商业机密，有些强人所难。社会资本尚未充分激活。中国创新风险投资促进会筹委会反映，部分民营投资企业和金融机构为加速科技成果的产学研融合以及促进国际科技成果交流，于2014年11月发起筹建中国创新风险投资促进会，至2016年5月已有筹建会员单位146家，可形成用于科技创新的投资能力约2 270亿元，但至今未能获得有关部门批准。创投存在“重晚轻早”等逐利化倾向。四川启迪万博郫县创业孵化器有限公司反映，创投企业热衷于追逐企业“1”到“100”的发展期，却不愿把钱投入从“0”到“1”的初创期。

（三）双创服务体系趋同化等问题值得关注

有些双创载体低水平同质化。深圳招商启航互联网投资管理有限公司反映，很多众创空间的设计理念、组织形式、服务内容非常相似，都热衷于引进互联网+、生物技术、无人机、3D打印等“高大上”项目，既没有结合当地的产业结构和资源禀赋，也没有从提供专业化和差异化的服务方面去提升水平，有的甚至还恶性竞争、抢夺项目资源。广东中科招商创业投资有限公司反映，不少众创空间仍处在“二房东”阶段，仅能提供物理空间等初级服务，靠租金收入和政府补贴勉强度日。人才保障难。一线城市人才成本高企与二三线城市人才缺乏并存。一线城市的双创企业由于难以解决落户、住房、子女教育等问题，人才招得来但难留住；而中西部地区或二三线城市高端人才不仅招不来，甚至连本土人才也留不住。湖北君尚科技有限公司等多家企业反映，动漫、区块链技术等方面人才缺乏，有的企业甚至打算迁往发达地区。创业教育培训质量不高，创业导师相对紧缺。高校特别是理工科高等技术教育体系与产业需求有落差。浙江工业大学党委副书记何智蕴、杭州美若电子科技有限公司总经理肖宁均反映，大学生创业最强烈的需求不是资金政策，而是创业导师，特别是优秀导师的一对一指导。科技成果转化渠道仍不通畅。西南交通大学探索实施的职务科技成果混合所有制改革，将职务发明的所有权由单位所有改变为单位与职务发明人混合所有，一方面与《专利法》第六条“职务发明创造申请专利的权利属于该单位”存在冲突，同时也面临着转让定价难的问题，职务发明人希望体现知识的价值，校方则怕背上国有资产流失的帽子，导致高校有权利但没动力转化、职务发明人有动力但没权利转化。四川大学反映，虽然科技成果转化所获奖励有税收优惠政策，但在具体执行中，税务机关依然按照“工资、薪金”计税，实行最高达45%的超额累进税率。

（四）大中小企业融通发展仍然薄弱

大企业创新意识不强，融通发展动力不足。有些大企业没有适应数字经济、平台经济带来的深刻变革，在创新方式、组织模式等方面仍因循守旧，对开放、融合、共享的发展模式认识不足。有些大企业更愿意鼓励员工内部创业，希望带来新的增长点，但能够主动开放自身产业链带动中小企业共同发展的大企业却为数不多。由于缺乏激励机制，国有大型企业带动中小企业融通发展的动力不足，有些国有大型企业担心被追责，双创平台对内不对外，不敢向中小企业开放技术、市场等核心资源。融通发展环境有待优化。传统“大而全”“小而全”思想依然根深蒂固，产业融通、合作共赢的商业文化尚在形成中。有些大型企业依托规模优势在产业上下游广泛布局，不仅提高了企业的综合成本，而且在一定程度上挤压了产业链上的双创企业，特别是中小微企业的市场空间。

三、持续推进双创工作的意见建议

为进一步优化创新创业生态环境，建议对评估中企业反映的融资难融资贵、知识产权保护不力、科技成果转化不畅等老问题继续推进政策落实，加快解决。同时，提出以下具体建议。

一是提升双创协调机制层级。将目前的双创部际协调机制提升为国务院层级，各地成立省级协调机制，加大对双创工作的协调推动力度。

二是召开全国双创大会。总结各地在实践探索中的经验，表彰宣传一批双创省市县、示范基地、双创企业和创新创业者，进一步营造良好氛围。

三是国家双创示范基地建设要更多纳入行业龙头、传统产业、民生产业企业。围绕实施国家创新驱动发展战略和中国制造2025，在航空航天、移动通信、人工智能、新材料、智能制造、生物工程、交通运输等重点行业领域，将一批行业龙头企业纳入国家双创示范基地，以市场牵引、产业带动、专业服务、资源共享，推动大中小企业的融通发展。同时，也应重视传统产业和民生产业，加快双创推广力度，补齐短板。引导行业龙头企业和大型企业围绕产业链构建双创生态系统，将市场订单、技术研发、市场营销、物流配送等资源共享，建立互利共赢的双创服务平台。鼓励行业龙头企业和大型企业聚集资源，牵头小微企业、创业团队共同组建重点技术的联合攻关团队，破解技术、应用等层面的难题，打造产业发展新引擎。

四是充分发挥财政资金和国有资本作用。政府性创投基金要加大对种子期和初创期的科技型企业，特别是拥有自主知识产权和科技成果转化的双创企业扶持引导力度。探索建立公平透明的项目评估机制，推动科技成果加速转化。释放国有资本活力，加快制定对国有投资资金进与退、监管审批备案等的细化措施，解决国有资本参与双创的体制机制障碍。

五是进一步完善政策措施。强化政策有效供给。制定清单式政策手册和重点政策实操手册，提高政策知晓度、感受度和可操作性。适当降低《公司法》中有关股份有限公司注册资本的最低限额为500万元的要求。将国家双创示范基地纳入财政部今年启动的创投企业和天使投资个人有关税收政策试点工作中。依托重点科研院所、行业龙头企业、双创示范基地加大创业导师队伍建设和培养。

（经济部）

民营企业赴港发展情况专项调研报告

为落实中央有关文件精神，了解掌握重要行业的重点民营企业在香港发展情况，推动民营企业在香港做强、做优、做大，全国工商联于2017年9月至10月组成两个调研组在北京、广东、江苏、浙江开展调研，并组织中国民营经济国际合作商会和香港中国商会了解会员企业情况。通过座谈会、实地考察、深度访谈等方式，与近100家工商联、商会、民营企业的负责人进行了面对面交流。现将调研情况报告如下。

一、民营企业赴港发展基本情况

调研显示，民营企业到香港发展或通过香港“走出去”参与“一带一路”建设的积极性越来越高，步伐越来越快，规模不断增大，有意愿、有实力、有条件参与到香港发展当中，已经成为内地与香港紧密相连、互利合作，共同为香港谋发展、促和谐的一支不可替代的力量。

（一）民营企业是推动香港经济发展的重要力量

调研发现，民营企业在港投资体量逐步加大，投资队伍不断壮大，投资份额不断提升，已成为推动香港经济发展的重要力量。据商务部数据，2016年经审批赴港投资的内地企业达到4 000家，所涉及非金融类直接投资达到862亿美元，香港与内地的货物贸易总额由1997年的1 142亿美元上升到2016年的4 973亿美元，服务贸易总额由1997年的52亿美元上升到2016年的401亿美元。数据显示，截至2016年，内地企业在香港交易所主板和创业板上市的共有1 071家，占在香港上市企业总数（1 694家）的63.2%，市值总值占整体市值总值的66.3%。非H股内地民营企业在香港交易所上市的数量为736家，比2006年的336家增加了400家，平均每年增加40家。如福中集团2016年在香港成立福中集团香港公司，同年收购龙杰（香港）有限公司，生产标准线材及接插件，为西门子等世界五百强企业做供应商，销售额约为2亿元港币；新奥集团将香港办事处作为旗下境内上市公司走出去的重要桥梁和洽谈国际贸易业务的主要平台，2016年通过香港全资子公司以10亿澳元收购澳洲能源生产商桑托斯公司的控股权；国光电器股份有限公司1993年在香港设立全资子公司，负责开拓海外市场，2009年增资100万美元用于增加研发设备及引进海外技术人才，使其发展成为公司全球市场开发的研究中心。

（二）民营企业是激发香港市场活力的重要力量

调研了解到，民营企业在港投资范围不断扩大，从事的产业多与民生密切相关，与香港本地企业相得益彰、互为补充。根据特区政府统计处发布的《2016年代表香港境外母公司的驻港公司按年统计调查报告》，有3 575家驻港公司在港以从事进出口贸易、批发及零售业为主，有1 520家驻港公司从事金融及银行业，有1 283家驻港公司从事专业、商用及教育服务业，还有部分从事房地产业务或建立产品研发中心。如江河集团在香港的控股子公司承达集团是港澳最大的室内装潢工程承建商之一，专注于港澳市场20年，占香港市场份额约6.1%；三胞集团2005年成立康盛人生（香港）有限公司，主营的脐带血存储业务在香港市场占有较大份额，是香港最大和最先进的干细胞储存库，连续六年荣获香港知名育儿论坛《亲子王国》父母十大信心家庭品牌；新华联集团2003年设立新华联国际投资公司，将香港作为全球业务基地，同年收购香港上市公司，装入旗下酒业和海外地产板块资产，目前已收购了韩国和加拿大的项目，未来还会向马来西亚、美国以及澳洲发展。

（三）民营企业是促进香港社会和谐的重要力量

调研发现，民营企业自身性质有利于其较好地规避政治干扰，彰显民间性，能够积极投身香港公益和慈善事业，并通过雇佣香港本地员工带动当地就业，增加民众收入，赢得民心。中科集团2006年成立香港中科，主营健康产品销售及多种进口食品代理，解决当地就业60余人，并积极参与当地社会公益事业，如自2012年起参与江苏省青联举办的“香港大学生暑期江苏实习计划”；举办各种环保活动，为香港的环境保护事业添力；成立健康服务中心，已向数十万香港市民提供健康服务。德威集团2014年成立“香港德威保安服务有限公司”，并于2017年初收购香港“骏日顾问有限公司”，解决当地就业300余人（主要由退役警察组成），成为第一家在香港开展“武装运送服务”的中资（内地）安保服务企业。海航集团先后赞助光明慈善跑，组织参与香港视障学生课外活动津助计划，旗下新华旅游与香港专业及资深行政人员协会、教育无边界等合作，关注青少年发展。

（四）民营企业是沟通内地和香港的重要桥梁

多年来，很多民营企业将驻港办事处作为一个沟通内地和香港的平台，见证了内地与香港的密切往来和不断融合。数据显示，截至2016年6月1日，共有1 123家中国内地企业在港设立地区总部（137）、地区办事处（174）及当地办事处（812），较2007年分别增长了47.3%、14.5%和69.2%。如三胞集团从2014年6月至今与香港政、企、社团等组织进行了20余场专题交流活动，共接待来访香港各界人士200余人次；与香港贸易发展局、香港经贸办、香港投资推广署、香港职业训练局、香港江苏青年总会等机构建立沟通机制，保持良好互动；注重加强企业在港文化建设，通过贯彻集团“三省”文化、评选“最美三胞人”、开设三胞学院培训等活动达到以文化感染人、管理人的效果，增强员工认同感。新奥集团积极组织港办员工参与爱国爱党爱港教育和团队建设，通过参加活动，香港本地同事能够亲身感受国家发展变化，体会中华民族五千年生生不息的深厚力量，对认识国家、认识历史、认识人生有很多帮助。

此外，调研发现，民营企业赴港发展呈现出一种抱团、互助的新趋势，如江苏民营投资控股有限公司正筹建股权投资基金、海外并购基金、在港互助基金，以应对短期资本波动风险，提高企业应对在港发展风险的能力。

二、民营企业赴港发展存在的问题

调研了解到，民营企业到香港发展或通过香港参与“走出去”和“一带一路”建设的积极性越来越高，步伐越来越快，规模不断增大，但也存在以下问题和障碍。

（一）人才短缺、外派人员赴港工作签证难办理、人才自由流动困难

民营企业赴港发展需要精通资本运作的精英人才，一般还要求擅长“两文三语”、熟悉两地文化。企业普遍反映这样的人才很难找，即便能找到，成本也很高。深圳市工商联调研显示，有10%的企业认为赴港发展的最大困难是缺乏人才。此外，企业普遍希望从内地长期往香港派驻“自己人”，但实际操作中，内地员工赴港无论是培训还是短期交流工作，只有通过“输入内地人才计划”和商务签证两种渠道，这两种渠道都存在审批条件严苛，审批周期长等问题，企业想用自己人却用不成。南京市工商联反映，企业准备办理长期签证，中联办要求主管部门签字，但民营企业没有主管部门，企业没办法就只能三个月换一次签证。

（二）融资、物业、品牌宣传等生产经营要素成本过高也制约民营企业赴港发展

深圳市工商联反映，企业到香港发展选择利用自有资本的企业占到51.83%，银行贷款所占比重只是很小的一部分。实际操作中，香港银行对贷款申请很严谨，一般刚成立的公司根本贷不了款，就算民营企业在内地有很好的经营记录及文件，香港银行对内地材料也不予承认。广东省民营企业投资商会反映，目前香港楼价不断上涨，在港企业发展业务所涉及的租金等营商成本一般比内地高10倍左右，到香港融资上市的成本更高居全球之首。北京市朝阳区工商联反映，企业需要持续投入品牌推广费用和运营成本，再加上品牌培育期间的亏损和各种未知风险，资金压力较大，短期内实现盈利比较困难，制约了民营企业在港发展的积极性。

（三）两地在社会制度等方面的差异造成内地企业发展困难

香港企业和内地企业普遍反映，香港与内地在社会制度、法律法规、文化社会背景、国际竞争环境等方面存在不同，造成香港市场对内地企业产品认同度不高，内地企业在港发展不适应。比亚迪反映，香港市场对内地产品的接受度还停留在过去认识上，对“中国制造”认可不够。很多内地民营企业反映，对香港当地市场政策、法律法规、社会人文、消费习惯、商业环境和运营模式等研究不足、了解不充分，在实际业务操作过程中经常会遇到意想不到的困难。浙江永盛化妆品公司反映，企业在港上市时最初签订好的上市资料印刷合同费用为80多万元，最终结算时高达500多万元，因香港法律复杂，且临近上市，只有被迫就范，感觉是在跳坑。

（四）民间社团组织和企业党建力量薄弱，赴港民营企业缺乏融入香港社会政治事务的组织支持

调研了解到，在港民营企业发展迅速，但是企业间缺乏交流、难以形成合力；在港民营企业与香港本地企业（如法律、银行和保险等专业服务机构）之间缺少正式沟通渠道，也很难融入香港本地商会组织，同时缺少内地有影响力的社团组织的协调支持，无法在香港主流市场发出内地民营企业的声音，无形中增加了企业寻找合作的机会成本。工商联在支持民营企业赴港发展方面的相关工作还不系统，在企业中的影响力还不够大。上海复星国际集团反映，在港经营面临很多政策、法律、市场风险，由于缺少国家背景的社团组织支持，民营企业在港发展处处受限。在港民营企业党建工作仍存在规模小、党组织活动氛围不佳、党员身份尴尬等问题，与当前形势的需要相比还显得十分薄弱。调研企业中只有两家企业在港员工中

有党员，有的党员需要回到内地过组织生活，有的党员甚至就此中断组织生活。

（五）西方势力利用香港资本市场攻击中国企业

有企业反映，新兴的、持续发展的、代表未来方向的、与国家未来战略紧密相关的内地在港上市企业，极易被西方势力攻击，香港成为国际做空机构的一个“战场”。他们在赚取大量利润的同时，扼杀我国新兴企业、行业的未来。汉能集团反映，公司掌握全球领先的薄膜太阳能技术，其行业地位和快速发展引起了国际对冲基金关注，公司自2013年以来在港遭遇3次大规模恶意做空，其中2015年5月20日的做空，使汉能股价在25分钟内暴跌47%，市值损失约1 400亿港元，创造了沪港通股票当时最大单日跌幅，引起全球舆论高度关注。苏民投执行董事吴[illegible]、江苏省工商联副主席丁荣余反映，江苏丰盛集团、瑞声科技等在港上市企业先后在港遭遇海外机构恶意做空，一天之内企业市值下跌20%，对此上市企业毫无办法。

三、意见建议

党的十九大报告提出：“香港、澳门发展同内地发展紧密相连，要支持香港、澳门融入国家发展大局”，为港澳发展指明了方向。在港民营企业要积极响应中央号召，抓住国家发展大局的关键战略机遇期，找准“国家所需，香港所长”的交汇点，扎根香港深化合作，与香港企业共同参与“一带一路”建设和粤港澳大湾区建设，为香港融入国家发展大局、实现长期繁荣稳定贡献力量。

（一）发挥民企优势壮大爱国爱港力量

民营企业具有经营机制灵活、市场开拓和创新能力较强等优势，通过生产经营直接联系香港民众，在参与香港政治社会生活方面更具广泛性和深入性。要加强对在香港发展民营企业的教育培训，培育一批具有竞争活力、创新能力和国际视野的大型民营企业，携手香港企业深度参与“一带一路”建设和粤港澳大湾区建设，推动两地形成产业协作、融合发展的经济共同体；要引导企业自觉将企业文化建设与爱国爱港教育相结合，将推动企业发展与争取人心结合起来，增强香港员工对国家经济发展成就的民族自豪感和中华文化的认同感，塑造积极向上的价值观，为香港政治生态的良性发展奠定坚实的群众和文化基础。

（二）积极营造互利合作的政策环境

香港回归祖国20年来，中央政府制定了一系列促进香港经济社会发展的政策措施，营造了内地与香港优势互补、互利共赢的经济发展新格局。根据国家“十三五”规划中关于要“加大内地对香港开放力度，推动CEPA升级”的安排部署，两地于2017年6月签署CEPA下的《投资协议》和《经济技术合作协议》，为两地企业融合发展提供了更多更实的政策红利。要进一步加强对相关政策措施的宣传解读，帮助民营企业更好地了解政策、熟悉政策、用好政策，明确香港产业多元化发展重点，引导企业进一步延伸完善产业链，避免“一窝蜂”扩张式发展，对重点民营企业联合香港企业参与“一带一路”和粤港澳大湾区建设实施的重点投资项目给予一定的政策支持。

（三）加强两地年轻一代的沟通交流

习近平总书记强调，港澳台统一战线工作要立足争取人心，巩固爱国力量，争取中间力量。赢得青年就是赢得未来。要注重探索加强与香港高校的机制性合作，充分发掘香港人才资源优势，为内地青年企业家与香港青年学生和年轻人搭建商业精神和创新创业的沟通交流平台。发挥内地青年企业家积极拼搏创业的激励作用，通过提供更多工作、学习和实践机会，吸引青年学生和年轻人到内地实习、生活、就业、创业，加深香港年青一代对内地的正确认识，促进两地人才的双向流动。

（四）发挥民间商会和党建的促进作用

鼓励支持有基础、有条件、有能力的商会组织按照市场化运作模式在港设立分支机构，在香港中联办的指导下，发挥其民间组织身份，与香港工商社团建立固定的联系交往机制和培训合作机制，成为与香港各类商会组织的交流合作平台、国家政策的宣传平台、企业抱团发展的服务平台、党建工作有序开展的保障平台。重视在港民营企业党建工作，将加强党建工作列入在港工作的重要议程，加强政策研究，加强工作指导，加强人员培训，提升民营企业在港发展的组织化程度，为民营企业在港做优、做强、做大提供组织支持。

（联络部）

2017中国民营企业500强调研分析报告

2016年，我国国内生产总值达74.41万亿元，同比增长6.7%，经济运行缓中趋稳、稳中向好；经济结构加快调整，消费在经济增长中发挥主要拉动作用，服务业增加值占国内生产总值比重上升到51.6%；改革开放深入推进，重要领域和关键环节改革取得突破性进展，供给侧结构性改革初见成效；对外开放推出新举措，“一带一路”建设进展快速，一批重大工程和国际产能合作项目落地；新兴产业蓬勃兴起，传统产业加快转型升级；大众创业、万众创新广泛开展，全年新登记企业增长24.5%，平均每天新增1.5万户，加上个体工商户等，各类市场主体每天新增4.5万户。

一、民营企业500强整体规模大幅提升

2016年民营企业营业收入总额和资产总额均稳步增长，增速较上一年相比均有大幅提升（见表1）。2011—2016年民营企业500强营业收入变化情况见图1。

民营企业500强的入围门槛继续提升。2016年，民营企业500强入围门槛为120.52亿元，较2015年增加了18.77亿元。增速为18.44%，较2015年增速提升了11.44个百分点（见图2）。

表1 2015—2016年民营企业500强收入变化情况

单位：亿元、%

项目指标		2016年	2015年	增长率
入围门槛		120.52	101.75	18.44
营业收入	总额	193 616.14	146 915.71	19.84
	户均	387.23	293.83	—

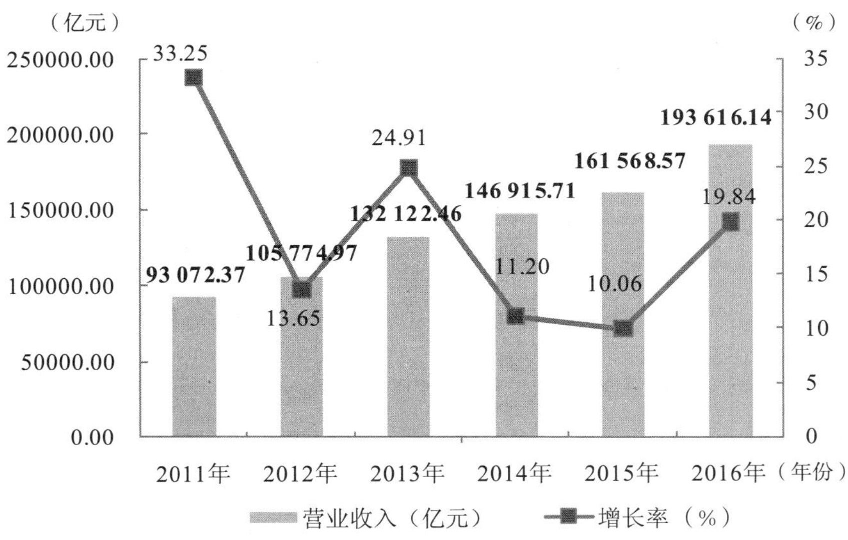

图1　2011—2016年民营企业500强入围门槛变化情况

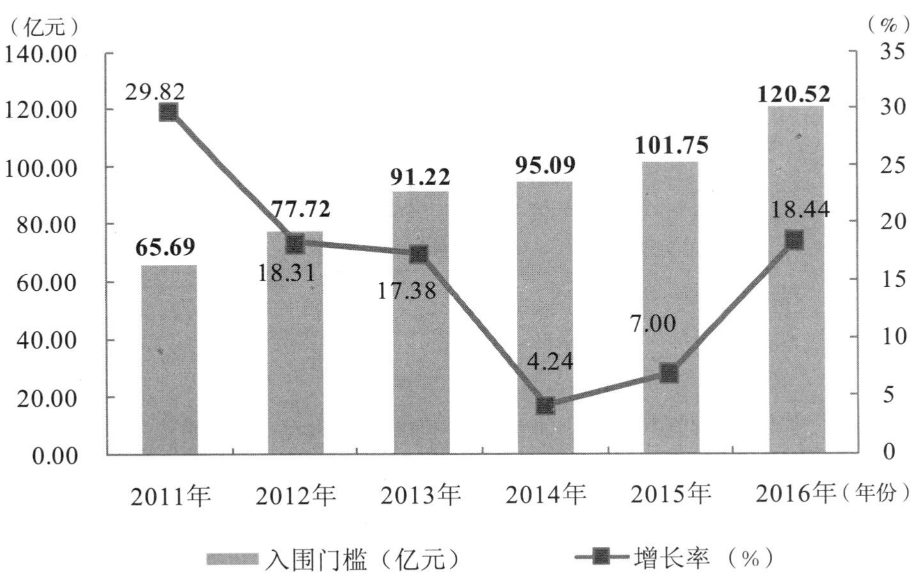

图2　2011—2016年民营企业500强营业收入变化情况

民营企业500强的资产总额持续快速增长。2016年民营企业500强的企业资产总额为233 926.22亿元，户均467.85亿元，增幅为35.21%，比上一年增加了10.05个百分点（见表2）。2016年民营企业500强营业收入前20家见表3。

表2　2015—2016年民营企业500强资产情况

单位：亿元、%

项目指标		2016年	2015年	增长率
资产总额	总额	233 926.22	138 227.40	35.21
	户均	467.85	276.45	

续表

项目指标		2016年	2015年	增长率
固定资产	总额	36 458.95	24 938.19	46.19
	户均	72.92	49.88	
净资产	总额	75 101.84	46 338	62.07
	户均	150.20	92.68	

表3 2016年民营企业500强营业收入前20家

单位：亿元

2016年排名	2015年排名	企业名称	所属行业	省、自治区、直辖市	2016年营业收入总额	2015年营业收入总额
1	1	华为投资控股有限公司	计算机、通信和其他电子设备制造业	广东省	5 215.74	3 950.09
2	2	苏宁控股集团	零售业	江苏省	4 129.51	3 502.88
3	3	山东魏桥创业集团有限公司	有色金属冶炼和压延加工业	山东省	3 731.83	3 332.38
4	—	海航集团有限公司	综合	海南省	3 523.32	—
5	5	正威国际集团有限公司	有色金属冶炼和压延加工业	广东省	3 300.19	3 003.64
6	4	联想控股股份有限公司	计算机、通信和其他电子设备制造业	北京市	3 069.53	3 098.26
7	7	中国华信能源有限公司	批发业	上海市	2 909.50	2 631.51
8	11	京东集团	互联网和相关服务	北京市	2 601.22	1 812.87
9	6	大连万达集团股份有限公司	综合	辽宁省	2 549.80	2 901.60
10	8	恒力集团有限公司	化学原料和化学制品制造业	江苏省	2 516.48	2 120.80
11	10	万科企业股份有限公司	房地产业	广东省	2 404.77	1 955.49
12	15	恒大集团有限公司	房地产业	广东省	2 114.44	1 331.30
13	12	浙江吉利控股集团有限公司	汽车制造业	浙江省	2 087.99	1 653.04
14	9	江苏沙钢集团有限公司	黑色金属冶炼和压延加工业	江苏省	1 983.40	2 058.43
15	14	美的集团股份有限公司	电气机械和器材制造业	广东省	1 598.42	1 393.47
16	50	雪松控股集团有限公司	商务服务业	广东省	1 570.19	593.15
17	18	碧桂园控股有限公司	房地产业	广东省	1 530.87	1 132.23
18	13	海亮集团有限公司	有色金属冶炼和压延加工业	浙江省	1 516.90	1 401.61
19	20	新疆广汇实业投资（集团）有限责任公司	零售业	新疆维吾尔自治区	1 456.17	1 050.37
20	17	苏宁环球集团有限公司	房地产业	江苏省	1 335.68	1 263.75

民营企业500强资产规模继续扩大。2016年企业资产总额突破1 000亿元的共有50家企业，比2015年增加16家，增加了47.05%。2016年有318家企业的资产规模在100亿元至1 000亿元，比2015年增加31家，增加了10.80%；78家企业的资产规模在50亿元至100亿元，其中恒大集团有限公司、海航集团有限公司以及大连万达集

团股份有限公司三家企业资产总额均超过万亿元。恒大集团有限公司以13 508.68亿元的规模位居资产总额榜首（见表4、表5）。

表 4 2015—2016年民营企业500强资产总额结构

单位：亿元、家

资产总额标准	2016年企业数量	2015年企业数量
≥1000	50	34
≥100<1000	318	287
≥50<100	78	99
<50	54	80

表 5 2016年民营企业500强资产总额前20家

单位：亿元

2016年排名	2015年排名	500强排名	企业名称	所属行业	省、自治区、直辖市	2016年资产总额	2015年资产总额
1	2	12	恒大集团有限公司	房地产业	广东省	13 508.68	7 510.35
2	—	4	海航集团有限公司	综合	海南省	12 029.26	—
3	1	9	大连万达集团股份有限公司	综合	辽宁省	10 611.93	9 033.57
4	3	11	万科企业股份有限公司	房地产业	广东省	8 306.74	6 112.96
5	4	22	泰康保险集团股份有限公司	保险业	北京市	6 294.31	5 698.83
6	6	17	碧桂园控股有限公司	房地产业	广东省	5 915.72	3 619.56
7	5	1	华为投资控股有限公司	计算机、通信和其他电子设备制造业	广东省	4 436.34	3 721.55
8	7	239	包商银行股份有限公司	货币金融服务	内蒙古自治区	4 183.37	3 401.82
9	9	424	东莞农村商业银行股份有限公司	货币金融服务	广东省	3 476.88	2 996.26
10	8	6	联想控股股份有限公司	计算机、通信和其他电子设备制造业	北京市	3 222.59	3 062.43
11	11	2	苏宁控股集团	零售业	江苏省	2 752.34	1 982.66
12	16	77	华夏幸福基业股份有限公司	房地产业	河北省	2 499.03	1 686.23
13	12	36	阳光保险集团股份有限公司	保险业	广东省	2 463.48	1 921.69
14	13	78	广州富力地产股份有限公司	房地产业	广东省	2 264.11	1 837.33
15	17	19	新疆广汇实业投资（集团）有限责任公司	零售业	新疆维吾尔自治区	2 220.84	1 649.41
16	15	3	山东魏桥创业集团有限公司	有色金属冶炼和压延加工业	山东省	2 198.88	1 756.48
17	18	13	浙江吉利控股集团有限公司	汽车制造业	浙江省	2 067.41	1 612.94
18	14	179	上海复星高科技（集团）有限公司	商务服务业	上海市	2 016.07	1 777.88
19	20	106	重庆龙湖企业拓展有限公司	房地产业	重庆市	2 010.01	1 425.38
20	19	45	百度公司	互联网和相关服务	北京市	1 819.97	1 478.53

二、民营企业500强质量效益稳步提高

民营企业500强税后净利润保持良好增长态势，增幅再创新高。2016年民营企业500强税后净利润为8 354.95亿元，较上一年增长19.76%，为2011年以来最高增长率，比 2015年增加了2.09个百分点（见表6）。

表 6　2015—2016年民营企业500强盈利情况

单位：亿元、%

项目指标		2016年	2015年	增长率
税后净利润	总额	8 354.95	6 976.60	19.78
	户均	16.71	13.95	—
销售净利率		4.32	4.32	0
资产净利率		3.57	4.03	-11.41
净资产收益率		12.40	13.32	-6.91

2016年民营企业500强亏损面大幅收窄。共有7家企业发生亏损，比2015年减少8家，减少了53.33%，亏损总额减少了32.73%。亏损企业分别属于互联网和相关服务业，批发业，计算机、通信和其他电子设备制造业以及农副食品加工业等（见表7）。

表7　2016年民营企业500强亏损行业

单位：家、亿元

行业名称	2016年亏损企业数量	2016年入围企业数量	2016年亏损企业平均亏损额
互联网和相关服务	2	3	-26.23
农副食品加工业	1	9	-9.98
有色金属冶炼和压延加工业	1	26	-3.62
专用设备制造业	1	8	-16.90
计算机、通信和其他电子设备制造业	1	23	-2.93
批发业	1	29	-0.13

从经营效率看，除总资产周转率外，民营企业500强的人均营业收入、人均利润均有上升。2016年，民营企业500强人均营业收入为217.99万元，较2015年上升22.62万元；人均利润为12.41万元，与上一年相比增加1.2万元，增长率为10.7%；民营企业500强总资产周转率为91.73%，与2015年相比降低8.8个百分点（见表8、图3）。

表 8　2015—2016年民营企业500强运营情况

单位：%、万元/人

项目指标	2016年	2015年	增长幅度
总资产周转率	91.73	100.53	-8.75
人均营业收入	217.99	195.37	11.58

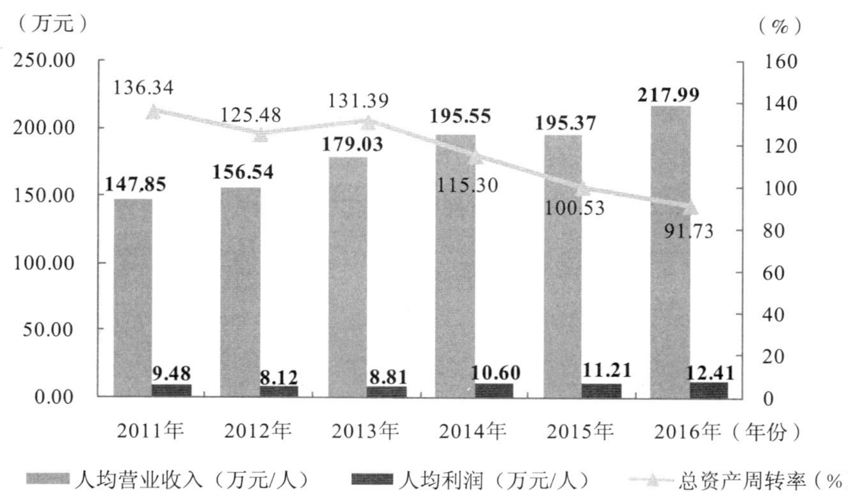

图3　2011—2016年民营企业500强经营效率情况

三、民营企业500强社会贡献继续加大

从纳税总额看，民营企业500强纳税总额保持平稳较快增长态势，占全国税收的比重继续增加。2016年，民营企业500强纳税总额达到7 995.75亿元，比上一年增长了24.53%，占全国税收的比重为6.13%，比上一年升高了0.99个百分点（见表9）。2011—2016年民营企业500强纳税情况见图4。

表9　2015—2016年民营企业500强税收情况

单位：亿元、%

项目指标		2016年	2015年	增长率
纳税	总额	7 995.75	6 420.58	24.54
	户均	15.99	12.84	

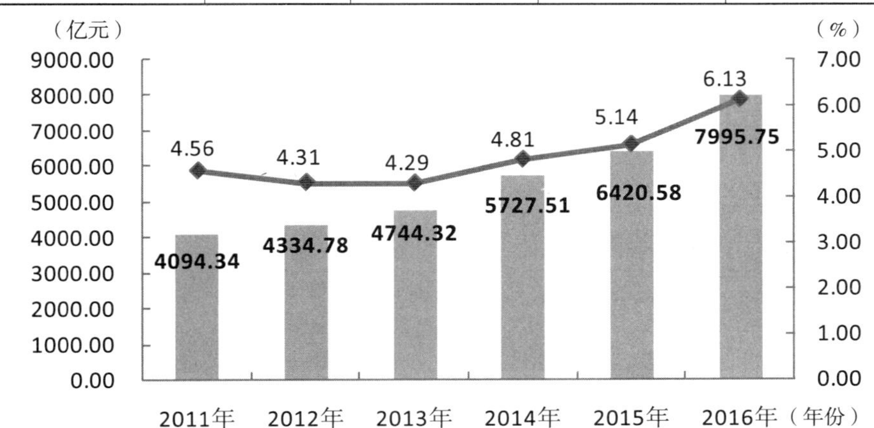

图4　2011—2016年民营企业500强纳税情况

注：全国税收数据来源于国家统计局网站统计公报。

从纳税额结构分布看，纳税1亿元以上的民营企业500强数量为466家，占比93.20%。2016年有85家民营企业500强纳税规模在20亿元及以上，比2014年增加30家，增加了54.55%，占民营企业500强的17%（见表10）。2016年民营企业500强纳税前20家见表11。

表10　2015—2016年民营企业500强纳税额结构分布

单位：家、%

纳税总额	2016年		2015年	
	企业数量	占500强比例	企业数量	占500强比例
20亿元以上	85	17.00	55	11
10亿～20亿元	107	21.40	101	20.20
1亿～10亿元	274	54.80	301	60.20
1亿元以下	34	6.80	43	8.60

表11　2016年民营企业500强纳税前20家

单位：亿元

2016年排名	2015年排名	500强排名	企业名称	所属行业	省、自治区、直辖市	2016年缴税总额	2015年纳税总额
1	1	1	华为投资控股有限公司	计算机、通信和其他电子设备制造业	广东省	676.00	460.00
2	2	11	万科企业股份有限公司	房地产业	广东省	436.14	311.87
3	4	12	恒大集团有限公司	房地产业	广东省	334.00	200.00
4	3	9	大连万达集团股份有限公司	综合	辽宁省	317.50	302.00
5	5	13	浙江吉利控股集团有限公司	汽车制造业	浙江省	268.33	175.63
6	7	17	碧桂园控股有限公司	房地产业	广东省	193.80	150.00
7	8	15	美的集团股份有限公司	电气机械和器材制造业	广东省	122.21	108.00
8	12	77	华夏幸福基业股份有限公司	房地产业	河北省	96.30	68.83
9	—	4	海航集团有限公司	综合	海南省	93.72	81.64
10	17	10	恒力集团有限公司	化学原料和化学制品制造业	江苏省	84.00	55.25
11	9	3	山东魏桥创业集团有限公司	有色金属冶炼和压延加工业	山东省	80.72	78.58
12	13	106	重庆龙湖企业拓展有限公司	房地产业	重庆市	74.70	64.51
13	10	78	广州富力地产股份有限公司	房地产业	广东省	67.57	66.60
14	14	23	TCL集团股份有限公司	计算机、通信和其他电子设备制造业	广东省	62.00	60.77
15	150	56	科创控股集团有限公司	医药制造业	四川省	53.86	10.50
16	20	2	苏宁控股集团	零售业	江苏省	50.67	40.77
17	—	91	正荣集团有限公司	房地产业	福建省	50.40	37.66
18	16	179	上海复星高科技（集团）有限公司	商务服务业	上海市	48.52	55.91
19	11	45	百度公司	互联网和相关服务	北京市	47.75	71.61
20	15	104	杭州娃哈哈集团有限公司	酒、饮料和精制茶制造业	浙江省	47.74	56.35

就业是民生之本、发展之源。2016年民营企业500强员工人数为888.17万人，同比增加7.40%，占全国就业人员比重为1.14%，比2015年增加0.07个百分点（见表12）。

表12 2015—2016年民营企业500强就业情况

单位：万人、%

项目指标		2016年	2015年	增长率
员工人数	总额	888.17	826.98	7.40
	户均	1.78	1.65	

四、民营企业500强产业结构持续优化

2016年，民营企业500强产业结构中第二产业仍占主体地位，但第三产业占比进一步增大，入围企业数量持续增加。从入围企业数量来看，民营企业500强仍以制造业为主导，建筑业和钢铁行业仍居前列，但数量较上一年度有所减少，民营企业500强行业结构进一步优化。从资产规模来看，民营企业500强产业结构延续往年态势，第二产业资产规模占比继续降低，第三产业资产规模占比持续上升。各行业经营效益整体有所提升，畜牧业、租赁和仪器仪表制造业经营效益较高，互联网和相关服务业的经营效益偏低①（见表13）。

表13 2015—2016年民营企业500强产业分布情况

单位：家、%

项目	2016年	2015年	增长率
第一产业	5	6	-16.67
第二产业	341	357	-4.48
第三产业	154	137	12.41

从销售净利率来看，2016年民营企业500强的平均销售净利率达4.55%，较2015年上升0.23个百分点。共有30个行业的平均销售净利率高于平均水平，其中有3个行业的销售净利率高于10%。货币金融服务行业销售净利率继续居于首位达21.23%，比2015年上升0.79个百分点；租赁业达13.13%，较2015年降低1.04个百分点（见表14）。

表14 2016年民营企业500强中销售净利率超过10%的行业

单位：家、亿元、%

所属行业名称	企业数量	营业收入	税后净利润	销售净利率
货币金融服务业	2	376.74	79.97	21.23
租赁业	1	168.45	22.12	13.13
畜牧业	2	988.15	127.38	12.89

① 本次调研行业分类标准参考国民经济行业分类GB/T 4757—2011调整，民营企业500强入围企业分布在12大类48个细分子行业。为便于比较分析，在行业分析中对综合类进行拆分，综合制造归入第二产业，其他归入第三产业。

从资产净利率看，2016年民营企业500强资产净利率为3.77%，较上一年的4.03%下降了0.26个百分点。2016年有7个行业资产净利率在10%以上，较上一年增加2个行业，虽然行业有所增加，但是由于受整体经济环境影响，民营企业500强单位资产投入的盈利能力有所下降（见表15）。

表15　2016年民营企业500强资产净利率超过10%的行业

单位：家、亿元、%

所属行业名称	企业数量	资产总额	税后净利润	资产净利率
畜牧业	2	507.98	127.38	25.08
仪器仪表制造业	1	69.83	11.14	15.96
废弃资源综合利用业	2	167.56	23.63	14.10
邮政业	1	110.00	14.00	12.73
酒、饮料和精制茶制造业	5	867.41	102.89	11.86
食品制造业	9	1 908.88	204.88	10.73
租赁业	1	219.13	22.12	10.09

五、民营企业500强投资领域不断拓展

2016年，民营企业500强新增投资的主要资金来源依然是自有资金与银行借贷。新增投资来自于自有资金的企业达到462家，较上一年增长24家，增长了5.48%。银行等融资渠道对民营企业的支持力度仍在不断加大，新增投资来源于银行借贷的企业共有378家，同比增加23家，增长了6.48%。2016年民营企业500强通过资本市场融资①的企业数量达到252家。引入战略投资者的企业在2016年共有113家，同比增加25家，增长了28.41%。获得政府资助的企业数量在2016年达到48家，较2015年增加了1家。新增资金来自民间借贷的企业共有7家，同比减少1家（见图5）。

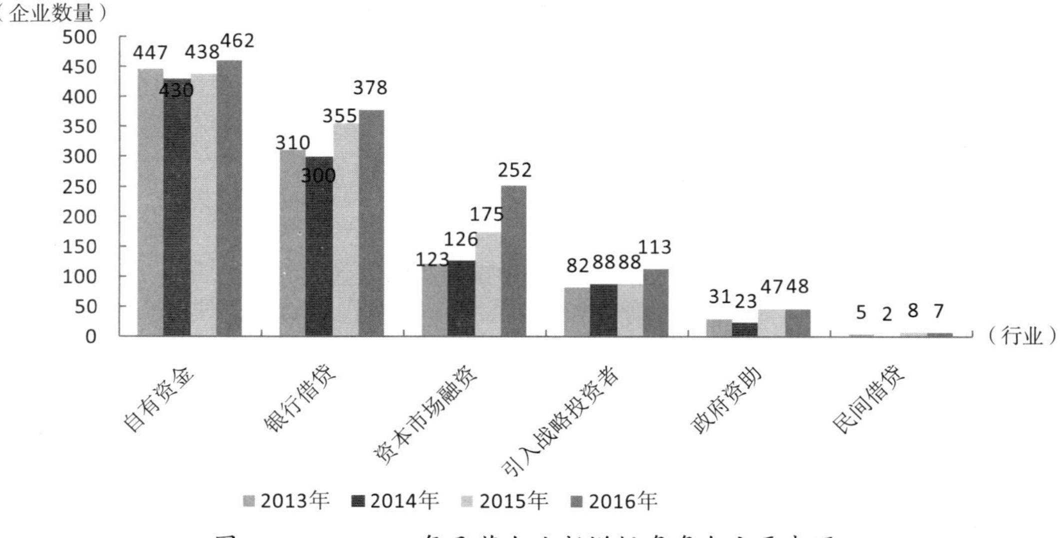

图5　2013—2016年民营企业新增投资资金主要来源

① 资本市场融资包括股票市场融资和债券市场融资。

2016年民营企业500强中，共有384家企业参与了各类国家发展战略，占比达76.80%，其中，有210家企业涉及“一带一路”建设，占比54.69%，较上一年提高18.09个百分点；有168家企业参与国家长江经济带建设，占比43.75%，较2015年提高7.95个百分点；135家企业参与东部地区率先发展战略，占比35.16%，较上一年提高6.96个百分点；116家企业参与京津冀一体化建设，占比30.21%，较上一年提高11.21个百分点（见表16）。

表16 2014—2016年民营企业参与国家发展战略建设情况

单位：家、%

参与国家战略	2014年企业数量	2015年企业数量	2016年企业数量	占实际填写企业数量比
丝绸之路经济带和21世纪海上丝绸之路	65	183	210	54.69
长江经济带	167	179	168	43.75
中部地区崛起	156	137	161	41.93
西部大开发	176	160	152	39.58
东部地区率先发展	94	141	135	35.16
京津冀协同发展	79	95	116	30.21
东北地区等老工业基地振兴	92	88	89	23.18

在经济新常态背景下，PPP已成为稳增长、调结构、促改革、惠民生、防风险的重要抓手。2016年，为推广PPP模式，各部委相继发力，相关政策密集出台，政策体系逐步完善，PPP的操作指导性明显增强，参与PPP项目的企业数量明显增多，由上一年的98家上升至124家，增长率为26.63%；打算参与PPP项目的企业达到166家，较上一年增长1家，民营企业参与PPP项目的意愿进一步加强（见表17、图6）。

表 17 2014—2016年民营企业进入公共服务及基础设施建设与运营领域的情况

单位：家、%

参与PPP项目意向	2014年参与企业数量	2015年参与企业数量	2016年参与企业数量	500强占比
未参与但不确定是否参与		74	52	10.40
未参与也不打算参与	242	99	98	19.60
未参与但打算参与	136	164	165	33.00
已参与	58	98	124	24.80
无意见		64	61	12.20

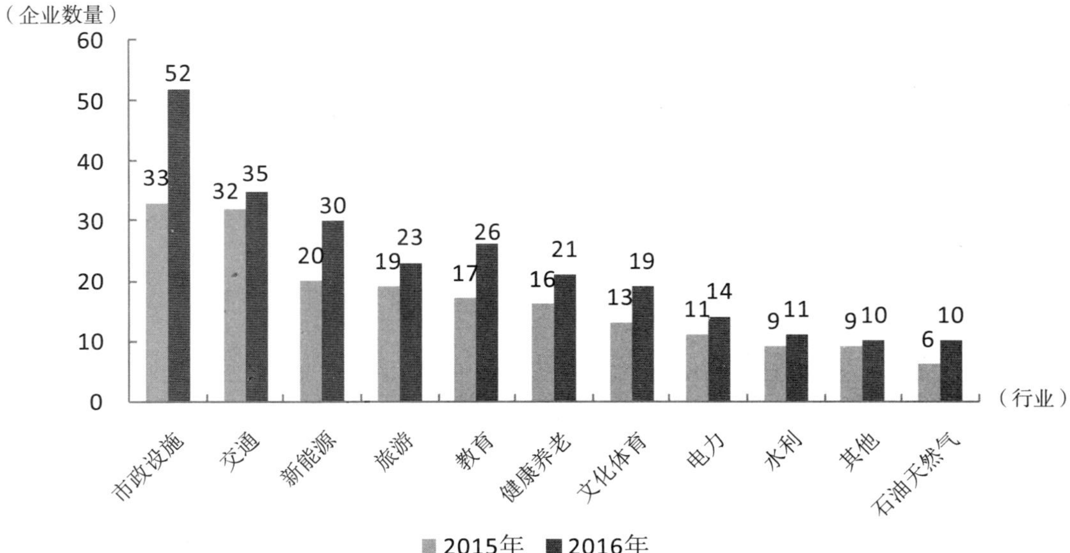

图 6　2015—2016年民营企业500强PPP项目的参与情况

2016年7月，中共中央、国务院、中央军委印发了《关于经济建设和国防建设融合发展的意见》，着眼国家安全和发展战略全局，明确了新形势下军民融合发展的总体思路、重点任务、政策措施。同年9月，由军委装备发展部、教育部、工业和信息化部、国防科工局和全国工商联联合举办了第二届军民融合高科技成果展，中共中央总书记、国家主席、中央军委主席习近平在参观展览时强调，要继续推动体制机制改革创新，从需求侧、供给侧同步发力，从组织管理、工作运行、政策制度方面系统推进，继续把军民融合发展这篇大文章做实，加快形成军民深度融合发展格局，切实打造军民融合的龙头工程、精品工程，为实现中国梦强军梦做出新的更大的贡献。在党中央的号召下，民营企业500强参与军民融合发展的热情高涨，但更趋于理性。2016年民营企业500强中，有67家企业已经进入该领域，比2015年增加13家，增长率为24.07%；未进入该领域的企业中，有99家有意进入，较上年减少13家，民营企业500强进入军民融合领域的行动和意愿显著增强（见表18）。

表 18　2015—2016年民营企业500强进入武器装备与维修领域的情况

单位：家

进入武器装备与维修领域情况	2015年企业数量	2016年企业数量
已进入武器装备与维修领域	54	67
未进入武器装备与维修领域但打算进入	112	99
未进入武器装备与维修领域，是否进入不确定	91	66
未进入武器装备与维修领域也不打算进入	182	214

国家引导和鼓励民营企业在节能环保、新一代信息技术、生物、高端装备制造、新能源、新材料、新能源汽车等战略性新兴产业领域形成一批具有国际竞争力的优势企业。调研数据显示，房屋建筑业、黑色金属冶炼和压延加工业、综合等

行业中企业投资战略新兴产业的企业占比较多。其中，房屋建筑业、房地产业、钢铁业多投资于节能性环保产业；有色金属冶炼和压延加工业、化学原料和化学品制造业多投资于新材料产业；石油加工、炼焦和核燃料加工业多投资于新能源产业。可见500强企业投资战略新兴产业与原有产业结合较为紧密（见表19）。

表19　2016年民营企业500强投资战略新兴产业的前十大行业

单位：家、%

排序	所属行业名称	投资企业数量	该行业入围企业总数	占比
1	房屋建筑业	36	43	83.72
2	黑色金属冶炼和压延加工业	31	38	81.58
3	综合	30	37	81.08
4	有色金属冶炼和压延加工业	22	26	84.62
5	计算机、通信和其他电子设备制造业	21	23	91.30
5	批发业	21	29	72.41
6	化学原料和化学制品制造业	18	19	94.74
6	电气机械和器材制造业	18	18	100.00
7	石油加工、炼焦和核燃料加工业	17	19	89.47
7	房地产业	17	37	45.95
8	汽车制造业	15	15	100.00
9	医药制造业	11	12	91.67
9	金属制品业	11	11	100.00
10	零售业	10	15	66.67
	合计	278	342	81.29

六、民营企业500强品牌建设与技术创新能力显著增强

2016年民营企业500强拥有的国内外商标总量达到99 514个，其中国内商标数为76 970个，国外商标数为22 544个。国内外商标总量较2015年均有较大幅度的提升。2016年，平均每个企业拥有商标数量199个，同比增加13.73%，民营企业的品牌保护与建设意识日渐提高。

2016年，民营企业500强自有品牌产品对总收入的贡献出现积极变化，拥有自有商标的企业数量达368家，较上一年减少2家，降幅为0.54%，其中自有品牌产品收入占总收入比重介于60%～100%的企业数量增加6家，增长率为6.32%。

民营企业自主研发能力的提高有力促进了民营企业500强研发成果的增长，民营企业的知识产权保护意识进一步提高，国内外专利申请数量保持持续增长态势。2016年，民营企业500强共申请国内外专利208 760项，较上一年增长15.06%；其中，国内专利181 800项，较上一年增长17.05%，国际专利26 960项，较上一年增长3.23%，国际专利申请数量增速高于国内专利增速（见表20）。

表 20 2014—2016年民营企业500强申请专利的情况

单位：项、%

	2016年	2015年	2014年	增长
国内专利	181 800	155 313	136 408	17.05
国际专利	26 960	26 117	22 921	3.23
合计	208 760	181 430	159 329	15.06

2016年，研发费用投入最多的华为投资控股有限公司，以38 825项专利总量再次蝉联民营企业500强专利数量首位，美的集团股份有限公司、比亚迪股份有限公司分别以26 464项和12 757项分居专利数量第二、三位（见表21）。

表21 2015—2016年民营企业500强有效专利数量前三的企业

单位：项

企业名称	有效专利数量		发明专利		所在行业	所在省市
	2015年	2016年	2015年	2016年		
华为投资控股有限公司	38 825	38 825	35 835	35 835	计算机、通信和其他电子设备制造业	广东省
美的集团股份有限公司	21 244	26 464	1 483	2 681	电气机械和器材制造业	广东省
比亚迪股份有限公司	9 647	12 757	3 614	5 720	汽车制业	广东省

2016年，民营企业500强牵头或参与国家、行业标准制定数量相较上一年有所增加。2016年，牵头制定国际、国家或行业标准的企业达139家，较去年增加5家，增长率为3.73%；参与制定国际、国家或行业标准的企业有241家，同比增加7家，增长率为2.99%（见表22）。

表22 2016年民营企业500强制定国际、国家或行业标准情况

单位：家、%

内容	2016年	2015年	2014年	增长率
牵头制定国际、国家或行业标准	139	134	140	3.73
参与制定国际、国家或行业标准	241	234	226	2.99

七、民营企业500强“走出去”步伐明显加快

2016年，我国货物贸易进出口总值36 641.83亿美元，比2015年下降0.9%。其中，出口20 844.44亿美元，下降1.9%；进口15 797.54亿美元，增长0.6%。在这样的不利形势下，2016年，民营企业500强出口总额出现大幅回升，民营企业500强出口总额为1 495.40亿美元，较2015年增加395.79亿美元，增幅为35.99%；民营企业500强的出口总额占我国出口总额的比重达7.17%。民营企业出口在我国出口贸易中发挥了重要作用（见图7）。

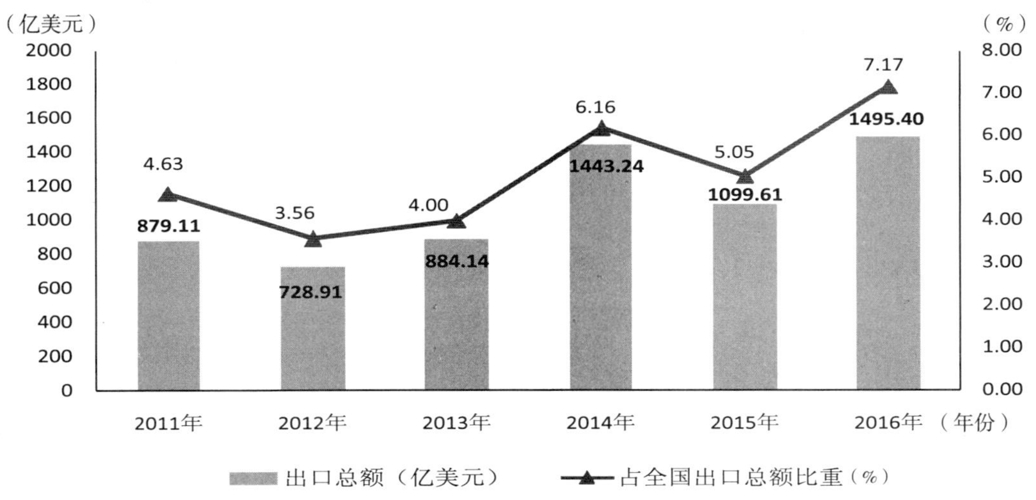

图7 2011—2016年民营企业500强出口情况

注：

1. 全国出口额数据来源于国家统计局网站2016年统计公报。

2. 人民币兑美元汇率数据来源于国家统计局网站2016年统计公报，全年人民币平均汇率为1美元兑6.6423元人民币。

民营企业500强的国际化水平快速提升。2016年民营企业500强的海外投资项目数量继续保持强劲增长，从2015年的1328项增加到1659项；新增海外投资项目为331项，增加了24.92%；投资总额达515.32亿美元。民营企业500强进行海外投资的企业数量从2015年的201家发展到2016年的314家，增幅为56.22%（见图8）。

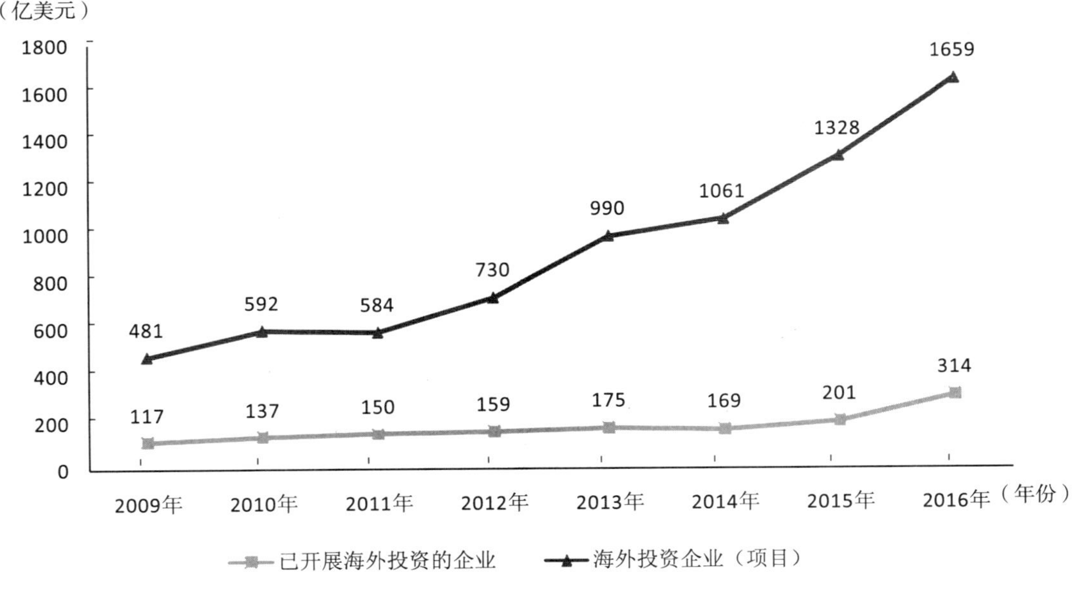

图8 2009—2016年民营企业500强海外投资状况

2016年，“一带一路”建设对我国出口的拉动作用进一步显现，对巴基斯坦、俄罗斯、波兰、孟加拉国和印度等部分“一带一路”沿线国家出口分别增长11%、14.1%、11.8%、9%和6.5%。2016年，民营企业500强企业积极抢抓“一带一路”发展机遇，加快“走出去”步伐，其中有147家企业参与“一带”，有103家企业参与“一路”。民营企业500强参与“一带一路”的积极性显著提高（见表23）。

表23　2013—2016年民营企业500强“一带一路”的投资状况

单位：家

	2016年	2015年	2014年	2013年
“一带”	147	126	106	53
“一路”	103	86	89	53

2016年民营企业500强“走出去”最主要的动因是拓展国际市场，其次是获取品牌、技术、人才等战略要素和获取国外原材料等资源，优势产能转移和利用当地劳动力等要素降低产品成本也是民营企业500强“走出去”的动因。与上一年相比，获取品牌、技术、人才等战略要素占比有较为明显的提高（见表24）。

表24　2015—2016年民营企业500强“走出去”的主要动因

单位：家、%

动因	2016年			2015年		
	企业数量	在500强中占比	占实际填报企业数量比	企业数量	在500强中占比	占实际填报企业数量比
拓展国际市场	345	69.00	87.79	344	68.80	90.29
获取品牌、技术、人才等战略要素	226	45.20	57.51	201	40.20	52.76
获取国外原材料等资源	141	28.20	35.88	143	28.60	37.53
优势产能转移	118	23.60	30.03	117	23.40	30.71
利用当地劳动力等要素降低产品成本	91	18.20	23.16	86	17.20	22.57
实际填报企业数量	393	—	—	381	—	—

八、民营企业500强学法用法尊法守法意识不断增强

调研数据显示，绝大部分民营企业已建立现代化企业制度。2016年民营企业500强已建立现代化企业制度的企业数量为486家，占民营企业500强的比重为97.2%，较上一年相比增加4家，增长率为0.83%（见图9）。

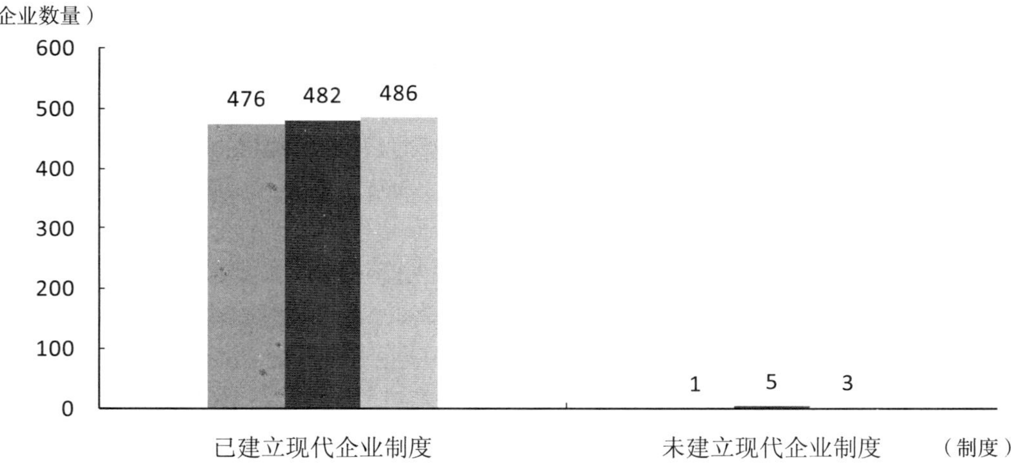

图9　2014—2016年民营企业500强现代企业制度建立情况

2016年，民营企业500强法治建设情况良好，有469家企业已建立现代企业制度；460家企业已形成讲法治的企业文化；452家企业已建立健全风险控制系统和防范机制；437家企业已推进厂务公开和民主管理。与此同时，民营企业500强在所涉及的四项调查的依法依规项目中的数量均较上一年度有所上升，并且参与填报的民营企业500强全部采取了至少一项依法依规的措施（见表25）。根据这些数据可以看出，民营企业500强2016年在依法依规治理企业方面较上一年取得了较大进展，确保依法决策、民主决策和科学决策。

表25　2014—2016年民营企业500强建设法治企业进展情况

单位：家、%

进展名称	2016年			2015年			2014年		
	企业数量	占500强比例	占实际填报企业数比	企业数量	占500强比例	占实际填报企业数比	企业数量	占500强比例	占实际填报企业数比
已建立现代企业制度，确保依法决策、民主决策、科学决策	469	93.80	96.70	467	93.40	96.89	447	89.40	93.51
已形成讲法治、讲规则、讲诚信的企业法治文化	460	92.00	94.85	447	89.40	92.74	375	75	78.45
已建立健全合同审核、决策论证等相关环节法律风险控制体系和预警防范机制	452	90.40	93.20	444	88.80	92.12	402	80.40	84.10
已推进厂务公开和民主管理，妥善处理劳动争议，在法治框架内构建和谐劳动关系	437	87.40	90.10	430	86.00	89.21	370	74	77.41
实际填报企业数量	485	—	—	482	—	—	478	—	—

九、民营企业500强区域分布呈现东强西弱

在2016年入围的民营企业500强中，东部地区企业为 392家，同比减少1家，占500强比重为78.40%；中部地区企业57家，同比增加7家，占500强比重为11.40%；西部地区企业42家，同比减少6家，占500强比重为8.40%；东北地区企业9家，与上一年持平，占500强比重1.80%。东部地区企业数量仍占主导优势，中部地区的入围企业数量在逐年增加。

从营业收入总额占比来看，2016年中国民营企业500强中，东部地区民营企业营收总额达到159 224.43亿元，占比82.24%，同比增长1.05个百分点；中部地区民营企业营收总额为14 005.28亿元，占比7.23%，同比增加0.59个百分点；西部地区民营企业营收总额为15 778.79亿元，占比8.15%，同比减少1.06个百分点；东北地区民营企业营收总额为4 607.64亿元，占比2.38%，同比减少0.58个百分点。

从资产总额占比来看，2016年东部地区民营企业资产总额为182 754亿元，占比78.12%，同比减少2.48个百分点；中部地区民营企业资产总额为13 461.54亿元，占比5.75%，同比增加0.6个百分点；西部地区民营企业资产总额为25 527.47亿元，占比10.91%，同比减少3.48个百分点；东北地区民营企业资产总额为12 183.22亿元，占比5.21%，同比减少1.72个百分点（见表26）。

表26　2015—2016年民营企业500强地区分布

单位：家、亿元、%

地区		入围企业数		收入规模		资产规模	
		2016年	2015年	2016年	2015年	2016年	2015年
东部	数量	392	393	159 224.43	131 174.58	182 754.00	130 230.51
	占500强比重	78.40	78.60	82.24	81.19	78.12	80.60
中部	数量	57	50	14 005.28	10 736.085	13 461.54	8 327.1605
	占500强比重	11.40	10.00	7.23	6.64	5.75	5.15
西部	数量	42	48	15 778.79	14 877.244	25 527.47	23 246.714
	占500强比重	8.40	9.60	8.15	9.21	10.91	14.39
东北	数量	9	9	4 607.64	4 780.6642	12 183.22	11 200.484
	占500强比重	1.80	1.80	2.38	2.96	5.21	6.93

十、民营企业500强转型升级专题

2016年，参加转型升级进度调查的民营企业500强中，77.6%的企业加快了转型升级进度，较上一年相比增加了13家，增长率为3.47%；有2.4%的企业尚未启动转型升级，较上年相对减少0.4个百分点。从整体来看，绝大多数被调查企业都参与了转型升级（见表27）。

表27　2016年民营企业500强转型升级进度

单位：家、%

转型升级进度	2016年企业数量	占500强比重	占实际填写企业数比	2015年企业数量	占500强比重	占实际填写企业数比
明显加快	388	77.60	83.80	375	75.00	80.99
刚刚启动	51	10.20	11.02	57	11.40	12.31
有所放缓	12	2.40	2.59	17	3.40	3.67
尚未启动	12	2.40	2.59	14	2.80	3.02
实际填写企业数	463	—	—	463	—	—

数据显示，2016年民营企业500强中，77.8%的企业为做强做大而主动选择转型升级，较上一年相比增加2.4个百分点；49.6%的企业因为国内经济增长趋缓而走上转型升级的道路，较上一年相对减少6.6个百分点；47%的企业因为产品技术升级换代而进行转型升级，较上一年相对增加3个百分点；因为政府政策的支持而选择转型升级的企业比重也由上年的43.6%上升至45%，增幅为1.4个百分点（见表28）。

表28　2016年民营企业500强转型升级的动因

单位：家、%

转型升级进度	2016年企业数量	占500强比重	占实际填写企业数比	2015年企业数量	占500强比重	占实际填写企业数比
明显加快	388	77.60	83.80	375	75.00	80.99
刚刚启动	51	10.20	11.02	57	11.40	12.31
有所放缓	12	2.40	2.59	17	3.40	3.67
尚未启动	12	2.40	2.59	14	2.80	3.02
实际填写企业数	463	—	—	463	—	—

数据显示，缴税负担这项成本因素影响了最多的500强民营企业，且居于各项影响企业发展的成本因素之首。另有超过一半的企业认为融资成本和原材料成本也是影响企业发展的重要成本因素（见表29）。

表29　2016年影响民营企业500强发展的成本因素

单位：家、%

排名	影响企业发展的因素	企业数量	占500强比例	占实际填写企业数比
1	缴税负担	287	57.40	62.94
2	融资成本	285	57.00	62.50
3	原材料成本	250	50.00	54.82
4	工资成本	246	49.20	53.95
5	缴费负担	169	33.80	37.06

（经济部）

第五部分　地方工商联工作

北京市工商业联合会2017年工作总结

一、凝聚思想共识，深入学习宣传贯彻党的十九大精神

深入学习宣传贯彻党的十九大精神是首要政治任务。党的十九大召开前，专门召开党组会议，对机关和非公经济代表人士学习十九大精神作出部署。10月18日，组织市区两级机关干部、商协会组织负责人、民营企业家代表收看大会开幕式。10月27日，组织召开全市工商联系统学习宣传贯彻十九大精神工作会议，下发《北京市工商联关于认真学习宣传贯彻党的十九大精神的实施意见》。11月初，与市委统战部共同举办市工商联领导班子和领导机构成员学习宣传贯彻党的十九大精神专题培训班，市委常委、统战部部长齐静作专题辅导报告。11月上旬，召开16区工商联工作片会，要求各区工商联、商协会负责人和企业家副主席、副会长结合工作实际，深入推进学习贯彻落实党的十九大精神。11月16日，举办学习宣传贯彻党的十九大精神专题报告会，邀请市委讲师团成员、市委党校教授为企业家作专题辅导报告。12月19日，邀请全国工商联研究室主任林泽炎为市区工商联机关干部、部分商协会负责人和民营企业家做专题辅导报告。

二、加强政治引领，持续推进理想信念教育实践活动

全面加强非公有制经济人士教育培训。市工商联换届期间，中共中央　国务院下发《关于营造企业家健康成长环境弘扬优秀企业家精神更好发挥企业家作用的意见》（以下简称中央25号文件），市工商联及时组织企业家代表召开座谈会深入学习文件精神，并在市工商联十四届一次执委会上向全市民营企业家发出倡议，争做开拓创新、守法诚信、“亲”“清”政商关系等“十个典范”。与朝阳、海淀、通州、大兴等区联合举办学习传达中央文件精神专题报告会，邀请市委讲师团成员为企业家作专题辅导。推荐北京中航智科技有限公司董事长田刚印在全国年轻一代民营企业家理想信念报告会上作典型发言，得到俞正声同志的充分肯定。

推进非公党建工作开展。坚持把民营企业党组织建设作为代表人士安排的必要条件，使市区工商联执委以上企业党组织建设基本实现了全覆盖。采取政府购买聘请19名社会组织党建工作指导员形式，使党的统一战线工作向商协会有效覆盖。3月23日召开全市工商联系统商协会守法诚信建设推进会，为80家守法诚信

承诺示范单位授牌。5月8~12日在延安干部培训学院举办商协会党支部书记培训班，6月19~23日与市委统战部、北京社院联合举办非公有制企业党组织负责人培训班。

引导民营企业积极履行社会责任。与农业发展银行北京分行联合下发《关于政策性金融支持“万企帮万村”精准扶贫行动的通知》。组织200余家民营企业分赴西藏拉萨、贵州织金、四川大凉山、河北张家口、承德、保定等地开展精准扶贫项目对接，举办辽宁沈阳、湖北十堰、四川大凉山等地区项目推介会。深化光彩事业京郊行活动，对密云区不老屯镇燕落村进行帮扶。光彩办荣获“北京市对口支援先进集体”称号。

三、围绕国家战略，服务民营企业“走出去”

组织引导民营企业参与京津冀协同发展。开展“北京民营企业保定行”产业对接活动，组织50余家商会、企业赴易县、蠡县、曲阳县等地产业园区开展对接洽谈，初步达成合作意向30余项。举办京津冀非公经济产业对接研讨会暨首届物流文化节活动，搭建三地物流上下游产业链对接互动平台。举办京津冀非公经济产业对接研讨会暨京津冀青年企业家合作发展交流洽谈会，推动发起成立京津冀青年企业家联盟。

助力民营企业积极参与“一带一路”建设。举办服务民营企业“走出去”形势分析报告会，积极参与“第21届京港洽谈会”，与我国驻外使馆大使、外国政府驻华机构负责人等进行面对面交流。新授牌25家发展服务基地，服务范围覆盖了国内10个省、直辖市，20个境外国家和地区。非公经济发展服务基地建设工作已被列入2017年北京市参与“一带一路”实施方案工作要点。

四、营造良好环境，服务民营企业转型升级

打造品牌项目助力企业发展。举办“2017年首都非公有制经济金融服务推进会”，与市投促局等13家单位联合主办“第九届投资北京洽谈会”。联合市发改委、市金融局等部门举办优化营商环境26条、场外资本市场融资、财税政策等最新政策解读会，与宝瑞通典当行等龙头企业合作举办创新创业思想分享会。组织企业参与“第三届军民融合发展高技术装备成果展”和第六届大学生科技创新成果展。联手京东集团实施“京商计划”，创新“电商+商会+企业”服务新模式，40余家商会与京东集团签署合作协议。

营造依法保护企业家合法权益的法治环境。与市法宣办等19个部门联合印发《关于在全市开展“疏解整治促提升法律十进‘七五’行”主题法治宣传活动的通知》，全面开展主题法治宣传活动。结合中央25号文件精神推动建立“北京民营企业法律维权服务平台”和预防排查化解矛盾纠纷机制，以及建立劳动争议调解委员会、人民调解委员会和商事调解委员会，充分发挥行业自律和专业服务功能。

发布工商联+服务“小助手”丛书。含《两个健康100问》《党建工作指导手册》《北京市民营企业建立现代企业制度指导》《一带一路贸易合作大数据报告》《非公企业履行社会责任开展光彩事业指导手册》《知识产权——商标法实用知识100问》《非公企业矛盾纠纷多元调解操作手册——调解知识150问》等。

积极开展建言献策。组织民营企业家围绕“三城一区”建设、缓解城区交通拥堵、政府部门绩效考核等问题议政建言。组织开展2016年度工商联系统参政议政优秀成果评比表彰工作，共有18篇（一等奖3篇、二等奖5篇、三等奖10篇）优秀成果受到市委统战部通报表彰。调研室被评为优秀组织单位。其中《促进首都非公有制经济领域“两个健康”发展调研报告》被市委统战部《首都统战之窗》刊发，《关于盘活低效工业用地，促进产业转型升级的提案》获北京市政协优秀提案奖。

五、夯实组织基础，加强“两支队伍”建设

圆满完成换届工作，选好配强市工商联领导班子和领导机构。第十四次代表大会于9月24~26日召开，选举产生市工商联第十四届执行委员会委员，审议通过第十三届执行委员会工作报告和第十四次代表大会决议，圆满完成换届工作。明确要求凡提名市工商联执委以上人选的非公经济代表人士所在企业必须建立党组织，将32个商会作为执委人选推荐单位，使用安排了128名45岁以下政治素质好、行业领军、业绩突出、代表性强的年轻非公经济人士（占执委会成员37.9%，较上届提高了24%）。

大力推进“五好”工商联创建。制订《区级工商联建设工作实施方案》、完善《区级工商联建设考核评比实施细则》和《考评表》。向全国工商联推荐东城区等13个区参加评选，全部获得全国“五好”县级工商联称号。

广泛开展“四好”商会建设。制订《北京市工商联“四好”商会建设工作方案》《北京市工商联“四好”商会建设考评管理办法（试行）》，以及《北京市工商联“四好”商会考评细则》等。截至2017年年底，共有57家商协会自荐参评全国工商联“四好”商会。

加强机关干部队伍建设。组织召开系列专题学习交流会、援藏干部和驻村第一书记先进事迹报告会、“奋斗青春更美丽”青年干部演讲会等活动，突出主题主线，树立身边榜样，推进机关干部思想建设。加强机关干部业务培训，定期举办“和谐机关大讲堂”。完善干部选拔任用机制，坚持“好干部标准”，树立正确的用人导向，将“凡提四必”的要求落到实处，坚决防止“带病提拔”。

天津市工商业联合会2017年工作总结

2017年，天津市工商联深入学习贯彻习近平总书记系列重要讲话精神，以习近平新时代中国特色社会主义思想为指引，认真贯彻市第十一次党代会精神和中国工商联十二大精神，落实市民营经济发展工作会议部署以及市委市政府《关于大力推进民营经济发展的意见》（即“民营经济25条”）《关于营造企业家创业发展良好环境的规定》（即“天津八条”），加强政治引领，提升服务水平，加强商会组织建设，召开市工商联（商会）第十四次代表大会，促进全市民营经济健康发展和非公有制经济人士健康成长，为建设“五个现代化天津”做出了积极贡献。

一、提高政治站位，强化“四个意识”，深入学习贯彻党的十九大精神和习近平新时代中国特色社会主义思想

牢固树立“四个意识”，用习近平新时代中国特色社会主义思想武装头脑指导实践，在“学懂弄通做实”上下功夫，确保党的十九大精神进基层、进商会、进企业。第一时间组织民营企业家收看党的十九大开幕式并召开座谈会，深入学习贯彻大会精神。会主要领导深入基层商会和民营企业宣讲党的十九大精神。组织各区工商联、各商会举办党的十九大精神宣讲会。举办全市非公有制经济代表人士学习党的十九大精神培训班，指导会员企业党组织开展专题学习教育。在“湾区网”、微信公众号设立“学习党的十九大精神”专区，刊载权威解读和学习体会。贯彻全国工商联十二大精神，完善工作体系，提高工商联凝聚力影响力执行力。

二、积极担当作为，服务全市发展，助推“五个现代化天津”建设

（一）坚决落实中央决策和市委市政府部署。学习贯彻市第十一次党代会精神，引导非公有制经济人士积极投身“五个现代化天津”建设。解读“民营经济25条”，制定工商联实施意见。宣传贯彻《中共中央　国务院关于营造企业家健康成长环境弘扬优秀企业家精神更好发挥企业家作用的意见》精神，宣传解读“天津八条”，出台市工商联实施细则。推动构建“亲”“清”新型政商关系，制定《天津市工商联系统干部践行“亲”“清”新型政商关系的指导意见（试行）》，得到市委书记李鸿忠的重要批示。

（二）鼓励引导民营企业投身重大发展战略。聚焦京津冀协同发展，召开“京津冀新工商联共同推进国家重大战略工作会议”，举办“京津冀非公有制经济产业对接研讨会暨首届物流文化节”和“天津—河北合作交流座谈会”，完成京津冀民营经济发展年度报告。聚焦混合所有制经济发展，深化与市国资委合作，赴江苏、浙江推介项目，组织企业参加“海河产业基金”对接会。聚焦军民融合发展，组织企业参加全国第三届军民融合成果展，推荐民营企业申报《民参军技术与产品推荐目录（2017年度）》，1家企业荣获第二届中国军民两用技术创新应用大赛优胜奖。

（三）积极履行参政议政职能。围绕重大议题，在市委市政府座谈会上建言献策。参与研究制定我市民营经济政策。向政协提交团体提案7件；以构建“亲”“清”新型政商关系为题在市政协大会上发言；在市政协常委会、双周协商会和专题协商会上以加强民营企业品牌建设、加快京津创新共同体建设等议题作专题发言。编撰《天津市工商联参政议政成果汇编（2012—2017）》。

（四）不断提高调查研究水平。全市民营企业调查点已达450家；开展信息直报工作；与南开大学合作形成民营经济发展追踪调查报告。围绕减轻税费负担、降低综合成本、加强会员企业党建等专题开展调研和第三方评估。完成全国工商联上规模民营企业、军民两用高新技术及产品等专项调研。部分成果荣获全市统战系统优秀调研成果特等奖、二等奖和三等奖，被列为市政协重点一类、三类调研课题。编撰《天津市工商联优秀调研成果汇编（2012—2017）》。

三、创新工作方法，加强政治引领，促进非公有制经济人士健康成长

（一）以“重走长征路”为抓手，持续深化理想信念教育。组织青年企业家和商会会长，开展“喜迎十九大，重走长征路”活动。召开“重走长征路”理想信念报告会和“不忘初心、继续前行”公益报告会。举办创新大讲堂、商会讲习所和非公有制经济代表人士培训班，举办第六期“青年企业家港澳研修班”，组织研修班充电营活动。

（二）以双“覆盖”工作为抓手，推进会员企业党建工作。巩固会员企业党组织“两学一做”学习教育成果。推动7个区依托工商联成立会员企业党委；指导3家商协会党组织完成换届工作；举办民营企业党组织书记示范培训班；组织非公党建专题党课培训；指导各级工商联会员企业党委和民营企业党组织开展主题实践活动；在1 280余家会员企业开展党建工作指导。

（三）以光彩事业为平台，引导企业投身精准扶贫行动。组织企业投身全国“万企帮万村”精准扶贫行动。参与贵州省织金县精准扶贫项目，达成投资意向30亿元。组织非公有制经济代表人士参加光彩事业“凉山行”“新疆行”等活动，捐赠超过2 000万元。落实天津市东西部对口地区扶贫任务，赴青海、甘肃、新疆地区扶贫助学。继续推进蓟州区孙各庄满族乡帮扶项目。打造“天津光彩事业光明行”品牌，赴新疆和田地区开展活动。

四、发挥职能作用，提高服务质量，促进民营经济实现更高质量发展

（一）完善服务体系，助推企业转型。召开政企对接座谈会，为企业解决困难、服务发展；推动企业加快创新，开展综合服务，与市知识产权局等部门举办“知识产权创新创业发明与设计大赛”；破解企业融资难题，与浙商银行天津分行合作，促成市金融投资商会与渣打银行签署《全面战略合作协议》；促进民企经贸交流，举办“全国知名民企天津行”、第五届“民洽会”、协办第十一届“融洽会”。

（二）打造服务品牌，彰显工作作为。深化“民营企业健康成长工程”，与有关部门建立联席会议，发布销售收入、应缴税收、制造业等六个方面各百强企业。组织企业赴10省市参加11场交流活动、接待6个省市代表团来访，组织“天津市民营企业家长春行”，举办“津长合作，共赢发展”推介会。接待31个海外商务代表团来访，举办16场推介会，组团出访15个国家和地区，举办7场项目推介会。与本会保持友好往来的境外商务机构达97家，友好商会达50家。不断提升法律宣传、维权服务水平，加强宣传，搭建平台，完善与市委政法委联席会议制度，受理基层商会和非公有制企业维权诉求15件，解决13件。在防范经济犯罪预警服务平台发送预警信息6 000余条。

五、坚持改革创新，不断固本强基，推动工商联事业创新发展

（一）圆满完成工商联换届。坚决贯彻中央和市委关于工商联换届工作文件精神，成功召开市工商联（商会）第十四次代表大会。选举产生了新一届市工商联领导机构。指导16个区级工商联顺利完成换届。组织天津市代表参加中国工商联第十二次全国代表大会。

（二）推进会员和基层商会组织建设取得重大突破。会同市社管局、发改委、审批办完善我市商会组织登记管理工作。指导新成立4家商会组织，1家二级商会注册为一级。履行商会行业管理职能，制定《天津市工商联商会组织管理办法》；创办商会讲习所；加强“四好”商会建设，评选10个年度“四好”商会和10项“商会亮点工作”。加强区级工商联建设，11个区被全国工商联评为“五好”县级工商联。加强工商联会员数据库建设，夯实工作基础。

（三）提升机关自身建设科学化水平。认真完成巡视整改任务，如期完成巡视组布置的任务。着力夯实机关党建基础。开展“维护核心、铸就忠诚、担当作为、抓实支部”主题教育实践活动，推动“两学一做”学习教育常态化、制度化。开展不作为、不担当专项整治工作。成立机关纪委，强化党风廉政建设。不断加强自身建设，完善19项规章制度，发挥离任执常委作用，成立“工商界之友”和“工商联咨询委员会”。开展新一轮结对帮扶困难村工作。完善教育培训机制，加强干部队伍建设。

河北省工商业联合会2017年工作总结

2017年，省工商联坚持以习近平新时代中国特色社会主义思想为指导，全面贯彻落实党的十九大精神，认真落实中央和省委、省政府重大决策部署，充分发挥桥梁纽带作用，积极当好参谋助手，推动形成了全省非公有制经济健康发展和非公有制经济人士健康成长新局面，开启了省工商联工作新征程。

一、深入学习贯彻党的十九大精神，凝聚起广泛思想共识

把学习宣传贯彻党的十九大精神作为首要政治任务，认真落实中央要求和省委部署，制发学习贯彻通知和方案，分类开展专题学习培训，先后举办了全省工商联系统主席、党组书记暨省直属商（协）会负责人专题学习班，延安专题培训班，省非公经济商（协）会党委所属支部党员学习班，全国工商联十二大河北代表学习班。成立省工商联十九大精神宣讲团，赴各市工商联及直属商会开展宣讲。利用省工商联网站、微信公众号积极宣传十九大精神，编发《省工商联信息快报》及时反映全省工商联系统学习贯彻情况，宣传非公有制经济人士学习贯彻心得体会和典型事迹。此外还把学习十九大精神和习近平新时代中国特色社会主义思想作为党组理论学习中心组学习会、主席办公会的重中之重，详细制订学习计划，系统学、反复学；作为支部党员学习活动，党组书记、机关党委书记、党支部书记讲党课的必要内容，定期组织开展学习活动，推动机关干部深入学；作为省工商联面向广大非公有制经济人士开展各类培训活动的专题内容，推动十九大精神进企业、进商会。

二、深化理想信念教育，思想政治工作迈出新步伐

一是开展理想信念教育实践活动。赴市县工商联及企业了解活动情况，总结经验、查找不足，有针对性地提出2017年《活动方案》，对全省理想信念教育实践活动进行全面部署。加强对年轻一代企业家教育培养，制订《省工商联贯彻落实全国年轻一代民营企业家理想信念报告会方案》，与省委统战部联合举办河北省年轻一代民营企业家理想信念报告会。

二是开展针对民营企业家的教育培训活动。围绕提高创新驱动新常态下发展能力及诚信守法综合素质的主题，采取省工商联自主培训和与各市工商联联合培训的形式开展年度企业家培训。自主举办PPP项目高级实战研修培训班、河北民营企业家素质提升专题培训班、年轻一代民营企业家暨商（协）会负责人素质提升培训班等6期，与市工商联合作举办民营企业家素质提升（北大）研修班、企业家创新管理培训班等2期，共培训850人次。

三是培树企业家先进典型。通过各市工商联和省工商联直属商会，组织推荐“寻访他乡河北人”和“我在河北挺好的”典型企业家，经省委统战部审核后，向省外宣局推荐了39名典型，共同开展广泛宣传。

三、不断扩大民企入冀工作影响力，展示河北发展新形象

一是举办“第二届世界冀商大会”。大会由省委统战部、省工商联主办，邯郸市政府承办。全国工商联副主席黄荣，省委常委、统战部部长高志立出席大会开幕式并讲话，省政府副省长李谦介绍了河北省省情及营商环境。来自20余个国家和地区的42家海内外河北商会、37家省内商会近600名冀商出席大会，达成重点签约项目18项，总投资额1 314.01亿元。

二是举办“知名浙商走进河北助推两翼发展大会”。大会由省委统战部、省工商联主办，河北省浙江商会承办。省委常委、统战部部长高志立出席会议并讲话，400多名浙商参加大会。衡水、邢台、邯郸三市及部分县区在会上推介了投资环境和重点项目。

三是广泛开展省内外经贸交流。按照省政府统一安排，积极参与省内经贸活动，组织企业参加第二十一届中国（廊坊）农产品交易会、2017年传统基础设施领域PPP项目发布推介会等。密切与外省市合作交流，与天津市政府合作交流办公室、市工商联召开天津·河北合作交流会，与北京、天津市工商联举办“京津冀非公经济产业对接研讨会暨首届物流文化节”等。加强与境外经贸交流，与4个境外商会开展工作接洽，组织河北省企业参加越南经贸投资推介会、“省州合作+央企”活动等。

四、全力落实全省营商环境整治行动部署，推动民营经济实现新发展

一是深入开展调查研究。按照《全省营商环境集中整治行动总体方案》要求，围绕政务环境、法治环境、舆论环境、信用环境开展调研，形成《关于我省民营企业对营商环境的意见和反映的调研报告》《把握民营企业所思所盼推动营商环境不断优化》调研报告。开展降低实体经济企业综合成本调研，深入了解河北省实体企业对降低生产经营中税费、用能、物流等成本的意见建议。在去年省政协召开的三次常委会上，提交会议发言30篇。

二是促进政商关系制度化建设。加强与省纪委沟通联系，进一步修改完善河北省《关于构建“亲”“清”新型政商关系的意见》，广泛征求有关部门、民营企业家等意见建议。2017年11月，《意见》以省委办公厅、省政府办公厅名义印发，形成了党政干部与企业家交往的规范化制度安排。

三是加大对企业帮扶力度。组织民营企业参加我省优化营商环境条例起草工作座谈会、优化营商环境专题研讨会、优化非公经济发展法治环境座谈会及国务院发改委“金融支持实体经济”调研座谈等，反映意见诉求，积极建言献策。组织企业参加由省农信社举办的银企股权合作洽谈会，增进银企交流。与省工信厅、省司法厅、省总工会联合开展2017年金色阳光法律服务行动，协助4家企业开展维权工作。

五、扎实开展“千企帮千村”精准扶贫行动，助推全省扶贫脱贫工作取得新成效

制定《关于河北省工商联领导分工负责推进“千企帮千村”精准扶贫行动有关工作的意见》，组成四个督导调研组赴各市进行专题督导，并在年底检查验收。召开全省“千企帮千村”精准扶贫行动推进会议，部署了下一阶段重点工作。召开全省“千企帮千村”精准扶贫行动现场会，总结工作经验，表扬先进企业和商会。与省农发行共同推动《政策性金融支持“万企帮万村”精准扶贫行动战略合作协议》落实，对参与行动的民营企业、重点项目，建立绿色评审机制，开辟绿色通道，提供信贷支持。2017年，11家参与“千企帮千村”精准扶贫行动的民营企业获得5.35亿元贷款。

六、加强工商联自身建设，进一步夯实工商联工作基础

一是圆满完成换届工作。按照中央和省委换届工作要求，认真组织筹备省工商联换届工作，严格程序，配合省委统战部做好非公有制经济代表人士的政治安排工作，周密组织会议，圆满完成各项任务。河北省工商联十二届一次执委会议选举产生省工商联（总商会）新一届领导班子和常委会，一批高技术产业、先进制造业、现代服务业的代表人士进入新一届工商联领导集体。

二是推进基层组织建设。印发《河北省“五好”县级工商联建设工作实施方案》，开展全省“五好”县级工商联命名和全省先进县（市、区）工商联评选，推荐我省37家县级工商联被全国工商联命名为全国“五好”县级工商联。配合全国工商联对广东省、黑龙江省申报的69家全国“五好”县级工商联进行异地审核。统筹部署全省“四好”商会建设，召开省工商联“四好”商会建设工作会议，制发工作实施方案。在全国率先开展了直属商会会长考核，制订了考核办法，实行了量化考评。召开第五届海内外冀商商协会联谊会，42家异地河北商会和37家直属商会的会长及秘书长参加了会议。

三是深化机关作风整顿。落实全省和省直统战系统深化机关作风整顿会议精神，围绕“四个意识”明显增强、办事效率明显提高、政商关系进一步优化、民营企业明显受益的工作目标，深入开展机关作风整顿。实施目标绩效考核管理，修改完善考核方案，激发工作动能。修订《省工商联机关公文处理实施办法》，印发《关于进一步规范省工商联机关工作秩序的通知》，不断提升机关工作制度化、规范化水平。

山西省工商业联合会2017年工作总结

2017年，省工商联以习近平新时代中国特色社会主义思想为指引，深入贯彻落实党的十九大精神，紧紧围绕省委省政府“一个指引、两手硬”的重大思路和要求，创新手段狠抓落实，全面助推山西全省民营经济转型创新发展。时任全国政协副主席、全国工商联主席王钦敏同志批示：山西省工商联在省委、省政府正确领导下，在服务“两个健康”工作上创新、务实，在推动全国民企助推山西创新发展，千企帮千村等方面成效明显，望再接再厉，再立新功。

一、学习习近平新时代中国特色社会主义思想，深化理想信念教育实践活动

认真学习贯彻落实习近平新时代中国特色社会主义思想，进一步增强“四个意识”。坚持周二集体学习制度、举办培训班32期、走访商会和会员企业300余家，宣传学习贯彻习总书记系列重要讲话精神特别是视察山西重要讲话精神，学习贯彻习近平新时代中国特色社会主义思想和党的十九大精神，在学懂弄通做实上下功夫，进一步增强“四个意识”，自觉在思想上、政治上、行动上同以习近平同志为核心的党中央保持高度一致，增强对党和政府的信任、增强维护核心、干事创业的信念和力量。通过山西日报、中华工商时报、晋联通微信平台大力宣传全省民营经济，被中华工商时报社评为2017年度“创新中国”工商联工作特别奖，阳泉市工商联、山西省湖南商会也分别获得2017年度“创新中国”特别奖。

二、组织引导全省民营企业参与精准扶贫和社会公益活动

深入贯彻落实《山西省民营企业“千企帮千村——精准到户”扶贫行动实施方案》，出台了《省工商联关于贯彻省委〈关于深入学习贯彻落实习总书记在深度贫困地区脱贫攻坚座谈会上重要讲话精神的实施意见〉的实施方案》《关于引导民营企业与贫困县合作帮扶的行动方案》，开展摸底深度贫困县县企结对帮扶工作，组织引导87家民营企业与58个贫困县开展合作帮扶，实现了帮扶对接全覆盖。全国“万企帮万村”台账管理系统显示，全省登录企业数1 573家，实施项目3 479个，投入资金25.6亿元，帮扶贫困村2 583个，帮扶贫困人口26.5万人，超额完成了工作任务。在长治市组织开展“山西光彩事业太行行”活动，达成招商引资项目49个，拟投资总额212亿元，全省民营企业和商会组织公益捐款捐物共计1 828.94万元。振东健康集团有限公司、乐村淘网络有限公司、奥坤生物农村公司3家民营企业受到全国“万企帮万村”精准扶贫行动领导小组通报表扬，被授予“全国‘万企帮万村’精准扶贫行动先进民营企业”奖。

三、组织引导各级工商联组织和非公有制经济代表人士调查研究、参政议政

继续深化全省“万名干部入企服务”工作，2017年2月，省市县三级工商联会同统战部、经信委等部门深入全省1 353家经营困难和有其他困难及列入重点工程项目的民营企业，开展以“提信心、解难题、促发展”为主题的专项调研，共收集1 241个问题、824条诉求建议。提出的7方面60条对策建议被明确到32个省直部门牵头推进落实。提交的调研报告荣获2017年全国工商联优秀调研成果一等奖。引导帮助工商联界别的政协委员、工商联系统、企业家副主席（副会长）、省直商会积极履行参政议政职能。向省政协提交了《关于推动政策落地落细落实增强民营企业政策获得感的建议》等12件提案，并参加了省政协组织的督办会和专题发言，领办了省人大、省政协批转的建议和提案。其中《关于鼓励社会资本参与公立医院改制的建议》获得全国工商联2017年度优秀提案奖。《关于促进民营企业参与精准扶贫的建议》《关于推动民营企业参与国企改革，发展混合所有制经济的建议》两件提案获得省政协2017年优秀提案奖。

四、优化营商环境弘扬企业家精神，促进民营经济健康发展

积极贯彻落实省委省政府关于晋商晋才回乡创业创新工作的部署。参与筹备并组织全国晋商商会、知名民营企业家参加了晋商晋才回乡创业创新工程北京启动大会、中博会山西省战略性新兴产业重点项目推介会、山西招商引资（珠三角）推介会、山西民营企业高新技术深圳交流会。指导组织各市县工商联召开晋商晋才回乡创业创新恳谈会、座谈会等招才引资活动，努力打造山西对外开放新高地。

贯彻落实《中共中央　国务院关于营造企业家健康成长环境弘扬优秀企业家精神更好发挥企业家作用的意见》和《关于支持山西省进一步深化改革促进资源型经济转型发展的意见》及省委省政府《机关

干部入企服务常态化专项行动》的部署，制订了优化营商环境“兑现政府对民营企业承诺”工作方案。收集各类问题77件，其中市级层面70件，省级层面7件，均已建立台账并移交相关部门解决；在省政务中心设立了民营经济综合服务窗口，共接待来访群众328人次；10月10日举办了2017山西民营企业100强系列发布活动，发布了山西民营企业100强榜单、制造业20强榜单、服务业20强榜单，推荐的20家民企荣获了首届山西省优秀企业的称号；与省文物局合作开展“文明守望”工程，动员发动民营企业参与文物保护利用工作，全省共有100多家企业认领、认养、保护利用县级以上文物。

五、加强组织建设夯实基础工作

根据省委部署圆满完成了省工商联换届工作，7月24～25日组织召开省工商联（总商会）第十二次代表大会。省委骆惠宁书记、省政府楼阳生省长及省政协薛延忠主席、省委黄晓薇副书记等四大班子领导专门看望全体代表，并与大家合影留念，骆书记发表了重要讲话。开幕式上，省委常委、统战部部长廉毅敏代表省委、省政府做了重要讲话。全省共有450名代表参会，大会选举产生了新一届执委会和领导班子，李武章当选为省工商联第十二届执行委员会主席、省总商会会长。按照全国工商联“五好”县级工商联和“四好”商会建设的标准，开展“五好”县级工商联和“四好”商会建设。2017年全省共有35家县级工商联被评为全国“五好”县级工商联，占比30%，超额完成了年初预定20%的任务；10家省直级会被省工商联被评为“四好”商会，12月16日正式成立了山西省青年企业家商会。

六、组织开展主题教育活动，加强机关和干部队伍建议

按省委统一部署，以习近平新时代中国特色社会主义思想为指引，深入学习贯彻落实党的十九大精神和习总书记视察山西重要讲话精神，扎实推进“两学一做”学习教育常态化制度化。制定《关于在推进“两学一做”学习教育常态化制度化中加强机关“三基建设”的实施方案》和《省工商联三基建设任务清单责任清单》。进一步完善了基层党组织基础数据、基础资料，建立基层党组织书记抓党建工作责任清单，组织机关党员干部开展基本能力知识竞赛；修订完善了省工商联效能建设相关制度；编制了单位基础工作目录、工作运行流程图、单位管理手册、应知应会手册，便民服务手册，建立和健全了AB岗和一次性告知制等制度。

内蒙古自治区工商业联合会2017年工作总结

2017年，内蒙古自治区工商联深入学习宣传贯彻党的十九大精神，以习近平新时代中国特色社会主义思想为指导，牢牢把握“两个健康”主题，各项工作取得明显成效。

一、非公有制经济人士思想政治工作进一步加强

（一）深入开展学习宣传贯彻党的十九大精神活动。一是认真组织机关全体干部、盟市工商联、直属商会及会员单位收看十九大开幕盛况。二是组织召开了“学习宣传贯彻党的十九大精神专题讲座”和“自治区工商联非公有制经济代表人士学习宣传贯彻党的十九大精神专题座谈会”。三是开展十九大精神“三进”（进商会、进企业、进基层）宣讲活动。四是在上海举办了“不忘初心跟党走 牢记使命强信念”党性修养专题培训班。在浙江、深圳、厦门等地，先后举办了4期不同类型的十九大精神学习培训班。五是编印《学习宣传贯彻党的十九大精神辅导材料汇编》，购买书籍资料，制作党的十九大精神宣传版，推进了学习宣传效果。

（二）深入开展理想信念教育实践活动。通过学习、培训和大讲堂等形式，深入开展非公有制经济人士理想信念教育实践活动。先后在井冈山举办了全区女企业家“坚定理想信念、做推进经济发展巾帼楷模”培训班，在遵义举办了“追寻革命足迹、坚定理想信念教育”党性锻炼培训班，在城川民族干部学院举办了自治区工商联领导班子成员及盟市工商联主席党组书记培训班，非公有制经济人士理想信念得到进一步提升。全年共举办8期各类培训活动，培训近1 000人次。

（三）推动构建“亲”“清”新型政商关系。为进一步加强政企沟通，推动建立新型政商关系，组织本区12位优秀民营企业家参加了自治区布小林主席主持召开的“非公经济座谈会”，会后向自治区政府梳理上报了会上企业家们提出的意见建议；组织20多位民营企业家参加了国务院督查组中小企业降成本座谈会、国家发改委企业产权保护制度调研座谈会，积极推动国家各项政策在本区的贯彻落实；组织10多位民营企业家参加了自治区政协举办的非公有制经济发展座谈会。为引导民营企业家践行“亲”“清”新型政商关系，把守法诚信作为一大原则，积极推进“法律三进”(进商会、进企业、进机关)活动，向民营企业和商会组织赠送发放“企业经营管理法律知识手册”1 200份，开展5场法律宣传活动，接受法律咨询120余次。

（四）引导民营企业履行社会责任。自治区工商联高度重视精准扶贫工作，与自治区扶贫办等部门共同召开领导小组工作会议，认真部署“村（嘎查）企合作”精准扶贫行动，组织发动民营企业与贫困村（嘎查）结对，以发展养殖业、种植业、创办项目、改善生态环境、电子商务服务等多种产业扶贫形式参与精准扶贫行动。截至2017年年底，485家企业与945个村（嘎查）结对，1 075个项目投入近5.1亿元，惠及21 218个建档立卡贫困户和54 968名贫困人口，组织企业以各种形式参与的公益扶贫累计4 120.6万元。

为充分发挥民营企业吸纳就业的作用，一是与自治区人社厅等部门举办了“2017年民营企业招聘周”活动。全区2 795家民营企业参加活动，提供岗位信息47 460个，签订就业意向人数15 206人。二是与自治区总工会、北京市总工会举办了京、津、冀、蒙跨区域促进就业创业系列活动暨呼和浩特大型招聘会，620多家企业和就业服务机构提供1万多个岗位，现场达成就业意向5 952份。

二、调查研究、参政议政水平进一步提高

通过召开座谈会、实地走访、调查问卷等方式，开展了两次专项调研和5次专项调查工作，填写调查问卷570多份，最终形成《内蒙古自治区优化非公有制经济发展环境调研报告》《内蒙古自治区降低实体经济企业综合成本调研报告》《我区企业家队伍建设现状及有效激发企业家创新创业精神的办法举措调研报告》3篇调研报告。在深入开展2017年度上规模民营企业调研的基础上，形成了“2017内蒙古民营企业100强”名单和分析报告，举行了2017内蒙古民营企业100强发布会。同时，向自治区政府及有关职能部门提供全区非公有制经济发展情况及相关意见建议材料10多篇，为政府及职能部门制定政策提供参考；配合全国工商联开展了商会治理整顿调研工作。向自治区政协十一届五次会议提交团体提案6份，对11份提案作了答复。

三、服务非公有制经济水平进一步提升

（一）夯实经济服务基础，引导民营企业参与国家战略。一是在全区范围内开展了引导民营企业创新驱动发展科技综合服务工作，组织企业参与全国工商联举办的民营企业科技创新人才候选人和科技成果备选项目。二是开展了第七次民营企业军民两用高新技术及产品研发生产情况专项调查工作和“一带一路”建设台账信息网上填报工作。三是指导内蒙古品牌建设促进会开展了2017年内蒙古百强品牌榜推选活动，经过各盟市工商联、各商协会、媒体的推荐和企业自荐，评出了“2017年度内蒙古百强品牌”。

（二）探索对外联络新途径，为企业“走出去”提供服务。一是加强与境外及港澳地区政府组织、商会的交流合作。先后与美国驻中国商务处、香港驻京办、新加坡国际企业发展局、澳大利亚国际商会、香港内蒙古工商联合总会、蒙古国内蒙古商会等机构和商会组织，建立了协调沟通机制。与澳大利亚国际商会缔结成友好商会，为开展合作打下基础。二是发挥桥梁纽带作用，组织商会、企业家参加参加了第二届中国—蒙古国博览会、2017中国民营企业500强发布会、全球吉商大会、第十四届世界华商大会、乌兰察布发展大会、2017年中国体育文化博览会、第三届军民融合发展高技术装备成果展、中国（海南）国际热带农产品冬季交易会等经贸交流活动。

四、参与协调劳动关系三方机制，促进民营企业构建和谐劳动关系

根据自治区落实2017年三方机制建设工作部署要求，联合自治区人社厅、总工会召开了全区和谐劳动关系工作会议，对2017年和谐劳动关系工作作出部署。一是完成了民营企业劳动关系状况监测工作。二是完成构建和谐劳动关系考核评价工作。截至2017年年底，全区14个盟市均已建立企业会员台账，入会企业构建和谐劳动关系考核指标已全部达到6%以上，顺利完成考核任务。三是向全国工商联推荐了内蒙古医药商会、内蒙古互联网金融行业商会为第二批全国非公有制商（协）会劳动争议预防调解示范单位。四是向盟市工商联转发了《关于进一步加强劳动人事争议调解仲裁完善多元处理机制的意见的通知》，指导盟市工商联做好劳动人事争议调解工作。

五、工商联换届工作顺利完成

7月30~31日，自治区工商联第十二次代表大会成功召开。大会选举产生了自治区工商联第十二届执委会，顺利完成了新老交替和政治交接。大会审议通过了《内蒙古自治区工商业联合会第十一届执行委员会工作报告的决议》和《守望相助、团结奋斗，为打造祖国北疆更加亮丽风景线增光添彩的决议》。同时，指导各盟市工商联完成换届工作，向全国工商联报送中国工商业联合会第十二次全国代表大会代表24名，其中4名代表当选常委，9名代表当选执委。

六、工商联组织建设进一步加强

基层工商联和商会组织是工商联工作的重要依托。我们印发了《关于进一步推进“五好”旗县级工商联建设的通知》和

《内蒙古自治区工商联开展“四好”商会建设工作实施方案》，扎实推进“五好”旗县级工商联建设和“四好”商会建设工作。在深入调研、充分论证的基础上，命名确认了60个自治区“五好”旗县级工商联和47个全区“四好”商会。为加强对直属商会的指导、引导和服务，制定了《内蒙古自治区工商联领导班子成员联系会员企业工作制度》，不断推动统战工作向商会组织有效覆盖。加强会员发展力度，会员队伍不断壮大。截至目前，全区工商联会员发展到11.12万个（其中企业会员5.09万个、个人会员5.86万个、团体会员0.18万个）。

辽宁省工商业联合会2017年工作总结

2017年，辽宁省工商联围绕省委省政府中心工作，服务振兴发展大局，牢牢把握“两个健康”工作主题，各项工作取得了新的成绩。

一、深入学习宣传十九大精神，筑牢非公有制经济人士理想信念基石

（一）在全省工商联系统迅速兴起学习宣传十九大热潮。一是组织机关集中收看十九大开幕式，全程聆听习近平总书记报告，并在第一时间召开会议，分层次学习传达。二是制订方案，指导全省工商联系统的学习贯彻工作。三是对省内7位知名非公有制经济代表人士进行十九大学习专访，努力提振企业家发展信心。四是与省国土资源厅共同召开落实十九大精神、服务民营企业发展政策对接会，推动营商环境改善。五是领导班子深入基层宣讲十九大精神，同时开办了“十九大精神宣讲报告会·非公有制经济大讲堂”，邀请权威人士进一步做好解读。六是各直属商会积极组织各种形式的十九大精神学习宣传和研讨。

（二）进一步加强非公有制经济人士理想信念教育。一是加大教育培训力度。与省委统战部举办各类培训班。组织指导省工商联所属商会开展了“推进深度服务，促进辽宁振兴研讨会”等教育培训工作。2017年，省、市工商联、省工商联所属各商会开展各类教育培训活动共计100余场次。二是宣传工作成效显著。全年共报道重大活动和非公有制经济领域先进典型90余次。充分发挥网络宣传阵地作用，省工商联网站编发宣传稿件600余篇，上报全国工商联网站信息105条，全部被采用。编发《辽宁商会信息》28期，编发《每周工作动态》12期，出版《辽宁商会》杂志6期。三是加强年轻一代非公有制经济人士的教育培养。组织召开了“年轻一代诚信创业事迹报告会”，建立了年轻一代非公有制经济代表人士人物库，并推荐86名年轻一代非公有制经济代表人士进入全国工商联人物库。开展全省年轻一代非公有制经济人士教育培养专题调研，发放1 000份问卷，形成初步调研报告。

（三）引领民营企业积极投身“千企帮千村”精准扶贫行动。一是有序推进精准扶贫常态化。与相关单位定期沟通，解决活动中遇到的困难和问题。深入贯彻落实全省扶贫开发工作暨省脱贫攻坚领导小组第二次全体会议精神，建立“政策性金融支持民营企业扶贫项目库”，为参与行动的民营企业争取政策性金融支持。在全省驻村扶贫工作评比中，我会被评为先进单位。二是探索创新各种有效帮扶模式，包括沈北新区辽宁新益农公司等发展的“互联网+”助力智慧农业模式等多种模式。三是加强台账系统管理。在全省各市开展专项调研，对台账系统数据进行了督导督查。四是做好宣传工作。着力加大宣传力度，营造良好舆论氛围。截至去年年底，全省参与帮扶企业1 362家，实施帮扶项目1 357个，投入总额7.02亿元，帮助贫困人口12.4万人。

二、围绕营商环境建设，开展积极有效的服务

（一）营造良好的政务环境。一是深入细致开展调查研究。开展了营商环境问卷调查，向省委省政府作了专题汇报。二是积极履行参政议政职责。在省委省政府民主协商会、省政协全会、常委会及月度协商会上，就营商环境、供给侧结构性改革等专题发言，形成提案，一些建议写入省政府相关文件中。三是扎实推进民营企业调查点建设。召开专题会议部署，取得了初步成果。

（二）营造良好的创新创业环境。搭建技术专家与企业的科技合作平台，为企业解决技术难题。创新科技服务方式，搭建科技服务平台，为科技型中小企业提供人才培训，及项目、专家、资金等对接服务。推荐申报3家企业项目为全国工商联科技进步奖，推荐申报大连赛姆生物工程技术有限公司的徐永平为全国工商联科技创新人才。为企业搭建品牌战略平台，推荐申报9家企业为2017年辽宁省名牌产品。

（三）营造良好的投资、融资环境。与银行机构全面合作，举办银企合作对接会、金融形势报告会等活动，为民营企业与金融机构搭建沟通的桥梁。成立相互保险公司，通过小微企业相互担保新型保险模式，为小微企业降低保险成本和融资成本。建设了辽宁省总商会移动商务平台——辽商汇平台暨辽商汇平台建行结算系统。积极跟踪落实与徐乐江同志来辽的12家全国著名企业在辽宁的重点投资项目。12家企业在辽投资的项目或有投资意向的项目共20个，投资金额859.3亿元。其中，按照省政府成立辽宁民间投资公司的要求，组织协调辽宁圣丰投资控股集团等8家企业组建了“辽民投”公司，注册资金50亿元。

（四）营造良好的法治环境。深入各市和部分省属商会、民营企业实地座谈调研，指导督促辽宁民营领域信用体系建设工作。扎实做好民营企业的法律风险防范及权益维护工作，邀请香港专家来辽专题讲解“国际贸易活动的风险与规则”法律知识。协调、解决、督办涉及国内外各类民企合法权益侵权案件十起。联合相关部门对省内各市贯彻落实集体协商和集体合同制度、构建和谐劳动关系等情况进行督查和调研。

（五）强化对外交流合作。按照国务院要求，率领民营企业家代表团赴江苏、上海等地进行了实地考察，建立对口合作机制，并签署友好商会协议。组织10余家企业参加中国（沈阳）—葡语国家商贸投资洽谈会，促进经贸合作。积极开展“一带一路”问卷调查，组织省内50家外向型民营企业就“走出去”中存在的问题，提出对策建议。积极建立与海外商会的友好关系，接待来访的美中工商联合会、德国国际合作机构、香港贸发局和澳门贸促局，进行广泛交流。

（六）推进军民融合发展。组织开展了第七次民营企业军民两用高新技术及产品研发生产情况专项调查，向全国工商联推荐有关项目14项。

三、圆满完成换届工作，组织建设再上新台阶

（一）圆满完成换届工作。省工商联换届严格执行有关政策、程序和纪律要求，取得圆满成功。新一届省工商联、总商会领导班子成员平均年龄分别是48岁和46岁，具有大学本科以上学历的分别有20人、占76.2%和21人、占91.3%，非中共人士各有15人、分别占班子成员的61.9%和65.2%，其中兼职副主席、副会长所属的企业涵盖了高科技产业、先进制造业、现代服务业等主导产业，覆盖了全省14个市。同时，完成了全国工商联“十二大”、新一届省政协委员相关组织人事推荐工作，指导各市工商联顺利完成换届。

（二）全面推进“五好”县级工商联建设。制定并下发《实施方案》，对全省“五好”县级工商联建设开展督查，指导推动各地加强县级工商联建设。2017年，全省有25家县级工商联被全国工商联评为“五好”县级工商联。

（三）扎实做好“四好”商会建设工作。一是按照“四好” 商会建设视频会议的要求，制订工作实施方案，推动所属商会按照“四好”目标开展工作，并及时督促检查。二是积极培育商会组织，壮大组织架构。向省工商联健康管理商会等8家具备成立条件的商会、协会下发成立批复，商会的覆盖面和代表性逐渐增强。三是配合政府部门对工商联所属商会进行摸底调查，对长期不开展活动、行业代表性差的商会进行清理。四是召开“争创‘四好’商会·弘扬优秀企业家精神座谈会”，交流经验，推动“四好”商会建设。

（四）配合有关部门开展“党建引领民企振兴行动”。积极配合省委组织部，组织开展“民营企业高校行”“民营企业辽宁行”“民营企业京沪苏粤行”“民营企业‘一带一路’行”四项行动，促进民营企业创新提质，帮助企业做大做强。目前，仅“民营企业高校行”一项行动就为民企提供政策、项目、人才、创新等相关信息百余条。

四、强化党的领导，自身建设步入新阶段

（一）深入推进“两学一做”常态化、制度化。一是严肃党内政治生活。认真执行民主集中制和党组理论中心组学习等制度，截至目前，共召开党组会议22次，党组理论学习中心组集体学习8次。认真召开“两学一做”专题民主生活会，及肃清王珉恶劣影响专题民主生活会，严肃认真开展批评与自我批评。二是严格“三会一课”等组织生活制度。至2017年年底，共召开党员大会46次，支委会12次，组织参观学习活动8次。组织了“在职党员进社区”、西丰县天德镇扶贫走访慰问活动；召开了“转变作风、服务群众”及“两学一做”专题组织生活会，党组书记和支部书记按照要求讲授党课。三是开展了《忏悔与剖析》阅读警示教育，组织参观廉政教育基地，收看警示教育片，并请省纪委副书记韩玉起作警示教育报告。

（二）加强践行“亲”“清”要求的制度建设。制定了《省工商联驻会副主席联系执常委工作制度》《省工商联驻会副主席联系县级工商联工作制度》和《省工商联驻会副主席联系商会工作制度》，开展相关工作，对热点难点问题进行调查研究，提出解决办法。

（三）机关自身建设逐步完善。确立了“严谨、创新、包容、团结、精进、和谐”的省工商联机关文化，组队参加省直系统篮球比赛。认真执行中央八项规定精神及实施细则要求，紧盯节假日等节点，驰而不息纠正“四风”，防止“四风”变相反弹回潮。加强日常监督管理，主动接受纪检监督部门检查调研，做好权力项风险点的评估，加强对重要岗位的监督，制定防范措施，对可能提拔使用的干部，按照有关规定做好监督检查。

吉林省工商业联合会2017年工作总结

2017年，全省各级工商联组织深入学习宣传贯彻党的十九大精神和习近平新时代中国特色社会主义思想，紧紧围绕省委、省政府中心工作，牢牢把握“两个健康”工作主题，深化理想信念教育实践活动，精心做好工商联换届工作，大力加强工商联自身建设，不断提升工商联工作科学化水平。

一、深入学习宣传贯彻党的十九大精神

1. 及时组织召开学习贯彻十九大精神座谈会。10月30日组织召开省工商联（总商会）领导班子学习贯彻十九大精神座谈会，省工商联（总商会）领导班子成员及民营企业家代表60多人参加，11位企业家代表结合企业发展实际，就如何学习贯彻落实十九大精神，争做合格的有中国特色社会主义事业建设者为主题进行座谈发言，反响良好。

2. 成功举办两期学习贯彻十九大精神，创新工商联工作专题培训班。11月4～15日，分别举办了两期学习贯彻十九大精神，创新工商联工作专题培训班，对全省工商联系统90多位干部和80多位省工商联各行业商会的部分会长、秘书长，省工商联部分执委、常委，省直属会员商会部分会员进行了专题培训，得到积极响应和一致好评。

二、以深化“四信”教育为重点，促进非公有制经济人士健康成长

1. 不断创新“四信”教育的内容和载体。建立完善“四信”教育的长效机制，探索开展民营企业家诚信宣誓、诚信倡议、诚信经营签名、诚信企业表彰等活动。把解读吉商精神、宣传吉商精神作为深化理想信念教育实践活动的生动实践。深入全省各地采访和挖掘开展工作的好经验、好做法，集中采访宣传20多位优秀典型。

2. 进一步加大宣传教育培训工作力度。加强与省委宣传部、省内外主流媒体的合作，积极构建大宣传格局。广泛开展“弘扬企业家精神，践行核心价值”“讲好吉商故事”和“民企帮扶脱贫攻坚光彩行动”优秀企业系列宣传活动。紧紧围绕民营企业家素质提升工程，创新培训形式、丰富培训内容，采取报告会、民企大讲堂、线上线下等多种形式，切实提升企业内生动力和整体竞争力。加强对新任市县两级工商联主席、党组书记和商会会长、秘书长的培训。

3. 突出年轻一代非公经济人士的教育培养。深入开展年轻一代企业家思想状况及教育培养工作调研，确定3位优秀典型上报中央统战部和全国工商联。把教育培训与实践活动相结合，组织年轻一代到红

色教育基地接受革命传统教育。5月份，组织收看了全国年轻一代民营企业家理想信念报告会。组织全省各级工商联组织迅速学习传达了时任全国政协主席俞正声在报告会上的重要讲话精神。

三、以服务实体经济为重点，促进非公有制经济健康发展

1. 为突出发展民营经济积极建言献策。开展降低实体经济企业成本重点调研，向省委、省政府提出相关建议。建立了党政领导班子成员联系商（协）会制度、企业发展对接通报制度、商会会长年度述职考核制度，完善全省民营企业生产经营情况固定观察点指标体系和运行机制。开展了“吉林省民营经济运行情况”及“关于强化民营企业技术创新，推动民营经济转型升级”的调研，该调研报告得到巴音朝鲁书记亲自批示。向全国工商联、省政协提交团体提案18份。“关于进一步落实高新技术企业税收优惠政策的建议”获得全国工商联优秀提案奖。在省委、省政府、省政协召开的各类座谈会、论坛、咨政（议政）协商会上发言7次。

2. 高质量办好第二届全球吉商大会。9月1～3日，由省委、省政府主办，省工商联承办的第二届全球吉商大会在长春召开。大会共邀请国内外吉商383人，44家国内商（协）会组织、21家国外商（协）会组织参会。大会筹备期间开展了“聚焦吉商”系列宣传。拍摄制作了“大吉商”主题宣传片；开展了“天南地北访吉商”系列宣传活动；在吉林电视台等主流媒体开辟专栏进行集中刊播。省工商联和吉林日报共同编辑出版了大会会刊，与省委宣传部合作编辑出版了《天下吉商》一书，共收录省内外优秀吉商典型60多人。中央电视台、新华社、人民日报、光明日报等40多家国内外新闻媒体对第二届全球吉商大会进行宣传报道，在社会各界引起强烈反响。

时任全国工商联党组书记徐乐江出席大会开幕式并致辞，省委书记巴音朝鲁出席并讲话，省长刘国中主持开幕式。共500多人出席大会开幕式。大会期间，开展了“吉商荣耀”评选表彰活动，举行了“吉商科技控股”启动仪式，开展了系列经贸活动。目前，各地吉商为家乡投资和招商引资合计1 844.3亿元，实际到位投资额达400.23亿元。

3. 引导非公有制经济人士积极参与精准扶贫攻坚。把精准贯穿行动的全过程，让更多的中小企业广泛参与进来，着力在产业扶贫项目上提质，在贫困群众脱贫上增效。引导民营企业参与“万企帮万村”精准扶贫、“民企帮扶脱贫攻坚光彩行动”，投身社会公益慈善事业。目前，参与帮扶企业395户，企业投入资金总额33 215.24万元，帮扶贫困村472个，帮扶贫困人口20 522人。

4. 为服务经济社会发展做出积极贡献。通过全球吉商大会和“东北亚博览会”等重要平台为全省各地招商主体牵线搭桥，引进优秀的市场主体，壮大吉林省民营经济总量。围绕落实吉林省促进民营经济发展35条意见，进一步落实领导联系商会制度，在深入会员企业服务调研中，重点帮助企业谋划转型升级的思路和措施，协调解决有关困难，及时向党委和政府反映有关诉求，推动企业加快转型升级。与省人社厅、省教育厅、省总工会联合举办“2017年民营企业招聘周”活动。共组织5 713户民营企业参加招聘，提供岗位64 364个，签订就业意向17 631人。与百度公司联合推出民营企业信息化“翔计划”。组织民营企业家到浙江大学进行集中培训，到阿里巴巴集团、传化集团等知名企业开展考察学习活动；举办企业家素质提升班、青年企业家培训班、企业创新培训班等各类培训班共6期，先后与30多个境外工商社团组织、经济组织和100多位境外工商界人士建立联系，与10多个国外商会签署友好商会备忘录。与盛京银行联合举办吉林省中小企业联谊会，为吉林省小微企业提供5亿元授信。与民生银行合作制订“整合资源、创新模式、促进发展”暨小微企业城市商业合作社建设方案；与民生银行合作成立“吉林省小微企业金融服务促进会”，推动“小微企业金融合作社”建设，为小微企业贷款15亿元。与省委政法委等9家单位联合成立吉林省民营企业法律服务顾问委员会，推动工商联所属商会组织建立健全商会调解、商会仲裁等调节机制；建立省、市、县三级工商联组织互动的法律服务体系；送法进企业、进商会、进工商联机关。建立民企投诉服务热线和信箱，搭建民企投诉平台。梳理上报14起涉法生效判决未执行和执行有困难的企业涉事案件。在全省370多家成立商会中建立民商事纠纷人民调解组织。与省人社厅建立劳动争议预防调解合作机制。在15个商会和100户民营企业建立劳动争议预防调解组织试点，省计算机行业商会和省装饰材料行业商会为全国工商联劳动争议预防调解组织试点单位。组织会员企业、行业商会等150多名负责人参加了法律大讲堂活动。聘请省内优秀律师为企业家开展专业培训近1 000人，推选215会员为省软环境监督员。组织18户民营企业家“走出去”，参加在缅甸仰光举办的“第十四届世界华商大会”。

四、以完善机制制度为重点，大力加强工商联自身建设

1. 认真组织做好各级工商联换届工作。贯彻落实好中央和省委对工商联换届工作的具体要求，切实发挥党组织的领导和把关作用，坚持“三强一好”标准和“凡进必评”原则，配合党委统战部门做好非公有制经济代表人士的政治安排工作。全省各级工商联圆满完成换届工作。在吉林日报和中华工商时报开设专版，大力宣传省工商联五年来的工作成就。举办“五年工作成就巡礼”图片展，效果良好。

2. 切实加强工商联组织建设。全面落实“五好”县级工商联建设工作目标任务，选树一批“五好”县级工商联典型。目前，全省已有17家县（市、区）工商联被全国工商联认定为“五好”县级工商联。举办了“推进‘五好’县级工商联建设专题培训班”。加强省际工商联、异地商会之间的互动交流，切实推进我省与浙江省、长春市与天津市的对口合作交流。加快培育和发展重点行业商会组织。贯彻落实中央统战工作条例，推进统战工作向商会组织实现有效覆盖，分期组织商会会长、秘书长进行系统培训，切实提高商会干部队伍综合素质。

3. 大力加强会员队伍建设。进一步完善非公经济代表人士发现、培养和使用机制，按照思想素质优、社会贡献大、公众形象好、参政议政能力强的要求，把非公经济代表人士队伍建设好。深入开展会员队伍建设有关情况调查研究，进一步加大会员发展力度，扩大工商联会员覆盖面。

4. 大力加强工商联干部队伍建设。深入学习、宣传、贯彻党的十九大精神，组织收看党的十九大开闭幕式，制订了《学习党的十九大精神的工作安排》《十九大理论专题学习计划》。组织参观“喜迎十九大成就展”。抓好整改任务落实，针对省委第三巡视组提出的3个方面11项问题，共梳理出24项具体问题，制订53项整改措施。不断加强干部教育培养，努力提高工商联干部“四种能力”。加强领导干部网苑学习和公务员专题培训。完善机关干部述职述廉制度，落实工商联领导班子理论中心组学习制度，开展党的群众路线教育实践活动、“两学一做”学习教育，启动《省工商联机关双周例会制度》，实施《机关党风廉政建设责任制实施细则》，出台了《吉林省工商联践行亲清新型政商关系的实施意见（试行）》，省工商联机关干部队伍建设不断取得新成效。

黑龙江省工商业联合会2017年工作总结

2017年，在全国工商联的精心指导下，黑龙江省工商联深入学习贯彻党的十九大精神和习近平总书记对黑龙江省两次重要讲话精神，贯彻落实全国工商联十二大和黑龙江省第十二次党代会、省委十二届二次全会精神，以习近平新时代中国特色社会主义思想为指导，认真履行职能，积极发挥作用，各项工作都取得了新成绩，为促进黑龙江省民营经济加快发展做出了新贡献。

一、采取多种形式学习宣传贯彻十九大精神

采取召开企业家座谈会、党组中心组学习、机关干部理论学习等多种形式深入学习贯彻党的十九大精神，在工商联系统迅速掀起学习贯彻十九大精神热潮。召开了学习宣讲十九大精神企业家座谈会。举办了全省工商联系统学习贯彻十九大精神暨市（地）、县（区）工商联主席、党组书记培训班。哈尔滨市工商联开展了“不忘初心、牢记使命”全市非公有制经济人士文艺会演活动。结合省福建商会、河北商会召开年会之机，省联党组选派成员赴福建商会进行十九大精神学习动员，商会邀请省委党校教授就十九大精神进行了宣讲。河北商会组织全体党员进行宣誓，重温入党誓词。丰富多彩的形式有效地促进了十九大精神进机关、进企业、进商会。

二、深化理想信念教育实践活动

会同省委统战部举办了全省年轻一代民营企业家理想信念报告会。全省各市（地）党委常委、统战部部长，工商联主席及省直相关厅局负责同志、企业家代表300人参加了报告会。省委副书记陈海波出席报告会并讲话。在井冈山举办了第二期黑龙江省年轻一代企业家“传承红色基因、坚定理想信念”培训班。为做好学习贯彻《中共中央　国务院关于营造企业家健康成长环境弘扬优秀企业家精神更好发挥企业家作用的意见》工作，组织召开了工商联干部、商会、企业家代表座谈会，会上还就黑龙江省贯彻落实25号文件精神，完善任务分解细则，听取了企业家的意见建议。

三、围绕中心服务大局，扎实服务民营经济发展

“金助民企”取得新成效。省工商联与省金融机构深入推进“金助民企”行动效应进一步显现。目前推荐的155户民营企业授信额度增加至320亿元，投放贷款增加至208亿元。“科技扶企”工作继续推动。按照与省科技厅、省科协、省科学院签署的“科技扶企战略合作协议”要求，开展“牵手科技、驱动发展”成果转

化活动。向各市（地）征集企业科技需求信息，筛选整理食品、医药行业有效科技需求信息30余项，会同省科技厅等单位，做好科技项目与企业对接工作。“法律护企”取得新进展。年初召开了“合力优化环境、促进民企发展”活动启动大会，黑龙江省工商联民营经济法律专家委员会、黑龙江省人民检察院驻省工商联检察联络室、黑龙江省工商联民商事纠纷人民调解委员会“一委两室”维权机构正式成立。检察联络室和调解委员会调解室在省工商联挂牌办公。省工商联依托“一委两室”，对哈尔滨曼哈顿多元集团、黑龙江和平金属集团及奥宇石墨集团3家企业案件进行了协调处理。与省检察院联合举办了“共筑亲清政商关系、优化民营经济发展法制环境”专题讲座。推动市地建立检察联络室，实现了全省13市（地）检察联络室全覆盖。“助企成长”实现新拓展。举办了浙江大学·黑龙江省县工商联主席、商会会长培训班，并为西藏自治区工商联培训了部分学员。举办了上海财经大学·黑龙江省民营企业家高级总裁班。两个培训班共培训学员176名。组织三期200多名省联会员企业家参加省政府举办的“亚布力论坛·龙江讲坛”和“企业家对话交流大讲堂”活动。

四、引导民营企业参与国家开放战略

引导企业参与“一带一路”和“中蒙俄经济走廊”建设。以第四届中俄博览会为载体，主办了中俄重点商务活动“中蒙俄马经贸交流会”。来自蒙古、马来西亚、俄罗斯以及全国工商联家具装饰业商会、全国工商联农业产业商会，广东、山东、湖南、浙江、吉林等省工商联和企业代表共300多人参会。全国工商联副主席黄荣率国内部分知名民营企业负责人出席会议，省委副书记陈海波出席会议并讲话，省委书记张庆伟接见了全国工商联知名民营企业家代表。组织部分民营企业赴缅甸参加了第14届世界华商大会，与世界各地华商共同探讨在“一带一路”经济新格局下的国际多元合作与发展。组织部分会员企业赴埃及、尼日利亚、阿联酋交流考察。积极加强与“一带一路”沿线国家工商社团的交流交往，2017年与马来西亚中国总商会、埃及中国和平促进会等4家境外商会建立了友好商会关系。

五、围绕我省重点产业开展招商引资活动

借助中央统战部副部长、全国工商联党组书记徐乐江带领中央统战部、全国工商联和部分国内知名企业家到黑龙江省开展民营经济振兴东北考察调研和中国民生投资集团赴黑龙江省开展项目投资考察有利时机，开展招商引资工作。其中，中民投、浙民投、明阳新能源投资股份集团、广东温氏企业集团等知名企业在黑龙江投资49.2亿元，并将陆续追加投资118亿元。新奥集团拟设立产业投资基金，与政府引导资金共同发起设立总规模100亿元的产业基金，首期规模不低于50亿元。

六、攻坚助力，扎实开展“百企帮百村联万户”精准扶贫工作

制订下发了《“百企帮百村联万户”精准扶贫行动实施方案》，选派两名干部驻村扶贫，建立统一专门的民营企业精准扶贫台账，与农发行建立扶贫项目融资信息共享机制，动员全省800多个商会组织以不同形式参与精准扶贫行动。采取工商联定点帮扶、企业家结对帮扶、社会捐赠帮扶等形式开展扶贫。截至目前，参与扶贫行动的民营企业432个，实施项目657个，帮扶贫困村381个，受帮扶贫困人数4.83万人，企业投入总金额16.8亿元。目前累计公益捐赠1.93亿元，受益贫困人口2.88万人。

七、凝心聚力，高标准完成换届工作

本次换届，严格执行中央统战部确定的换届工作流程，坚持凡进必评、梯次培养、属地推荐、示范引领、新老平稳交替原则。把握落实中央要求，细化人选标准；尊重基层意见，规范民主推荐；进行充分协商，形成人选共识；严格组织程序，做好人选考察；加强警示教育，严肃换届纪律等，于2017年8月成功召开了第十一次代表大会。选举产生了285名执行委员，其中非公有制经济代表人士执委占88.07%，执常委的学历水平有所提高、代表性明显增强、行业分布和区域覆盖更加合理。选举产生的新一届领导班子党员比重有所提高，行业龙头企业有所增加，整体结构更加优化。

八、突出问题导向，开展调查研究工作

针对企业负担重、生产要素成本高，配合省政协赴辽宁省和重庆市对黑龙江省外埠企业开展了“降低企业成本、振兴实体经济”调研并形成报告，作为省政协十一届八次常委会议议题进行专题协商。配合国家发改委、全国工商联联合调研组开展了黑龙江省民营经济发展环境评估调研。与省发改委等部门联合开展了“四煤城”非公有制经济转型发展的调研。开展了全省民营经济营商环境调研。在省政协十一届五次会议上，作了《打通优化民营经济发展环境的最后一公里》的大会发言。向省政协十一届五次全会提交14份团体提案，其中《关于畅通民间投融资渠道推动民间资本投资的建议》和《关于外埠企业在我省发展过程中遇到的问题及对策建议》被省政协评为优秀提案。全省各级工商联、商会提交议案提案400余份。

九、以作风整顿为抓手，加强自身建设

深入贯彻省委关于推进“两学一做”学习教育常态化、制度化和作风整顿部署，按照《省直统战系统机关作风整顿实施方案》要求，强化思想认识、踩实环节步骤、坚持问题倒逼、注重问题整改，在机关中倡导形成五个好作风，争做三个好把式。领导班子围绕十九大精神学习、民营经济营商环境、精准扶贫等重大问题，带领机关同志一同学习研究。开展作风整顿活动中，以问题为牵引强化巡视整改，集中解决了机关办公用房调配、专职纪检干部、机关干部轮岗、财务人员配备等整改工作。机关干部中形成了奋发图强干事业的良好氛围。

上海市工商业联合会2017年工作总结

2017年，上海市工商联在全国工商联的指导下，在市委、市政府以及市委统战部的领导下，始终坚持围绕中心、服务大局，深入贯彻落实中央、市委有关重要会议精神，牢牢把握“两个健康”工作主题，成功召开市工商联（总商会）第十四次代表大会、选举产生新一届领导班子，着力抓推进、促落实、补短板，各项重点工作有序开展。

截至2017年年底，全市会员总数达86 850家，所属商会、团体会员达97家。

一、以中央、市委精神引领全局，广泛深入开展非公有制领域“两个健康”工作

深入学习贯彻党的十九大精神、全国工商联十二大精神和市十一次党代会精神。认真制订和落实学习宣传贯彻十九大精神方案，组织全体机关干部和非公有制经济代表人士集中收看十九大会议，通过市、区青创联组织500多位企业家参与“喜迎十九大·青创大步走”首届生态徒步行活动，开展“共话十九大”系列学习，形成全市工商联系统和广大非公有制经济人士共同学习贯彻十九大精神的浓厚氛围。举办非公经济领域统战工作专题研讨班、非公企业党员出资人座谈会，学习宣传贯彻全国工商联十二大会议精神和市第十一次党代会精神，进一步凝心聚力。

深入贯彻落实《中共中央　国务院关于营造企业家健康成长环境弘扬优秀企业家精神更好发挥企业家作用的意见》。组织召开年轻一代非公有制经济人士座谈会、区级工商联调研会、市工商联所属商会和团体会员座谈会，赴相关区召开区工商联主席（会长）座谈会，深入调研、认真查找梳理影响企业家健康成长和作用发挥的突出问题，了解企业家所思所想所盼，有针对性地研究解决问题的新思路、新办法并形成调研报告。

顺利完成市工商联换届工作。召开第十四次代表大会，是全国首家完成换届的省级工商联。选举产生新一届领导机构，一批思想政治强、行业代表性强、参政议政能力强、社会信誉好的非公经济代表人士进入领导集体，十四届执行委员会委员316名，其中非公有制经济人士233名，占比73.7%。

认真落实巡视整改意见。形成《市工商联落实市委巡视反馈意见整改清单》，明确7个方面22条具体问题，提出45项具体整改措施，并一一对应、予以落实，整改工作取得阶段性成果。

二、服务上海改革发展大局，进一步优化非公有制经济发展环境

继续发挥市民营经济发展联席会议作用。举行第四次全体会议，就积极营造沪上优良营商环境凝聚智慧。做好企业服务和调研，及时了解企业发展中的问题、瓶颈，听取对本市相关政策的意见建议，与有关委办沟通情况、推动协调解决。召开联络员会议6次、办公室工作会议15次，专访成员单位16次，企业个案服务11次，编制了《2017年上海投资服务指南》。

引导民营企业在更大范围更深层次参与上海改革发展。组织120家全国知名民营企业、240余人次先后赴青浦、浦东、普陀、松江、奉贤、金山、杨浦开展“发挥民企优势　促进转型升级　共建卓越城市”系列考察活动，充分发挥民营企业优势，推动区域经济社会取得更好发展。

深入调查研究积极建言献策。在市政协十二届五次大会上提案采纳率达87.5%，相关提案获全国工商联系统优秀提案奖、市政协优秀提案特别奖和优秀提案奖。报送《要情专报》4期、《调研参阅》4期、《社情民意》110期，2篇获优秀社情民意表彰且采用率居本市人民团体前列，市主要领导多次在专报上做出重要批示。完成16项调研课题，其中8项在全市范围内招标，有关研究报告获上海统战理论政策研究一等奖。开展“从民营经济角度评估自贸试验区制度创新情况”第三方评估，获全国工商联系统优秀调研报告和理论文章一等奖、上海统战工作实践创新优秀成果奖，在《人民政协报》刊载专题。开展上海市民营经济监测和预测分析，获全国工商联系统优秀数据分析报告奖，相关数据和报告被多方采用。信息工作获得市统战系统单位信息工作一等奖。组织民营企业参与全国人大有关《反

不正当竞争法》修订、市人大有关《职工代表大会条例》修正、《上海市消费者权益保护条例》执法检查等调研，获得较高评价。

进一步发挥“上海市协调劳动关系三方委员会”成员单位作用。参与本市最低工资、工资增长指导线调研工作，以及本市贯彻落实《新时期产业工人队伍建设改革方案》重要举措的调研工作。积极开展上海试点民营企业劳动关系监测点项目，共确定监测企业198户。继续开展劳动关系沙龙活动，举办13次劳动保障相关政策专题讲座，共计350余人次参与。加强劳动关系调解员队伍建设，组织开展基层商会劳动争议调解员持证培训，65家基层商会相关人员参加培训，70人获得调解员证书。

深化对口支援和国内合作。组织近百家企业参与“上海企业大连行”合作交流活动，在57个两地对口合作签约项目、1704亿元意向协议金额中民营企业占比约63%。与对口支援青海藏区果洛州召开扶贫对接座谈会，达成多项扶贫项目及产业对接意向。组织民营企业先后赴安徽、青海、云南等省市参加投资经贸交流活动，与外省市签订投资意向合作协议500多亿元。举办“2017上海市工商联东西部扶贫协作和对口支援工作培训研讨班（云南专题）”“2017对口支援地区三峡库区工商联系统干部及非公经济人士培训班”，承办2017年云南红河州校长、教学骨干赴沪培训的人力资源培训项目，做好智力支援工作。

三、完善工作平台和服务机制，促进民营企业创新发展

积极发挥民营企业科技创新成果展示平台作用。参展第五届中国（上海）国际技术进出口交易会，继续设立主题为“创新中的上海民营企业”展区和港澳台商会联合展台，36家企业近70个技术项目参展，充分展示上海民营企业推动创新发展的风采和实力。

进一步深化小微企业金融服务工作。开展各区小微合作社数据统计工作，搜集企业获贷典型案例并形成调研报告。与13家签约银行围绕如何为本市小微企业提供优质金融服务进行专题研究，积极探索共同调研、联合培育等深入合作的内容和方式。

不断拓展对外合作交流平台。举办“2017外交官与民营企业家交流活动”，建立合作关系的国外主流商会及投资促进机构已达80多个，该活动从商务联谊向务实合作不断拓展，进一步形成系列化品牌化合作项目。积极引导服务本市民营企业参与“一带一路”建设，梳理完善本市民营企业赴“一带一路”国家投资合作的“企业库、项目库、案例库”台账建设。接待境外来访团组50批310人次，自组因公出访团组7批次64人次、参团3批次3人次，为民企申办和换领APEC商务旅行卡近50人次。

深化沪港澳台两岸四地经济交流合作。与香港六大主流商会、澳门四大商会、台湾工商企业联合会共11家港澳台主流商会就发起成立“沪港澳台商会合作联盟”达成积极共识。组织民营企业参加“2017两岸台企产品展销会”，落实台湾大学生来沪在大陆民营企业暑期实习。

加强法律服务平台建设。会同市检察院召开“保障和促进本市非公有制经济健康发展工作推进会”，共同设立“企业家法律服务工作站”。各区在市级框架下也积极建立合作关系，目前已有10个区成立了企业家法律工作站。以企业法务研习会为学习交流平台组织10场专题培训，共计参与559人次。开展“送政策到基层”活动，举办10场讲座共计600多人次参加。

继续做好民商事调解工作。市工商联民商事调解委员会与市第二中级人民法院举行“纠纷多元解决合作机制”签约仪式，对法院受理的民商事案件及其他事宜，通过委派或委托非诉调解方式合作开展调解。组织调解民商事案件254件，调解成功199件，涉及金额4 600余万元，调解成功率78%；组织调解劳动争议案件128件，调解成功123件，调解成功率96%。

四、加强思想政治工作，促进非公有制经济人士健康成长

持续深化理想信念教育实践活动。突出“守法诚信、坚定信心”重点，做好活动方案和项目细化，对各区开展指导和督促检查，注重在深化上着力、在覆盖上见效。及时汇总工作重点和区域特色，编辑理想信念工作专报9期，组织系统媒体加强对活动中好经验好做法的宣传报道。

加强年轻一代工作。举办本市年轻一代理想信念座谈会，勉励青年创业者坚定理想信念、在服务发展大局中成就事业和梦想。市工商联青创联副会长、上海众人网络安全技术有限公司董事长谈剑峰成为全国理想信念报告会六位报告人之一。与香港青年会和有关省市青年创业者组织双向交流，开展公益慈善、创新创业讲坛、“走进理事单位”等多样化的主题活动。市青创联向全市青年企业家发布“坚定理想信念”倡议书，得到积极呼应；截至2017年年底，市青创联个人理事达152人、团体理事16家。目前16个区工商联均已成立青年创业者组织，成员近2 000人。

引导民营企业参与光彩事业。引导民营企业通过产业、商贸、就业、捐赠、技能、教育帮扶和“公司+基地+农户”惠农帮扶等模式，参与“万企帮万村”精准扶贫行动项目178个，投入6.073亿元，202个建档立卡贫困村27 105个建档立卡贫困人口得到帮扶、234人脱贫。市光彩会收到企业定向捐款1 560万元、实物折合人民币311.04万元，分别用于新疆喀什上海对口支援地区四县、贵州省望谟县平洞街道洛朗村、四川省蓬安县正源镇红豆村、中国光彩事业凉山行活动、上海失独家庭等项目支出。

五、着力加强组织建设和自身建设，提高工作执行力

继续做好会员发展。召开全市工商联系统会员发现发展建设会议，建立会员发展通报制度，梳理排摸本市税收百强等三大榜单和驻沪省级商会会长单位，进一步拓宽视野。继续做好老工商业者工作，降低补助门槛，加大补助力度，体现组织关怀。

推进商会改革和商会建设。对本市开展政社分开脱钩工作以来的基层商会情况进行梳理排摸，为全面推进工商联作为特殊职能的社会团体进行所属商会改革打下扎实基础。开展直属商会清理整顿工作，厘清现状，规范管理。建立商会秘书长例会制度，推进“四好”商会建设和“五好”县级工商联建设工作。全市“五好”县级工商联获评率达100%。成立市工商联国际物流商会，推动物流产业和物流企业的长足发展。

推进“两学一做”学习教育常态化制度化。面向全体党员开展经常性教育，党员领导干部带头上党课，为所在支部党员解疑惑、增信心。举办“迎七一　话成长”学习交流暨年轻干部思想状况调研座谈会、“如何做一名合格的工商联干部”机关青年党员干部座谈会，赴企业党建调研，进一步增强信念、凝聚力量。

加强内部管理。制定和修订8项管理制度，提高内部控制管理水平，连续3年被评为市级部门预算管理工作A级单位和部门决算工作先进单位，市级部门绩效管理工作年度考评连续为“优”。档案和地方志编纂工作在市统战系统名列前茅。

江苏省工商业联合会2017年工作总结

2017年是党的十九大召开之年，是实施“十三五”规划的重要一年和供给侧结构性改革的深化之年，也是全面落实省党代会部署的开局之年和省工商联换届之年。2017年，全省工商联系统和广大非公有制经济人士以迎接党的十九大胜利召开和学习贯彻十九大精神为主线，以促进“两个健康”为重点，始终坚持围绕中心、服务大局，认真履行职能，各项工作取得了新成效。

一、深化教育引导，非公有制经济领域思想政治工作开创新局面

牢牢把握非公有制经济领域学习贯彻十九大精神的主动权，着力加强政治引领。提前谋划非公有制经济领域学习宣传贯彻十九大精神的实施方案，围绕学深悟透，先后开展了系列活动。举办全省非公有制企业党组织负责人党的十九大精神学习培训会，邀请红豆集团、万顺机电集团代表，介绍参与“一带一路”建设中党建与扶贫攻坚融合的经验，邀请福中集团等8家企业代表交流党建工作的典型做法；联系新华日报、江苏卫视等主流媒体，对部分企业家及商会负责人进行专访，畅谈学习体会。

牢牢把握非公有制经济人士思想政治工作生命线，着力培养“四有”企业家队伍。积极开展“四有”新苏商理想信念教育实践活动，进行了民营企业家思想状况等多项专题调研，探索非公有制经济领域思想政治工作新途径。聚焦年轻一代民营企业家教育引导，推荐沙钢集团董事长沈彬作为全国典型；选树于敦德等7位省级典型，举办全省年轻一代民营企业家理想信念报告会。探索新时代民营企业文化建设新方式，组织企业文化建设委员会换届工作，充实人员，建章立制；选树27家民营企业作为第三批企业文化建设示范点，推动企业文化建设。

牢牢把握非公有制经济领域宣传工作的影响力引导力，着力营造良好舆论氛围。在江苏发展大会·扬子江工商峰会期间，邀请省内外媒体采访企业和商会122人次；开通“苏商天下”微信公众号、开展主流媒体进企业活动，为全社会了解和关注企业家开辟窗口。一年来，累计在新华日报、江苏卫视等省内主流媒体刊发新闻报道127次；在中华工商时报开办“苏商”专刊12期，刊登头版信息30多条，统筹协调稿件近300篇，宣传报道刊稿量居全国第一。

二、深入调查研究，参政议政工作取得新进展

调查研究持续深入。围绕军民融合、民营经济发展状况、降低实体经济成本等多项课题调研，研究、分析全省民营经济转型发展的先进经验和热点难点问题。其中，全省上半年民营经济发展情况的报告，得到时任省委书记李强的关注和批示；军民融合课题调研报告受到了有关部门的重视，并在第三届全国军民融合发展高技术装备成果展览暨论坛上获优秀论文奖；民营企业参与精准扶贫需要注意的几个问题报告，得到时任省委副书记黄莉新的批示，明确要求省发改委研究采纳所提建议。编发《调查研究工作通讯》4期，建立了工商联系统相互学习、借鉴交流的平台。

参政议政活力增强。向省政协十一届五次会议提交发言材料4篇，团体提案20件。充分发挥参政议政委员会作用，将提案征集范围扩大到30多个省级行业商会，指导南京、镇江工作站开展委员活动，调动了商会、委员等各方参政议政的积极性和主动性，有效提高了工商联参政议政工作的质量。

品牌工作深化提升。组织全省757家企业参加上规模民营企业调研，数量位居全国第一。82家民营企业入围“2017中国民营企业500强”，位居全国第二，民营企业500强入围情况得到吴政隆省长高度关注，要求进一步支持民营企业转型升级、发展壮大。民营企业调查点工作深入推进，入库企业超过700家，收集调查问卷1 502份，在综合考核中总分名列全国第一，江苏的典型做法和先进经验得到全国工商联的认可和推广。连续13年编辑出版《江苏民营经济发展报告》，编写《各民主党派、工商联志》的工商联部分。

三、创新服务方式，民营经济发展实现新突破

聚焦军民融合发展，突出科技创新实效。积极探索推动民营企业参与军民融合深度发展，成立军民融合发展工作领导小组。拓宽“民参军”路径，推荐一批民营企业和专家入选全国工商联、军委装备发展部的“民参军”推荐目录。组织参加第二届中国军民两用技术创新应用大赛，获得金奖3项、银奖4项、铜奖3项、优胜奖13项，位列全国第一。推荐17个项目参加全国工商联科技进步奖评审、10位企业家参加年度科技创新人才评选，法尔胜泓昇集团、南京康尼机电公司由全国工商联提名参加国家科学技术奖项评选。

组织各类经贸活动，突出商贸服务实效。配合省委、省政府成功举办江苏发展大会·扬子江工商峰会以及全球江苏商会联席会议，会议期间促成10个合作项目、投资总额达360亿元。为全省民营企业利用好境内外资源和市场提供帮助，每周编发一期《江苏经济信息》；组织民营企业近500人次参加“中博会”等重大商贸活动近20场；举办江苏在港上市企业座谈会暨境外上市企业发展培训会等活动。成立加拿大、德国、安哥拉江苏总商会，海外商会总数达到6家，海外商会多次组织会员企业回乡考察、回乡兴业，在促进江苏民营企业与境外苏商、外国企业和政府的交流合作中发挥重要的作用。

维护民企合法权益，突出法律服务实效。设立省工商联律师团行业商会工作站10个；建立269个商会调解组织，成功调解案件291起，涉案金额超过5 000万元；实施个案诊断，提供法律事务咨询50多次，受理民营企业维权请求20余起；组织开展各类法律培训182场，覆盖学员2万余人。积极参与立法修法工作，为6部法律法规和相关政策的修订提出意见建议20多条。开展民营企业劳动关系监测，在苏州、南通、镇江、连云港四市设立监测点，200多家企业纳入监测范围。

四、狠抓落实推动，“百企帮百村”精准扶贫做出新贡献

着力抓好项目对接。吸纳省农发行进入“百企帮百村”扶贫行动工作领导小组。召开全省“百企帮百村”扶贫行动现场推进会，直接促成苏州市吴江华联集团与泗阳县吴江工业园签约6.5亿元产业帮扶项目。目前，“百企帮百村”扶贫行动已落实帮扶项目1 065个，投资总额39.9亿元，帮扶经济薄弱村655个，帮扶低收入人口11.72万人。积极响应对口支援号召，分别与陕西省、辽宁省和西藏拉萨市、青海省海南藏族自治州等工商联签署对口协作协议，组织民营企业参加各类产业扶贫项目考察活动8次，一批扶贫项目双方成功签约。

着力抓好典型引导。全省民营企业家以实际行动践行了“扶危济困、回馈社会”的光彩精神，张近东、刘强东、周善红3名企业家荣获全国脱贫攻坚奖；苏宁云商集团、红豆集团、万顺机电集团被授予全国“万企帮万村”精准扶贫行动先进民营企业；王柏兴、田茂娥、陈永忠、周娟、唐则裔、蔡秋霖6名企业家获全省“扶贫济困奖”；25家民营企业、9名企业家和10个民营慈善项目获第四届江苏慈善奖。同时，编辑印发扶贫行动简报37期，宣传民营企业家典型事迹和先进经验。

五、坚持固本强基，工商联组织建设呈现新面貌

注重加强基层组织建设。目前，我省被全国工商联认定为“五好”县级工商联88个，认定率达90%。我们开展了“五好”县级工商联建设“回头看”，实施市际间交叉互查，走访26个县级工商联，实地考察33家基层商会组织，总结和推广了一批特色鲜明的成功经验。我们依托基层组织，按照“三强一好”的要求，认真做好非公有制经济代表人士的推荐工作，推荐41位代表出席全国工商联第十二次全国代表大会。江苏省担任全国工商联执委20人、常委6人，“进班子”人数居全国第一。

注重加强商会组织建设。2017年，我们新发展会员21 219个，新建商会组织198家，全省企业会员突破26万家，商会组织突破4 000家，商会组织数连续五年居全国第一。我们着力加强“四好”商会建设，开展省直商会重新登记工作；筹备成立总商会党委，推动直属商会党组织建立。发起成立全球江苏商会工作委员会，组织召开全球江苏商会工作会议。商会组织回馈家乡力度不断加大，在2017年西部优秀企业家江苏行的活动中，现场签约产业投资项目27个，投资总额超120亿元。

注重加强机关自身建设。注重建章立制，建立完善了党风廉政建设、机关党建工作、学习教育培训等一系列制度规定，调整机关5个党支部，制订了党支部考核办法。扎实开展常态化学习教育，积极组织开展了“旗帜鲜明讲政治”“学习沂蒙精神”等教育活动。逐项梳理巡视组反馈意见和加强廉政风险点排查的要求，较好地落实了整改任务。着力构建机关进企业、进基层服务联系机制，建立“苏商闪联-500”商会秘书长群，促进了工商联机关与商会和企业家的联系常态化、制度化。

浙江省工商业联合会2017年工作总结

2017年以来，新一届浙江省工商联领导班子团结带领全省各级工商联和广大非公有制经济人士，认真学习贯彻党的十九大精神，围绕“两个健康”主题，聚焦“四个强省”工作导向，充分发挥企业家主体作用，在新起点上推动工作破题起步，奋力实现“开局红”，省委、省政府主要领导24次就工商联工作做出重要批示。

一、高举习近平新时代中国特色社会主义思想伟大旗帜，迅速掀起学习贯彻党的十九大精神的热潮

一是第一时间做出浙商表率。党的十九大召开后，第一时间组织民营企业家收看开幕式和畅谈学习体会。组织150余名知名企业家发表学习感言，浙江日报等主流媒体和微信、网站等新媒体纷纷报道。党的十九大闭幕后，迅速向省委递交《关于在全省民营企业中开展学习贯彻党的十九大精神系列活动》报告。省委书记车俊同志亲自审定系列活动方案并亲自调研民营企业，召开民营企业家座谈会，宣讲党的十九大精神。二是以创新的精神开展宣讲活动。遴选一批优秀企业家，组成党的十九大精神浙江民营企业家宣讲队，纳入省委党的十九大精神宣讲团，在全省非公有制经济人士中开展宣讲活动。省委书记车俊同志高度肯定这一做法。光明日报以两个整版篇幅作了报道，浙江日报、中华工商时报等主流媒体也进行大力宣传。三是大力弘扬优秀企业家精神。会同省委政研室广泛征求意见，提炼新时代浙商精神。会同省委宣传部在浙江日报、浙江卫视开设“新时代浙商精神”专栏，缅怀一批已故浙商，宣传一批优秀浙商。大力弘扬新时代浙商精神，新华社内参“国内动态清样”第4647期专门刊登本省做法。四是聚焦精准扶贫勇担社会责任。认真落实省委、省政府对口支援工作要求，以新疆、西藏、青海等对口支援地区为重点，以产业扶贫为主要方式，深入开展“千企帮千村”精准扶贫行动，签订投资合同21个、金额49.5亿元，解决当地就业5 650余人。

二、聚焦“四个强省”工作导向，谋划启动“勇当‘四个强省’排头兵再创民营经济新优势”主题活动

围绕改革强省，开展“最多跑一次”改革第三方评估民主监督行动，省政府授权省工商联以企业投资项目为重点开展第三方评估；开展“凤凰计划”助企上市行动，计划三年内培育和助推五百家优势民营企业成为上市后备企业。围绕创新强省，开展争创高新技术企业行动、助推智能化改造行动，用三年时间助推千家民营企业争创高新技术企业、推动千家民营企业实施智能化改造。围绕开放强省，开展“一带一路”产能合作行动，通过三年努力，助推一批优势产能抱团“走出去”，培育一批民营跨国公司，宣传一批对外开放企业典型。围绕人才强省，开展“千人计划”人才强企行动，努力培养一千名新生代企业家，推动民营企业家引进一千名外国专家和海外高层次人才。

三、成功举办第四届世界浙商大会，唱响“聚力拥抱新时代　开放创新立潮头”的主旋律

根据省委、省政府部署，2017年11月29~30日，第四届世界浙商大会在杭州举办。本届大会以“聚力拥抱新时代　开放创新立潮头”为主题，具有以下鲜明特点：一是形式新颖。大会开幕式分“新时代新使命”“新时代新担当”“新时代新征程”三个篇章，多角度、全景式打响改革牌、创新牌、开放牌、人才牌，全面展现浙商在新时代的新使命、新作为、新风貌。二是开放办会。大会坚持党政主导、浙商主体办会原则，探索社会化办会路子，由省工商联具体负责，首次由浙商总会承办，全球60余个国家2 800余名嘉宾和浙商代表出席大会主体活动，3.3万名浙商出席大会各类活动，规模为历届之最。大会首次邀请海内外高层次人才、知名华商、外商代表、重要国际组织和“一带一路”沿线国家社会组织负责人代表参会。三是高度体现“亲”“清”新型政商关系。大会突出浙商这一主体，约85%参会嘉宾、约70%在大会开幕式主席台就座人员都是来自海内外的浙商。大会主席台座次安排首次采取省领导和企业家“插花”就座方式，合影环节首次采取省领导与受表彰浙商站位合影。四是内容最丰富。大会共安排29项活动，数量为历届之最。五是成效明显。大会共促成签约项目逾600个、总投资额逾6 000亿元。开幕式现场集中签约重大项目48个、总投资1548亿元，创下历届之最。大会授牌成立浙大校友企业总部经济园、浙江省欧美同学会，启动“一带一路”浙商基站、“新时代浙商振兴实业行动”。

四、认真贯彻中发〔2017〕25号文件精神，营造民营经济健康发展环境

一是构建新型政商关系。中发〔2017〕25号文件出台后，率先组织民营企业家进行学习贯彻并举行座谈会，省委分管领导出席并讲话，9位优秀企业家代表和工商联负责同志畅谈学习体会；会同省委政研室起草贯彻中发〔2017〕25号文件的实施意见，率先出台浙委〔2017〕47号文件；率先建立各级党委、政府主要负责人与民营企业家定期沟通、民营企业家列席各级党委经济工作会议制度，邀请优秀在外商会会长列席各级人大、政协会议。7月以来，省党政代表团亲切看望沪、苏等8个省（市、自治区）浙商代表；省领导联系非公有制经济代表人士、省外省级浙江商会制度有效落实；省委经济工作会议首次出现民营企业家“方阵”，40位民营企业家成为大会正式代表并独立成团；省政协十二届一次会议邀请15名优秀省外浙江商会会长代表列席。二是积极参政议政。围绕“供给侧结构性改革”等课题，形成一批高质量调研报告，许多意见建议转化为省委省政府的政策举措。1篇调研报告获全国统战理论政策研究创新成果一等奖，2篇获全国工商联优秀调研成果一等奖，1篇获全省党政系统优秀调研成果一等奖。做好上规模民营企业调研工作，共有120家企业入围“中国民营企业500强”，连续19年名列全国第一。积极参与协调劳动关系三方机制建设，开展民营企业劳动关系状况监测试点，全国工商联、国家人社部对此充分肯定，在宁波召开全国劳动争议预防调解培训班和教学现场会，总结宣传推广浙江经验。三是不断优化服务。紧扣供给侧结构性改革主线，推动省建行与20家在浙省级异地商会等开展战略合作，与本会建立合作关系的银行对小微企业信贷总额超3 000亿元。围绕创新驱动发展战略，通过申报科技奖项等形式，引导民营企业加快推进转型升级。聚焦“一带一路”建设，以携手浙商系列活动为载体，共组织2.5万多家企业参加各类经贸交流活动。进一步深化与公检法司等部门合作，与省检察院联合出台营造企业家健康成长环境的意见。发挥浙商律师服务团作用，为民营企业处理法律维权案件1 153件，其中2件得到省委省政府主要领导批示肯定。

五、以群团改革为契机，切实加强自身建设

一是加强企业家人才队伍建设。截至2017年年底，共有会员28.69万个。以执、常委为重点，建立健全知名企业家人才库；加强咨询委建设，凝聚并发挥老一代企业家作用；加强新生代企业家联谊会建设，全省11个市、88个县（市、区）成立组织；创新企业家副主席（副会长）集体调研机制，探索企业家评价全省工商联系统年度亮点工作。二是强化商协会工作队伍培养。共有商协会组织3 041家，2017年首批认定32家“四好”商会。突出会长、秘书长这个“关键少数”，严格对商协会主要负责人的政治把关和综合评价，开展年度履职情况考核；建立健全商协会秘书长工作例会制度，举办商协会会长、秘书长培训班。稳步推进商协会承接政府职能转移工作。三是严格机关干部队伍教育管理。以省委巡视整改为契机，推进工商联改革；突出理想信念和党性教育，推进“两学一做”学习教育常态化、制度化；推行清单化管理制度，完善全员综合考核考评机制；开展“一推两强” 等作风建设专项行动，提振干部干事创业精气神。举办全省工商联领导干部培训班，加强综合素质和履职能力培训。新认定16家“五优”县级工商联。

安徽省工商业联合会2017年工作总结

2017年，安徽省工商联在省委、省政府的正确领导下，在全国工商联和省委统战部的指导下，紧扣省委省政府中心工作，围绕两个健康主题，锐意创新，真抓实干，为加快建设“五大发展”美好安徽做出了积极贡献。

一、认真学习宣传贯彻习近平新时代中国特色社会主义思想和党的十九大精神

组织党员干部观看十九大开幕式直播，下发《关于扎实推进党的十九大精神学习宣传贯彻工作实施方案》，在全省各级工商联和广大非公经济人士中开展“大学习、大宣讲、大培训、大调研、大落实”活动。召开全省工商联系统党的十九大精神宣讲大会，邀请专家在省工商联十一届一次常委会上解读十九大精神，并向全体常委发放《党的十九大报告读本》等学习资料。省工商联领导班子成员分赴联系点，开展十九大精神进机关、进商会、进企业宣讲活动，推进十九大精神贯彻落实。

二、围绕省委省政府中心工作主动作为，促进区域经济协调发展和发展环境优化

推动与全国知名民企合作发展。第十届中博会暨2017国际徽商大会期间，根据省政府要求，邀请8个省工商联、23家异地安徽商会组团参加，其中全国500强企业28家、上市企业38家。承办百家知名民企项目合作（PPP）对接会暨泛长三角工商界人士座谈会，活动现场签约项目11个，总投资107.6亿元。

推进“百家民企进皖北、进皖西”活动。举办“安徽省‘千企帮千村’精准扶贫行动现场会暨百家民企进皖北——阜阳行”活动，参会企业与地方政府洽谈对接合作项目，达成合作意向。聚焦大别山区扶贫开发，协助六安市赴天津招商邀商，举办“百家民企进皖西——六安行”活动，达成合作项目11个，签约资金总额27亿元。

推进“商会合作共建皖江”活动。举办“商会合作共建皖江——黄山行”活动，邀请北京、上海、浙江、江苏、广东、福建等地企业家和省工商联直属商会、异地黄山（徽州）商会企业家共120多人，前往黄山考察、洽谈。活动集中签约项目14个，总投资138.1亿元。

开展上规模民营企业调研和百强排序活动。连续第19年开展上规模民营企业调研和百强排序活动，召开百强排序发布会，公布全省民营企业营收、纳税、进出口百强名单，发布《2017年度上规模民营企业调研分析报告》。其中安徽文一集团等5家企业入选中国民营企业500强，安徽蓝德集团等12家企业入选中国民营企业制造业500强，文一集团还入选中国民营企业服务业100强。

促进优化非公有制经济发展环境。受省政府委托，在全省范围开展《关于降成本减轻实体经济企业负担的实施意见》贯彻落实情况第三方评估，得到省政府主要负责同志充分肯定。连续五年在省政协全会开幕式上作大会发言，在省委办公厅、省政府办公厅、省政协办公厅联合开展的省政协优秀提案评选表彰中，共有8篇团体提案被表彰为优秀提案。围绕民营经济发展热点问题，先后开展民营企业融资、构建新型政商关系等十余次调研活动。在全国工商联2016—2017年优秀调研成果评选中，共有4篇入选，其中3篇调研报告获得全国工商联优秀调研成果二等奖，1篇被表彰为全国工商联优秀提案。推进民营企业调查点建设，调查点数量达到2 002个，位居全国前列，在全国工商联考评中得到充分肯定。

推进“千企帮千村”精准扶贫行动。截至2017年年底，全省进入“万企帮万村”台账管理系统的民营企业有5 175家，产业扶贫投入23.36亿元，公益捐赠1.1亿元，安置就业1.3万人次，技能培训1.1万人次，受帮扶村4 269个，受益贫困人口52万人次，有力推动了贫困地区发展，得到党委政府和社会各界的充分肯定。

三、深入开展理想信念教育实践活动，促进非公有制经济人士健康成长

促成安徽省构建新型政商关系文件出台。通过工商联直通车、省政协提案等形式，建议本省出台构建新型政商关系的实施意见，得到省纪委、省委统战部主要负责同志的重视和批示。参与省委统战部开展政商关系专题调研，配合省纪委起草文件，促成省委省政府以两办名义出台了《关于推动构建新型政商关系的若干意见》。

弘扬优秀企业家精神。召开有部分兼职副主席、副会长参加的弘扬优秀企业家精神座谈会，专题学习《中共中央　国务院关于营造企业家健康成长环境弘扬优秀企业家精神更好发挥企业家作用的意见》，并积极参与由省发改委牵头的浙江省实施意见起草调研工作。以“营造企业家健康成长环境、弘扬优秀企业家精神”为主题开展省政协工商联界别活动，了解改革发展中存在的问题，听取非公有制经济人士的意见建议。

表彰优秀中国特色社会主义事业建设者。参与开展“安徽省第五届优秀中国特色社会主义事业建设者”评选表彰工作，在省工商联第十一次代表大会开幕式上对98名优秀建设者进行表彰，为全省广大非公经济人士树立了一批可信、可比、可学的先进典型。

加强年轻一代企业家培养教育。推荐安徽艾可蓝公司负责人作为全国6位先进典型之一，在“全国年轻一代民营企业家理想信念报告会”上作典型发言。全国报告会后，召开安徽省贯彻会议，对浙江省贯彻落实工作提出明确要求。与省委统战部在北京大学联合举办“安徽省第二期年轻一代非公有制经济人士培训班”，对全省优秀非公经济创新创业人士、留学归国创业者以及新媒体从业人员60余名青年企业家进行了培训。

开展非公经济人士教育培训。在井冈山举办省工商联常执委培训班，邀请中国民营经济研究会会长庄聪生解读十九大关于非公经济工作的新论断、新部署。举办4期民营企业家大讲堂，邀请专家学者和知名企业家授课，会领导也积极承担主讲任务，为企业家分析形势解读政策。全年培训非公经济人士、工商联干部和商会人员达2200余人次。

四、不断提升经济服务水平，促进民营经济健康发展

开展“四送一服”活动。按照省委省政府统一部署，牵头开展赴滁州市“四送一服”工作，深入开展送发展理念、送支持政策、送创新项目、送生产要素、服务实体经济活动。加强与省直及滁州市相关部门沟通，对征集到的468个问题全部做出回应。通过要素对接会等形式，达成协议或意向性协议215份，协议金额61.46亿元。省工商联牵头的赴滁州工作组在省政府“四送一服”双千工程集中活动考评中总分第一，被评为优秀等次。

推进军民融合工作。推荐17家民营企业参与申报第七次《军民两用高新技术民营企业及产品推荐目录》，与省经信委、省国防科工办共同组织民营企业参加第二届中国军民两用技术创新应用大赛。加强与省国防科工办等单位对接，了解浙江省军民融合产业发展基地建设规划、政策，帮助企业拓展新的发展空间。

开展民营企业职称评审工作。继续在会员企业中开展建筑（电力）工程类职称评审工作，共1 398人申请参评，1 072人通过。其中，助理工程师421人，正常申报工程师431人，破格申报工程师220人。

引导民营企业参与“一带一路”建设。举办“一带一路对蒙合作交流推介会”，推动对蒙贸易合作，多家徽商企业投资项目已经落地。参与浙江省重大涉外经贸活动，组织民营企业代表团赴波兰、捷克参加国际友城经贸交流及“中国安徽日”系列活动，参加“俄罗斯部分联邦主体经贸推介会”。根据省政府部署，开展境外安保现场巡查和政策宣传，与省商务厅、省进出口商会合作开展外贸政策和业务系列培训活动。拓展对外联系网络，与马来西亚中华总商会、中欧商会、波兰下西里西亚省商会等分别签订《友好商会合作协议》。

开展法律维权和商会调解工作。宣传贯彻《关于完善产权保护制度依法保护产权的意见》，举办省工商联产权保护暨“法律三进”培训班，制定《安徽省工商联关于加强非公有制经济产权保护实施方案》，成立安徽省工商联中小企业产权保护中心。加强商会调解中心建设，巩固诉调对接、裁调衔接工作机制，与多家法院、仲裁委建立合作关系。积极推进商会立法工作，《安徽省商会条例》被省人大常委会列为2018年立法计划审议类项目。

五、夯实工商联组织基础，全面加强自身建设

圆满完成省工商联换届工作。召开第十一次代表大会和十一届一次执委会，选举产生了省工商联（总商会）新一届领导班子和领导机构。省委、省政府主要领导在换届大会开幕前接见与会代表，省委书记发表重要讲话，省委副书记和省委统战部长出席大会并讲话。在换届过程中，按照省委主要领导“严把政策关、程序关、结构关”的指示，坚持“三强一好”标准和“凡进必评”原则，规范程序，严格把关，十一届领导班子人选条件、职数规模、年龄、结构、任期等均符合中央、省委有关政策规定，各项人选均以高票当选，切实落实了省委对工商联换届工作的要求。

推进“五好”县级工商联和“四好”商会建设。56家县级工商联被确认为全国“五好”县级工商联，达到总数的53%，提前超额达到全国工商联要求。召开“四好”商会建设视频会议，举办省工商联系统商协会会长、秘书长培训班，推动各级商会按照“四好”标准加强建设。

优化会员队伍结构。积极吸纳政治素质好、经济实力强的企业入会，重视发展新生代企业家和以商协会为重点的团体会员。截至2017年年底，全省工商联组织共有会员200 105个，其中企业会员83 346个，团体会员2 119个，个人会员114 640个。团体会员中行业商会714个，乡镇商会889个，街道商会178，异地商会198个，市场商会23个，园区商会43个，其他商会53个。

加强机关建设。以巡视、审计整改为契机，完善和加强内部管理，健全内控制度，建立《省工商联重大决策事项合法性审查制度》，实现内部审计全覆盖，进一步提升机关规范化制度、化水平。签订效能建设责任书，每月由会领导带队对机关效能建设进行督查，发现问题，及时通报，加强督促整改，强化了机关干部效能意识，促进了工作落实。

福建省工商业联合会2017年工作总结

2017年，福建省工商联深入学习贯彻习近平新时代中国特色社会主义思想和党的十九大精神，认真贯彻落实中央、省委决策部署，坚持开拓进取，真抓实干，大力推动非公有制经济健康发展和非公有制经济人士健康成长，为建设“机制活、产业优、百姓富、生态美”的新福建作出了积极贡献。

一、深化政治引领，认真学习贯彻党的十九大精神

把学习宣传贯彻习近平新时代中国特色社会主义思想和党的十九大精神作为首要政治任务，会领导带头赴基层工商联、商会、企业宣讲20多场次，举办一系列座谈会、研讨会、培训班、专题辅导报告，利用自有媒体和网站、微信开展立体式宣传，结合学习贯彻《中共中央 国务院关于营造企业家健康成长环境弘扬优秀企业家精神更好发挥企业家作用的意见》精神、中共中央和国务院对全国工商联换届的贺词精神、中国工商联十二大精神及省委十届四次、五次全会精神，引导全省广大非公有制经济人士、各级工商联和商会组织牢固树立“四个意识”，切实把思想和行动统一到党的十九大精神上来，坚定不移用习近平新时代中国特色社会主义思想统领工商联工作，凝心聚力促进“两个健康”。

二、严明政治纪律，圆满完成换届工作

2017年8月12~13日，福建省工商业联合会（总商会）第十一次代表大会在福州胜利召开。省委常委、统战部长雷春美代表省委省政府发表讲话，省人大、省政府、省政协有关领导出席开幕式，616名代表参加大会。大会审议并通过了王光远同志代表第十届执行委员会所做的工作报告，顺利完成了换届选举，一批思想政治强、行业代表性强、参政议政能力强、社会信誉好的非公有制经济代表人士进入领导班子。十一届执委会共有执委471人，其中常委154人，专职主席、副主席（副会长）、秘书长6人，兼职副主席20人，兼职副会长31人。大会表彰了先进集体和个人，21个单位获“全省工商联系统先进集体”荣誉称号，36名同志获“全省工商联系统先进工作者”荣誉称号。8月13日下午，省委书记尤权主持召开省工商联（总商会）新老班子成员座谈会并讲话，省长于伟国出席并讲话。尤权书记、于伟国省长在讲话中充分肯定了省工商联（总商会）过去五年工作取得的成绩，强调新一届省工商联（总商会）班子要深入学习贯彻习近平总书记系列重要讲话精神特别是关于非公有制经济发展的重要论述，始终坚持党的领导，坚持“两个健康”工作主题，带领和引导福建企业家进一步加快转型升级步伐，要加强自身建设，进一步发挥工商联和商会作为党委政府与企业家之间的桥梁纽带作用，当好企业的“娘家人”，不断增强凝聚力、影响力和执行力，在全面建成小康社会进程中展现工商联的新作为。

三、加强团结引导，不断促进非公有制经济人士健康成长

以“守法诚信、坚定信心”为重点，加强教育培训和宣传引导，推动理想信念教育实践活动不断深化，带领广大非公有制经济人士践行社会主义核心价值观，自觉履行社会责任。

理想信念教育持续深化。制订《持续深化非公有制经济人士理想信念教育实践推进措施》，组织收看全国年轻一代民营企业家理想信念报告会，举办福建省青年企业家理想信念报告会，开展坚定理想信念红色之旅活动。以新一届工商联常执委和青年企业家为主体，与省委统战部联合举办3期培训班，180多位学员参训。成立福建省青年闽商联合会，推动三明、宁德两地成立青商会，搭建联络联谊、交流共享的常态化平台，努力培养一支“政治上有方向、经营上有本事、责任上有担当、文化上有内涵”的年轻一代企业家队伍。会同省纪委、省委统战部持续深入开展“亲清润闽商，促进两健康”系列宣传教育活动。

积极履行社会责任。一年来，发动民营企业家通过省光彩会实施项目37个资金8 900多万元，主要用于产业扶贫、教育扶贫、医疗扶贫、基础设施建设等。香缤控股在省光彩会设立1亿元本金的扶贫基金，每年500万元利息用于光彩事业。省光彩会被省教育厅等18个部门评为“福建省最美资助人”。“百企帮百村”精准扶贫行动提质增效，引导企业（商会）因地制宜、因户施策开展精准扶贫，组织各地及时完善帮扶台账。截至2017年年底，全省共有613家民营企业（商会）精准帮扶628个贫困村，惠及3.4万建档立卡贫困人口，其中安置就业2 044人、技能培训2 627人，实施帮扶项目1 053个，总投入4.3亿元。帮扶经验做法在全国“万企帮万村”精准扶贫行动片区座谈会上做了交流介绍，圣农集团、春伦集团受到表扬。召开全省“百企帮百村”精准扶贫行动提质增效推进会，与省农发行签订战略合作协议，加强对帮扶企业的金融支持，已有11家企业获得7.23亿元贷款。

四、增强服务效能，有效推动非公有制经济健康发展

深入调研积极建言，加大产权保护力度，拓宽经贸交流渠道，为民营企业加快转型升级、实现健康发展营造良好环境。2017年全省非公有制企业专业技术职务获得者4 535人，其中高级职称获得者225人，为民营企业创新发展提供了人才支撑。

建言献策促发展。围绕降低实体企业综合成本、加强民营经济产权保护等10多项专题开展调研，成果获省级以上表彰奖励9件次。《降低企业综合成本 优化民营经济营商环境》获第十三届建言献策论坛一等奖，相关建议被省政府采纳。提交省政协十一届五次会议提案12件，全部立案并得到19个部门的答复办理。《关于促进物业服务行业健康发展的建议》等2件获于伟国等省领导批示5件次。106件信息被中央统战部、全国工商联和省级有关内刊采用，反映的民企诉求获省领导批示4件次。

法律服务维权益。与有关部门联合举办"知识产权运用与保护"讲座、企业法律风险防控与应对培训班，组织近百位企业家旁听经济案件审理。实施产权保护行动，召开贯彻落实依法保护产权、促进"两个健康"调研座谈会。指导省拉链同业商会做好会员企业——晋江市瑞泰拉链制造有限公司与日本YKK株式会社的知识产权纠纷案的法律维权服务，瑞泰公司由被动应对专利侵权诉讼转为主动出击、反诉日本YKK株式会社涉嫌行业垄断，成为小微企业保护知识产权、维护自身合法权益的典型案例。该案在司法部门精心指导和全国工商联的协助下，获得国家发改委反垄断局的重视和支持并已正式立案调查。促进《福建省工会劳动法律监督条例》的制定和落实，组织民营企业参加集体协商和集体合同实务培训。

经贸交流更活跃。引导民营企业融入"一带一路"建设，参与金砖国家工商论坛、中德经济合作对接会等各类经贸交流活动20多场次、2 000多人次。充分发挥福建省对台区位优势，组织青年企业家赴台访问，就推动闽台商会深度交流合作达成共识。加强与香港、菲律宾、哥伦比亚、缅甸等境外闽籍商会的互动往来。组织43家民营企业参加中国军民两用技术创新应用大赛、军民融合发展高科技成果展。

五、持续改革创新，工商联自身建设进一步加强

加强指导、精心服务，推动工商联会员队伍持续壮大，商会组织规范发展，平潭综合实验区工商联顺利成立。截至2017年年底，全省工商联共有会员16.7万名，所属各类商会1 305家，异地闽籍商会802家。

基层组织凝聚力明显增强。52个县级工商联获评全国"五好"县级工商联，占全省县级工商联的61%；62个县级工商联被认定为省级"五好"县级工商联。指导成立4家直属商会、吸收4家团体会员，省工商联所属商会已达50家。开展"四好"商会建设活动，省卫生用品商会等6家商会被确认为"守法诚信示范商会"。成立省工商联社会组织行业党委，指导所属商会加强党建工作，37家所属商会已成立党组织。

异地商会作用充分发挥。开展异地福建商会发展状况调研。在海口市召开省级异地福建商会工作座谈会，近70位省级异地福建商会会长、秘书长参加会议。组织10位异地福建商会会长、闽商杰出代表列席省政协大会。引导异地福建商会以会引商、以商引商，促进闽资抱团回归、支持家乡建设。

工商联机关执行力不断提升。全面从严落实"两个责任"和省委"五抓五看"要求，严肃规范党内政治生活。机关各党组织共开展政治理论学习近百场，召开党员大会83次、党课教育10次。成立机关纪委，强化监督执纪问责。坚持把提升精神文明建设水平与加强机关党的建设、推进“两学一做”学习教育常态化、制度化紧密结合，顺利通过第十三届省级精神文明单位考评。选派干部驻村挂职，不断拓宽机关干部的实践锻炼、岗位锻炼和基层锻炼的途径。

江西省工商业联合会2017年工作总结

2017年，在省委、省政府的正确领导下，在全国工商联、省委统战部的精心指导下，省工商联以习近平新时代中国特色社会主义思想为引领，以学习宣传贯彻党的十九大精神为主线，紧紧扣住促进“两个健康”工作主题，围绕中心，服务大局，不断为促进非公经济健康发展和非公经济人士健康成长做出新贡献，各项工作取得了新成效。2017年全省非公经济实现增加值12 394.63亿元，同比增长9.2%，占全省GDP的比重为59.5%；实现工业增加值6 038.19亿元，同比增长8.8%；完成固定资产投资16 888.27亿元，同比增长11.9%，占全省固定资产投资的77.6%；上缴税金2 058.81亿元，同比增长19.0%，占全省税收总额的72.0%，全省非公经济保持了稳中向好、稳中有进、稳中提质的发展态势。2017年8月9日，省委书记鹿心社对省工商联工作作出重要批示并在江西日报头版刊发，充分肯定了省工商联工作成绩，并提出了殷切期望。

一、多层次全覆盖，推动党的十九大精神在全省非公经济领域落地生根

省工商联把学习宣传贯彻党的十九大精神作为当前和今后一段时期的首要政治任务，召开党组会议专门研究部署，审议通过了《关于学习宣传贯彻党的十九大精神工作方案》，从省工商联机关、全省工商联系统、广大非公经济人士三个层次开展学习宣传贯彻工作，推动党的十九大精神在全省非公经济领域落地生根。迅速下发《关于学习宣传贯彻党的十九大精神的通知》，组织会领导、各处室负责人赴各直属商会、企业党组织宣讲，覆盖省非公党委下属的全部25家企业、商会党组织近3 000名党员；召开全省年轻一代民营企业家理想信念报告会和民营企业家学习贯彻党的十九大精神座谈会，在中国人民大学举办江西省民营企业家学习贯彻党的十九大精神培训班；通过省工商联网站、微信公众号广泛宣传全省广大非公经济人士学习贯彻党的十九大精神的体会、措施，掀起了学习宣传贯彻党的十九大精神的热潮。

二、明举措优环境，促进全省非公经济更高质量发展

推动环境优化。撰写《江西省“降成本优环境100条”落实评估报告》，得到鹿心社、刘奇、毛伟明、吴晓军等省领导的批示肯定，部分工作建议得到采纳并转化为政策措施。组织开展政务诚信状况调研，调研成果得到刘奇省长的批示肯定。省民营经济研究会完成22项研究课题，编辑出版《赣商志》《江西商会志》《江西民营经济发展蓝皮书》，全年编发《江西民营经济内参》12期，《江西民营经济专报》5期，先后得到省委书记鹿心社，省委常委、省委宣传部长赵力平和省政府相关领导的批示肯定。

引导抱团发展。推进“同心谷-赣商之家”建设和“赣民投”筹建工作，促进民营资本在投资领域抱团发展。“同心谷-赣商之家”已经完成主体结构施工。“赣民投”筹建工作推进顺利，股份认购到位，公司筹备工作正在稳步推进。

维护企业权益。建立健全省市县三级工商联维权服务机制，目前全省11个设区市、100个县（市、区）工商联都成立了维权服务中心，形成了横向到边、纵向到底的维权服务网络。2017年，省工商联维权服务中心收到维权案件共计14件，其中已办结6件、引导进入诉讼3件、转当地工商联2件、撤回1件、待（续）办2件，有力地维护了民营企业的合法权益。

融入“一带一路”。依托省总商会“一带一路”服务中心平台，完善工作台账，编发《“走出去”知识100问》，指导境外江西商会筹建，开展民营企业“走出去”调研并形成调研报告。加强对外交流，全年接待境外商会来访14批次，指导组建境外江西商会6家。在首届世界赣商大会期间成功召开境外江西商会负责人恳谈会，得到高度认可和广泛共鸣。

服务招商引资。先后组织非公企业参加首届世界赣商大会、赣港经贸合作活动周、2017’非公经济论坛（上海）招商引资推介会、2017民营企业家与外交官见面会、俄罗斯彼尔姆边疆区经贸代表团推介会等经贸合作交流活动。借助第十四届华商大会平台，推介首届世界赣商大会。

扎实开展援疆工作，组织45名民营企业家参加“赣商援疆商务考察行”，参加6场推介会，签订2个对口援疆协议、达成4个投资合作协议。

三、推进全省“千企帮千村”精准扶贫行动，积极参与精准扶贫

2017年，围绕促进精准扶贫工作提质增效，承办全国“万企帮万村”精准扶贫行动片区座谈会，召开全省“千企帮千村”精准扶贫行动现场推进会，省委常委、统战部部长陈兴超，省政府副省长吴晓军出席会议并讲话，对精准扶贫行动再动员、再部署。截至2017年12月31日，本省民营企业参与行动总数2 690家，帮扶贫困村总数3 016个，帮扶贫困人口总数286 905人，投入扶贫资金总额17.74亿元，已经取得阶段性成果。抓实包村扶贫工作，派出扶贫工作队常驻广昌县赤水镇大禾村，组织引导民营企业家进行产业帮扶和公益捐赠。

四、强素质扬精神，引导全省非公经济人士健康成长

开展理想信念教育。制订下发《深化开展以“守法诚信、坚定信心”为重点的非公有制经济人士理想信念教育实践活动工作方案》；举办江西省年轻一代民营企业家理想信念报告会，发出深入学习宣传贯彻党的十九大精神的倡议，省委常委、省委统战部部长陈兴超出席并讲话。继续实施万企培训。组织开展江西省工商联第三期新生代企业家培训班和江西省民营企业家学习贯彻党的十九大精神培训班，开展“万企培训”进地市11期，培训人员6 000余人次。

五、抓基层打基础，不断提升服务“两个健康”的本领

召开“贯彻新发展理念，培育发展新动能”民营企业座谈会。6月26日，在省工商联第十一次代表大会期间，召开“贯彻新发展理念，培育发展新动能”民营企业座谈会，刘奇省长出席并讲话，省领导毛伟明等出席，省委常委、省委宣传部部长赵力平主持，博能集团、正邦集团、晶科能源、思创数码、方大集团、泰康人寿、鼎鼎电商、万信物流等企业负责人发言。会议反响热烈，为民营企业贯彻新理念、培育新动能注入强大的底气和信心。

加强基层组织建设。制订下发《2017年全省“五好”县级工商联建设工作实施方案》，全省“五好”县级工商联达到70个；以推进“四好商会”建设为抓手，加强对商会的指导、引导和服务。出台《关于推进全省工业园区设立工商联分会（企业商协会）的指导意见》，召开工作会议部署全省推进。目前，省工商联共有商会组织3 030个，其中行业组织823个，乡镇商会1 112个，街道商会138个，园区商会29个，异地商会464个，市场商会35个，其他商会318个。

加强干部队伍建设。根据新形势下工商联工作需要，组建省民营经济研究中心，调整机关内设机构及工作职责。加强干部培养和培训工作，组织机关干部参加党的十九大精神专题轮训、统战大讲堂和各类讲座、论坛20余场次；举办新任市县工商联主席、党组书记培训班。

加强机关党建工作。树立抓好党建就是最大政绩的理念，不断加强党的政治、思想、组织、作风、纪律和制度建设。扎实推进“两学一做”学习教育常态化、制度化；落实党员领导干部双重组织生活和“三会一课”、组织生活会和民主评议党员等制度，积极开展“党员活动日”“今天是我的政治生日”等主题活动。完成机关党委、机关纪委换届工作，明确机关党委、机关纪委委员分工。加强党风廉政建设，坚持抓早、抓小、抓细，发送廉政短信、微信群信息，开展任前廉政谈心谈话，加强纪律教育。

圆满召开省工商联第十一次代表大会。强化政治引领，坚持纪挺在前，严格工作标准，注重示范带动，严把推荐关、评价关、考察关、审核关，精心做好人事选举工作，在6月26日至27日召开的省工商联第十一次代表大会上，315名新一届执委会成员均高票当选，专职领导班子成员均全票当选。

六、大力宣传“厚德实干、义利天下”的新时期赣商精神

11月28日，在首届世界赣商大会暨第三届华赣会开幕式上，省委书记鹿心社发布、省长刘奇诠释了“厚德实干、义利天下”的新时期赣商精神。省工商联大力开展赣商精神研究，多次组织民营企业家代表、专家学者畅谈“赣商精神”，拍摄《江右商帮》纪录片，征集、提炼赣商精神表述语，在首届世界赣商大会开幕式上，出版发行《厚德实干、义利天下——赣商精神研究》一书，产生广泛共鸣和深远影响。

山东省工商业联合会2017年工作总结

2017年，山东省工商联高举中国特色社会主义伟大旗帜，以马克思列宁主义、毛泽东思想、邓小平理论、“三个代表”重要思想、科学发展观、习近平新时代中国特色社会主义思想为指导，在省委、省政府的正确领导和全国工商联、省委统战部的具体指导下，坚持统战性、经济性、民间性有机统一，充分发挥桥梁纽带和助手作用，围绕中心、服务大局，抢抓机遇、真抓实干，各项工作取得显著成绩，有力促进了全省非公有制经济健康发展和非公有制经济人士健康成长。

一、加强和改进非公有制经济人士思想政治工作

强化政治引领,认真学习宣传贯彻党的十九大精神和习近平新时代中国特色社会主义思想，引导广大非公有制经济人士树牢“四个自信”、增强“四个意识”。推动理想信念教育实践活动不断深化，以“守法诚信、坚定信心”为重点，引导非公有制经济人士听党话、跟党走，积极践行社会主义核心价值观和“亲”“清”新型政商关系；全国工商联在济南召开了现场会性质的教育实践活动片会，总结推广本省经验做法。注重文化建设，与省美协、省书协联合举办“聚力十三五、共圆中国梦”书画展和“民营企业家喜迎十九大”书画展。弘扬优秀企业家精神，引导民营企业家发挥积极性、主动性、创造性，坚定理想信念，加快转型升级，强化责任担当。重视年轻一代的教育培养，引导他们继承发扬老一辈民营企业家的创业精神和光荣传统，培养了一支有信念、有梦想、有本领、有贡献的年轻一代非公有制经济人士队伍。引导非公有制经济人士履行社会责任，继续组织开展“千企帮千村”脱贫攻坚行动,强化调研督导，加强台账管理，培育推广典型，重视政策激励，引导非公有制经济人士致富思源、富而思进。积极协调中国农业发展银行山东分行为59家参与企业提供政策性金融支持，发放贷款总额41.36亿元；本省3家企业获全国“万企帮万村”精准扶贫行动先进民营企业奖，万达集团被评为“2017年全省脱贫攻坚先进集体”，全国“万企帮万村”精准扶贫行动现场会在菏泽召开，“扶贫车间”经验在全国推广。据统计，截至2017年年底，全省参与帮扶企业1 340家，投入总金额10.61亿元，帮扶贫困村1 521个，帮扶贫困群众4.76万人。做好非公有制经济组织党建工作，指导直属商会抓好党建，扩大党的组织和工作“两个覆盖”，推进全面从严治党向会员单位延伸拓展。

二、参与和服务经济文化强省建设

不断创新工作载体，围绕中心大局做好经济服务工作。开展全省民营经济转型升级专题调研，形成高质量调研报告，为召开全省支持非公有制经济健康发展工作会议、起草《非公十条意见》提供科学参考。积极履行参政议政职能，很多有分量、有创见、可操作、真管用的政策建议得到采纳，《关于推动我省民营企业集群式“走出去”的提案》被省政协确定为重点督办提案；民营企业调查工作成绩突出，受到全国工商联的肯定和奖励。联合省经信委、国税局、地税局、工商局、统计局首次开展“山东民营企业100强发布”活动，百强入围门槛达到100亿元。配合做好“2017中国民营企业500强发布暨民营经济发展峰会”有关工作，协助推介山东投资环境和投资项目，各市主动对接500强企业取得实效。成功筹建山东民营联合投资控股股份有限公司（“鲁民投”），万达集团、东明石化等14家省内知名民营企业参与发起，首期注册资本50亿元。创新开展营商环境改善考核工作，建立全新考核指标体系，促进各市营商环境持续优化。推进构建“亲”“清”新型政商关系，制订实施《山东省工商联联系服务会员企业工作办法》，教育引导企业家在经营管理和政商交往中不越规矩、不踩红线、不破底线，用法治思维治理企业。有序推进第三方评估工作，提出探索成立省级政务服务管理机构及省级政务服务中心等建议。积极开展法律维权服务，组织“法律三进”活动，引导企业依法经营、依法治企、依法维权。加快“网上工商联”建设步伐，进一步丰富服务企业的内容、扩大服务企业的范围。

三、引导和助推民营企业“走出去”

积极履行民间外交职能，引导服务民营企业参与“一带一路”建设，主动请进来开展经贸活动。首次承办“我驻外使领馆与民营企业面对面”交流活动。组团赴香港参加第二届“一带一路”高峰论坛、“2017香港山东周”系列活动，首次参与主办“鲁港企业携手·转型创新发展——山东省中小企业新旧动能转换重点项目推介会”和“国际资本助推山东新旧动能转换洽谈会”，石墨烯新能源等多个项目达成合作意向并有实质性进展。组团参加在缅甸召开的第十四届世界华商大会，与参会华商进行交流洽谈。赴巴基斯坦、柬埔寨进行经贸考察访问，在食品、纺织、医药、电脑通信等领域进行对接与洽谈，达成合作意向，签订合作协议。与巴基斯坦驻中国使馆、巴基斯坦（中国）山东商会联合举办“一带一路”山东论坛——首届中国巴基斯坦合作论坛，促进中巴企业直接交流对接，洽谈投资合作项目，意向投资额约10亿元人民币。

四、筑牢和夯实基层组织建设基础

坚持重心下移，加强基层组织建设，促进统战工作向基层组织有效覆盖。精心筹备、周密安排，坚持原则、严格程序，省工商联第十三次代表大会胜利召开，圆满完成换届任务。切实抓好县级工商联建设，制订下发“五好”县级工商联创建实施方案。2017年，全省共有全国“五好”县级工商联55个，省级“五好”县级工商联92个，分别占县级工商联总数的40%和67%。按照习近平总书记关于“工商联作为人民团体和商会组织，同基层商会不能切断工作渠道”的重要指示精神，切实加强对基层商会的工作指导，在全省广泛开展“四好”商会建设工作，激发商会组织活力，确保商会健康发展。目前，全省共有商会组织2 968个，其中行业商会899个，乡镇、街道商会1 656个。推进会员工作规范化制度化，建立省工商联驻会领导班子成员和各处室主要负责人联系会员企业和商会制度，不断加大服务会员力度。目前，全省工商联会员共231 508个，其中团体会员3 511个，企业会员154 191个。

五、改进和提升工商联自身建设水平

着眼高水准定位，加强素质建设。深入学习贯彻党的十九大精神和习近平新时代中国特色社会主义思想，扎实推进“两学一做”学习教育常态化、制度化。充分发挥党组和领导干部的学习带动作用，完善落实民主生活会、“三会一课”、专题组织生活会、“主题党日”、集中学习等制度，党内政治生活进一步规范加强。着眼高起点要求，加强作风建设。修订完善《省工商联信息工作制度》《省工商联财务管理办法》等13项管理制度，巩固用制度管人、用制度管事的长效机制。加强与省纪委驻省委统战部纪检组的工作联系，认真查摆思想、工作、作风、纪律等方面的突出问题，实行“零报告”制度，每月定期向纪检组报告信访举报办理情况，切实筑牢拒腐防变思想防线，机关党风廉政建设全面加强。认真做好“第一书记”驻村帮扶工作，组织机关青年开展读书月、座谈交流、考察特色企业等“青年沙龙”活动。全面提升机关干部素质和履职尽责能力，打造一支政策强、业务精、作风正的干部队伍，树立了良好的社会形象。

河南省工商业联合会2017年工作总结

2017年，河南省工商联深入学习贯彻党的十九大精神，贯彻落实全国工商联十二大会议精神，服务省委省政府中心工作，深入开展凝聚力建设行动，坚持开拓创新，服务转型升级，促进“两个健康”，切实为新一届工商联工作开好局、起好步、打好基础。

一、顺利完成换届工作

2017年8月30日至9月1日，河南省工商联顺利召开第十二次代表大会。会议审议通过了工作报告，总结了五年的成绩经验，安排部署了下一个五年的工作。选举产生了省工商联第十二届领导机构、领导班子和新一届总商会领导班子。其中执行委员282名、常务委员组成人员114名，副主席20名，秘书长1名，副会长29人。梁静同志当选为新一届省工商联主席、省总商会会长，李德才同志当选为常务副主席、副会长。一批思想政治强、行业代表性强、参政议政能力强、社会信誉好，热爱工商联工作、热心社会公益事业的非公有制经济代表人士进入领导班子，顺利实现了新老交替。

二、深入开展理想信念教育实践活动

一是加强教育引导。把深入学习贯彻党的十九大精神和习近平总书记系列重要讲话精神作为首要政治任务，不断强化思想政治引领。先后召开了全省非公有制经济界学习党的十九大精神座谈会、全省工商联主席书记培训班、商会会长培训班、市县工商联新一届领导班子成员培训班和非公有制经济代表人士培训班，引导各级工商联、商会和广大非公有制经济人士自觉地在思想上、政治上、行动上与以习近平同志为核心的党中央保持高度一致。认真学习贯彻落实《中共中央 国务院关于营造企业家健康成长环境弘扬优秀企业家精神 更好发挥企业家作用的意见》（中发〔2017〕25号文件）精神，召开主席（会长）会议深入学习，举办豫商课堂邀请专家作专题辅导，鼓励引导企业家弘扬企业家精神，做爱国敬业、守法经营、创业创新、回报社会的表率。二是加强文化引领。以推动民营企业文化建设为着力点，开展河南省工商联民营企业文化建设交流互访活动，组织企业家到雏鹰农牧集团股份有限公司、好想你枣业股份有限公司观摩考察，学习企业文化建设经验，引导企业建设优秀企业文化。成立省工商联社会组织党委，增设非公有制经济党委办公室，充实商会党建工作的力量，加强非公有制经济领域党建工作，让党建成为引领民营企业文化建设的核心。三是大力开展宣传表彰。利用河南日报《产经天地》专栏、《河南工商界》内刊宣传民营企业和企业家先进典型。围绕省工商联十二次代表大会的召开，联合省电视台录制《我们这五年——十一届河南省工商联工作回眸》，制作宣传画册、展板，重点宣传展示全省民营经济和民营企业的发展成就。联合有关单位开展2017河南经济年度人物、2017中原十大公益慈善人物暨中原十大公益慈善组织评选活动，弘扬企业家精神，选树企业家典型。四是积极推动构建“亲”“清”政商关系。深入开展河南省工商界“反对贿赂、公平竞争”联盟活动，联合省纪委、省委统战部召开河南省“反对贿赂、公平竞争”构建“亲”“清”政商关系警示教育大会，省直有关部门和全省纪委、统战、工商联系统干部及民营企业家等300多人参会，引导民营企业做构建亲清政商关系的典范。五是引导履行社会责任。大力弘扬光彩精神，引导民营企业积极参与“光彩圆梦”“爱心包裹”等公益活动，积极履行社会责任。

三、积极调研参政

一是深入开展调查研究。围绕生产性服务业民营企业发展情况和降低实体经济企业综合成本等开展调研，形成高质量调研报告，针对民营企业发展存在的困难和问题，提出意见建议。其中《关于我省降低实体经济企业综合成本的调研报告》得到省委书记谢伏瞻、省长陈润儿、副省长张维宁的重要批示，推动有关部门研究出台企业减负政策。充分发挥调研监测点的作用，组织入库企业积极参与全国工商联民营企业系统调查，做好信息填报工作。二是积极参政议政。向省政协提交团体提案15件、大会发言6篇；提交省政协常委会发言3篇。其中，《关于引导社会力量参与百城建设提质工程的建议》《关于推进文化创新　加快构筑全国重要的文化高地的建议》被列为重点督办提案和优秀提案。通过省委、省政府召开的座谈会、征求意见会等形式，就促进经济社会发展积极建言献策。《关于加速建立河南申威产业基地和启动国家超级计算（郑州）中心立项申报的建议》，省委常委、常务副省长翁杰明批示发改委对接落实。反映企业用电成本过高问题得到重视，提出的建议被省发改委出台的有关文件采纳。编印《民企社情》12期，帮助企业解决实际问题。

四、服务民营企业转型升级

一是积极开展融资服务。打造融资服务新平台，支持成立全省首家银企应急转贷信息服务中心，为企业提供成本低、效率高的资金支持。自2017年5月成立至年底，为民营企业提供过桥资金8亿元。联合省金融办召开省金融支持应急转贷服务平台建设座谈会，邀请15家金融机构负责人参会，共同探讨银企与第三方平台对接合作机制。发挥省工商联小微企业服务中心、投资担保公司和省民营经济发展服务中心等平台作用，为中小微企业提供融资服务达100多亿元。二是积极开展经贸服务。积极参与拜祖大典、投洽会、产业转移对接会等重大经贸活动的邀商工作，邀请境内外客商396名，超额完成招商任务。成功举办“百名客商驻马店行”活动，签订招商项目协议11个，金额达621亿元，万邦农产品批发市场、亿利集团绿色环保、绿地集团城市综合体等项目已经落地。组织民营企业参加第十四届世界华商大会，与泰国泰中经贸促进总会、马来西亚青年商会、美国明尼苏达州商会等缔结友好商会，为企业“走出去”寻找新的发展商机。三是积极开展法律服务。召开全省工商联法律服务工作座谈会，联合省直有关部门和律师事务所组织开展法律服务进企业、进商会活动，为民营企业解疑释惑，依法维护民营企业合法权益。组织省物业商会参与《河南省物业管理条例》修订研讨会，参与立法协商。积极参与协调劳动关系三方会议，推动构建和谐劳动关系。四是积极开展政策信息服务。编发《政策信息》向小微企业免费发放。举办政策解读、宣讲报告会，在省工商联网站、《河南工商界》开设政策信息专栏，帮助民营企业了解政策，用好政策。五是积极开展互帮互学服务。落实省工商联《民营企业互帮互学意见》，充分发动商会组织、大企业、老企业、好企业，针对小微企业、初创企业、困难企业开展“传、帮、带、扶、拉、诊”活动。六是举办“2017河南民营企业100强发布会”。深入开展上规模民营企业调研，向全国工商联推荐的企业中，15家进入中国民营企业500强。在此基础上，发布了河南民营企业100强、制造业100强，比2016年新增发布现代农业100强、现代服务业30强，发布活动的公信力、影响力、关注度大大增强。调研分析报告得到省委副书记王炯的批示，调研成果被省委书记、省长在一些讲话中部分引用。

五、深入开展“千企帮千村”精准扶贫行动

制定了省工商联2017年深入推进脱贫攻坚工作方案，召开了全省“千企帮千村”精准扶贫行动向深度贫困地区倾斜推进会，举办了台账管理业务培训班。开展了“千企帮千村”精准扶贫专项督导，深入到精准扶贫一线、走村入户，到帮扶企业走访调研，核实数据，完善台账；主动查找台账统计中的不实存疑问题，组织多个调研组，到各市调研督导，核准项目数据。主动核查、建立责任制、严格精准台账管理的做法成效，受到全国工商联的充分肯定。截至2017年年底，全省进入“万企帮万村”精准扶贫行动全国台账管理的民营企业4 208家，精准帮扶5 917个村的39.71万建档立卡贫困人口，产业扶贫40.4亿元，公益捐赠2.1亿元，带动就业4.7万人，技能帮扶4.6万人，位居全国前列。

六、加强组织建设

一是加强“五好”县级工商联建设。召开推进会，开展互查督查，22个县级工商联被确认为省“五好”，48个被确认为全国“五好”。截至目前，全省共有省级“五好”122个，全国“五好”102个，省级“五好”占全省县级工商联总数的77.7%，超额完成了2014—2017年全省组织建设发展规划目标。二是开展创建“四好”商会活动。制订印发了河南省工商联“四好”商会建设工作实施方案，确认50家商会为全省工商联“四好”商会建设示范点。三是加强领导班子建设。制定了进一步发挥企业家执常委重要作用的意见、企业家执常委参加重要会议和重大活动的规定、进一步发挥企业家副主席副会长作用的意见，修订完善了省工商联（总商会）主席（会长）会议制度、省工商联（总商会）企业家副主席副会长履责述职制度，不断增强领导集体中企业家的责任意识。四是加强机关建设。充分发挥党组的领导核心作用，坚持理论学习中心组学习制度，落实全面从严治党要求，推动“两学一做”学习教育常态化、制度化，加强机关党的建设和党风廉政建设，贯彻落实中央八项规定实施细则、习近平总书记关于进一步纠正“四风”加强作风建设重要批示和省委、省政府贯彻落实中央八项规定实施细则的实施办法，不断改进工作作风。实施机关年轻干部素质提升工程，举办公文写作培训班，在焦裕禄干部学院举办机关党员干部“强党性、转作风、促提升”培训班，全面提升机关干部业务素质。

湖北省工商业联合会2017年工作总结

2017年，湖北省工商联在省委、省政府的坚强领导下，在全国工商联和省委统战部的有力指导下，带领全省广大非公有制经济人士紧紧围绕学习贯彻党的十九大精神主线，全面贯彻落实中央、省委的重大决策部署，围绕中心、服务大局，牢牢把握“两个健康”主题，各项工作在新的起点上取得新业绩。

一、强化思想政治工作，教育引导取得新成效

1. 学习贯彻党的十九大精神主动深入。按照中央和省委关于持续深入学习宣传贯彻党的十九大精神的总体要求和部署，全省各级工商联把学习宣传贯彻党的十九大精神作为首要政治任务来抓。党的十九大召开前，深入开展了“喜迎十九大，争创新业绩”活动。十九大召开期间和闭幕后，省工商联通过学习培训、专题报告、研讨交流、调研座谈等形式，第一时间组织企业家、商会负责人集中收听收看党的十九大开幕式，第一时间进行党组中心组专题学习，第一时间举办全省工商联系统和非公有制经济人士学习十九大精神宣讲会。省委常委、统战部部长尔肯江·吐拉洪亲自宣讲，与民营企业家代表互动交流，全省各级工商联、各商（协）会和广大非公有制经济人士迅速兴起学习贯彻党的十九大精神热潮。省工商联成立了22个宣讲小分队，进商会、进企业、进工厂、进车间、进工地宣讲52场次，直接听众2万多人。通过宣讲，增强了广大民营企业家的信念和信心，激发了投身新时代新征程的激情与活力。

2. 理想信念教育扎实有效。坚持鼓励支持和教育引导两手抓、关注思想困惑与解决实际困难相结合，推动教育实践活动经常化、长期化。举办全省新任县级工商联主席和党组书记培训班、年轻一代企业家培训班、“千企帮千村”精准扶贫研修班等各类培训69期，参训人员22 370人次。深入推进非公有制经济领域“七五”普法工作，组织开展“法律三进”系列活动，召开宣讲会、座谈会30场次，引导民营企业家守法经营，廉正兴业。制订了年轻一代教育培养工作计划，指导成立了省青年民营企业家联谊会。注重发挥基层商会主阵地作用，拓展细化具体活动内容，推广落实长效机制。通过讲好企业家故事，使广大非公有制经济人士较好地稳定了预期，提振了信心。

3. 新型政商关系构建持续推进。积极争取建立党委、人大、政府、政协领导联系商会、联系非公有制企业、联系非公有制经济代表人士制度，实行“点对点联系”“面对面交流”。与楚商联合会共同举办“亲”“清”政商座谈会，组织民营企业家走进省金融办、省监察厅等11家省直部门，开展政商对话活动，形成良好互动沟通效应，帮助企业解决了一批实际困难。加强与省委政法委、省检察院、省高院、省发改委、省经信委、省商务厅等部门沟通联系，畅通了民营企业意见诉求表达渠道和问题解决机制。

4. 弘扬优秀企业家精神亮点突出。召

开了“弘扬企业家精神，坚定理想信念”座谈会，组织新一届省工商联（总商会）领导班子成员以及直属商会负责人学习讨论中央25号文件，弘扬优秀企业家精神。调研整理民营企业创新发展典型案例，交流推广优秀民营企业的经验做法。在各地推荐和企业家自荐的基础上，隆重推出20名杰出楚商，引起强烈反响。

5. 非公党建工作成效明显。举办了省工商联非公党组织党建工作培训班，有效提升了党务工作能力和水平。扎实开展“百日巩固行动”。领导班子成员牵头，对前期摸底尚未建立党组织的商（协）会组织进行一对一帮扶督办，帮助指导22家商（协）会进行了党的组织和工作覆盖。

二、主动服务大局，促进发展彰显新作为

1. 第三届楚商大会成果丰硕。成功承办第三届楚商大会，王钦敏、蒋超良、王晓东等领导出席大会，柳传志、陈东升等1 200多名国内外楚商代表和知名企业家云集湖北，大会以“楚商回归、共建支点”为主题，隆重热烈、务实节俭、高效圆满。电视宣传片——《楚商走向新时代》，令现场观众深感鼓舞。举办了《新时代企业家精神与湖北建成支点、走在前列》主旨论坛和5个分论坛活动，现场成立了2亿元“一带一路”基金和10亿元激光产业基金，签约项目229个，签约金额4 917.9亿元，黄石、十堰、荆州、荆门、天门等地举办了分场活动。众多知名民营企业家与湖北各级党政领导展开面对面交流，共谋发展之策，共商合作大计。推动和指导楚商联合会与楚商协会合并，形成了统一的楚商平台，进一步壮大了楚商力量，提振了楚商信心，弘扬了楚商精神，扩大了楚商影响。

2. “千企帮千村”行动提质增效。联合省扶贫办、省财政厅等8个部门出台政策，从资金支持、税收优惠、表彰奖励等方面支持市场主体参与“千企帮千村”行动。与省农发行、省信用联社共同建立《“千企帮千村”行动民营企业名录》，促成信贷支持48家民营企业。在英山县召开全省“千企帮千村”行动现场推进会，组织民营企业与贫困村结对签约，签约总金额4 350万元，捐赠贫困地区资金440万元。截至2017年年底，全省有3281家民营企业结对帮扶3 604个建档立卡贫困村，累计投入资金44.5亿元，实施帮扶项目7 177个，吸纳就业3.59万人，技能培训4.64万人，辐射带动36.9万贫困人口。湖北省工商联“狠抓资源整合模式创新力促精准扶贫提质增效”荣获2017年省级“创新中国”工作特别奖，黄冈市英山县工商联“打造三大样本展现责任担当”荣获县区级“创新中国”工作特别奖。

3. 驻村扶贫取得新成绩。省工商联机关持续开展“我为精准脱贫办实事”活动，为扶贫点杨家河村投入30万元建光伏发电站，投入38.06万元建茶叶厂，部分企业家代表现场捐赠125万元，村经济收入增加近10万元。省工商联机关干部职工为贫困村捐款捐物，各支部党员代表进村入户开展走访慰问活动。省工商联扶贫工作队被评为全省2017年度工作突出的工作队。

4. 有形服务取得实效。与省委政法委、省检察院、省高院紧密联系，共同举办依法治企研修班，参与调处了湖北省湖南商会、尚格会展公司等矛盾纠纷案件，维护了合法权益，解决了实际困难。联合人行武汉分行出台了《关于金融支持民营企业发展的指导意见》，努力破解民营企业融资难、融资贵问题。在非公有制企业高级经济师任职资格评审工作中，225人通过面试评审，通过率89.6%。

5. 深化交流合作进展顺利。加强与省

外办、省商务厅、省贸促会等部门及外国驻汉领馆、海外工商社团的交流合作，为民营企业参与“一带一路”牵线搭桥，共同助力全省民营企业“走出去”。积极加强与境内外工商界人士和商会组织的联系沟通，组织民营企业参加世界华商大会、华创会等经贸活动，在马来西亚和新加坡建立了海外联络处，为民营企业扩大市场、寻找商机搭建了平台。

6. 通过各方共同努力，湖北民营经济蓬勃发展。截至2017年年底，全省私营企业个体工商户达到427.68万户，占全部市场主体总数的95.1%；预计2017年全省民营经济增加值20 060亿元，增速8.6%，占GDP比重约55%；民间投资完成19 645.15亿元，同比增长7.1%，占全省固定资产投资比重61.6%。全省19家企业入围2017中国民营企业500强，为历年最多，稳居中部第一。

三、积极建言献策，参政议政提升新影响

1. 调研工作深入扎实。坚持系统联动，围绕“非公有制经济供给侧结构性改革情况”主题开展了上规模民营企业运行情况、降低民营企业成本、双创政策落实情况第三方评估等重点课题调研，及时反映问题，提出意见建议，推动政策落实。《湖北民间投资调查与思考》被省委办公厅参阅件（2017年第10期）采用。《宜昌市工商联探索推行“八大平台服务法”》等文章被《全国工商联工作信息》采用。民营企业调查工作走在全国前列，与中南财经政法大学大数据研究院合作，在全国工商联系统率先发布民营经济景气指数，受到了全国政协、中央统战部、全国工商联等领导机关以及社会各界的普遍关注和好评。全国工商联总结推广了湖北省工商联民营企业调查工作经验做法。

2. 建言献策坦诚务实。积极参与《关于大力促进民营经济发展的若干意见》（鄂发〔2017〕9号）、《关于构建新型政商关系的意见》（鄂办发〔2017〕39号）文件的起草工作，将调研成果转化为省委、省政府支持民营经济发展的政策措施，为民营经济健康发展提供制度环境。向省政协大会提交了9份发言材料和16份提案材料，向全国工商联报送了4份提案线索。湖北省工商联《关于突破贸易技术壁垒推动农产品更好“走出去”的提案》《关于加强技能培训与产业对接提高劳动者供给质量的提案》荣获2017年度全国工商联系统优秀提案奖。省委双月座谈会、省政协协商会议等议政建言质量稳步提升，所提建议意见得到省领导的肯定。配合省政府督查室对全省营商环境进行了大督查，一批制约民营经济发展的突出问题得到较好解决。

3. 信息工作进位明显。创刊《湖北民营经济》，全年刊发21期。党务信息成绩在省直部门中排名第10，在省直统战系统、群团组织中均排名第一，被评为2017年度全省党委信息工作突出的单位。工作信息在全国工商联系统保持领先位次，在省直统战系统信息报送和采用数量也一直稳居第一。

四、坚持固本强基，自身建设实现新发展

1. 省工商联换届工作圆满完成。召开了省工商联第十二次代表大会，选举产生了新一届省工商联领导班子和执常委，顺利实现新老交替，一批政治强、知名度高、影响力大的企业家进入领导队伍，使工商联事业永葆生机与活力，为工商联在新时代再立新功提供了有力的组织领导保障。指导各级工商联圆满完成换届，通过换届换出了新气象、新作风、新作为。

2. 基层组织建设深入推进。省市县工商联三级联动，齐心协力，采取典型带动、协调联动、督办推动等办法，进一步巩固提升全省“五好”县级工商联建设成果。61家县级工商联被确认为全国“五好”，数量居全国第四。全国工商联在宜昌召开“五好”县级工商联建设现场座谈会，总结推广“湖北经验”。支持组建湖北省新疆商会，省级异地商会达25家。全省工商联所属商（协）会组织1 485个，其中行业组织395个；会员总数接近20万，企业会员和团体会员占比达到53.3%。

3. 改革工作向纵深推进。不折不扣落实全省共性改革任务，支持配合牵头单位开展重点项目改革。起草了《湖北省工商联系统服务供给侧结构性改革促进“两个健康”意见》《全省工商联系统所属商会改革发展意见》《省工商联所属商会负责人任职考核管理办法（试行）》，积极稳妥推进非公有制经济人士思想政治工作、民营经济服务工作、工商联所属商会改革，《省工商联2017年改革工作要点》确定的年度任务基本完成。《湖北省工商联系统服务供给侧结构性改革促进“两个健康”意见》，在全国工商联系统内属首创。

4. 机关建设不断加强。推进“两学一做”学习教育常态化、制度化，多种形式扎实开展党的十九大精神的学习宣传贯彻，组织开展两期青年干部大讲堂活动，顺利完成机关整体搬迁工作。认真做好巡视整改“回头看”，确保反馈问题整改到位、巡视成果运用到位。机关效能建设得到全面提升，干部队伍呈现新面貌，各项工作呈现新气象。

湖南省工商业联合会2017年工作总结

2017年，在省委、省政府的正确领导和全国工商联、省委统战部的具体指导下，省工商联全面贯彻落实中央和省委、省政府重大决策部署，牢牢把握促进“两个健康”工作主题，坚持团结、服务、引导、教育方针，围绕中心、服务大局，开拓创新、求实求为，较好地完成了年初确定的工作任务，为推进湖南“创新引领、开放崛起”和建设“五个强省”做出了积极贡献。

一、强化思想政治工作，教育引导取得新成效

一是学习党的十九大精神主动深入。认真推进党的十九大精神的学习宣传和贯彻落实，推出“湘商心语”“喜迎十九大”“蓝图绘就加油干”宣传专题；召开“学习贯彻十九大精神、有力促进两个健康”座谈会；邀请知名专家、企业家，举办4期“湘商大讲堂”；组织十九大精神进企业、进商会、进基层宣讲活动，将思想和行动切实统一到十九大精神上来。在非公经济人士中开展以“守法诚信、坚定信心”为重点的理想信念教育实践活动和“两学一助”学习教育，不断增强非公经济人士发展的信心、改革的决心、奋斗的恒心。

二是新型政商关系构建持续推进。加强了与省检察院、省高院的沟通与配合；健全厅际合作机制，加强与省经信委、省发改委、省商务厅、省贸促会等部门的合作，畅通企业意见诉求表达渠道和问题解决机制。出台《湖南省工商联机关践行亲清新型政商关系“九严禁”》，为工商联机关干部践行“亲”“清”政商关系划出行为底线、提供交往标尺，引导非公经济人士自觉做“亲”“清”政商关系的践行者、维护者。

三是商协会党建焕发活力。成立中共湖南省工商联商会协会委员会，组建管理52家直属商协会党组织。完善工商联党员干部联点制度和指导员制度，建立46个党员干部联系点，选派75名干部任党建指导员。组织商协会党组织和原直管企业党组织开展“聚力脱贫攻坚——党组织在行动”主题活动，53家单位对口帮扶武陵山片区30个贫困县的83个建档立卡贫困村。

四是扶贫济困彰显作为。组织民营企业积极参与“万企帮万村”精准扶贫行动，全省有4 574家民营企业精准对接5 052个贫困村，投资金额93.5亿元，实施8 574个项目，带动贫困人口60余万人，工作成效得到国务院扶贫办、全国工商联的充分肯定。广泛发动非公经济人士踊跃投入抗洪救灾和灾后重建，全省民营企业和商协会（含省外湖南商会）捐款捐物折价共3.2亿元。

二、积极建言献策，参政议政提升新影响

一是调查研究深入扎实。在全省工商联系统继续开展优秀调研成果评选工作，广泛凝聚参政议政的智慧和力量。全年开展了非公有制企业推动湖南开放崛起情况、上规模民营企业运行情况、贯彻发展新理念转型升级补短板以及工商联会员发展情况等重点调研，调研成果得到党委政府的高度重视和积极采纳，其中3篇调研报告获省部级以上领导批示，2篇调研报告获全国工商联优秀调研成果评选一等奖、三等奖，荣获全国工商联“辉煌历程、砥砺前行”征文活动组织奖。建立600多个民营企业信息直报点，有效开展民营企业调查分析研究。

二是建言献策坦诚务实。参加政党协商活动5次，参与承办省政协专题协商会2次。联合长沙、岳阳、益阳、常德等市工商联完成了环洞庭湖区生态环境保护民主监督调研课题。工商联界别委员提交省政协个人提案62件；省工商联提交省政协集体提案10件、大会发言2件，其中3件提案得到省领导批示，1件提案评为省政协优秀提案。办理省人大代表建议和省政协委员提案7件，答复满意率100%。

三是优化环境积极呼吁。参与降低实体经济企业综合成本调研；参与省政协优化非公经济发展法治环境民主监督课题调研和协商；与省优化办联合开展“对接北上广优化大环境”调研，向省委省政府提出有关建议。筛选20家会员企业，向省优化办推荐担任2018—2020年省优化经济发展环境监督测评点和监督测评员，参与对市州政府、省直职能部门和园区的经济发展环境监督测评，有力促进了营商环境的改善。

三、主动服务大局，促进发展彰显新作为

一是推动湘商回湘、湘商兴湘有声有色。实施“湘商兴湘”三年行动，召开“迎老乡、回故乡、建家乡”共建新湖南工作推进会以及东北片区、西南片区、华中片区和西北片区湘商代表座谈会，发布500个重点合作项目，达成50个合作意向。成功牵头承办第八届湘商大会暨第五届湘南投洽会，大会签约合同投资项目196个，投资总额1 808.5亿元，引进资金1 798亿元。

二是助力创新引领、开放崛起求实求为。积极推动民营企业对接500强提升产业链，对中国500强企业在湘情况进行摸底，与省发改委、省经信委、省财政厅等部门联合发文明确对新进500强企业的奖励办法，争取2018年全国工商联支持中国民企500强携手湖南助推中部崛起活动。引导和服务民营企业参与“一带一路”建设，组织4批次60多家企业出访海外，支持成立菲律宾湖南商会、大洋洲湖南省工商业联合会，与缅甸中华总商会、加拿大中国商会等6家境外商会缔结友好协议。组织企业参加港洽周、第十四届世界华商大会、第十届中博会、第四届中俄博览会、第二十届中国国际投资贸易洽谈会、“一带一路，共创新丝路”投资推广研讨会、第十届中国国际中小企业交易会、2017中国民营企业500强发布暨民营经济发展峰会等经贸活动，促进一批项目签约。贯彻落实省委“芙蓉人才计划”，率先在全国组织开展非公经济领域高级职称评审工作，全国工商联专发二期简报推介，荣获中央统战部实践创新奖。

三是开展法律服务、企业维权尽心尽力。举办非公企业法律风险管理培训，组织小型法律知识讲座10场，培训会员近千人次。与省检察院共同推动市州落实检察官驻同级工商联挂职制度，此项工作属全国首创；与省法学会法治反腐研究会举办了“非公经济涉腐防控论坛”。积极组织法律专家对涉企债务纠纷、合同诈骗、合同纠纷等提供咨询和法律建议10多起。我省“首创立体化服务模式、全力打造法治工商联”的做法，荣获2017年度“创新中国”工商联（商会）工作特别奖。

四、坚持固本强基，自身建设实现新发展

一是省工商联换届工作圆满完成。召开了省工商联第十二次代表大会，选举产生47名领导班子成员、129名常委会组成人员和322名执委，一批思想政治强、行业代表性强、参政议政能力强、社会信誉好的非公经济代表人士进入工商联领导班子和领导机构。

二是基层组织建设深入推进。持之以恒抓好县级工商联建设，组织县级工商联申报全国、省“五好县级工商联”，全国工商联评定确认湖南省全国“五好”县级工商联39家，省联评定确认全省“五好”县级工商联23家。组织编印《商协会工作应知应会手册》，在各级工商联商会中开展“四好”商会建设工作，促进商协会建设规范化。畅通商协会沟通联系渠道，建立会长、秘书长联席会议制度，举办商会秘书长培训班。目前，省工商联联系的省外境内异地湖南商会达到277家，国外境外湖南商会28家，省内异地商会（省级）24家，直属行业商协会42家。

三是干部队伍建设从严从实。严格落实中央“八项规定”、省委“九项规定”等要求，持续推进党风廉政建设，认真履行全面从严治党主体责任，接受省委第五巡视组的巡视整改督查，组织开展巡视整改落实情况回头看，认真抓好整改，确保各项整改任务落到实处。推进“两学一做”学习教育常态化、制度化，多种形式扎实开展党的十九大精神的学习宣传贯彻，不断提高党员干部政治理论水平。加强基层党支部标准化建设，充分发挥机关党建在全局工作中的服务、推动和保障作用。制定、修订公务用车、机要文件管理、固定资产管理、公务接待管理等20项制度，机关管理制度化、规范化水平进一步提升。

同时，我们也要看到，非公经济发展仍面临诸多挑战，“三门”“三山”问题有待推进破解，部分企业生产经营困难加剧。更要清醒看到，工商联自身工作还存在许多不足，服务和促进“两个健康”的方式方法及实效性有待提升；部分县级工商联基础还很薄弱；商会建设规范化水平亟须加强；干部队伍素质、能力和作风建设有待进一步加强。对于这些问题，要高度重视，切实加以解决。

广东省工商业联合会2017年工作总结

2017年，广东省工商联紧紧围绕迎接十九大、学习贯彻十九大精神这条主线，坚持以习近平新时代中国特色社会主义思想为指导，认真贯彻落实习近平总书记对广东工作重要批示精神及省委省政府的决策部署，围绕中心、服务大局，坚持稳中求进工作总基调，紧扣“两个健康”主题，突出引导凝聚共识，创新服务促进发展，奋力作为优化环境，狠抓作风夯实基础，各项工作稳步推进，取得良好成效。

一、深入学习贯彻党的十九大精神

把学习宣传贯彻党的十九大精神作为首要政治任务来抓，第一时间召开党组中心组专题学习会、主席会，制订学习方案，开展培训专题学。牢牢把握学懂弄通做实要求，把学习贯彻党的十九大精神与学习《习近平谈治国理政》第二卷结合起来，与学习党章结合起来，与学习贯彻习近平总书记对广东工作重要批示精神和中央25号文精神结合起来，与学习贯彻全国工商联十二次代表大会精神结合起来，用习近平新时代中国特色社会主义思想武装头脑，凝聚力量。据不完全统计，全省工商联系统共举办学习会、宣讲会、培训班等各类专题学习活动1 000多场次，10万多人次参加培训。

二、非公有制经济人士思想政治工作全面加强

理想信念教育扎实有效。把学习贯彻党的十九大精神和弘扬优秀企业家精神作为非公有制经济人士思想政治工作的重要内容，创新开展理想信念教育实践活动，教育引导广大非公有制经济人士坚决听党话、跟党走，进一步筑牢“四个意识”，增强“四个自信”。加强对年轻一代企业家的理想信念教育，评选表彰100位新生代非公有制经济人士文明使者，并召开经验交流会。与省委统战部联合举办广东省新生代非公有制经济人士培训班暨全省优秀民营企业家培训班，星级商会协会会长、秘书长培训班等，着力培育商协会带头人、民营企业领军人物和新生代非公有制经济人士后备队伍。加强与广东电视台、南方日报等省主流媒体和中华工商时报沟通联系与合作，利用网站、微信、简报、《广东商会工作》《新粤商》等自有平台，全方位、多渠道加大宣传力度，积极营造良好氛围。

弘扬优秀企业家精神亮点突出。把弘扬企业家精神作为激发民营企业创新创业的精神动力来抓，积极挖掘宣传可信、可比、可学的优秀企业家典型。成功承办2017粤商大会，中央统战部副部长、全国工商联党组书记徐乐江，省委副书记、省长马兴瑞等领导出席大会，海内外1 000多名粤商代表参加，大会以“弘扬粤商精神，引领创新发展”为主题，在海内外引起强烈反响。联合广东电视台打造高端经济访谈公益栏目《风云粤商》，对话知名企业家，树立先进典型，弘扬粤商精神。

非公党建工作成效明显。通过加强对企业出资人的教育引导、积极推广“商协会+会员企业”的组建模式、强化党组织孵化器建设、派出党建指导员、建立工青妇组织等方式，扎实推进“两个覆盖”。深入开展园区党建工作，指导各级园区打造党群服务中心，实现党建阵地建设一体化和服务方式社会化。目前全省非公有制企业党组织达3.7万多个，覆盖企业21万多家，组织覆盖率达82.5%；112家以非公有制企业和非公有制经济人士为主体的省级商协会纳入工作指导，工作覆盖率达100%，组织覆盖率超过85%。加强非公党建理论研究，7篇调研成果获“全国非公党建优秀调研成果”奖，居全国第二位。

精准扶贫稳步推进。根据全国工商联“万企帮万村”部署，精心组织扶贫行动，深入推进社会主义新农村建设，向民营企业家发出“聚焦贫困人口　助力脱贫攻坚”倡议。全省已有1 256家民营企业结对帮扶1 316个建档立卡贫困村，实施精准扶贫项目1 696个、投入资金4.5亿元，帮助38万多贫困人口加快脱贫进程。仅2017年广东扶贫济困日活动中，全省民营企业捐款就达22.6亿元。

三、助力非公有制经济蓬勃发展

大型骨干企业成长迅速。入围“2017中国民营企业500强”榜单数量大幅提升，分别有60家、52家、20家入围民营企业500强、制造业500强、服务业100强，较上年分别增长20%、40%和5%。新增10家企业入围中国民营企业500强，9家企业年营业收入超千亿元，占全部超千亿企业的1/3，新增企业数和超千亿元企业数均居全国第一。开展“2017广东省百强民营企业”排序表彰活动，入围门槛、入围企业营业收入总额、资产总额、利润水平较上年度有较大提升，社会贡献继续加大，产业结构进一步优化。

经贸科技金融服务取得实效。积极开展省外经贸对接，拓展民企发展空间。组织知名民营企业家到黑龙江省开展对口交流合作，签订合作框架协议，初步达成投资意向230亿元。组织民营企业参加山西、吉林、贵州等10多场推介活动。积极试点探索与县级政府合作，促进产业共建。加强科技综合服务，积极向全国工商联推荐申报科技成果和科技创新人才，帮助企业申请科技资金。加强对军民融合发展工作的指导和统筹协调，搭建军民融合发展民间智库。加强金融服务，为民营企业搭建融资平台。截至2017年年底，省工商联合作金融机构共为18万多户民营企业提供融资服务，融资发放额共计1.8万亿元，总计民营企业贷款余额2.1万亿元。

深化交流合作进展顺利。加强与省外办、商务厅等部门及外国驻穗领馆、海外工商社团的交流合作，为民营企业参与“一带一路”牵线搭桥。举办第四届各国驻穗领事官员广东民企行活动，组织会员企业参加“一带一路投资合作交流会”“2017海丝博览会”等经贸交流活动。积极参加港澳工商社团举办的各类友好交流及投资推介活动，巩固与港澳友好商会的传统友谊，推动粤港澳合作深度发展。参与举办第18次粤港澳主要商会高层圆桌会议，为粤港澳大湾区建设献计出力。

四、推动营商环境持续优化

积极推动构建“亲”“清”新型政商关系。积极参与“粤商·省长面对面”座谈会，推动建立政府与企业家直接对话沟通机制。在全省开展2017年营商环境主观评价调研，为省委省政府决策提供参考。引导民营企业家自觉践行“亲”“清”新型政商关系。

调查研究工作成绩喜人。组织开展降低民营实体经济企业综合成本、大众创业万众创新政策措施落实情况第三方评估等重点课题调研，推动政策落地。向全国、全省两会报送建议提案，《坚持制造业立省不动摇　推动以制造业为重点的实体经济发展的建议》被列入省委主要领导重点督办提案。5篇调研成果获2017年全国工商联优秀调研成果奖，其中《广东民营企业代际传承的现状特点及对民营经济发展的影响》《广东省民营经济发展领先趋势研究》两篇调研报告荣获一等奖，占一等奖总数的1/5强。

法律维权服务创新推进。投诉维权机制建设获重大进展，推动省人大修订《广东省企业和企业经营者权益保护条例》。参与国家、省重大领域法律法规和有关政策的修订24项。参与广交会投诉工作站调解工作，共主持调解案件19宗。发挥三方协调机制作用，加强劳资纠纷多元化解机制建设，开展民营企业劳动关系状况监测。加强法治宣传教育，推进“七五”普法和“法律三进”，开展创建“法治文化建设示范企业”、“守法诚信　共促和谐”法律宣传月、“以法兴企”文化沙龙等活动。2017年，全省受理民营企业投诉机构共接到投诉、咨询、求助等256（宗）次，为企业提供维权协助等法律服务137（宗）次。

五、工商联组织基础不断夯实

圆满完成换届工作。圆满召开省工商联（总商会）第十二次代表大会，大会选举产生了新一届省工商联领导班子和执常委，顺利实现新老交替，更多年纪轻、知名度高、影响力大的企业家进入领导队伍。

基层基础建设取得新成效。省市县工商联三级联动，齐心协力，共同抓好“五好”县级工商联建设。全省共有136家（次）县级工商联被认定为全国“五好”，99家被认定为省“五好”，东莞、中山确认37个省“五好”镇街工商联（商会）。全面推动工商联商协会改革发展，评定2017年“优秀商会示范点”暨“四好商会”79家。积极吸收省外广东商会等商会组织为团体会员，扩大组织基础。目前，全省工商联会员达35.49万个、商会组织达2 331个。

工作效能得到新提升。按照全面从严治党的要求，推进“两学一做”教育实践活动制度化、常态化，积极推进工商联干部队伍建设。

广西壮族自治区工商业联合会2017年工作总结

2017年来，广西各级工商联深入学习贯彻中共十八大、十九大精神，认真学习宣传习近平总书记新时代中国特色社会主义思想，深入学习贯彻习近平总书记视察广西重要讲话精神，坚决贯彻落实自治区党委、政府和全国工商联的决策部署，坚持“两个健康”工作主题，推动全区工商联工作不断取得新业绩。

一、推进理想信念教育实践活动全面深化

一是开展理论方针政策学习培训坚定信心。先后举办5期商会讲坛，就《自治区人民政府关于降低实体经济企业成本若干措施的意见》《互联互通·平台共享》

等进行辅导。到中央社会主义学院举办广西工商联年轻一代非公有制经济代表人士培训班，加强对年轻一代非公有制经济代表人士的教育培养。组织民营企业家学习贯彻《中共中央　国务院关于营造企业家健康成长环境弘扬优秀企业家精神更好发挥企业家作用的意见》精神。二是参与非公有制企业党建工作加强政治引领。举办“自治区工商联直属商会、相关会员企业党组织书记、党务工作者示范培训班”，促进直属商会党建工作和组织能力提升。三是挖掘和宣传先进典型示范带动。开展民营企业文化示范点建设，对31家符合条件的典型企业进行公告，对广西裕达集团等6家企业进行专版宣传。组织新闻媒体对新奥集团、中民投集团、洋浦南华糖业集团、金福农业等9家民营企业开展“万企帮万村”事迹进行专版宣传。四是开展法律“三进”活动引导民营企业诚信守法。开展了2017年涉嫌非法集资广告咨询信息排查清理活动和预付卡领域非法集资风险专项排查工作。

二、服务自治区党委政府中心工作富有成效

一是开展“民企入桂”，引导国内知名民营企业助力广西经济社会发展。协调联系参与中民投、恒大集团、碧桂园集团、深圳博尔思公司等知名民企，分别到南宁、北海、河池、崇左等地开展项目考察5批（次），到企业总部考察2次。二是参与承办第二届中国—东盟商会领袖高峰论坛。邀请全国工商联领导和区内外民营企业家、商协会的商界精英约120人参加论坛。三是做好第14届中国—东盟“两会”有关工作。组织区内400多家民营企业参加5个东盟国家推介会，接待“两会”重要宾客12位。四是完成自治区政府分配的邀商任务。组织3 012家企业参加2017年广西投资合作项目（上海）推介洽谈活动，组织18家企业参加在西安举行的广西农业投资合作项目洽谈会活动，组织20家企业参加在南宁举行的2017年广西农业项目投资合作对接洽谈会。五是参与组织举办2017环广西公路自行车世界巡回赛。

三、促进服务非公有制经济健康发展成果丰硕

一是引导民营企业参与供给侧结构性改革。举行“广西民营企业参与优化农业供给侧结构提高农产品质量和竞争力现场交流会”。二是引导民营企业参与“一带一路”建设。组织北海、钦州、贵港、百色等四市工商联和部分民营企业到缅甸参加第十四届世界华商大会，并出访泰国。组织广西佳信企业投资集团等民营企业出访菲律宾，推动企业合作。组织北海、河池等市工商联和部分企业家赴澳门参加“世界旅游经济论坛”。三是参与协调劳动关系促进社会和谐稳定。举办“全区工商联促进民营企业和谐劳动关系发展现场交流会”和“2017年全区劳动人事争议调解员培训班”，推动构建和谐劳动关系。四是帮助解决民营企业发展难题。为新奥、中民投项目与市县政府及有关部门对接协调，推进项目进程，牵头汇总中民投公司在广西投资项目落实情况。发动民营企业家登录广西非公有制经济服务互联网平台，协助解决民营企业在该平台民营企业所反映的有关问题。五是为民营企业加强法律服务。在南宁东博国际五金机电城、研祥智谷开展法律三进企业服务业活动，邀请法律专家为民营企业讲解《公司法》与《劳动合同法》有关问题。充分发挥广西民营企业法律风险防范与救助机制平台作用，共协调或解决本区民营企业反映的涉及媒体错误报道、债务人失联等方面的经济纠纷和法律诉求13例，接访走访人员35人次。

四、参与“万企帮万村”精准扶贫行动扎实推进

一是引导民营企业参与“万企帮万村”精准扶贫行动。

广西共有2 394家民营企业参与帮扶贫困村2 717个，实施帮扶项目4 496项，企业投入总金额超过13亿元，受帮扶贫困人数超过40万人。泛海集团根据与自治区政府签订的协议落实捐款5 000万元、新奥集团捐赠1 800万元资金用于助学，碧桂园开展苗木产业、技能培训帮扶。广西洋浦南华糖业、金福农业、梧州茂圣、扬翔股份、新振锰业、菜进万家等6家企业获“万企帮万村”精准扶贫行动先进民营企业荣誉。二是推进定点村扶贫工作。自治区工商联扶贫定点村隆安县团结村、龙弟村、刘家村，得到中民投集团资助200万元建设光伏发电项目，得到南宁研祥公司、洋浦南华集团、广西女商会、浙江商业城等捐赠款物，支持基础设施和产业项目建设，得到中国光彩会支持77万元完善团结村排洪工程。三是发挥广西和合基金会公益平台作用。接受企业捐赠资金共1 750万元，已做好资助资金安排1 682万元，支付资助款852万元，在龙州、天等、金秀、忻城4个县开办4个初中“和合班”，在隆林等17个贫困县34个贫困村开办18个“泛海和合班”。

五、履行政治协商、参政议政、民主监督职能卓有成效

一是重点课题调研圆满完成。完成参政议政课题《广西新型农业经营主体助农增收实证研究》调研报告；参加“完善广西非公有制经济产权保护制度研究”课题调研；参加自治区检察院与各民主党派、无党派人士代表组成的联合调研组，开展“关于检察机关加强生态环境和司法资源保护情况”专题调研。完成《2017广西壮族自治区上规模民营企业调研分析报告》。二是参与有关政策、法规的制定和执行取得成效。对自治区党委、自治区人民区政府《关于完善产权保护制度依法保护产权的实施意见》等4个政策法规提出修改意见。三是参与政治协商建言务实。参加自治区党委政党协商会议4次，政府协商会议1次，政协协商会议2次，参加自治区检察院举办“各民主党派、工商联、无党派人士代表座谈会”。四是提案及社情民意信息报送质量不断提高。报送社情民意信息，向自治区党委报送49篇，向自治区政协报送20篇，被采用7篇。五是开展民营经济运行分析工作扎实推进。配合全国工商联开展“2016年民营企业运行状况及2017年企业家预期”等3项专项调查，完成《2016年广西民营经济发展报告》的编撰工作。

六、加强工商联自身组织建设稳步提升

一是各级工商联领导班子建设有效加强。做好各级工商联执委执、常委培训培养有关工作，与自治区党委统战部在百色干部学院举办的广西地级市工商联主席、党组书记培训班；在广西社会主义学院举办自治区工商联新任执委培训班。二是基层工商联组织建设有力推进。开展全区和全国“五好”县级工商联创建工作，全区111个县级工商联累计已有87家先后获认定广西“五好”县级工商联，占全区的78.4%，全区先后有68家县级工商联获确认为全国“五好”县级工商联，占全区的61%。三是基层商会规范建设逐步提高规范。推动乡镇商会注册登记，新增注册11家乡镇商会。开展“四好”商会创建工作，确认全区28家商会组织为2017年广西“四好”商会。四是会员队伍建设不断优化。全区现有会84 502个，其中企业会员24 146个，会员结构不断优化。五是机关自身建设持续加强。建立健全机关内部管理制度，落实全面从严治党主体责任，扎实开展“两学一做”学习教育常态化、制度化活动，抓好党风廉政责任制工作落实，严格按“亲”“清”新型政商关系要求与民营企业打交道，加强机关文化建设，增强机关的凝聚力、向心力。

海南省工商业联合会2017年工作总结

2017年，海南省工商联（总商会）坚持“两个不动摇”，紧扣“两个健康”工作主题，开展理想信念教育实践活动，做好省工商联换届工作，引导民企参与全省脱贫攻坚战，积极参政议政建言献策，搭建服务经济平台，加强“五好”县级工商联和“四好”商会组织建设，抓好非公有制企业党建规范化建设，促进全省非公经济健康发展和非公经济人士健康成长。

一、牢固树立“四个意识”，不断强化政治引领

深入学习贯彻党的十九大精神，促进非公有制经济人士健康成长。省工商联周密部署，推动党的十九大精神进机关、进企业、进商会。分四个片区开展“以习近平新时代中国特色社会主义思想为引领，为决胜全面建成小康社会、加快建设美好新海南不懈奋斗”为主题的十九大精神系列宣讲活动，组织省工商联会员企业、商协会及企业党组织负责人、各市县工商联民营企业代表等近1 000人参加。全年共组织非公有制经济人士学习宣传党的十九大精神专题学习报告会5场，参加省委统战部等部门的报告会5场，发放学习资料1 000余册，覆盖全省18个市县工商联机关干部、非公有制经济人士5 000余人。专职会领导分别深入市县民营企业、商协会和扶贫督导点进行宣讲。

注重正面引导，筑牢理想信念基石。在儋州、三亚、琼海、海口分别开展省工商联系统“学习海南省第七次党代会精神，为加快建设美好新海南贡献力量”主题宣讲活动，推进省第七次党代会，省委七届二次、三次全会精神宣传学习。以“守法诚信、坚定信心”为重点，开展理想信念教育实践活动，先后在浙江大学、省政法学院分别举办新一届工商联主席党组书记培训班和非公有制经济代表人士学习十九大精神和省第七次党代会精神培训班。

做好政治安排，顺利实现政治交接。2017年7月22日，顺利召开海南省工商业联合会第八次代表大会，会议审议通过了工作报告，选举新一届执委会和领导班子，圆满完成了省工商联（总商会）换届工作，顺利实现政治交接。换届后，执委会队伍结构进一步优化，285名执委中非公有制经济人士225名，占79%，覆盖全省19个市县。中央统战部对海南省工商联（总商会）换届工作给予高度评价。做好省政协“工商业联合会”界别委员人选的初始推荐提名和考察工作，以及其他非公有制经济人士政协委员推荐人选的考察工作。

二、优化发展环境，捍卫“两个毫不动摇”

深入开展系列调研。组织开展海南省非公有制中小企业生存状况专题调研，与海南大学马克思主义学院共同开展省非公有制企业党建工作调研，编制海南省2016年非公有制经济发展蓝皮书，向全国工商联报送了海南省2016年非公有制经济发展情况报告、2017年上半年非公有制经济发展情况分析及3家企业发展典型案例，大力推进民营企业调查系统工作。

积极建言献策。调研形成了《关于加强海南省中小企业服务平台建设的建议》等8个政协提案和1篇大会发言，其中《关于支持小额贷款公司健康发展的提案》被全国工商联采用，《关于在海南兴建国家级贝壳文化博物馆的建议》被住琼全国政协委员采纳，分别作为团体提案和联名提案报送全国政协。

深入开展大研讨大行动。召开省非公有制经济领域“深入学习贯彻习近平总书记视察海南时的重要讲话精神，建设美好新海南”座谈会，省委常委、统战部部长张韵声出席并讲话。党组书记郭全茂在研讨中撰写了《找准五个定位，扛起使命担当》研讨文章。主席景柱提出《关于加强海南省工商联（总商会）建设，助推海南经济大发展的三个建议》和《全面深化改革开放、培育海南总部经济的建议》，省委书记刘赐贵、省长沈晓明分别作出重要批示。在省委与各民主党派省委会、省工商联新一届领导班子成员和各民主党派省委会离任主委、省工商联离任主席座谈会上，景柱主席报告了《中共湖北省委湖北省人民政府关于大力促进民营经济发展的若干意见》的先进做法，得到省委书记刘赐贵、省长沈晓明充分肯定，要求省工商联立即组织深入调研，尽快草拟海南省关于促进民营经济发展的若干意见（初稿）。先后组织市县工商联负责人、民营企业代表和商会协会代表开展13次学习研讨会，收集意见建议82条，撰写19篇调研文章汇编成册，总数超11万字。

三、坚持新发展理念，服务助推经济发展

积极搭平台促招商。配合省政府开展北京、厦门等重点招商及2017年海南省综合招商工作，与保亭县政府联合组织开展“民企助推海南县域经济发展——保亭行”招商推介活动。参与2017年中国（海南）国际热带农产品冬季交易会并完成招商布展工作。

积极落实国家“走出去”战略和“一带一路”建设。配合省委、省政府做好出访菲律宾、印尼、柬埔寨、新加坡、马来西亚、泰国等国的相关工作。与美国海商会合作举办中美商贸投资介绍会。组团参加在缅甸举行的第十四届世界华商大会。

四、促进“两个健康”，激发非公经济活力

宣传优秀企业家，弘扬特区精神。与省委统战部、海南日报联合推出《海商风采》栏目，重点宣传海南省非公有制经济领域发展成果，充分展现民营企业家干事创业的良好风范。

积极谋划服务企业发展。组织召开美丽乡村建设企业座谈会，形成《省工商联（总商会）美丽乡村建设联盟情况报告》。开展助力“美丽海南百镇千村”建设，调研报告中提出的“点状供地”建议被《海南省人民政府关于进一步加强土地宏观调控提升土地效益的意见》采纳。组织开展民营企业上规模调研，推荐企业参加“全国民营企业500强”评选。积极引导民企融入海南省十二个重点产业、六类产业园区、“美丽海南百镇千村”、县域经济发展中。

积极维护民企合法权益。与省高院联合印发《关于建立全省法院、工商联及商会涉及非公有制企业商事纠纷诉讼与调解对接工作机制的意见》，推动出台《关于建立海口市商会组织人民调解工作机制的意见》，推动3家省级商会人民调解委员会及1个市级工商联人民调解委员会正式挂牌，8家商会人民调解委员会正在筹备成立。组织调处海南椰岛生物工程公司厂房和设备拆迁、蒙古大营餐饮有限公司拆迁经济补偿等维权个案10多例。推动诚信体系建设工作，在省工商联专设全国信用信息共享平台（海南）查询端口。

五、广泛发动民企，决胜扶贫攻坚

推进“百企帮百村，千企扶千户”行动提质增效。建立会领导包干负责联系市县制度，提出推进“百企帮百村”精准扶贫行动的8条指导意见。推动民企定点扶贫和村企结对帮扶工作，开展“百企帮百村”扶贫工作督查。发掘和推荐民企扶贫典型，海南中丝发展有限公司、海南广鑫牧业有限公司被评为全国“万企帮万村”精准扶贫行动先进民营企业。联合省农发行，为扶贫龙头企业提供融资支持。组织开展“海南中小微企业成长工程——百镇千企行”扶贫专场融资对接会。2017年，海南省进入“万企帮万村”精准扶贫台账管理系统的民营企业792家，投入资金总额约2亿元，帮扶贫困人数约3.4万人，涉及578个村委会。

探索创新模式，为扶贫攻坚提供有益借鉴。创新精准扶贫新模式，探索出“公司+农户”“合作社+贫困户”“公司+农村专业合作社+农民（贫困户）”“政府+贫困户+龙头企业”“公司+党支部+合作社+农户（贫困户）+农村淘宝”等扶贫模式，以及对贫困户定向招聘、季节性临时用工、用工与技能培训结合等就业扶贫模式。

积极推进机关定点扶贫工作。筹集资金141.6万元用于支持本会定点扶贫点五指山市南圣镇牙南村开展光伏发电扶贫项目和支持树仔菜基地等产业扶贫项目建设。积极推进乐东县抱平、西黎、三柏三个对口扶贫村的光伏发电项目和“互联网+智能光网示范村”扶贫项目，并向省光彩会申请投入35万元，支持贫困村五脚猪和黑山羊养殖、益智苗种植等。

六、加强组织建设，扩大工作覆盖面

“五好”县级工商联建设进一步提升。海南省琼海、定安、澄迈、临高、白沙、昌江、琼中等7个市县工商联被全国工商联确认为2017年全国“五好”县级工商联。

会员队伍进一步壮大。截至2017年，省工商联现有会员101 191个，其中企业会员28 122个，个人会员72 799个，团体会员270个。

联系指导商会协会工作进一步加强。在本会加挂商会协会处牌子。专职会领导带队对省内20多家异地商会和行业协会进行走访调研，出席各商会协会举办的相关活动，加强与各商会协会的工作联系。

七、推进非公党建工作，助推民企健康发展

党建思想基础不断夯实。指导企业党组织深入学习宣传十九大精神和省第七次党代会精神，举办2017年省工商联直属会员企业党组织书记培训班，全年共发展预备党员44名，预备党员转正32人。

党建工作力度不断加强。召开省工商联直属会员企业党委“七一”表彰大会，对警盾党总支等10个先进党组织、许琼富等20名优秀党务工作者、王艳侠等20名优秀党员进行表彰。指导和审批主健医学党总支等基层党组织换届、改选工作，指导海南珠江格瑞物业有限公司等50多家企业成立党组织，开展省工商联执委会企业党建情况摸底工作。

党建服务机制不断完善。完善党员信息库建设，加强对企业党组织和党员的管理；向56个基层党组织发放非公党建经费和党组织书记工作津贴61.6万元；投入26万余元党建经费用于党员教育培训、表彰奖励、走访慰问补助困难党员和党组织活动。

八、扎实推进“两学一做”学习教育常态化，不断加强机关自身建设

加强政治学习，不断强化政治意识。深入学习贯彻党的十九大精神和省第七次党代会精神，深入开展“大研讨大行动”活动，认真学习领会习近平总书记系列重要讲话精神和治国理政新理念新思想新战略，尤其是参加政协民建、工商联界联组会讲话精神，不断强化四个意识。

进一步加强机关制度建设和制度管理。修订并严格执行党组会议制度、会议活动制度、财务管理制度、公务用车使用管理制度等，不断加强基础工作，规范日常工作，突出重点工作，坚持按制度来、按程序走、按规矩办。

加强廉政建设，不断改进机关作风。抓好党风廉政教育，成立党风廉政建设领导小组，积极开展廉政教育月活动，党组书记与各处室签订党风廉政建设和反腐败工作责任状，坚决落实中央八项规定和省委“二十条”规定精神，落实全面从严治党目标责任制。在省直机关工委全面从严治党目标责任制评比考核中，本会荣获三等奖。

重庆市工商业联合会2017年工作总结

认真学习宣传党的十九大精神。市工商联机关采取党组中心组集中学、融入党建专题学、纳入培训分期学、召开会议讨论学的“四学”方式带头学习。组织“榜样面对面”宣讲分团开展宣讲活动30余次。邀请清华大学教授孙立平作专题报告。各区县工商联和直属商协会共组织专题学习300余场次，开展宣讲活动190余场次，累计参学人数达23 000人，发放宣传资料36 000份。

圆满完成换届任务。换届共选举产生主席（会长）1名，常务副主席（副会长）1名、专职副主席（副会长）5名，兼职副主席21名，兼职副会长23名，秘书长1名。

着力推动民营经济健康发展。分组到福建、广东、安徽、上海、江苏、浙江等六省市调研，推动重庆市关于加快民营经济发展的相关重要决策。指导北碚区开展民营经济加快发展试点。开展“涉企30条”政策落实情况第三方评估和十多项专题调研，向市委市政府及有关部门提出30多条意见建议。指导区县开展民企评价涉企政务服务事项85次。成立了重庆仲裁委员会市工商联（总商会）仲裁中心。市工商联全年办理个案维权54件，区县工商联共为245家企业开展法律维权，挽回经济损失总计8.25亿元。全市30个区县工商联、5个直属商会建立民营企业商事纠纷调解机制，共为1 618家企业成功调解1 096个事项。认真履行参政议政职能，向市政协提交集体提案15份，参与重点协商课题4个。组织开展“一家牵头，多家参与”重点课题调研6个。支持服务民营企业“走出去”等经贸活动20余次。11家上榜中国民企500强，位列全国第11位。

促成14家民营企业接收优秀教师14人，11名民营企业家或工程师到相关学校兼职任教。指导6家民营企业成功申报院士专家工作站。2017年，全市非公有制经济实现增加值11 924.69亿元，增长9.5%，占全市经济的61.2%。其中，民营经济实现增加值9 832.61亿元，增长9.9%，占全市经济的50.5%。

积极推进理想信念教育实践活动常态化。继续深化以“守法诚信、坚定信心”为主题的非公经济人士理想信念教育实践活动。开展第六届“十大渝商”等系列评选表彰活动。全市工商联系统全年共组织培训125期、13 293人次。区县工商联青委会组织实现全覆盖，3 000余名年轻一代非公经济人士加入各级青委会组织。

扎实开展“万企帮万村”精准扶贫行动。2017年，全市共有600余个商（协）会、5 000余家民营企业参与“万企帮万村”精准扶贫行动，有1 630家民营企业结对帮扶了1 274个村，投入资金19.5亿元，其中13家民营企业“爱心助教”捐资8 377万元。陶然居集团、民生能源等5家企业（商会）荣获全国“万企帮万村”精准扶贫行动先进民营企业称号。

进一步加强组织建设。开展机关干部、商会负责人和商协会党务工作者能力提升培训，共举办10个专题班，培训600余人次。全市工商联会员数达到124 717个，工商联所属商会达到1 516个。全市区县工商联全部达到重庆市“五好”标准，64%达到了全国“五好”县级工商联标准，位居全国前列。推进“四好”商会建设，开展“十佳”乡镇商会、街道商会、行业商会、异地商会、外地重庆商会评选。协调新建3个外地重庆商会。大力加强商协会党建工作，市工商联社会组织综合党委正式成立，推动33家商协会成立党组织，接管11家商协会党组织，综合党委所属商协会党组织达到89家。

四川省工商业联合会2017年工作总结

2017年，四川省工商联在四川省委、省政府正确领导下，在全国工商联有力指导下，全面贯彻落实党的十九以及四川省第十一次党代会精神，深入学习贯彻习近平总书记系列重要讲话精神，始终围绕中央和省委省政府的决策部署，牢牢把握“两个健康”工作主题，不断加强自身建设，充分发挥职能作用，推动工作取得新进展、新成绩。

一、扎实开展思想政治工作，努力促进非公有制经济人士健康成长

一是组织工商联干部和非公有制经济人士及时收看党的十九大盛会、听取党的十九大报告，学习领会精神实质。结合“守法诚信、坚定信心”理想信念教育活动，开展报告宣讲、座谈交流、讲座学习、专题党课30余场，通过组织民营企业家谈感想、话体会，引导他们增强政治自觉，提升“四个自信”。二是印发《省工商联加强和改进宣传思想工作的意见》，挖掘优秀川商典范，营造良好舆论环境。开设精准扶贫、“两学一做”、理想信念等宣传专栏，挖掘宣传民企党建工作典型，在主流媒体登载各类报道500余篇。

三是打造非公有制经济人士培训品牌，在全国知名院校举办“明日之星”、非公有制经济组织党建工作、“一带一路”中亚经贸考察、民营企业创新发展等6期培训班。通过组织传统企业“互联网+”转型战略高峰论坛、“新零售、新制造、新思维、新系统”企业家高峰论坛、川商讲堂等，培训人员2 000余人次。四是以加强商会党建为重点，制定《关于切实做好社会组织党建工作的通知》《关于开展直属商会党建工作实施方案（草案）》《四川省工商联直属商会党建工作管理办法（试行）》等，扎实推进商协会党建工作，在本省率先成立首个省级社会组织联合党委，组建24家商协会党支部，实现了商协会党建工作组织覆盖。

二、广泛深入开展调查研究，主动服务全省民营经济又好又快发展

一是向省政协报送团体提案13件，立案12件。《关于深化供给侧结构性改革推动民营经济转型发展的建议》被省政协确定为重点督办提案；向全国工商联、省政协报送社情民意信息90多件，向省委统战部报送党外人士意见建议75件。其中，中央统战部采用7件，省委统战部采用1件。二是参加全国工商联优秀调研成果评选获得二等奖1件、三等奖1件，报送提案材料1件经全国工商联采用后被评为全国政协优秀提案。向省政协联组会、省政协常委会及专题协商会、省委统战部党派协商会提交题为《加大产业扶贫力度，助推决胜脱贫攻坚》《贯彻省委十届九次全会精神，构建“亲”“清”新型政商关系》《关于创新引领制造业民营企业转型升级的建议》《关于推动四川自贸区产业发展的建议》等会议发言材料共7件。三是完成2016年四川省民营经济发展报告、2017年上半年民营经济发展报告和西南四省民营经济发展报告，推荐136家民营企业参与全国上规模民营企业调研，报送全国工商联民营企业发展案例5件。四川省开展的全国工商联民营企业信息直报点实现21个市（州）全覆盖，样本企业总数达到770家。

三、切实加强社会管理创新，着力营造出更加和谐稳定的社会环境

一是认真贯彻《中共中央 国务院关于完善产权保护制度依法保护产权的意见》，启动“产权司法保护专项联络”专项行动，发布四川产权保护十件典型案例，开展刑事审判中涉案企业家合法权益的维护问题调研。二是组织“检察开放日”活动，围绕非公有制企业诉讼活动的检察监督、使用刑事手段插手经济纠纷、适用强制措施和查封扣押冻结财物不当等问题向检察机关提出建议。三是扎实开展“法律三进”活动，采取片区培训方式，强化法律服务手段，提升工商联系统法律服务能力，完成成都、泸州、阿坝等片区培训，推动广安市非公有制经济普法基地建设工作启动。四是选取220家民营企业开展劳动关系形势的监测和研判，增强在协调劳动关系工作中的话语权。五是充分发挥四川省民营企业维权中心平台作用，有效维护民营企业合法权益，协调处理个案16件，开通“维权中心”咨询电话，为民营企业提供法律、税务等咨询服务。开展全国第二批非公有制劳动争议预防调解示范单位创建，推荐“首批省级集体协商示范单位”，营造良好氛围。

四、积极搭建经贸交流平台，竭力促进非公有制经济保持健康发展

一是承办“2017中外知名企业四川行”和“川商返乡发展大会”活动，共有600多家境内外知名企业和商协会参加，组织企业参加四川军民融合深度发展专题推进会、2017四川—意大利产业合作与投资对接会等活动，签订投资额3 000万元以上的正式合同项目750个，投资总额达5000多亿元。举办投资项目推介会、主题研讨会、首届遂商大会，实现签约项目17个，签约金额114.7亿元，为贯彻落实军民融合发展战略、成渝经济区区域规划启动实施提供了新平台。二是出访澳大利亚、新西兰、乌克兰、保加利亚、缅甸等8国，与乌克兰利沃夫州工商会签署《四川省工商联和利沃夫州工商会合作谅解备忘录》，建立畅通交流合作机制。接访欧亚经济联盟、澳大利亚州工商总会、维多利亚州政府、吉尔吉斯斯坦工业家和企业家联盟等9个团体，不断拓宽交流合作渠道。与省外侨办签署战略合作框架协议，助力民营企业“走出去”参与“一带一路”建设，建立四川省民营企业“一带一路”台账。三是邀请军工装备采购管理专家开展军民融合政策宣讲，组织举办军民融合发展区域“民参军”座谈会，推进军民双方沟通交流。与国防科工办联合，组织140家企业参加军民融合发展暨政策宣讲培训，12家民营企业获全国工商联科技进步奖。以创建“四川省民营经济创新发展示范园”、培育“川商产业园”为载体，着力培育具有较强影响力、拥有自主知识产权的创新性民营企业。四是实施“双创万企财税金融服务帮扶计划”，为本省10 000家创新创业企业开展免费财税金融服务。开展“推动三并联及企业投融资模式创新”公益活动，培训人员2 000余人次，帮助民营企业在降成本、促发展、增实效上出谋划策。

五、全力推进脱贫攻坚工作，为全面建成小康社会贡献力量

一是扎实开展“万企帮万村”精准扶贫行动，召开“万企帮万村”推进会，表彰了215个先进单位和83名先进个人。全省共6.3万家民营企业、商协会参与脱贫攻坚、投身公益慈善事业（其中，4 267家民营企业和商协会与4 119个贫困村建立了结对帮扶关系，结对帮扶数量位列全国省级工商联系统第一名），实施帮扶项目7 214个，投入资金约63.7亿元，直接帮扶贫困群众达71.89万人。二是组织省属重点民营企业、直属商（协）会结对帮扶大小凉山彝族地区13个贫困县。举办“中国光彩事业凉山行”活动，促成签署正式项目合同149个，投资金额达2 037.77亿元，募集公益捐赠4 037.3万元，分别用于为凉山州昭觉、美姑两县49个村3000户贫困户配备生活设施“六件套”，昭觉县尼地乡署觉洼五村“彝族风情旅游示范村”及凉山州“一村一幼”建设。三是下“绣花”功夫落实重点帮扶工作，平武县仙坪村人均增收达2 600元，已脱贫摘帽；三台县王家堰村发展共生养殖基地62.06亩已具规模；省工商联机关党总支与平武县仙坪村、石人村、三台县王家堰村党支部结对共建；开展越西县教育扶贫工作，发动民营企业和爱心人士捐赠、资助贫困学生，捐赠价值达20万元。

六、从严从实加强自身建设，为更好履职尽责提供坚强有力的组织保障

一是成功召开省工商联换届大会，选举产生了省工商联第十一届执行委员会委员，顺利实现新老班子交替。在全国工商联第十二次会员代表大会上，四川省代表当选全国工商联执委18名，其中副主席1名、常委4名。二是按照《全国工商联会员发展和组织建设规划（2013—2017）》目标要求，四川省71家县级工商联被全国工商联认定为“五好”县级工商联。加强直属商协会负责人选人用人制度化管理，对32家直属商协会工作进行考评，不断推进工商联所属商协会“四好”建设工作。考察吸纳直属会员33家，圆满完成了有关组织人事的安排推荐等工作。三是按照《省工商联党组专项巡视整改方案》完成19项整改，常态化、制度化开展“两学一做”活动，修订、完善《四川省工商业联合会机关制度汇编》，推进机关软件正版化工作。四是持续开展党风廉政建设教育、“双月读书会”活动，组织观看《永远在路上》《打铁还需自身硬》警示教育片，进一步筑牢党员干部思想道德防线，增强拒腐防变能力。印发《认真贯彻学习〈中共中央　国务院关于营造企业家健康成长环境　弘扬优秀企业家精神　更好发挥企业家作用的意见〉的通知》，积极推动省委省政府出台四川省的贯彻实施意见。

贵州省工商业联合会2017年工作总结

一、突出政治引导，促进非公有制经济人士健康成长

开展党的十九大精神进基层、进企业、进商会学习宣讲活动。组建9个宣讲组分赴九个市（州）及部分县（市、区）工商联、重点民营企业、省工商联直属商（协）会开展宣讲活动。举办“感恩奋进，走在前列”党的十九大精神系列宣讲活动，邀请4名省领导和1名著名经济学家作学习辅导报告。全省工商联共开展宣讲活动1 105场，参与企业5 385个、商会627个，参与人数38 723人。继续深入推进理想信念教育实践活动。聚焦守法诚信、增强信心，着力加强政治引导、推动构建新型政商关系、关注年轻一代教育培养、服务实体经济发展、充分发挥商会作用。组织年轻企业家参加“全国年轻一代企业家理想信念报告会”电视电话会议，在全省开展年轻一代民营企业家理想信念典型案例收集工作，并向有关方面进行推荐。做好非公有制经济人士教育培训工作。连续举办四期“优秀会员企业家成长计划”培训，近2 000人参加学习。启动“贵商大讲堂”，连续举办两期培训班，600余人参加培训。在上海交通大学举办“贵州省年轻一代非公有制经济人士创业创新培训班”、在赤水市举办“贵州省年轻一代非公有制经济人士重走长征路学习培训活动”，培训人数136名，在香港举办了2017民营企业赴港培训班等。

二、强化产业帮扶，深化“千企帮千村”精准扶贫行动

举全省工商联系统之力，进一步深化“千企帮千村”精准扶贫行动，着力在帮扶机制、帮扶主体、组织推动等方面打造升级版。截至2017年年底，参与民营企业达3 698家，帮扶了3 827个村，受行动帮扶贫困人口总数达77.4万人，产业扶贫投入131.5亿元，公益捐赠36.4亿元，安置就业6.2万人，技能培训4.1万人。省委书记孙志刚专门批示肯定。

三、发挥组织优势，凝心聚力服务全省大局

凝聚贵商力量服务家乡发展。成功承办“2017中国·贵州内陆开放型经济试验区跨境投资贸易洽谈会暨全球贵商发展大会”，来自32个国家和地区的政界商界负责人等共1 500余人参加大会，现场达成合作意向539项，意向合作金额357.1亿元。与有关部门主办“天下贵州人”走进广东活动，促成签订安顺市旅游文化投资项目5个，总投资96亿元；广东贵州商会联盟成员单位“黔虎队”与宋庆龄基金会合作，出资2 000万元，向贵州贫困山区学校捐献援建100所“黔虎同心图书馆”。深化对外联络交流与合作。先后8次组织企业家代表团赴亚洲、非洲、欧洲和美洲等12个国家和地区，开展经贸学习和培训活动，推动贵州省企业与国外加强合作。成功举办“黔港工商企业交流座谈会”，与香港工商总会签订了友好合作协议书。与有关方面在贵阳举办了“贵州省与韩国世宗市交流推介会”“波兰（贵阳）经济旅游行业合作机会研讨会”，促进贵州省与有关国家在电子信息产业、医药养生产业、现代山地高效农业、文化旅游业、新型建筑建材业等方面开展合作等。发挥商会作用推动黔货出山。响应“贵州绿色农产品风行天下”行动，组织动员省内外商会和知名企业积极参与。借助厦门市贵州商会成立之机，向300余家企业进行行动宣讲。与省农委承办在重庆、西安、兰州、西宁、银川、广州的“丝绸之路·黔茶飘香”系列推介活动，共邀请近500家当地工商联、商会和企业负责人参会。与有关部门分别举办第十二届贵州旅游产业发展大会、“2017中国·贵州林业产业招商推介会”“多彩贵州风·黔酒中国行”郑州宣传推介活动等，积极牵线搭桥帮助市（州）开展招商引资工作。

四、推动环境优化，促进民营经济更好更快发展

深入调查研究，积极建言献策。围绕省委出题，开展关于贵州省民营企业对降成本政策落实情况等调研，形成重要的调研成果报告，得到省委领导的肯定。“关于冷链物流企业用电价格按照农业生产用电价格执行的建议”“关于大力支持民营企业‘千企帮千村’行动的建议”被列为省政协重点提案。围绕贯彻落实党的十九大精神中的一些热点问题，组织兼职副主席、副会长积极撰写提案和发言材料，一些民营企业家在省政协联组会上的发言受到省领导的肯定。在全省开展了2016年度上规模民营企业调研，将符合条件的贵州百灵企业集团制药股份有限公司等10家企业报送全国工商联。开展2017年民营企业科技创新人才申报工作，推荐3位民营企业家为全国工商联2017年民营企业科技创新人才候选人。开展2017年民营企业项目类科技成果申报工作，向全国工商联申报两项重要成果。协助有关方面动员组织会员企业和协会参加第二届中国军民两用技术创新应用大赛。举办2017年贵州省民营医疗企业高校毕业生专场招聘会，省内58家用人单位参加招聘会，近300余人与用人单位达成就业意向。发挥合作机制平台作用开展维权服务。与省国税局、省地税局联合举办2期税务知识讲座，近800名企业家、企业管理人员、财会人员参加培训。配合省检察院出台《关于加强产权司法保护的二十条措施》，与省检察院联合召开“加强产权司法保护切实服务企业发展”为题的“两长”（检察长、董事长）座谈会。与省人社厅等部门联合行文，向各市州下发《关于转发〈关于进一步加强劳动人事争议调解仲裁完善多元处理机制的意见〉的通知》。组织所属商会参加人社部和全国工商联“第二批非公有制企业商（协）会劳动争议预防调解示范工作座谈会”。发挥省工商联法律服务平台作用，积极维护民营企业合法权益，一年来，共受理和参与处理20余起企业维权案件，并得到妥善解决。积极推动商会立法工作。提出的“开展促进商会发展地方立法，发挥商会、行业协会积极作用”建议，被纳入省委省政府《贵州省法治政府建设实施方案（2017—2020年）》。在省政协会议上提交的《关于加快制定〈贵州省商会发展促进条例〉的建议》提案，得到省人大财经委答复，认为提案具有较强的针对性和现实意义。

五、以基层组织建设为重点，切实加强工商联自身建设

省委统战部、省工商联、省委督查室和省政府督查室联合开展第三批“五好”县级工商联检查验收，到目前为止，全省83个县级工商联“五好”达标，占总数的94.3%，2017年全国工商联在贵州省召开经验交流会，推广贵州经验。启动“四好”商会建设工作，按照全国工商联的部署，在全省工商联所属商会中开展“班子建设好、团结教育好、服务发展好、自律规范好”为内容的“四好”商会建设工作，专门召开“全省‘四好’商会建设工作推进会”。推动指导商会组织发展，目前全省工商联系统所属商会已有2 222家，省外贵州异地商会组织56 家。指导贵商总会筹建，完成有关选举和登记注册工作。在上海组织召开“长三角地区贵州商会工作座谈会”，帮助指导建立协作发展机制。

六、召开贵州省工商业联合会第十二次会员代表大会

9月18日至19日，贵州省工商业联合会第十二次会员代表大会在贵阳隆重举行，来自全省各地的420名代表出席了大会。全国工商联发来了贺信，省委常委、省委统战部部长刘晓凯代表省委省政府致贺词。会议选举产生了新一届执行委员会、常务委员会和领导班子。一批思想政治强、行业代表性强、参政议政能力强、社会信誉好的非公有制经济代表人士进入领导机构。省委书记孙志刚，省委副书记、代省长谌贻琴，省政协主席王富玉，省委常委、省委统战部部长刘晓凯等省领导会见了省工商联新一届领导班子成员。配合做好全国工商联换届有关工作。按照全国工商联的部署，认真做好全国工商联十二次代表大会代表、新一届全国工商联执委的推荐、考察工作，组织贵州省代表团参加全国工商联第十二次全国代表大会，并开展行前教育。贵州省出席中国工商业联合会第十二次全国代表大会的代表共25名，其中，1名当选为中国民间商会副会长，3名当选为全国工商联常委，6名当选为全国工商联执委。

云南省工商业联合会2017年工作总结

2017年，云南省工商联认真贯彻落实党的十九大和习近平总书记系列重要讲话精神，始终围绕中心、服务大局，牢牢把握“两个健康”主题，深入推进以“守法诚信、坚定信心”为重点的理想信念教育实践活动，扎实开展“万企帮万村”精准扶贫行动，基层组织和自身建设得到进一步加强，干部能力素质和服务非公有制经济发展的本领得到进一步提高，圆满完成了党委、政府和统战部门交给的各项任务。

一、非公有制经济人士服务工作成效明显

一是以“守法诚信、坚定信心”为重点的理想信念教育实践活动持续推进，全省广大非公有制经济人士和工商联干部的政治意识、大局意识、核心意识和看齐意识进一步增强。特别是全国年轻一代民营企业家理想信念报告会的召开，持续引起全省企业界的强烈反响和热议，各地年轻一代民营企业家纷纷发出青春的回应：我们是奋斗的一代，我们要当合格的建设者。二是以党支部为基本单位，以解决问题、发挥作用为基本目标，以“迎接党的十九大，做合格党员”为基本抓手，有效推进“两学一做”学习教育融入日常、抓在经常，形成常态、发挥长效。特别是省工商联党组理论学习中心组创新学习方式，突出学用结合，取得实效。三是以学习贯彻党的十九大和习近平总书记系列重要讲话精神为重点，宽领域、多层次、全方位推进“云南民营企业人力资源百千万培训工程”。与清华大学、上海交大、中山大学等知名院校合作举办“民营企业创新发展高级研修班”“学习贯彻落实党的十九大精神”培训班等各类培训班20余期，累计培训非公有制经济人士和工商联干部3 000余人次。四是加强与中华工商时报、云南日报等主流媒体的交流合作，依托工商联网站、微信公众号、手机报、会刊杂志等自办媒体，加大对以商招商、投资发展、民企帮村、和谐劳动关系、自主创新、就业纳税等先进典型的宣传，工商联“唱响主旋律、汇聚正能量”的宣传体系逐步形成。特别是与云南电视台合作开设的“加快发展民营经济”专栏，取得了良好的宣传效果，受到了全社会的广泛关注和点赞。五是以“基层党建推进年”和“两个覆盖提升年”为抓手，推广“商会+党建”“互联网+党建”模式，党建助推“四好”商会建设和企业创新发展取得新进展。省工商联基层党组织成为非公有制经济人士自我学习、自我教育、自我提升的主阵地。截至2017年12月31日，省工商联非公有制经济组织党委共有党组织92个，其中，党委7个、党总支5个、党支部80个，共有党员1 697名。六是积极探索年轻一代易于接受的工作形式和服务载体，成功举办报告会、民企沙龙、巡回演讲、民营企业招聘周、新闻记者进民企、民营企业家进校园等活动，充分展示民营企业进取向上的精神风貌和良好形象。支持云南省青年企业家商会发挥主体作用，指导商会成立地方分会。成功举办浙江大学2017年新生代培训班和省委党校非公有制经济人士培训班，年轻一代教育培训和青年创业人才成长支撑平台更加完善。

二、非公有制经济服务工作业绩显著

一是全年累计发放创业担保贷款18亿元，扶持创业1.57万户，带动就业4.5万人；发放微型企业培育工程贷款2亿元，其中，直接补助资金6 000万元，扶持创业2 000户，带动就业1万人。二是积极组织云南企业参加全国工商联上规模民营企业调研，云南俊发地产有限公司、云南力帆骏马车辆有限公司入围2017全国民营企业500强。组织开展2017云南省非公企业100强评选发布活动，评选产生了“2017非公企业100强”“制造业20强”“服务业20强”。三是金融机构与民营企业项目银企对接座谈会顺利召开，政、银、担、商（协）会、企五方联动支持重点产业发展的企业融资模式正式推出，民营企业贷款的成功率和满意度进一步提高。四是通过会议传达、调研座谈、专题培训、深度访谈等方式，对上规模企业、中小微型企业开展分类指导和专题培训，非公有制企业发展信心更加坚定、政策获得感有效增强。五是上报的“提升云南民间投资创业环境竞争力的对策建议”和“进一步促进民营企业稳健发展”等调研报告，得到了省委、省政府的高度重视，推动了一系列阻碍民营经济发展“难点”“痛点”“堵点”的有效解决。六是切实开展破解招商引资制约瓶颈、降低实体企业成本、民营企业产权保护状况和上规模民营企业生产经营情况调研，全省各级工商联上下联动的大调研格局初步形成。七是积极参与亚洲财富论坛·走进西部暨十周年感恩庆典活动，组团参加第十四届世界华商大会，成功举办“一带一路工商合作‘云聚会’海外协会驻华机构及中外企业交流活动”和“滇缅经贸合作论坛”第六次会议，省工商联服务民营企业“走出去”的半径、范围和领域进一步拓宽。八是牵头制订云南省民营企业评议政府职能部门工作方案，首次开展并完成2017年民营企业评议政府职能部门工作，全省范围内6 903户民营企业完成线上评议，130余户民营企业完成线下评议。九是拟定出台全省工商联系统干部践行“亲”“清”政商关系的具体意见，进一步明确了党政干部行为守则和政商交往指南。与省政协经济委就“进一步加强民营企业产权和合法权益保护”主题开展协商对话，有关部门同志就“加强民营企业产权保护机制建设”“持续深化放管服改革，加快政府职能转变”等问题做出回应。十是积极履行劳动关系三方会议成员单位职能，在全省范围内确定260户企业开展劳动关系监测、进行劳动关系研判。聚合省政法委、省公检法司等部门力量，深入开展“法律三进”巡回宣讲活动。加强民营企业投诉中心和法律维权委员会建设，坚持以个案维权为突破，切实帮助民营企业解决实际困难和问题。全年共受理案件66件，办结59件，结案率89.4%。

三、“万企帮万村”精准扶贫行动取得实效

一是主动与上海、广东等省市对接，实施东西部扶贫协作，重点推进产业帮扶工作。持续跟踪落实浙商总会、中国光彩事业德宏行等帮扶协议。截至目前，中国光彩事业德宏行累计到位资金达到432亿元，已开工项目达97项。二是“万企帮万村”精准扶贫行动扎实推进，云南万兴隆生物科技集团有限公司等5户企业被评为全国万企帮万村精准扶贫行动先进民营企业，云南哲林实业有限公司被评为云南省脱贫攻坚扶贫明星企业。截至目前，全省已有2 020家民营企业对口帮扶2 482个贫困村，累计帮扶贫困群众654 369人、投入帮扶资金23.81亿元。三是组织企业家开展“光彩事业文化孟连行”活动，通过文化交流、文艺演出和“五个一百”对口帮扶，为边疆贫困地区脱贫攻坚注入了新的动力。

四、各级工商联自身建设得到加强

一是坚持“三强一好”标准和“凡进必评”原则，严格规范换届工作程序，着力选好配强了各级工商联领导班子，全面完成了省、市、县三级工商联的换届工作。二是省工商联十二次会员代表大会圆满召开，省委副书记李秀领出席大会并代表省委、省政府致贺词。大会全面总结了过去五年的工商联工作，归纳总结了工商联工作有效开展的新办法、新途径，对今后五年工商联工作进行了科学谋划和整体布局。三是各级工商联创新工作亮点频现，企业人力资源培训、困难企业帮扶、基层大走访等一大批具有云南特色的工作品牌已经形成。四是“五好”县级工商联创建工作取得新成果，昆明市五华区等34家县级工商联被确定为2017年全国“五好”县级工商联。“四好”商会创建工作全面铺开，云南鸿翔一心堂药业（集团）

股份有限公司等55家企业被评为优秀会员企业，云南省重庆商会等56家商（协）会被评为优秀商（协）会。截至12月31日，全省各级工商联共有会员110 884个，其中：企业会员33 292个、团体会员1 951个、个人会员75 641个。五是省、州、市工商联对基层工商联和商会的联系指导更加紧密，会员数据库、办公系统、视频会议和企业服务平台建设有序推进，全省各级工商联信息化工作水平有了新的提高。

西藏自治区工商业联合会2017年工作总结

2017年是西藏自治区非公经济和工商联事业发展极为重要的一年。我们紧紧围绕区党委、政府中心工作，奋力推进非公经济持续健康发展，教育引导非公经济人士健康成长，全区第二次非公经济发展大会、区工商联第六次代表大会胜利召开，西藏非公经济界庆祝党的十九大胜利召开文艺会演成功举办，工商联统战性、经济性、民间性“三性”有机统一的基本特征更加凸显，凝聚力、影响力、执行力显著增强，各项事业取得新进展。据统计，截至2017年年底，全区非公经济市场主体已达21.82万户、占全区市场主体总量的96.18%，注册资本（金）达到6 517.12亿元，从业人员118.7万人、占全区社会就业人口的96.8%；非公经济增加值547.84亿元、占全区GDP的41.8%。非公经济已经成为推动西藏自治区经济社会发展的重要力量、增加地方财政收入的重要来源、扩大社会就业的重要载体。

一、认真学习贯彻党的十九大精神

在全区工商联系统和非公经济界迅速掀起了学习贯彻十九大精神的热潮，紧密结合理想信念教育，引导非公经济人士自觉维护习近平总书记在党中央、全党的核心地位，在反分裂斗争中始终与达赖集团划清界限，始终做到立场十分坚定、旗帜特别鲜明。齐扎拉主席在百忙之中莅临区工商联听取非公经济代表对西藏自治区非公经济发展的意见建议，宣讲党的十九大精神。及时组织机关干部职工、驻村工作队、区直属会员企业、商协会共计2 500余人收看十九大开幕式。以隆重举行“在灿烂阳光下——西藏非公经济界庆祝党的十九大胜利召开文艺汇演”为标志，组织直属会员企业通过集中学习、开展文体活动、举办座谈会、辅导报告等形式，热烈庆祝党的十九大胜利召开。多次召开理论中心组学习（扩大）会、专题学习会、辅导报告会、培训班，集中学习十九大报告、中国工商业联合会第十二次全国代表大会、区党委九届三次全会精神，用最新理论武装头脑、指导实践、推动工作。

二、自治区党委、政府高度重视非公经济发展和工商联工作

2017年6月5日，区党委、政府专门召开全区第二次非公经济发展大会，吴英杰书记出席并作重要讲话，提出了大力实施“八大工程”的发展战略。9月4日，区党委办公厅、政府办公厅正式印发《全区第二次非公经济发展大会工作任务分工方案》。11月19日，吴英杰书记主持召开九届区党委第42次常委会议，专题研究推动非公经济大发展、快发展。11月15日，齐扎拉主席专门听取了区工商联工作汇报，并做出重要指示。7月5日，丁业现常务副书记出席自治区工商联第六次代表大会并作重要讲话。6月5日、11月10日，旦科常委、多吉次珠副主席组织召开贯彻落实全区第二次非公经济发展大会精神动员会议、全区第二次非公经济发展大会精神任务分解工作部署会议。全区各级工商联组织充分发挥联系非公经济人士的桥梁纽带和助手作用，全区七市地积极行动，拉萨、林芝、阿里分别召开了非公经济发展大会，其他市地也将相继召开会议，不断优化非公经济发展环境。

三、积极服务非公经济发展

召开非公经济界推进供给侧结构性改革、补齐发展短板座谈会。加强国税、工商、人社、统计和工商联五方联系工作机制，召开小微企业发展高峰论坛，积极搭建银企对接平台。多次开展民间投资专项及联合调研，向区党委、政府建言献策。与人行拉萨中心支行等部门多方协调，共同组织举办“2017年西藏自治区金融促进非公经济发展推介会”，10家银行业金融机构与39家非公企业现场签订了39份授信协议，金额近26亿元。与中国银行西藏分行开展“融资贷款对接活动”，与7家商会200多家非公企业对接，打造非公企业融资服务平台。举办非公经济和工商联干部培训班4期、专题讲座5期，累计参训1 500余人次。积极参与法治宣传日活动，积极反映企业的合法诉求，维护非公企业的合法权益。在拉萨成功召开西南片区工商联法律维权工作对接联系会第三次会议。配合自治区招商局举行招商投资推介会，推介15个项目137.62亿元。报送对外推介非公企业招商引资项目4个，涉及投资达28亿元，其中包括重点推介民商时代广场项目，涉及投资18亿元。向全国工商联上报产业扶贫项目21个，涉及投资达11亿元。组织民营企业赴台湾地区进行商务考察，为“走出去”牵线搭桥、创造条件。

四、深入推进“百企帮百村”精准扶贫行动

成立临时机构精准扶贫办公室，举办全区“万企帮万村”精准扶贫台账管理员培训班，完善台账管理工作。召开全区非公企业精准扶贫推进会，提出《全区“百企帮百村”精准扶贫行动下一步推进意见》。截至目前，全区560家非公企业参与精准扶贫行动，结对551个建档立卡贫困村，共投入资金4.25亿元，带动3.1万名贫困人口脱贫或收益。对优秀民营企业予以大力宣传表彰，西藏山南羊湖建筑工程有限公司、西藏金塔建设集团有限公司获评全国工商联“万企帮万村”精准扶贫行动先进民营企业。西藏羊湖建筑有限公司还荣获“全国脱贫攻坚奖·民营企业家风采”的奉献奖。此外，日喀则纳尔扶贫综合开发有限公司董事长尼玛扎西，西藏老阿妈民族文化发展有限公司董事长次央，隆子县隆子河酒店管理有限公司董事长巴珠，荣获感动西藏扶贫“十大人物”民营企业。

五、响应政府号召落实非公企业高校毕业生就业工作

宣传《中共西藏自治区委员会西藏自治区人民政府关于促进高校毕业生就业创业的若干意见》精神，鼓励非公企业吸纳西藏籍高校毕业生就业。与人社、教育、国资、工信、拉萨市人社局联合举办高校毕业生就业服务月专场招聘会暨第五届大中城市联合招聘会活动。抽调人员到自治区高校毕业生就业工作联合办公室开展岗位统计工作。2017年西藏自治区非公企业实现西藏籍高校毕业生就业932名。

六、继续抓好非公党建工作

严把关口抓好党员发展工作，推进“两个覆盖”，凡有3名以上正式党员的非公组织均单独组建党组织，党员不足3名的采取联合组建、挂靠组建等方式建立党组织。全年新发展党员133名，培养积极分子245名，目前全区非公经济组织党员总数达6 607名；新成立党组织13家，全区非公经济组织总数590个。加强非公经济党组织骨干队伍建设，区直非公党组织125名书记中有40%的是董事长或总经理，其他大多数是中高层领导。举办“两新”党组织党务工作者和党员示范培训班、“党建与经营能力提升”培训班、非公经济人士和党务工作者培训班，培训250余人次。深入推进“两学一做”学习教育常态化、制度化，加强指导督导。抽调12名精干人员，集中利用2个月时间，开展区直非公企业“两个覆盖”排查摸底工作，对5 350家非公企业进行逐户排查摸底。

七、圆满完成工商联换届工作

由区党委统战部牵头，14家部门协同，历时近3个月，对全区560余名非公经济代表人士进行了综合评价。顺利召开区工商联（总商会）六次代表大会、六届一次执委会，选举产生新一届领导班子，以及常委、常务理事，执委、理事。各市地工商联也按照要求，圆满完成换届。加强班子队伍建设，注重发挥兼职领导作用，制定下发《区工商联兼职副主席、副会长，直属商协会负责人联系县级工商联联系制度》。

八、抓好工商联自身建设

发展壮大非公经济代表人士队伍，新发展会员59家。形成《区工商联关于推进县级工商联尽快设立党组建议的报告》和《关于进一步推进我区县级工商联“一个设立、五个有”工作的实施意见》并上报，待下发。积极争取各级党委、政府支持，加大工作力度，提前实现了全区县级工商联组织全覆盖。今年11家县级工商联被确认为全国“五好”县级工商联。积极引导支持企业建立工会组织，直属会员企业中已建非公工会组织达到97家。完成新入会非公企业负责人暨工会干部培训班的培训工作。启动“四好”商会建设，进一步加强对商会工作的指导、引导、服务。举办商会会长、秘书长座谈会，组织商会会长赴内地考察学习，对失联的二手车协会进行注销，约谈西藏大理商会进行整改，在城关区探索开展街道社区商会建设，区直属商协会达到34家。深入开展理想信念教育活动，组织召开“年轻一代民营企业家理想信念报告会西藏分会场会议”，开展2017年度感恩行动慰问活动，向孤寡老人、孤儿、驻寺干部、护路工人、公安民警、环卫工人送去慰问金共计35 000元。保证微信公众平台、门户网站、商会杂志良好运转，开辟非公企业展示厅，召开媒体联系工作座谈会，建立新机制，扩大对外宣传影响力。

九、深入做好援藏对接工作

进一步贯彻落实中央第六次西藏工作座谈会精神，多次与全国工商联汇报沟通，初步定于2018年适时在拉萨召开全国工商联系统对口援藏工作座谈会，进一步加强对口支援和经济合作，助推西藏工商联系统建设和非公经济发展再上新台阶。积极筹备会议，由会班子成员分别带队赴七市地进行专项调研，形成了相关调研材料和会议方案。

十、进一步加强机关建设

推进“两学一做”学习教育常态化、制度化，深入开展党风廉政建设，积极开展“主题党日活动”，全面提升机关建设水平。优化机关党支部设置，对原机关3个党支部进行合理分解，设置为5个党支部。对3名科级干部进行提拔使用。组织会机关干部积极参与精准扶贫工作，与两个驻村点92户贫困户结成帮扶对子，向结对认亲交朋友群众送去慰问金5万余元。派出干部职工11批90多人次参与驻村工作。组织本会离退休干部职工在拉萨开展参观考察活动并召开座谈会，受到离退休干部职工的一致好评。组织机关复转军人召开座谈会，做到退伍不褪色。加强硬件设施建设，对3楼周转房进行装修改造，更换监控设备，安装车辆影像识别系统，全面进行机关网络改造升级，更新老化办公设备。

陕西省工商业联合会2017年工作总结

2017年，陕西省工商联在省委、省政府的正确领导下，在全国工商联和省委统战部的具体指导下，深入学习贯彻党的十九大、全国工商联十二大和省第十三次党代会精神，紧紧围绕追赶超越目标和“五新”战略要求，广泛凝聚非公经济人士力量，大力弘扬优秀企业家精神，着力在促进“两个健康”上下功夫，各项工作取得显著成绩。

一、精心谋划准备，圆满完成换届工作

2017年8月30~31日，省工商联（总商会）在西安召开第十二次代表大会，432名代表参会，选举产生执委178人、常委76人、工商联领导班子26人、总商会领导班子28人。省委书记娄勤俭、省长胡和平接见与会代表。省委副书记毛万春，省委常委、省委统战部部长、副省长姜锋分别出席开幕式及闭幕式并讲话。省政协副主席、民革陕西省委会主委李晓东，省总工会常务副主席、党组副书记张仲茜分别代表省级各民主党派和人民团体致贺词。省政协副主席、省工商联第十一届执行委员会主席冯月菊做工作报告。全国工商联发来贺信。会议还向全省非公有制经济人士发出了《坚定理想信念　奋力追赶超越》的倡议书。

二、深入调查研究，积极参政议政

一是围绕“两个健康”工作主题开展调研。分别参加了国办政研室来陕开展的“着力破解军民融合发展中民企参军方面若干难点问题专题调研”，全国工商联安排的工商联会员发展状况、降低实体经济企业综合成本、2016年度上规模民营企业和第七次民营企业军民两用高新技术及产品研发生产情况调研，省政府督查室组织的促进民间投资和民营经济发展专项督查，省政府研究室牵头的优化提升营商环境专题调研等。梳理上报的省委非公经济座谈会意见建议，促成了省政府办公厅《关于“12.8”民营企业座谈会反映问题处理的意见》（简称35条）的出台。在贯彻落实该意见时，与省政府研究室联合开展实地调研，并收集整理历史遗留问题案例20个。围绕全省民营经济发展，撰写了《2016年陕西民营经济发展报告》和《2017年上半年陕西民营经济发展报告》。组织优秀调研成果评选表彰活动，并编印了《2016年度陕西省工商联系统调研成果汇编》。做好陕西民营企业信息直报点工作，完成598家企业的注册工作，全年累计向全国工商联上报信息140条。

二是为营造民营经济发展良好环境建言献策。先后参加了省政府研究室一季度经济形势调研座谈会、省政府法制办关于《陕西省优化市场环境条例》立法调研座谈会；对省发改委、省金融办、省法制办拟出台的政策文件提出修改建议；组织召开产权保护调研座谈会、征求贯彻落实中央25号文件意见建议座谈会等，对本省有关政策法规的出台提出意见建议。围绕政协陕西省十一届二十六次常委会专题协商议题开展调研，撰写了《关于推进农业供给侧结构性调整的建议》，向政协陕西省十一届五次会议提交了《关于高标准推进陕西自贸区建设的建议》等11件提案和2份大会发言材料。围绕十二届全国人大五次会议撰写《关于推动生产性服务业发展》等5份建议。通过《情况专报》多次向省委省政府反映企业困难，协商解决问题。

三、注重宣传教育，强化舆论引导

省工商联牢牢把握正确舆论导向，主动适应全媒体时代新闻宣传工作要求，通过集中收看会议直播，组织各类会议、培训班、报告会等形式，广泛学习宣传贯彻党的十九大精神。深入开展非公有制经济人士理想信念教育实践活动，与省广播电视台《秦风热线》栏目组合作开展50期民营企业家走进直播间节目。举办了由45人参加的“全省工商联系统通讯员培训班”，并为参训学员领办了《中华工商时报》陕西记者站通讯员证。

全年，省工商联内刊《陕西新工商》出刊10期，网站编发、上传稿件600余篇，“陕西省工商联”“商界陕西”“联商传媒”微信平台共发布信息487期，1 476条。

四、拓展服务平台，提升服务水平

一是积极搭建金融服务平台。牵头组织部分民营企业发起设立陕西民营资本投资集团股份有限公司，成立筹备工作组，并向省政府呈报了《关于申请设立陕西民营资本投资集团股份有限公司的请示》。与建设银行陕西省分行共同推进“陕商单位结算卡”发行、促使各地工商联与各级建行建立联系机制并取得融资授信、协助推出全线上自助贷款产品“小微快贷”；协助中国银行陕西省分行举办助力自贸区·投贷联动业务推介会；继续推进西京银行的筹建申报工作；初步完成陕西省民间投资服务中心挂牌方案。

二是着力推进经贸交流合作。全年组织会员企业参加省内外大型经贸交流活动13场（次）。与西咸新区管委会、西安市工商联联合举办“2017百家民企进西咸”活动；与香港贸发局、陕西省商务厅联合举办“香港创意营商日”研讨会。丝博会期间，组织近500名企业家参加5个代表团和11个单位举办的39场活动，与省发改委、省住建厅等单位共同承办了由省政府和清华大学联合主办的“新型城镇化建设高峰论坛”，签署合作备忘录和项目合作协议39份。开展“民企市县行”活动，赴山阳县、澄城县、合阳县、杨凌示范区考察调研。组织2个代表团赴4个国家交流访问，并接待来访的3个海外工商社团。全年办理出国（境）手续及APEC卡55人次。组织召开西北地区工商联第三次联席会议。带领企业家走进省工商局、省工信厅，交流座谈并与厅局签署合作协议。

三是大力开展法律维权服务。全年接受来自会员企业和商会提交的合同纠纷、厂房租赁纠纷等各类型案件咨询服务30余次，审查合同服务10余次。发挥与省高院、省检察院、省司法厅等单位建立的工作联系机制作用，促进解决部分企业案件执行难问题。2017年还成立了陕西省总商会民商事调解委员会。

四是做好专业技术职务任职资格评审工作。全年共受理职称申请378人次，其中高级97人次、中级231人次、初级50人次，初审上报321人次，其中高级67人次、中级206人次、初级48人次。

五、响应国家号召，助力脱贫攻坚

一是积极推进“万企帮万村”精准扶贫行动。2017年，省工商联被省脱贫攻坚指挥部产业脱贫办公室吸纳为成员单位，民营企业“万企帮万村”行动也被纳入全省脱贫攻坚整体规划，成为“3+X”帮扶体系的重要组成部分。省工商联履行与省农发行签订的《陕西省政策性金融支持推进“万企帮万村”精准扶贫行动合作协议》，帮助多家企业获得政策性资金支持。积极宣传推广民营企业精准扶贫先进典型，安排企业做客陕西广播电台“秦风热线”，编发工作简报50期，收集典型案例近100个，编印交流材料4册。参加省新闻办“脱贫攻坚主题系列发布会”，在《陕西日报》专版集中报道“万企帮万村”行动进展，并组织10多家媒体进行现场采风和深入报道，充分展现全省民营企业广泛参与脱贫攻坚的良好风貌。截至2017年年底，进入陕西省“万企帮万村”精准扶贫行动台账管理系统的民营企业共3 578家，投入帮扶资金28.72亿元，帮扶贫困村4 371个，涉及贫困人口44.55万人，安置就业5.02万人。

二是加大机关“两联一包”扶贫力度。成立11个结对帮扶小组和驻村工作队，由领导带队进村入户，制定南巡村帮扶方案和脱贫规划。先后筹资15万元修建道路及两边的灌溉渠道，2万元用于花椒种植的补栽、培训，帮助15人实现就业，联系会员企业为全村流转土地317亩，为48户贫困家庭提供了贴息贷款。

六、加强自身建设，夯实工作基础

一是稳步推进组织建设。全年全省共发展新会员6 511个，会员总数达到120 382个；新建基层组织、行业商会169个，总数达到1 606个。组织5个市对所属22个县级工商联进行了创建“五好”的验收，编印了《陕西省工商联“五好”县级工商联建设经验汇编》。向各市下发了《开展“四好”商会建设实施方案的通知》。

二是加强省工商联机关建设。开展“两学一做”学习教育，共编印简报25期、学习材料15期，并组织赴扶眉爱国主义教育基地开展主题党日活动。按照省委第五巡视组反馈意见，制订《党员领导干部民主生活会整改方案》，新制定制度11项，完善制度10项。开展保密专题教育、邀请专家学者授课，着力提升干部保密意识。2017年，省工商联机关被评为“全省档案工作先进集体”。

甘肃省工商业联合会2017年工作总结

2017年，甘肃省工商联深入学习贯彻党的十九大精神和习近平新时代中国特色社会主义思想,坚持贯彻“五位一体”总体布局、“四个全面”战略布局和新发展理念，全面贯彻省第十三次党代会精神，紧紧围绕省委、省政府的中心工作，全力推动全省非公经济健康发展和非公有制经济人士健康成长。

一、加强思想政治引导

加强思想政治工作，引导非公有制经济人士学习贯彻党的路线方针政策是工商联的基本任务。我们组织甘肃省非公有制经济代表人士、商会会长、知名企业家观看党的十九大直播盛况，开展了《十九大精神·学习进行时》活动。省工商联班子成员赴民营企业、商会、帮扶村开展大规模宣讲活动；利用各类会议、培训班向省工商联执委、常委企业家、年轻一代企业家、商会会长宣讲党的十九大精神；与省委统战部共同举办了民营企业家学习贯彻党的十九大精神座谈会。邀请省社会主义学院专家为省工商联机关干部作专题辅导报告，举办了全省工商联主席、党组书记培训班，全省14个市州、86个县区工商联负责同志和省工商联机关全体干部130人参加了培训。

二、高标准完成省工商联换届工作

2017年9月13日至15日，甘肃省工商业联合会（民间商会）第十二次代表大会暨非公有制经济人士优秀中国特色社会主义事业建设者表彰大会在兰州举行。大会审议通过了郝远代表甘肃省工商联（民间商会）第十一届执行委员会向大会做的工作报告，选举产生了275名甘肃省工商联第十二届执行委员会委员，非公有制经济代表人士占总数的82.5%，其中新任执委达到总数的76%。会议选举产生省工商联副主席、省民间商会副会长各19名，选举产生大会选举出常务委员86人。

三、深入开展理想信念教育实践活动

加强对非公有制经济人士的教育培训，与北京大学市场经济研究中心共同举办了第六届工商联大讲坛暨北京大学“一带一路”西部发展新机遇论坛，在西安交通大学、中山大学、浙江大学了举办企业家常委能力提升专题研修班、非公有制经济代表人士高级培训班、甘肃省年轻一代非公有制经济人士培训班。突出典型引领，将方正伟、韩泽华、魏新3名同志作为年轻一代民营企业家理想信念报告会典型推荐至全国工商联。与省委宣传部、甘肃日报等8家单位完成“新丝路·新陇商”2017陇商力量榜推选活动，韩庆、王金生、李成勇等9名企业家入选2017陇商风云人物，韩泽华等4名同志入选2017陇商新锐人物，朱全祖获陇商公益人物，对39名甘肃省非公有制经济人士优秀中国特色社会主义事业建设者进行了表彰。举办民营企业学习中发〔2017〕25号文件精神座谈会，大力弘扬优秀企业家精神，营造企业家健康成长环境。

四、深化“千企帮千村”精准扶贫行动

甘肃省开展的“千企帮千村”精准扶贫行动得到了全国工商联和省委、省政府高度重视和充分肯定。2017年2月，中央政治局第三十九次集体学习时，甘肃省委将“千企帮千村”精准扶贫行动作为甘肃省脱贫攻坚的重要内容向中央政治局做了专门汇报。4月，全省“千企帮千村”精准扶贫行动现场会在临洮县召开，省委副书记孙伟出席会议，对本省“千企帮千村”工作给予了肯定。6月，全国“万企帮万村”精准扶贫行动片区座谈会在本省召开，中央统战部副部长、全国工商联党组书记徐乐江，国务院扶贫办主任刘永富出席会议并对本省“千企帮千村”精准扶贫行动开展情况给予较好评价。党的十九大召开后，省工商联进一步推动帮扶资源向本省深度贫困县倾斜，制定了《甘肃省聚力深度贫困地区实施“千企帮千村”精准扶贫行动实施意见》，提出在全省范围内再动员民营企业帮扶1 000个贫困村的工作目标。在省级层面启动实施“精准扶贫百村攻坚工程”，动员省工商联直属商协会、执常委单位重点帮扶东乡县、宕昌县、通渭县、漳县、文县5个深度贫困县的110个贫困村的任务。截至2017年年底，甘肃省有1 005户民营企业结对帮扶1 202个贫困村，实施帮扶项目2 207个，投入资金23.03亿元，带动贫困人口21.5万人，帮助7 501人实现稳定脱贫。

五、不断夯实基层基础

持续巩固和加强“五好”县级工商联建设成果，指导县级工商联开展“五好”县级工商联建设和申报工作。2017年，甘肃省全国“五好”县级工商联达到40家，占全省县级工商联总数的46.5%，高出全国工商联30%目标比例16.5个百分点。加强工商联会员队伍建设，加强会员统计工作，编制了《工商联会员数据库填报手册》。按照“三强一好”标准，全年共发展兰州科天投资控股股份有限公司等11家新兴产业、科技型企业为直属会员。

六、继续开展“民企陇上行”大型招商活动

我们开展了以“汇聚民企财智、拓宽粤陇合作、共建‘一带一路’、实现互利共赢”为主题的“粤陇携手民企陇上行”活动。组织14个市州和兰州新区分管领导，赴广东省广州、深圳、珠海等8市拜访当地民营经济500强企业，召开专场推介会。“民企陇上行”活动期间，省工商联与空中商学院签署战略合作协议，进一步加强双方在文化信息交流、促进经贸往来、招商引资等方面的合作。以“助推地方经济发展，商会走进兰州新区”为主题，召开了甘肃省工商联商会联席会议，推介招商项目，做好后续服务工作，推动项目落地。2017年，在“粤陇携手民企陇上行”项目签约暨推介会上，签约项目48个，签约金额154.32亿元，截至目前，落地45个项目，到位资金57.1亿元。

七、启动实施“双百千”培育工程“双百千”培育工程

与省委统战部研究提出了《甘肃省实施非公经济“双百千”培育工程的意见》，计划力争用5年时间，培育100家年销售收入超10亿元发展态势良好的民营骨干企业，培养100名优秀民营企业家；培育1 000家成长性强的中小微企业，培养1 000名优秀中国特色社会主义事业建设者。围绕启动实施“双百千”培育工程，开展了甘肃省非公有制经济健康发展专题调研、非公有制经济人士健康成长专题调研、2016年甘肃省上规模民营企业调研等3个专题调研，发布《甘肃省民营企业营业收入50强、纳税50强和安置就业50强榜单》，系统分析本省上规模民营企业与全国民营经济500强企业的发展差距和存在的问题。建立培育工程数据库，完成了培育企业的调查摸底工作，推动建立省、市、县三级梯度培育体系，将具有潜力的企业和企业家纳入培育对象。

八、调查研究参政议政水平显著提升

围绕构建新型政商关系、民营企业做大做强、优化营商环境等热点难点问题深入开展调研，完成了《兰州市非公经济发展情况调研报告》《甘肃省非公经济发展情况调研报告》《2016—2017西北片区民营经济发展报告》《2016年甘肃民营经济数据分析报告》《2016—2017甘肃省民营经济发展报告》等高质量调研报告，其中2篇调研报告被省委政研室《调查与研究》刊发。

我们向省政协十一届五次会议提交了《关于布局互联网+预约停车项目缓解兰州停车难问题的提案》等提案9篇，向全国工商联报送提案2篇。其中，《关于支持我省装配式建筑产业发展的提案》被省政协列入重点提案进行了现场督办。先后向省政府、省政协、省委统战部等相关专题议政会、协商会提交了《完善政策服务体系助推我省民营企业加快走出去》《着力构建新型政商关系不断提升党和政府公信力》等10篇材料。参与了省非公办《关于推动构建新型政商关系的若干意见》《关于进一步支持非公有制经济发展的意见》和省发改委关于《国务院办公厅关于进一步激发民间有效投资活力促进经济持续健康发展的指导意见》等政策文件起草制定工作。

九、积极推动构建优良营商环境

我们研究制定了《关于推动构建新型政商关系的意见（代拟稿）》。省委统战部、省工商联组织专家学者、领导干部、商协会赴省内外开展构建优良营商环境专题调研，起草的《关于建设优良营商环境的建议案》得到了省政府的高度重视。唐仁建省长在批示中指出：《建议案》花了很大功夫，号清了我省营商环境的“脉”，结合相关省区先进经验和做法，也开出了改善我省营商环境的“方”。省发改委和省非公办充分参考其中的建议，分别起草了《切实加强全省营商环境建设行动方案》和《关于进一步支持非公有制经济发展的若干意见》两个文件。省委决定在2018年深入开展“转变工作作风改善发展环境建设年”活动，推动全省营商环境有根本性的好转。认真贯彻落实省工商联、省检察院领导班子成员联系商会制度，积极开展劳动人事争议调解工作，会同省人社厅联合举办了两期全省非公有制企业劳动争议预防调解培训班，累计参训商会150家，参训人员300人次。充分发挥工商联检察服务室作用，2017年省工商联共协调省检察院介入9起民营企业涉法维权事项，有效地保护了民营企业合法权益。

十、以改革创新精神强化自身建设

我们不断优化执委、会员结构，工商联执委企业的一、二、三产业比例分别为8.8%、34.8%、56.4%，其中战略性新兴产业占比达到8.8%；全省工商联会员数达到99 358个，广泛性和代表性显著增强。制订了《甘肃省工商联系统“四好”商会建设方案》，指导成立了甘肃省青年企业家商会，商会联席会成员单位达到75家。

青海省工商业联合会2017年工作总结

2017年，青海省工商联认真贯彻落实党中央、国务院和省委、省政府决策部署，深入学习贯彻党的十九大精神和省委十三次党代会精神，坚持以习近平新时代中国特色社会主义思想为指导，以全面落实“四个扎扎实实”重大要求、着力推动“四个转变”为主线，全省工商联系统牢牢把握“两个健康”主题，各项工作取得了显著成效。

一、成功召开了全省非公有制经济发展大会

继2008年省政府召开全省非公经济发展大会之后，时隔将近10年首次以省委、省政府名义召开非公经济发展大会，省委书记王国生出席会议并作重要讲话，省长王建军主持会议，省四大班子在家领导全部出席，会议规格之高前所未有。省委、省政府出台了关于促进非公经济加快发展的24条意见，其中有许多在青海具有开拓性的鼓励扶持政策和引导服务平台，特别是设立了非公企业扶持资金，政策含金量之高前所未有。同时，成立了青海省加快非公经济发展领导小组，决定每三年组织召开一次促进全省非公经济发展大会，并明确省工商联为商会组织的主管单位。会议还表彰了50家优秀非公有制企业、100户优秀个体工商户，以及扶持发展非公经济的先进单位和个人。为开好这次发展大会，王建军省长、公保扎西部长在会前专门与非公经济人士座谈，听取大家的意见建议，要求把发展大会开成一个有内容、有质量、有干货、有成效的大会，开成一个释放强烈信号、能够鼓舞士气的大会。所有这些，都表明了省委省政府加快发展非公经济的坚定态度和决心，全省非公经济人士的发展信心得到了极大鼓舞。

二、圆满完成了省工商联换届工作

在省委和省委统战部的坚强领导下，严格换届纪律和换届程序，按照“三强一好”标准和“凡进必评”要求，认真做好推荐提名、综合评价、考察公示、审查审批等工作，顺利召开了省工商联第十一次代表大会。全国工商联和省委、省政府专门向代表大会发来贺词，省委副书记刘宁同志出席开幕式并讲话，对全省工商联工作提出了希望和要求。会议认真审议了省工商联十届执委会工作报告，选举产生了新一届执委会领导班子和领导机构，讨论通过了5项工作制度。特别是一大批年富力强、热爱工商联工作、具有良好思想政治素质和社会责任感的企业家进入工商联领导机构，为全省工商联事业健康发展提供了坚强有力的组织保障。同时，工商联组织建设实现了重大突破。在省级层面，经省委批准，省编办为省工商联核增2名专职副主席职数，领导班子成员达到1正5副。在市州层面，经过多方协调、积极争取，困扰海东市、海西州工商联多年的机构和编制问题得到了解决。在县级层面，全省46个县级工商联设立党组实现了全覆盖，2017年有14个县级工商联被全国工商联评为全国“五好”县级工商联，比去年增加3个，是近来最多的一年。在商会建设层面，省工商联制定下发了《“四好”商会建设考核管理办法》，“四好”商会创建工作做到了有章可循。

三、为服务非公经济发展搭建了更好平台

充分发挥政府管理和服务非公有制经济的助手作用，为企业提供政策、信息、法律、融资、技术、人才等多方面服务。在资金扶持方面，积极争取省委、省政府支持，每年从省财政列支1亿元专项扶持资金，通过贷款贴息、奖励性补助、无偿资助等方式，支持民营实体经济发展。在银企对接方面，与省银监局密切合作，召开了“金融支持非公经济发展”座谈会，并在此基础上形成了《青海银行业支持非公经济发展的指导意见（征求意见稿）》，为进一步畅通银企合作渠道奠定了基础。在促进民间投资方面，与省发改委共同发文，面向全省征集2018年民营企业重点建设项目80多个，筛选后拟统一纳入全省重点建设项目目录，由政府相关部门统一监管、跟踪服务。在信息化服务方面，经省政府批准，由省发改委立项，从省财政争取专项经费198万元，正在建设青海省非公经济信息化服务平台，预计2018年上半年正式启用。

四、“双百”精准扶贫行动影响广泛

深入推进“百企帮百村、百企联百户”精准扶贫行动，截至2017年12月底，青海省参与“双百”精准扶贫行动的民营企业（商会）共有428家，帮扶贫困村868个（其中建档立卡贫困村574个），实施帮扶项目1 191个，投入资金5.75亿元，其中产业扶贫投入4.08亿元，就业扶贫投入9 676万元，技能帮扶投入1 048万元，公益捐赠6 100万元，惠及贫困人口15.5万人。此项工作受到省委省政府和全国工商联的充分肯定，省工商联获得全省“2016年度脱贫攻坚先进单位”荣誉称号，“双百”精准扶贫行动明确写入省第十三次党代会工作报告。全国工商联在甘肃临夏、四川凉山召开“万企帮万村”精准扶贫座谈会，青海两次被指定发言、介绍经验，有力地推动了全省民企“双百”精准扶贫行动向纵深推进。

五、超额完成省政府下达的招商引资任务

通过项目的征集、发布、推介、对接，今年“青洽会”期间，省工商联共邀请客商197人，促成签约项目12个，签约金额82亿元，超额完成了省政府下达的招商引资任务。2017年招商项目的资金到位率高于全省的资金到位率。与此同时，与对口援青6省市工商联主动加强联系，“青洽会”期间成功召开了东西部扶贫协作第一次联席会议，在产业发展、经贸合作、民生改善等方面达成了许多合作意向，涉及资金3.72亿元。

六、民营企业家的教育培训工作成效显著

深入开展形势政策教育，举办了学习贯彻党的十九大精神、省第十三次党代会精神等专题培训班。积极打造“红色引领”教育品牌，先后组织100多名民营企业家，分三批赴井冈山、韶山、西柏坡开展了革命传统和理想信念教育。深入推进“民营企业家进高校、进名企”工作，分别在复旦大学、浙江大学举办了高级研修班，同时还参加了“世界浙商大会”，赴阿里巴巴集团、上海飞机制造厂等知名企业现场观摩，新一届企业家副主席、副会长和151名执常委实现了轮训全覆盖。大家普遍反映，省工商联组织的教育培训工作力度和层次，都有了极大的提升。

七、调研宣传工作取得了较好成绩

充分发挥工商联参政议政作用，紧紧围绕省委省政府中心工作开展调研，提交《关于在金融服务供给侧加大对科技企业的扶持力度的提案》《关于遵循生态系统规律推进全省生态文明建设的提案》等提案。紧紧围绕青海省民营经济发展开展调研，围绕推进“农牧民从单一的种植、养殖、生态看护向生态、生产、生活良性循环转变”，就“农牧区非公有制经济发展研究”课题开展调研，形成《青海省农牧区非公有制经济发展调研报告》，得到省委省政府的重视。2017年共有3篇调研文章获得全国工商联系统优秀调研成果。在全国工商联下发的通报中，青海省报送信息的采用量和分值在全国32个省级工商联排名中第一次跨入前3名；调研文章有3篇获奖，排名第15。全年共在《中华工商时报》和省内外主流媒体刊发各类报道80多次，特别是配合重要会议、重大活动谋划的专版宣传和专题宣传，对全省非公经济领域的品牌工作进行了全方位、多视角的宣传报道。同时编印了《2017年青海民营经济发展报告》一书，分析我省非公经济发展情况，提出了加快非公经济发展意见建议。

宁夏回族自治区工商业联合会2017年工作总结

2017年，在宁夏回族自治区党委政府的正确领导和全国工商联及宁夏回族自治区党委统战部的精心指导下，我们认真贯彻落实中央、自治区重要决策部署，突出“两个健康”工作主题，开拓进取，扎实工作，全面完成了全年各项目标任务。

一、深化思想政治引领，在提振信心和提升素质上迈出新步伐

深化理想信念教育。以“守法诚信、坚定信心”为重点深入开展理想信念教育实践活动。认真学习贯彻党的十八大、十九大精神以及习近平总书记治国理政新理念、新思想、新战略和自治区第十二次党代会精神，引导全体工商联干部职工和广大非公经济人士把握经济发展大势，跟上时代的节拍，增强“四信”意识。组织全区非公经济人士分片收看全国年轻一代民营企业家理想信念报告会实况，组织企业赴六盘山红军长征纪念馆进行红色革命传统教育，增强企业发展的使命感和责任感。本区非公经济人士就理想信念教育实践活动在全国观摩交流会上做了发言。实施素质提升行动。针对本区各级工商联换届调整和非公经济人士成长需要，先后在宁夏社会主义学院、固原市、浙江大学、银川市举办培训班4期，共培训人员360人次。举办“知名企业家大讲堂”，邀请河南方圆集团总裁薛荣、宁夏江苏商会会长尹树高等区内外知名企业家围绕“党建与创新”“四好”商会建设等专题讲座，为民营企业家和商(协)会搭建了交流学习的新平台。构建“亲”“清”政商关系。起草构建新型政商关系助推宁夏非公经济健康发展的意见讨论稿，所提意见建议有的被有关部门吸收采纳。引导非公经济人士主动同各级党委、政府及部门讲真话，建净言，倡导政商君子之交，“亲”上加“清”。

二、发挥桥梁纽带作用，在创新驱动和助推发展上实现新作为

加强创新驱动，为非公企业壮大提供引擎。充分发挥宁夏民营企业科技创新联盟作用，通过举办培训班、专题讲座和媒体宣传等方式，引导非公企业创新发展、打造绿色企业。通过“互联网+”、智能化改造等措施，推动传统产业向高端化、智能化、绿色化方向发展。强化对外联络，为非公经济发展储备动能。成功举办全国工商联十一届十次常委会议暨民营企业助推宁夏创新发展大会，自治区政府与全国工商联签署“丝路经济园”建设合作协议，协助各市、县（区）、宁东管委会与企业签约合同项目566个，总投资5 188.29亿元，为实现自治区第十二次党代会确定的奋斗目标提供有力支撑。我们筛选24个项目，带领五市工商联、商（协）会负责人赴江、浙、沪、鲁等地精准对接，促成一批项目落地宁夏。组织企业参加世界华商大会、兰洽会等活动，开阔眼界、寻找商机。组织全国工商联直属商会会长、秘书长联席会议暨“百名企业家走进宁夏”“宁夏·青岛产业合作恳谈会”“百名苏商走进宁夏”及“一带一路”银川发展论坛等系列活动，签约项目19个，投资

213.19亿元。宣传政策法规，为非公经济发展优化环境。开通自治区工商联“一点资信通”，深化与宁夏电视台、银川电视台、《宁夏日报》、宁夏新闻网、《华兴时报》、《中国工商》杂志等媒体的合作，及时宣传报道民营企业发展政策、工商联重大活动。开展信息直报，举办信息直报培训班，收集企业数据，汇集企业问题，深入挖掘分析。目前，本区民营企业信息直报系统在册企业413家。积极组织非公经济人士参加组织部、经信委等单位组织的各类政策解读培训，帮助企业懂政策、用政策。改进服务方式，为非公经济发展架桥铺路。组织召开银企合作恳谈会、金融产品推介会等，与金融局、商业银行合作举办融资对接沙龙，努力破解中小企业融资难、融资贵。深化与经信、司法、人社、商务、金融工作局等部门的对口协作机制，加强与律师事务所、会计师事务所等中介机构的沟通联系，形成立体化“大联络”工作格局。加强与陕西、甘肃、青海、新疆及新疆生产建设兵团等工商联联系，建立互利共赢合作机制。

三、丰富企业文化内涵，在聚心塑魂和展现风采上实现新提升

以“两个覆盖”为重点，深化非公企业党建。紧跟民营企业快速增长步伐，抓好党组织覆盖和党的工作覆盖，全年发展党员33人，完成直属49个党组织607名党员基本情况登记录入。巩固党组织关系集中排查成果，设立直属会员单位党委财务专户，规范党费收缴。以弘扬宁商精神为重点，加强企业文化建设。制定《关于推进民营企业文化建设的指导意见》，以点带面，不断推进企业文化建设。加强普法宣传，送法律进企业，推动企业强化法治文化建设。大力宣传弘扬优秀企业家精神，在《宁夏商会》杂志和“非公经济周刊”对全区92位非公经济人士和非公企业进行宣传报道,在宁夏日报开设“宁商风采”专栏，宣传20位优秀宁夏民营企业家典型事迹。大力宣传报道各级工商联、商（协）会的好经验、好做法，增强工商联的影响力。

四、大力弘扬光彩精神，在脱贫富民和构建和谐上做出新贡献

推进“百企帮百村”，助推全区脱贫攻坚。动员40家企业、商（协）会对40个贫困村进行帮扶，先后召开村企对接会20余场。建立和完善“百企帮百村”精准扶贫台账，加强专项督查并挖掘宣传扶贫攻坚典型。加强福建省工商联精准扶贫500万元16个项目的跟踪监管，确保项目达效。经区直统战系统各单位和各民主党派区委会、各级统战部、工商联共同努力，动员426家民营企业与122个建档立卡贫困村结对帮扶，实施项目374个，投入各类帮扶资金17亿元，受益建档立卡贫困村295个，安置就业3.2万人。宝丰集团和大地公司荣获全国“万企帮万村”精准扶贫行动先进民营企业荣誉称号。全国工商联副主席谢经荣对本区推进“万企帮万村”精准扶贫工作给予充分肯定。开展法律“三进”活动，保障企业合法权益。通过召开对接会、与企业商会结对子、走访和发放律师通讯录等形式，提升基层组织依法办事能力和法律服务水平。加强协作配合，开展与政府部门、司法机关的维权协作，建立多元化、多层次的法律服务网络，确保非公企业合法权益受到保护和救济。举办“民企招聘周”，构建和谐劳动关系。联合有关部门举办“民营企业招聘周”活动，大力开展非公企业人才培训。开展“企业大走访”，主动联企“问需”，加强在协调劳动关系工作中的针对性、主动性和前瞻性。

五、深入开展调查研究，在破解难题和参政议政上谋求新途径

围绕中心建言献策。积极参与本区大政方针的民主协商，立足全区经济社会发展特别是民营经济健康发展建言献策。向全国工商联提交提案3件，自治区政协立案34件，其中《关于加强对担保公司、小额贷款公司、投资公司监管力度的提案》等被自治区列为重点提案；向自治区政协报送社情民意47条，其中《关于进一步完善创业股权投资的补偿机制的建议》被自治区政协报送全国政协，《关于深化非公经济组织党建工作的建议》被自治区政协表彰为优秀社情民意。聚焦难点调查研究。深入5市22个县（区）60家企业，与220余名企业家座谈交流，征求意见建议52条，形成调研报告4篇，进一步促进惠企扶企政策的落实。开展上规模企业调研，对全区营业收入上5亿元的17家民营企业开展调研，宁夏宝塔石化集团有限公司、宁夏宝丰集团有限公司、宁夏天元锰业有限公司入围全国民营企业500强。

六、加强基层组织建设，在夯实基础和履职尽责上拓展新思路

圆满完成自治区工商联换届。自治区党委、人大、政府、政协领导石泰峰、咸辉、齐同生、白尚成、吴玉才出席开幕大会，提振了广大非公经济人士发展信心。严格按照中央统战部、全国工商联和自治区党委决策部署，依照《中国工商业联合会章程》规定，协商产生自治区工商联第十次代表大会代表392名。严守政治纪律和政治规矩，坚持“三强一好”标准和“凡进必评”原则，严把程序关，选举产生第十届执行委员191人、常务委员76人、自治区工商联领导班子成员17人、民间商会领导班子成员12人，换届工作风清气正。抓实抓牢“五好”县级工商联建设。制订“五好”县级工商联建设实施意见、实施方案及评分办法，成立督查组，指导各县、区（市）工商联健全组织机构，改善工作条件，优化领导班子，夯实组织基础。本区“五好”县级工商联建设工作处于全国领先地位，得到全国工商联充分肯定。扎实推进“四好”商会创建。经过一年的创建活动，评选出30家商会作为全区第一批“四好”商会。大力开展商会清理整顿，共整顿商（协）会8家。改进加强代表人士建设。注重广泛性和代表性，改善会员队伍结构、增强会员代表性和行业影响力，会员队伍结构更加优化。截至2017年年底，全区各级工商联共有会员77 278个，其中，个人会员49 619个，企业会员27 303个，团体会员356个。宁夏团体会员增幅和商会组织登记率居全国前五位。全面加强机关自身建设。认真开展“两学一做”学习教育和“四严四做”主题实践活动，加强党风廉政建设，严格执行八项规定，进一步转变工作作风。加强干部教育和管理，加强干部能力建设，干部队伍整体素质进一步提升。

新疆维吾尔自治区工商业联合会2017年工作总结

2017年，在自治区党委、人民政府的坚强领导下，自治区工商联认真学习宣传贯彻党的十九大精神，学习贯彻习近平总书记系列重要讲话精神和治国理政新理念、新思想、新战略，团结凝聚和服务引导全区工商联系统和广大非公有制经济人士积极为新疆社会稳定和长治久安贡献力量。

一、迅速掀起学习宣传贯彻党的十九大精神的热潮

党的十九大召开期间，专门组织机关全体干部和直属商会代表60余人集体收听收看党的十九大开幕会，组织机关全体干部集体观看新一届中共中央政治局常委记者见面会直播盛况，认真聆听习近平总书记的重要讲话。多次召开党组（扩大）会议、开展党组中心组学习、参加中央和自治区十九大宣讲团活动、参加自治区联学督学调研，广泛研讨如何以党的十九大精神为引领创新工商联工作。

二、不遗余力地助推自治区脱贫攻坚任务

按照党中央和自治区党委关于脱贫攻坚各项决策部署，广泛动员引导全区工商联系统和广大非公有制经济人士发扬“致富思源、富而思进、义利兼顾、以义为先、扶危济困、共同富裕”的光彩精神，积极参与“千企帮千村”精准扶贫行动。对全区在“千企帮千村”活动中表现突出的新疆发展商会等10家商会和新疆德汇实业集团等12家企业进行了宣传表彰。组织召开自治区“千企帮千村”精准扶贫行动台账工作电视电话会议，并开展“万企帮万村”台账专题月活动。通过打造特色产业、吸纳就业、促进商贸、小贷援助、公益捐赠、结对认亲等方式，出实招对口帮扶和结对帮扶。据不完全统计，全区1 666家民营企业帮扶了830个贫困村，受帮扶人数16.933 8万人，帮扶5 689人就业，公益帮扶金额6 322.12万元。

坚决贯彻落实自治区党委关于有组织转移南疆地区城乡富余劳动力的决策部署,联合自治区和乌鲁木齐市有关部门进行专项调研，先后多次召开座谈会、动员会、工作推进会和喀什、和田各县市带队干部工作会议等，做好转移就业接收安置工作。目前，已在商会企业安置2 600多名南疆地区有组织的农村富余劳动力，其中6月20日接收安置喀什、和田地区劳动力1 830余名，9月13日接收安置阿克苏地区乌什县劳动力400名，9月27日接收安置阿克苏地区库车县劳动力300名，超额完成了年度劳动力有组织转移任务。

三、大力促进“两个健康”

牵头召开自治区发展非公有制经济协调领导小组全体会议和自治区非公有制企业维权工作协调会议工作座谈会，对做好自治区年度非公有制经济发展工作和法律维权服务工作进行了安排部署。协调调解案件13件、待协调调解案件3件。工商联调解仲裁中心共接受仲裁案件50余件，充分发挥了仲裁案件“一裁终局”的优势，大大减轻了企业诉讼负担。认真做好民营企业评议县（市）政府部门和相关单位工作。配合国家发改委调研组开展《关于完善产权保护制度依法保护产权的意见》贯彻落实情况的专题调研，推动意见在自治区贯彻落实。组织110家企业认真做好“大力促进民间投资相关政策措施落实情况”第三方评估调查问卷工作，并形成专题调研报告。推动民营企业转型升级和降本增效，开展2016年民营企业运行状况及2017年企业家预期调查问卷活动、年度上规模民营企业调研、联合自治区有关部门开展2017年引导民营企业创新驱动发展科技综合服务，开展降低实体经济企业综合成本调研。由本会牵头的乌鲁木齐市、克州非公有制经济综合配套改革试点工作取得有效进展，两地有关部门制订下发了具体实施方案、操作指南和业务指引，明确了目标任务、责任分工和督促检查措施，定期通报工作进度和效果。积极组织引导商会企业主动融入丝绸之路经济带核心区建设，加快“走出去”步伐。向自治区党委报送有关商会企业参与“一带一路”建设情况。组织37名商会企业代表参加全国工商联民营企业参与“一带一路”建设工作视频会议；组织80名民营企业法人、财务税务人员参加全国工商联“一带一路”沿线国家税收专题视频讲座；组织全区工商联商会开展民营企业“一带一路”建设台账信息网上填报工作，向全国工商联报送“走出去”和参与“一带一路”建设12家企业情况、18个对外投资项目和7个案例。

下发《关于以“守法诚信、坚定信心”为重点深入开展理想信念教育实践活动的实施意见》，收集整理全区各地活动情况，在网站、微信平台，内部刊物对各地活动情况进行宣传，并在全国工商联理想信念教育实践活动调研片会上进行了交流汇报。认真学习贯彻“全国年轻一代民营企业家理想信念教育报告会”精神，组织引导全区工商联干部职工和广大非公经济人士扎实开展以“信念、信心、信任、信誉、信赖”为主要内容的非公经济人士理想信念教育实践活动，营造“亲”“清”新型政商关系，切实发扬企业家精神，发挥企业家作用。年初召开的企业家副主席、副会长述职会取得了积极反响。

四、认真筹备召开自治区工商联第十一次代表大会

2017年10月8～9日，自治区工商联第十一次代表大会召开。全国工商联发来贺信，自治区党委副书记、教育工委书记李鹏新出席会议并代表自治区党委致辞，自治区党委常委、党委统战部部长肖开提·依明出席会议并作重要讲话，自治区政协副主席、自治区工商联（总商会）主席（会长）巨艾提·伊明作大会工作报告。自治区工商联（总商会）副主席（副会长），自治区相关厅局主要领导，地州市工商联主席、党组书记，执、常委，自治区各行业商会、异地商会会长500余人参加了会议。大会认真听取并审议通过了工作报告，选举产生了自治区工商联（总商会）第十一届执委会、常委会和新一届领导班子，审议通过了《代表大会决议》，推选了出席全国工商联第十二次代表大会代表。非公有制经济人士代表在会上进行了发声亮剑，全体代表发出了《同心同向　团结奋斗　为实现总目标作出新的更大的贡献》的倡议书。大会取得了圆满成功，引起了社会各界的广泛关注，极大激发了全区工商联系统和广大非公有制经济人士聚焦总目标、贯彻总目标、落实总目标的信心和决心。

五、大力加强工商联自身建设

始终坚持基层导向和工作重心下移，把基层组织建设作为一项重要工作抓精抓细。组织召开自治区异地商会建设协调会，继续推进“六好”县级工商联建设和商会组织建设，全面创新和加强对自治区异地商会、行业商会的指导、服务、管理工作，推进统战工作向商会组织有效覆盖。全年全区共有39个县市申报了全国“五好”县级工商联。在认真总结开展“一个设立、五个有”和“六好”县级工商联建设经验的基础上，研究如何持续推进基层组织建设的思路举措，起草报送《2014—2017年全区六好县级工商联情况汇报》。全年指导筹备成立9个行业商会，配合做好各行业商会的年检工作。据不完全统计，全区团体会员达到1 178个。其中，工商联所组建的乡镇、街道商会413个，行业、异地商会组织604个。自治区工商联本级所属行业商会47个，自治区本级异地商会21个。

以党建为引领，不断加强机关作风建设、制度建设、精神文明建设、平安建设、文化建设。推动“两学一做”学习教育常态化、制度化，根据机关驻村和支教人员流动实际，建立联合党支部，强化机关党建组织基础。2次组织机关支部（部室）开展“学转促”自查自纠和“七个不讲”对照检查组织生活会。坚决纠正“四风”“四气”，开好县处级以上党员领导干部专题民主生活会和领导班子民主生活会，做好巡视整改工作，做好领导干部报告个人事项填报工作。坚决贯彻落实自治区党委关于领导干部下沉基层工作的各项决策部署，累计下沉19名机关干部。扎实开展民族团结“结亲周”活动，分三批开展为期一周的与群众同吃、同住、同劳动同学习活动。深入开展访惠聚活动和干部支教工作，紧紧围绕自治区访惠聚“1+2+5”（一个目标:维护社会稳定，两项任务：建强基层组织、做好群众工作，五件好事：落实惠民政策、拓宽致富门路、推进脱贫攻坚、办好实事好事、壮大党员队伍）总体要求，将维护社会稳定、建强基层组织、做好群众工作作为重点工作。

新疆建设兵团工商业联合会2017年工作总结

2017年，兵团工商联在兵团党委的坚强领导和全国工商联的帮助指导下，以创建优异成绩，迎接党的十九大为主线，认真学习宣传贯彻党的十九大精神和习近平新时代中国特色社会主义思想，按照兵团第七次党代会的决策部署，紧紧围绕新疆工作总目标，坚持围绕中心、服务大局，牢牢把握“两个健康”主题，扎实推进政治引领、经济服务、组织建设、精准扶贫、民族团结、维护稳定以及自身建设等工作，工商联各项事业不断向前发展。

一、加强思想建设，持续深化理想信念教育实践活动，政治引导取得新成效

强化政治引领，凝聚广泛共识。召开专题会议传达学习党的十九大精神，组织工商联领导班子、直属商会和企业学习习近平新时代中国特色社会主义思想和党的十九大精神，教育引导广大非公有制经济人士紧密团结在以习近平同志为核心的党中央周围，坚定理想信念，增强“四个自信”。

推动社会实践，坚定理想念。举办以贯彻党的十八届六中全会、自治区党委第九次党代会和兵团党委第七次党代会精神为主题的“兵团非公有制经济代表人士专题研讨班”。贯彻落实兵团招商引资工作会议精神，召开兵团工商联招商引资工作座谈会。持续开展法律“三进”服务活动，举办以“尊法学法守法用法，切实发挥兵团特殊作用”为主题的专题讲座。贯彻落实习近平总书记关于“要注重对年轻一代非公有制经济人士的教育培养”的重要指示，积极做好团结引导年轻一代非公有制经济人士理想信念教育，组织兵师两级工商联500余名非公经济人士代表参加中央统战部、全国工商联“全国年轻一代民营企业家理想信念报告会”电视电话会议。

树牢“四个意识”，强化职责担当。

工商联系统深入学习贯彻党的十八届六中全会、党的十九大和中发3号文件精神，围绕社会稳定和长治久安总目标，认真落实兵团第七次党代会决策部署，充分认识党中央对兵团的定位要求，提高政治站位，增强做好工商联工作的责任感和使命感，为发挥兵团特殊作用凝心聚力。

二、增强宗旨意识，发挥助手作用，服务非公有制经济发展能力有了新提升

围绕兵团中心工作，积极开展经贸交流活动。2017年，工商联单独组织招商活动5次，协助兵团组团赴内地招商推介活动7次，协助1、6、10等师赴内地省市招商推介活动10次，拜访全国工商联直属商会7家，接待考察团25批次，邀请其他省市工商联和民营企业参加兵团组织的“西洽会”“天津投洽会”“哈洽会”“厦洽会”等经贸活动。兵团工商联及直属商会签订合作协议31份，签约金额约150亿元。其中，经兵团工商联招商引资落地项目7个，签约资金总额26.43亿元（不含PPP项目），7家落地企业注册资金总额11.35亿元。

关注企业发展，做好经济服务。开展上规模民营企业调研，撰写兵团上规模民营企业调研报告、兵团民营企业降低实体经济企业综合成本调研报告、民营经济发展报告等。上报14家上规模民营企业。其中，2家企业入选中国民营企业500强。与兵团有关部门开展调研，积极向各级党委提出意见建议，推动《兵团党委　兵团关于大力推动非公有制经济加快发展的意见》的贯彻落实。

搭建平台，争取政策支持。会同兵团财务局组织民营企业实施了非公有制中小微企业扶持专项资金项目申报工作，拨付到位补助资金共计1 000万元，拉动投资2.8亿元，实现销售收入15.9亿元，带动就业2 900多人。积极配合发改委、工信委、商务局、农业局等部门，组织民营企业申报扶持项目资金。据不完全统计，2017年兵团扶持民营企业资金约3亿元。加强与兵团农行的协调合作，对2016—2017年中国农业银行民营企业扶贫贷款10个重点项目进行调研。

积极引导动员，推动企业创新升级。推荐8家民营企业参加全国工商联科技进步奖的评选，推荐6名民营企业家参加科技部科技创业创新人才奖的评选。动员各师（市）工商联组织民营企业参与大众创业万众创新活动，征集创业人物的创业故事，推出典型人物、事迹，在各师（市）召开“双创”现场观摩会。

三、实施精准扶贫，推进光彩事业，促进民族团结工作取得新进展

提高政治站位，深入开展“百企帮百连”和“民族团结一家亲”活动。兵团非公有制经济组织以多种形式开展“百企帮百连”和“民族团结一家亲”活动。在第三师（喀什市）召开兵团非公有制经济组织开展“民族团结一家亲”活动暨招商引资现场推进会。会议上，向三师图木舒克市“民族团结一家亲”活动奖励资金捐款200万元。截至2017年12月，14个师“百企帮百连”精准扶贫行动已对接99个连队。其中，以南疆为重点，三师已对接33个少数民族连队，十四师已对接10个少数民族连队，15家商会、290多家企业参与对接。据不完全统计，累计公益捐款2 300多万元（含捐物折合约800多万元）；开展扶贫项目35个，投入资金4 800多万元；安置少数民族困难家庭人员就业4 000多人，结对认亲16 000多对。

强化政治意识，扎实做好“访惠聚”驻连（村）工作。选派两名优秀干部参加“访惠聚”工作。为阿其玛村争取“五共同一促进”项目资金100万元，与一牧场签订《兵团光彩事业促进会捐赠第十四师一牧场民族团结基金协议》，捐赠10万元作为基础资金，动员民营企业为一牧场六连种豌豆职工免除种子款10万元，解决68户职工1 272只铁畜羊租金149 575元，捐资助学10 500元、捐赠衣物3 000多件。

增强大局意识，促进新疆社会稳定。引导广大非公有制经济人士牢固树立“没有与稳定无关的人、没有与稳定无关的事”的维稳意识，紧紧围绕新疆工作总目标，把稳定工作与企业发展和生产经营做到同部署、同落实、同检查。党的十九大召开期间，兵团广大非公有制经济组织坚决贯彻落实自治区和兵团党委维稳工作部署，为促进新疆的社会稳定做出积极贡献。落实南疆富余劳动力转移兵团务工就业任务，300多名南疆少数民族群众在兵团民营企业就业务工。

四、强化组织保障，夯实组织基础，自身建设得到新加强

做好工商联换届工作，强化组织保障。按照中央和兵团党委统一部署，配合统战部门做好换届选举工作，扎实做好兵师团三级工商联的换届工作。2017年8月12日，召开兵团工商联第五次代表大会，选举产生了兵团工商联、兵团总商会新一届领导班子和领导机构，优化了工商联领导班子结构，强化了工商联事业发展的组织保障。兵团党委书记、政委孙金龙同志出席了开幕式，并就做好非公有制经济工作做了重要讲话。

壮大会员队伍，建强基层基础。广泛开展“四好”商会建设，规范商会自身建设，激发商会活力，发挥商会作用，夯实工商联事业发展根基。2017年年末，兵团工商联（总商会）会员总数41 700家，较2016年增加1 009家，增长2.4%。其中，企业会员3 570家，较2016年增加897家，增长2.4%。推进“五好”工商联创建，加强工商联体系建设。印发《新疆生产建设兵团2017年“五好”工商联建设工作实施方案》，做好“五好”工商联确认申报工作。2017年3月，兵团第一师阿拉尔市工商联、第二师铁门关市工商联、第三师图木舒克市工商联、第六师五家渠市工商联、第八师石河子市工商联被全国工商联确认为“五好”县级工商联。

以巡视整改为契机，加强自身建设。工商联党组对巡视组反馈3大类9个方面25条问题，详细制订了25项96条整改措施进行全面整改。截至目前，巡视整改措施全部落实到位。结合“两学一做”常态化制度化教育、“学转促”和发挥兵团特殊作用“大学习大讨论”等教育活动，以完善制度、提高执行力为重点，坚持把党的建设和党风廉政建设与工商联日常工作有机结合，举办工商联系统专兼职干部培训班1期，工商联机关建设水平和会机关干部服务和促进“两个健康”的能力素质进一步提升，工作作风有了新转变。

附　录

中国工商业联合会章程

（中国工商业联合会第十二次全国代表大会部分修改，2017年11月26日通过）

总　则

中国工商业联合会（简称工商联）是中国共产党领导的以非公有制企业和非公有制经济人士为主体，具有统战性、经济性、民间性有机统一基本特征的人民团体和商会组织，是党和政府联系非公有制经济人士的桥梁纽带，是政府管理和服务非公有制经济的助手，是中国人民政治协商会议的重要组成部分。工商联工作是党的统一战线工作和经济工作的重要内容。工商联事业是中国特色社会主义事业的重要组成部分。

工商联以中华人民共和国宪法为根本活动准则，按照法律法规和本章程开展工作。

工商联在中国共产党领导下，高举中国特色社会主义伟大旗帜，以马克思列宁主义、毛泽东思想、邓小平理论、“三个代表”重要思想、科学发展观、习近平新时代中国特色社会主义思想为指导，牢固树立政治意识、大局意识、核心意识、看齐意识，坚定维护以习近平同志为核心的党中央权威和集中统一领导，坚持基本经济制度，围绕经济建设中心，服务党和国家工作大局，以促进非公有制经济健康发展和非公有制经济人士健康成长为主题履行职责，充分发挥在非公有制经济人士思想政治工作中的引导作用，在非公有制经济人士参与国家政治生活和社会事务中的重要作用，在政府管理和服务非公有制经济中的助手作用，在行业协会商会改革发展中的促进作用，在构建和谐劳动关系、加强和创新社会治理中的协同作用。

工商联党组发挥领导核心作用，保证党的路线方针政策和党委决策部署的贯彻落实；加强对工商联代表大会、执行委员会、常务委员会工作的指导；支持工商联主席工作，发挥党外干部作用；按照干部管理权限，管理工商联机关干部；支持和配合做好非公有制企业和各类商会党组织组建工作，推动成立行业性或者区域性党组织。

工商联以建设政治坚定、特色鲜明、机制健全、服务高效、作风优良的人民团体和商会组织为目标，坚持政治建会、团结立会、服务兴会、改革强会，全面加强政治建设、思想建设、组织建设、作风建设、纪律建设，把制度建设贯穿其中，保持和增强政治性、先进性、群众性，坚决防止机关化、行政化、贵族化、娱乐化倾向，不断增强凝聚力、影响力、执行力；坚持团结、服务、引导、教育的方针，引导非公有制经济人士增强中国特色社会主义道路自信、理论自信、制度自信、文化自信，坚决拥护中国共产党的领导、坚定不移走中国特色社会主义道路，积极投身社会主义经济建设、政治建设、文化建设、社会建设、生态文明建设，积极投身伟大斗争、伟大工程、伟大事业、伟大梦想的实践，为决胜全面建成小康社会，夺取新时代中国特色社会主义伟大胜利，实现中华民族伟大复兴的中国梦而奋斗。

第一章　职能与任务

第一条　加强和改进非公有制经济人士思想政治工作。

（一）开展理想信念教育，引导非公有制经济人士加强自我学习、自我教育、自我提升，学习贯彻党和国家的方针政策，继承和发扬听党话、跟党走的光荣传统，践行社会主义核心价值观，增强对中国特色社会主义的信念、对党和政府的信任、对企业发展的信心、对社会的信誉，自觉做爱国敬业、守法经营、创业创新、回报社会的表率和践行亲清新型政商关系的典范，在全面建设社会主义现代化强国的新征程上贡献智慧和力量。宣传表彰先进典型，弘扬优秀企业家精神，注重对年轻一代非公有制经济人士的教育培养。

（二）引导非公有制经济人士自觉把自身企业的发展与国家的发展结合起来，把个人富裕与全体人民的共同富裕结合起来，把遵循市场法则与发扬社会主义道德结合起来，弘扬中华传统美德，弘扬时代新风，树立义利兼顾、以义为先理念，致富思源、富而思进，自觉投身光彩事业、“万企帮万村”精准扶贫行动和其他社会公益慈善事业，积极履行社会责任。

（三）按照同级党委安排参与非公有制企业党建工作，引导非公有制经济人士支持企业党建工作、在企业建立工会等群团组织，并为其开展活动、发挥作用提供必要条件，加强企业文化建设。

第二条　参与政治协商，发挥民主监督作用，积极参政议政。

（一）围绕贯彻落实党的路线方针政策，开展调查研究，参与国家有关政策、法律法规的制定，协助推动落实有关政策措施，促进形成有利于非公有制经济发展的政策环境、法治环境、市场环境、社会环境。

（二）密切同非公有制经济人士的联系，深入了解他们的意愿和要求，向党和政府提出相关意见和建议。

（三）畅通非公有制经济代表人士有序参与政治生活和社会事务的渠道，帮助其提高议政建言水平，积极反映社情民意。

（四）按照思想政治强、行业代表性强、参政议政能力强、社会信誉好的标准，做好非公有制经济代表人士的发现、培养、推荐和管理工作。

第三条　协助政府管理和服务非公有制经济。

（一）积极探索建立适应社会主义市场经济要求的服务载体和机制，为非公有制企业提供政策咨询、信息、法律、投融资、技术、人才等方面服务，引导非公有制企业贯彻新发展理念，投身供给侧结构性改革，建立完善现代企业制度，加强自主创新，加快转型升级和提质增效，努力促进国民经济更高质量、更有效率、更加公平、更可持续发展。

（二）加强与香港特别行政区、澳门特别行政区和台湾地区工商界的联系，促进经贸合作。积极开展民间外交，加强同国外工商界的交流合作，为非公有制企业参与“一带一路”建设、开展国际合作提供服务。

（三）组织非公有制企业参与实施区域协调发展战略，为地方经济建设服务，促进城乡、区域统筹协调发展。

（四）承办政府和有关部门委托的第

三方评估等事项。

第四条　促进行业协会商会改革发展。

（一）履行社会团体业务主管单位职责，对所属商会进行指导、引导和服务。对所属商会会员开展思想政治工作、教育培训，对主要负责人进行考核，加强对所属商会党建工作的指导，培育和发展中国特色商会组织，推动统战工作向商会组织有效覆盖，确保商会发展的正确方向。指导和推动商会组织依照法律法规和本章程制定商会章程，完善法人治理结构，规范内部管理，发挥政治引导、经济服务、诉求反映、权益维护、诚信自律、协同参与社会治理作用，研究并反映行业发展动态，参与行业标准和行业政策制定，促进行业健康发展。

（二）参与行业协会商会法律法规和政策的制定。

第五条　参与协调劳动关系，协同社会治理，促进社会和谐稳定。

（一）参与协调劳动关系三方会议，同政府部门、工会组织和其他有关企业方代表一道，共同推动劳动关系立法、健全劳动标准体系和劳动关系协调机制，共同研究解决劳动关系中的重大问题，参与劳动争议调解、仲裁。

（二）引导非公有制企业依法与工会就职工工资、生活福利、社会保险等涉及职工切身利益问题进行平等协商，签订集体合同。

（三）协调处理投资者利益和劳动者权益的关系，引导非公有制企业构建和谐劳动关系，积极创造就业岗位，严格遵守国家相关法律法规和政策，尊重和维护员工合法权益。

第六条　引导非公有制企业和非公有制经济人士依法诚信经营，了解反映非公有制企业和非公有制经济人士诉求，帮助其依法维护合法权益，推动各种所有制经济依法平等使用生产要素、公开公平公正参与市场竞争、同等受到法律保护，促进权利平等、机会平等、规则平等。参与经济纠纷的调解、仲裁。

第七条　依法加强会产管理、经营和保护。

第二章　会　员

第八条　凡承认本章程，自愿参加工商联的一个组织，承诺履行会员义务的团体、企业和个人，可以申请入会。

（一）以非公有制企业和非公有制经济人士为主体、具有法人资格的境内各类工商社团和其他有关社会组织，入会申请经批准后，为团体会员。

工商联所属商会为工商联团体会员。

（二）各类企业入会申请经批准后，为企业会员。

企业会员的主体是非公有制企业，主要包括私营企业、非公有制经济成分控股的有限责任公司和股份有限公司、在内地投资的港澳企业等。

（三）非公有制企业主要出资人和经营者、个体工商户等，入会申请经批准后，为个人会员；

与工商联工作有联系的有关人士、在内地投资的港澳工商界人士，可以申请成为个人会员；与工商联建立工作联系的单位代表，经协商，可被邀请作为个人会员；原工商业者均为个人会员。

第九条　实行会员入会自愿和退会自由的原则。不以企业资产规模和个人财富等设置入会门槛。

各级工商联可根据本章程规定与实际情况，制定具体的会员入会条件、办理入退会手续以及会员管理、会费收支的办法，并报上一级工商联备案。

第十条　全国工商联和省级工商联只发展团体会员。

地方各级工商联的会员，同时也是上

级工商联的会员。

第十一条 会员有下列权利：

（一）选举权、被选举权和表决权；

（二）向工商联反映意见、要求和建议；

（三）参加工商联组织的参观考察、学习培训等活动；

（四）接受工商联提供的服务；

（五）要求工商联维护其合法权益；

（六）对工商联工作进行监督。

第十二条 会员有下列义务：

（一）遵守本章程；

（二）执行工商联决议；

（三）按规定交纳会费；

（四）参加工商联组织的会议和活动，关心支持工商联工作；

（五）接受工商联监督；

（六）办理工商联委托的事项。

第十三条 会员违反本章程的，应对其进行批评教育；情节严重的，应停止或开除其会籍；严重触犯刑律的，应开除其会籍。

第三章 组 织

第十四条 工商联按国家行政区划设置全国组织和地方组织：中华全国工商业联合会为全国组织，简称全国工商联；省、自治区、直辖市工商联和新疆生产建设兵团工商联，市（地区、自治州、盟、直辖市的区）工商联为地方组织。县（市、旗、省辖市的区）工商联既为地方组织又为基层组织。

第十五条 工商联所属商会以非公有制企业和非公有制经济人士为主体，由工商联作为业务主管单位，依照法律法规和本章程制定商会章程并开展活动，接受工商联的指导、引导、服务，是工商联的基层组织和工作依托。

工商联所属商会应依法进行登记。

工商联可设立行业商会（同业公会）、乡镇商会、街道商会、园区商会、异地商会等所属商会组织。

第十六条 工商联的组织原则是民主集中制。上级工商联对下级工商联具有指导关系。

第十七条 工商联的最高权力机构是代表大会。它的职权是：

（一）听取和审议执行委员会的报告；

（二）选举执行委员会；

（三）讨论决定工商联的重大事项。

中国工商业联合会全国代表大会负责修改章程。

第十八条 工商联代表大会每五年召开一次。必要时可以提前或延期召开。

代表大会由执行委员会召集。大会期间由主席团主持会议。

第十九条 工商联代表大会的代表按照协商推选方式产生，根据需要也可以特邀部分代表。

代表大会代表的名额和分配办法，由执行委员会或授权常务委员会决定。

工商联代表大会的代表实行任期制。

第二十条 执行委员会在代表大会闭会期间，是工商联的最高领导机构。它的职权是：

（一）贯彻执行代表大会的决议；

（二）听取和审议常务委员会的报告；

（三）讨论和决定工作任务；

（四）选举和罢免主席、副主席、常务委员。

执行委员会每届任期五年，全体会议每年召开一次，必要时可临时召开。

执行委员会委员（简称执行委员）名额分配、产生办法由上一届执行委员会或授权常务委员会决定。

第二十一条 执行委员的责任和义务：

（一）坚持正确的政治方向，认真执行党的路线方针政策；

（二）发挥参政议政作用，就经济社

会发展中的重要问题建言献策；

（三）热爱工商联工作，参加工商联的会议和活动；

（四）执行工商联的各项决议；

（五）广泛联系非公有制企业和非公有制经济人士，反映其意见和要求；

（六）对工商联工作提出意见和建议。

第二十二条　常务委员会由主席、副主席、常务委员等组成，贯彻实施执行委员会的决议，对执行委员会负责并报告工作，每届任期与执行委员会相同，在执行委员会闭会期间行使执行委员会职权。

常务委员会会议每年至少召开一次。

常务委员会委员名额分配、产生办法由上一届执行委员会或授权常务委员会决定。

县级工商联视情况决定是否设置常务委员会。不设常务委员会的，主席会议对执行委员会负责并报告工作，在执行委员会闭会期间行使执行委员会职权。

第二十三条　主席会议由主席、副主席组成，研究决定重要事项。主席主持会务，副主席协助主席工作。

副主席分为专职副主席和兼职副主席。专职副主席连续任职原则上不超过两届。全国工商联兼职副主席原则上不连续任职，地方工商联兼职副主席连续任职原则上不超过两届。

兼职副主席中的非公有制经济代表人士应向主席会议报告履行职责、发挥作用情况，具体述职办法由同级主席会议制定。

工商联可设常务副主席，由同级执行委员会选举产生。

每届领导机构和领导人，在下届代表大会开会期间，继续主持工商联的经常工作，直到产生新的领导机构和领导人为止。

第二十四条　工商联代表大会须有三分之二以上应到会人员出席方能召开，执行委员会、常务委员会、主席会议须有半数以上应到会人员出席方能召开，其决议须经应到会人员半数以上表决通过方能生效。

执行委员会会议、常务委员会会议、主席会议在特殊情况下可以通讯方式召开。

第二十五条　执行委员违反本章程或触犯刑律的，依据情节轻重给予通报批评或警告、撤销职务处分。

执行委员连续18个月不按规定参加同级工商联的会议和活动、或不接受工商联分配的任务、或不履行工商联的决议，应免去其执行委员职务。

第二十六条　执行委员会、常务委员会组成人员，可在届中进行调整，调整的人员由执行委员会作出决定或选举产生，也可由常务委员会作出决定或选举产生，并向执行委员会报告。

不设常务委员会的县级工商联届中调整人员，可由主席会议作出决定或选举产生，并向执行委员会报告。

地方工商联换届时应向上一级工商联报告筹备情况，选举结果报上一级工商联备案。

第二十七条　工商联根据工作需要设立工作部门和专门委员会；建立咨询制度。

第二十八条　地方工商联新设或撤并，应报请同级党委批准，并报上级工商联备案。

第二十九条　中华全国工商业联合会又称中国民间商会；地方工商联为地方商会，可称总商会。

会长由工商联主席兼任，副会长原则上由工商联专职副主席、非公有制经济代表人士兼（担）任，会长、副会长由工商联执行委员会选举产生，是同级工商联常务委员会组成人员。副会长中的非公有制经济代表人士列席同级工商联主席会议，并根据安排向主席会议述职。

中国民间商会副会长中的非公有制经济代表人士原则上不连续任职，地方商会副会长中的非公有制经济代表人士连续任职原则上不超过两届。

第四章 工作人员

第三十条 工商联机关应遵照中华人民共和国公务员法的规定，按照信念坚定、为民服务、勤政务实、敢于担当、清正廉洁的好干部标准，加强对工作人员的教育、培养、考核、激励和监督，强化政治责任，建设一支忠诚干净担当的高素质、专业化干部队伍。

第三十一条 工商联工作人员应当做到：

（一）高举中国特色社会主义伟大旗帜，认真学习贯彻马克思列宁主义、毛泽东思想、邓小平理论、“三个代表”重要思想、科学发展观、习近平新时代中国特色社会主义思想，坚定理想信念，打牢思想根基，牢固树立“四个意识”和“四个自信”，坚决维护党中央权威，全面贯彻执行党的理论和路线方针政策。

（二）树立问题导向、目标导向、基层导向，增强服务意识，坚持深入基层、调查研究，反对形式主义、官僚主义、享乐主义和奢靡之风，树立良好作风，密切联系非公有制企业和非公有制经济人士。

（三）热爱工商联事业，忠于职守、勤奋工作、求真务实，掌握科学思维方法，注重增强学习本领、提高专业能力、培育专业精神，认真学习现代市场经济、现代科技、现代管理、法律等方面知识，具备较强的政治把握能力、调查研究能力、群众工作能力、落实推进能力。

（四）解放思想、勇于创新、敢于担当、奋发有为，增强事业心和责任感，改进工作方式和服务手段，以改革创新精神推进工商联工作。

（五）严于律己、勤政廉洁、顾全大局、遵守纪律，自觉接受监督。

第五章 会 徽

第三十二条 工商联的会徽为以桥梁纽带造型为主组成的图案。

工商联的会徽，可作为会章佩带；可在工商联组织的办公地点、活动场所、会议会场悬挂；可作为纪念品、办公用品上的标志；不得作商业用途。

第六章 附 则

第三十三条 本章程为各级工商联（中国民间商会和地方商会）的统一章程，经中国工商业联合会全国代表大会通过。

第三十四条 本章程的解释权属于中华全国工商业联合会。

中国工商业联合会第十二次全国代表大会关于《中国工商业联合会章程（修正案）》的决议

（2017年11月26日中国工商业联合会第十二次全国代表大会通过）

中国工商业联合会第十二次全国代表大会审议了《中国工商业联合会章程（修

正案）》，认为章程修正案贯彻和体现了党的十九大精神，贯彻和体现了习近平新时代中国特色社会主义思想，贯彻和体现了习近平总书记和党中央关于工商联工作的指示要求，贯彻和体现了中央统战工作会议、中央党的群团工作会议和《中国共产党统一战线工作条例（试行）》《中共中央关于加强和改进党的群团工作的意见》精神，充分反映了工商联工作的理论创新与实践经验，能够更好地适应新形势新任务的要求。

大会决定通过《中国工商业联合会章程（修正案）》，自通过之日起生效。

关于修改中国工商业联合会会徽的决议

（2017年11月22日全国工商联十一届六次执委会议通过）

根据《中国工商业联合会章程》的有关规定，为充分体现新形势下工商联的组织属性和工作主题，中华全国工商业联合会第十一届执行委员会第六次会议决定，对本会会徽进行修改，新会徽从通过之日起启用。